# Filosofias das abordagens jurisdicionais no direito constitucional e internacional

Marcial
Pons

inter
saberes

# Filosofias das abordagens jurisdicionais no direito constitucional e internacional

Maria Elizabeth Guimarães Teixeira Rocha

Débora Cristina Veneral

Alexandre Coutinho Pagliarini

(Organizadores)

**intersaberes**

Rua Clara Vendramin, 58 . Mossunguê . Cep 81200-170 . Curitiba . PR . Brasil
Fone: (41) 2106-4170 . www.intersaberes.com.br . editora@intersaberes.com

**Conselho editorial** Dr. Alexandre Coutinho Pagliarini, Drª. Elena Godoy, Mª. Maria Lúcia Prado Sabatella, Dr. Neri dos Santos • **Editora-chefe** Lindsay Azambuja • **Gerente editorial** Ariadne Nunes Wenger • **Assistente editorial** Daniela Viroli Pereira Pinto • **Preparação de originais** Fábia Mariela De Biasi • **Edição de texto** Fábia Mariela De Biasi, Tiago Krelling Marinaska • **Capa** Luana Machado Amaro (design), GrooveZ/Shutterstock (imagem) • **Projeto gráfico** Mayra Yoshizawa • **Diagramação e designer responsável** Luana Machado Amaro • **Iconografia** Regina Claudia Cruz Prestes

---

Dados Internacionais de Catalogação na Publicação (CIP)
(Câmara Brasileira do Livro, SP, Brasil)

Filosofias das abordagens jurisdicionais no direito constitucional e internacional / Maria Elizabeth Guimarães Teixeira Rocha, Débora Cristina Veneral, Alexandre Coutinho Pagliarini, (organizadores). -- Curitiba, PR : Editora Intersaberes ; Madrid : Editora Marcial Pons, 2023.

Vários autores.
Bibliografia.
ISBN 978-85-227-0410-1

1. Direito constitucional 2. Direito internacional 3. Direito - Filosofia 4. Jurisprudência I. Rocha, Maria Elizabeth Guimarães Teixeira. II. Veneral, Débora Cristina. III. Pagliarini, Alexandre Coutinho.

22-140608                                   CDU-340.12

Índices para catálogo sistemático:
1. Direito : Filosofia 340.12
Eliete Marques da Silva - Bibliotecária - CRB-8/9380

1ª edição, 2023.
Foi feito o depósito legal.
Informamos que é de inteira responsabilidade dos autores a emissão de conceitos.
Nenhuma parte desta publicação poderá ser reproduzida por qualquer meio ou forma sem a prévia autorização da Editora InterSaberes.
A violação dos direitos autorais é crime estabelecido na Lei n. 9.610/1998 e punido pelo art. 184 do Código Penal.

---

**Marcial Pons**

Av. Brigadeiro Faria Lima, 1462 . conj. 64/5 . Torre Sul Jardim Paulistano
CEP 01452-002 . São Paulo-SP . Fone: (11) 3192-3733 . www.marcialpons.com.br

ISBN: 978-84-1381-607-4

© MARCIAL PONS EDITORA DO BRASIL LTDA

Impresso no Brasil

Todos os direitos reservados.
Proibida a reprodução total ou parcial, por qualquer meio ou processo – Lei n. 9.610/1998.

# Sumário

*9 · Prefácio*

*11 · Apresentação*

### 13 · **Seção 1 Convidados estrangeiros**

*15* · Igualdad, desarrollo económico y democracia | Equality, ecomomic development and democracy

*Luigi Ferrajoli*

*31* · Cómo evaluar las argumentaciones judiciales

*Manuel Atienza*

*57* · Sistema global de justiça penal: longe do improviso casuístico, perto do problema e da norma | Sistema global de justicia penal: lejos de la casuística improvisación, cerca del problema y la norma

*Mário Ferreira Monte*

*91* · Conocimiento científico y estándares de prueba judicial

*Michele Taruffo*

### 119 · **Seção 2 Convidados brasileiros**

*121* · Discriminación por razones de género contra mujeres y niñas y las necesarias políticas de equidad entre hombres y mujeres | Discriminação por razões de gênero contra mulheres e meninas e as necessárias políticas de igualdade entre homens e mulheres

*Amini Haddad Campos*

*165* · Dimensões da transparência administrativa na abordagem jurisdicional: a visibilidade na gestão pública | Dimensiones de la transparencia administrativa en el enfoque jurisdiccional: visibilidad en la gestión pública

*Ana Flávia Messa*

*211* · Filosofando o direito | Filosofía en el derecho

*Ives Gandra da Silva Martins*

*231* · Entre a teoria e a prática: a relação entre o direito e a moral e o limite da discricionariedade judicial | Entre la teoría y la práctica: la relación entre el derecho y la moral y el límite de la discrecionalidad judicial

*Janaína Soares Schorr*
*Nathalie Kuczura Nedel*

*255* · Violência política de gênero: a inconvencionalidade parcial por omissão da lei brasileira frente ao direito internacional | Violencia política de género: inconvencionalidad parcial por omisión del derecho brasileño contra el derecho internacional

*Marina Faraco Lacerda Gama*
*Gabriela Shizue Soares de Araujo*

*285* · Algumas técnicas decisórias praticadas no direito comparado e possível harmonização com o quadro jurídico nacional brasileiro | Algunas técnicas de toma de decisiones practicadas en derecho comparado y posible armonización con el marco legal nacional brasileño

*Tiago Gagliano Pinto Alberto*

*313* · **Seção 3 Organizadores do livro e coautores**

*315* · Excertos sobre o sistema penitenciário brasileiro e o tratamento penal previsto na legislação | Extractos sobre el sistema penitenciario brasileño y el trato penal previsto en la legislación

*Débora Cristina Veneral*
*Alexandre Coutinho Pagliarini*

*337* · Princípio do *in dubio pro reo* na justiça criminal das comunidades de língua portuguesa | Principio de *in dubio pro reo* en la justicia penal de las comunidades de lengua portuguesa

*Maria Elizabeth Guimarães Teixeira Rocha*

*371* · **Seção 4 Professores da Escola Jurídica do Centro Universitário Internacional Uninter**

*373* · Precedentes e segurança jurídica no processo penal como redução da discricionariedade e promoção da igualdade | Los precedentes y la seguridad jurídica en el proceso penal como reducción de la discreción y promoción de la igualdad

*Bruna Isabelle Simioni Silva*

*403* · A interpretação dos Tribunais Nacionais como instrumento para a consolidação da OMC: um estudo de caso | La interpretación de los Tribunales Nacionales como instrumento para la consolidación de la OMC: un estudio de caso

*Marcos da Cunha e Souza*

*433* · A Constituição de 1988 em face do liberalismo e a prática da igualdade | La Constitución de 1988 frente al liberalismo y la práctica de la igualdad

*Regina Paulista Fernandes Reinert*

*469* · A discricionariedade judicial: o debate entre Hart e Dworkin | Discreción judicial: el debate entre Hart y Dworkin

*Safira Orçatto Merelles do Prado*

*489* · Violação aos direitos à privacidade e à intimidade e a submissão à jurisdição | Violación de los derechos a la privacidad e intimidad y sometimiento a jurisdicción

*Tatiana Lazzaretti Zempulski*
*Igor Fernando Ruthes*

# Prefácio

Este livro resulta da parceria internacional entre as editoras InterSaberes e Marcial Pons. Institucionalmente, os diretores Lindsay Sperry e Marcelo Porciuncula decidiram pela publicação conjunta e, em seguida, contactaram os signatários deste prefácio para levar adiante o projeto editorial em nome das casas editoriais envolvidas: o Centro Universitário Internacional Uninter – por meio da Escola Superior de Gestão Pública, Política, Jurídica e de Segurança – e a Escola Nacional de Formação e Aperfeiçoamento de Magistrados da Justiça Militar da União (Enajum). Todas as pessoas até aqui citadas entenderam que uma publicação internacional de tamanha envergadura deveria também primar pela interinstitucionalidade, razão pela qual a primeira signatária se incumbiu de representar a Enajum, como Ministra e ex-Presidente do Superior Tribunal Militar (STM).

O título do livro que ora se prefacia, *Filosofias das abordagens jurisdicionais no direito constitucional e internacional*, guarda aderência com os temas versados nos textos que integram a coletânea, que incluem escritos nas perspectivas da filosofia, do direito constitucional, do direito internacional e do exercício das jurisdições.

Os autores que nesta obra escreveram ocupam as mais importantes cátedras de tradicionais universidades no estrangeiro e no Brasil, ou mesmo exercem funções relevantes no âmbito das carreiras jurídicas. São eles: Luigi Ferrajoli, Manuel Atienza, Mário Ferreira Monte, Michele Taruffo, Amini Haddad Campos, Ana Flávia Messa, Ives Gandra da Silva Martins, Janaína Soares Schorr, Nathalie Kuczura Nedel, Marina Faraco Lacerda Gama, Gabriela Shizue Soares de Araujo, Tiago Gagliano Pinto Alberto, Bruna Isabelle Simioni Silva, Marcos da Cunha e Souza, Regina Paulista Fernandes Reinert, Safira Orçatto Merelles do Prado, Tatiana Lazzaretti Zempulski, Igor Fernando Ruthes e nós, os três organizadores da presente publicação internacional, ao final assinados.

Em termos de conceito e qualificação perante os órgãos brasileiros e estrangeiros de fomento para a educação e a pesquisa, o produto editorial ora prefaciado certamente alcança os patamares mais elevados, isso por conta de dois fatores: (i) há indiscutível pertinência temática entre o título do livro e os conteúdos de seus artigos científicos; (ii) os autores são professores reconhecidos nacional e internacionalmente. Outrossim, cada autor é responsável exclusivo pelo conteúdo de seu texto.

Por tais razões, só temos a agradecer a todos os que viabilizaram este projeto, esperando que esta obra encontre a acolhida almejada no meio acadêmico lusófono e de língua espanhola.

Brasília, Curitiba e Madrid, janeiro de 2023.

Maria Elizabeth Guimarães Teixeira Rocha

Débora Cristina Veneral

Alexandre Coutinho Pagliarini

# Apresentação

Tenho trabalhado há quatro anos com o Professor Doutor Alexandre Coutinho Pagliarini desde que ingressei no Curso de Mestrado em Direito do Centro Universitário Internacional Uninter. Nos dias atuais, já mestra pela instituição referida, encontro-me em investigação científica como doutoranda do Programa de Pós-Graduação em Direito da Pontifícia Universidade Católica do Paraná (PUCPR). Conheci, no Centro Universitário Internacional Uninter, a Doutora Débora Cristina Veneral e, também, a eminente Ministra do Superior Tribunal Militar, Professora Doutora Maria Elizabeth Guimarães Teixeira Rocha, na oportunidade em que esta palestrava no lançamento do primeiro livro da parceria entre Marcial Pons e InterSaberes. Convidou-me o Doutor Pagliarini para com ele – e as demais ilustres organizadoras – trabalhar na configuração e na diagramação preliminar desta obra; eis-me aqui!

A primeira nota técnica que faço é a seguinte: quase todos os textos desta coletânea foram padronizados com a inserção dos elementos que geralmente são recomendados pela Capes, quais sejam o título, o sumário, o resumo e as palavras-chave, em português e em espanhol.

A segunda nota técnica que faço é: tal padronização não foi aplicada *ipsis literis* para alguns textos porque foram produzidos por autores estrangeiros e, em seus países, não há a prática acadêmica da inserção dos elementos que a Capes recomenda só para o Brasil. Tais autores são: Luigi Ferrajoli (Itália), Manuel Atienza (Espanha), Mário Ferreira Monte (Portugal) e Michele Taruffo (Itália).

A terceira nota técnica é esta: os textos científicos para este livro escritos foram divididos em quatro seções, quais sejam: (1) Convidados estrangeiros; (2) Convidados brasileiros; (3) Organizadores do livro e coautores; (4) Professores da Escola Jurídica do Centro Universitário Internacional Uninter.

Ao organizar todos os textos aqui publicados, fiquei absolutamente impressionada pela qualidade destes escritos e pela coerência do livro como veículo de inegável lógica de pertencimento consubstanciada no binômio textos-livro.

Curitiba, primavera de 2022.

Maria Fernanda Augustinhak Schumacker Haering Teixeira

Advogada. Doutoranda em Direito pela PUCPR. Mestra em Direito pelo Centro Universitário Internacional Uninter.

# Seção 1

*Convidados estrangeiros*

*Luigi Ferrajoli*
*Manuel Atienza*
*Mário Ferreira Monte*
*Michele Taruffo*

*Igualdad, desarrollo económico y democracia*[i]

*Equality, ecomomic development and democracy*

---

i    En Italia fue publicado a principio del 2018 *el Manifiesto para la igualdad (Manifesto per l'uguaglianza*, Editore Laterza, Bari, 265 pp.), de Luigi Ferrajoli. En espera de la publicación de la versión ampliada e integrada del mismo texto en español (por la Editorial Trotta), el professor Ferrajoli propone a los lectores hispanohablantes el presente artículo. Traducción de Antonella Attili (UAM.I) y Luis Salazar C. (UAM.I), septiembre 2018. Autorização expedida por Editora Marcial Pons.

*Luigi Ferrajoli*

Università Roma Tre, Dipartimento di Giurisprudenza. Correspondencia: ia Ostiense 163, 00154 Roma. luigi.ferrajoli@uniroma3.it

# 1
# Dos conceptos de igualdad

¿Qué debe entenderse, en el plano teórico, por "principio de igualdad"? Deben entenderse, a mi parecer, dos principios normativos diversos, entre sí complementarios y ambos esenciales en tanto fundamentos de la democracia: en primer lugar, el igual respeto y valor que debe ser asociado a todas las *diferencias* de identidad que hacen de cada persona un *individuo diferente* de todos los otros y de cada individuo una *persona igual* a todas las otras; en segundo lugar, el disvalor que, por el contrario, debe ser asociado a las *desigualdades* de carácter económico y material, las cuales no atañen a la identidad de las personas sino a sus *condiciones desiguales de vida* y que deben ser, por lo tanto, removidas o por lo menos reducidas.

Es fácil reconocer, en estos dos significados de igualdad, a los dos principios expresados por los dos incisos del artículo 3 de la Constitución italiana: en primer lugar, *el principio de igualdad formal*, en virtud del cual todos tienen "igual dignidad social", o sea igual valor, cualesquiera que sean sus diferencias "de sexo, de raza, de lengua, de religión, de opiniones políticas, de condiciones personales y sociales"; en segundo lugar, el principio de igualdad sustancial, en virtud de la cual deben ser removidos, o por lo menos reducidos, "los obstáculos de orden económico y social que, limitando de hecho la libertad y la igualdad de los ciudadanos, impiden el pleno desarrollo de la persona humana y la efectiva participación de todos los trabajadores en la organización política, económica y social del país".

En ambos significados la igualdad es igualdad en derechos: una égalité en droits, como dice el artículo 1 de la Déclaration del 1789, en el sentido de que los derechos forman la base de la igualdad. ¿Pero, cuáles derechos? No ciertamente, claro, todos los derechos. Es evidente que no somos iguales en derechos patrimoniales, como la propiedad privada y los derechos de crédito, que por el contrario forman la base de la desigualdad jurídica en cuanto derechos singulares, de los cuales cada uno es titular en medida diversa y con exclusión de los otros. Somos iguales en derechos fundamentales, que son derechos de todos y en cuya forma universal consiste precisamente la igualdad: por un lado, en derechos de libertad, en los derechos civiles y en los derechos políticos que consisten todos en derechos al respeto de las propias diferencias, sean ellas naturales o culturales; por el otro lado, en derechos sociales – a la salud, a la instrucción y a la subsistência – que son todos derechos cuya garantía sirve para reducir las desigualdades. La igualdad formal es por eso una igualdad en derechos de libertad que, en cuanto derechos al respeto de todas las diferencias de identidad, imponen, para su garantía, un paso atrás de la esfera pública, esto es, una prohibición de lesiones. La igualdad substancial es, por el contrario, la igualdad en derechos sociales, que en cuanto derechos a la reducción de las desigualdades económicas y materiales imponen, para su garantía, un paso hacia adelante a la esfera pública, es decir, una obligación de prestaciones. Por esto podemos también llamar a la primera igualdad liberal y a la segunda igualdad social.

Ahora bien, la tesis que aquí sustentaré está dirigida a cuestionar um viejo lugar común, propio sobre todo de las culturas de la derecha; las cuales tienden a oponer entre sí la igualdad formal y la igualdad substancial, contraponiendo libertad e igualdad, dignidad individual y justicia social, derechos de libertad y derechos sociales, dimensión formal y dimensión substancial de la democracia, políticas distributivas y desarrollo económico. Pretendo ilustrar, precisamente, tres nexos: el existente entre igualdad formal e igualdad substancial, en virtud del cual el fortalecimiento de una conlleva el fortalecimiento de la otra (§ 2); el nexo entre crecimiento de la igualdad substancial y crecimiento económico e, inversamente, entre excesivas desigualdades y crisis de recesión de la economía (§ 3); finalmente, el nexo entre la igualdad en sus dos dimensiones y la democracia e, inversamente, entre el crecimiento de las desigualdades y la crisis de la democracia que se manifiesta en la distancia creciente de la política respecto de la sociedad y en su abdicación a la función de gobierno de la economía (§ 4). La única alternativa realista a una crisis de este tipo, sea de la economía o de la democracia, será por eso indicada en una política opuesta a aquella practicada en los dos últimos decenios, esto es, una política dirigida a la reducción de las desigualdades a través de la garantía de los derechos sociales y del trabajo (§ 5).

# 2
# El nexo entre igualdad formal e igualdad substancial

El nexo entre las dos igualdades se revela en el terreno de la efectividad de ambas. Por un lado, la reducción de las desigualdades materiales es una condición necesaria, no sólo del "pleno desarrollo de la persona humana" del que habla el segundo inciso del citado artículo 3 de la Constitución italiana, sino también de la "igual dignidad social" de todas las diferentes identidades, afirmada por el primer inciso del mismo artículo. Por otro lado, el grado de igualdad substancial depende del grado de igualdad y no discriminación en las oportunidades, que a su vez equivale al grado de efectiva igualdad en la libertad de realizar los propios proyectos diferentes de vida. Existe por lo tanto una relación de sinergia entre las diversas clases de derechos fundamentales sobre las cuales se fundan las dos igualdades: una relación por la cual el grado de igualdad substancial determina el grado de efectiva no discriminación de las diferencias y viceversa. En decir, en la medida en que los derechos de libertad y los derechos civiles y políticos, en los cuales consiste la igualdad formal o liberal, son efectivos y las personas se perciben como iguales en cuanto a la garantía de los derechos sociales – a la salud, a la instrucción y a la subsistência – en los cuales consiste la igualdad substancial, se asegura su ejercicio consciente y se realiza una relativa igualdad también en las condiciones materiales de vida. Inversamente, las desigualdades sustanciales son siempre un producto de discriminaciones, que a su vez son un vehículo de desigualdades: las desigualdades, por ejemplo en el tratamiento salarial – entre hombres y mujeres, entre ciudadanos y migrantes, entre quienes tienen garantías y quienes no, entre mayorías y minorías étnicas – suelen ser el fruto de discriminaciones por diferencias. Recordaré un solo dato, impresionante: en 2009 el ingreso medio neto de las familias blancas en los Estados Unidos fue de 113.149 dólares, más de 20 veces el valor medio del ingreso de las familias afro-americanas (5.677 dólares) y 18 veces de aquel de las familias hispanas (6.325 dólares).

Hay en suma una relación de interacción entre desigualdades y discriminaciones que hace que unas sean un factor y un multiplicador de las otras. Como las investigaciones empíricas han ampliamente mostrado las desigualdades se heredan, dependiendo de las diferencias de condiciones personales y sociales, de las oportunidades ofrecidas por las relaciones familiares, en breve, del nacimiento mucho más que del mérito y operan a su vez como ulteriores factores de discriminación y, nuevamente, de desigualdades. El fenómeno se ha ido agravando en estos últimos años con la crisis económica y el consiguiente crecimiento de las desigualdades materiales, que substancialmente interrumpieron la movilidad social, no sólo en Italia sino en todos los países occidentales; hasta el punto de que precisamente Estados Unidos, tradicionalmente considerado el país de máxima movilidad intergeneracional, es hoy el país de máxima inmovilidad a causa del crecimiento, mayor que en cualquier otro país, de las desigualdades económicas y sociales.

## 3
# Igualdad sustancial y desarrollo económico: desigualdad y crisis de la economia

Hay además un nexo entre niveles relativamente avanzados de igualdad substancial, asegurados por las políticas de welfare, y desarrollo económico. Contrariamente al lugar común liberista, los gastos sociales requeridos para la garantía de los derechos sociales – a la salud, a la instrucción, a la subsistência – no son un lujo y, aunque costosos, lo son mucho menos que su falta de ejecución. Son en efecto las inversiones más productivas, ya que no hay productividad individual ni colectiva en ausencia de garantías de los mínimos vitales: de los niveles mínimos de salud y subsistencia, de instrucción básica y de condiciones civiles de existencia. De aquí el valor de la igualdad substancial y de las políticas dirigidas a reducir las desigualdades no sólo como fines en sí mismos, sino también para los fines del crecimiento económico.

Prueba de ello es que los países aún hoy más ricos, como son todavía gran parte de los países europeos, son también los países en los cuales más se ha desarrollado el Estado social. Pero lo prueba también la historia misma de nuestro país, cuyo desarrollo económico en los primeros 35 años de la República fue acompañado y, añadiría, determinado por la construcción del Estado social en materia de salud, de instrucción, de providencia social, y de derechos y garantías del trabajo; ahí donde el estancamiento y posteriormente la recesión de los sucesivos 35 años ha sido acompañada y, nuevamente, determinada por los recortes al gasto social y por la demolición de todo el derecho laboral, que ha provocado el aumento del desempleo, ha destruido profesiones y competencias, ha humillado, debilitado y deprimido a los trabajadores, reduciendo su productividad.

No menos evidentes son por eso el nexo inverso y el círculo vicioso y perverso entre desigualdad, reducción de las garantías de los derechos sociales y decrecimiento económico. El crecimiento de la desigualdad equivale por un lado al crecimiento de la pobreza y por otro al crecimiento de la riqueza, que son una y otra factores de recesión: la excesiva pobreza porque determina una reducción de los consumos, de la demanda, y por ende de las inversiones y del empleo; la excesiva riqueza porque siempre más se invierte en la especulación financiera, o peor en la corrupción o cuanto menos en el condicionamiento del sistema político mediante financiamientos de partidos, adquisición de periódicos y televisoras, confusiones y conflictos de intereses y de poderes.

## 4
## Igualdad y democracia: el anticonstitucionalismo de las derechas

¿De qué depende dicho crecimiento de las desigualdades? Depende, evidentemente, de las políticas lideristas adoptadas en estos años, primero en los Estados Unidos y luego en Europa, y que en un primer momento han determinado la crisis y luego la han agravado, proponiéndose pese a todo como terapia de los mismos males provocados por ellas: la radical desregulación de las relaciones de mercado y en particular de las actividades financieras; la reducción de los impuestos a los ricos; los recortes al gasto público para la garantía de los derechos sociales; la disminución de los salarios y de las pensiones más pobres; la precarización del trabajo y la demolición del derecho y de los derechos de los trabajadores. El sometimiento de nuestros gobiernos europeos a las finanzas, los cuales han erogado en estos últimos años miles de billones de euros para salvar a los bancos, después de haberlos privatizado y haberles permitido apostar en los mercados accionarios, mientras que no lograron encontrar pocas decenas de billones para salvar a Grecia del desastre económico y social.

Paso así al nexo que liga igualdad y democracia, aún más estrecho y evidente de aquél que une igualdad y desarrollo económico. La igualdad, en ambos sentidos arriba distinguidos – como igualdad formal en la garantía de los derechos políticos, civiles y de libertad, y como igualdad substancial en la garantía de los derechos sociales – no es más que la forma jurídica tanto de la dimensión formal como de la dimensión substancial de la democracia, de tal manera que su crisis hodierna se resuelve inevitablemente también en una crisis de la democracia. Existe ante todo ese nexo conceptual entre la igualdad y el universalismo de las diversas clases de derechos fundamentales – los derechos políticos, los derechos civiles, los derechos de libertad y los derechos sociales –, correspondientes a otras tantas dimensiones de la democracia constitucional: la igualdad formal en los derechos políticos que corresponde a la democracia política o representativa; aquella también formal en los derechos civiles que corresponde a la democracia civil, propia de las relaciones de mercado; aquella substancial en los derechos de libertad que corresponde a la democracia liberal o liberal-democracia; aquella igual mente substancial en los derechos sociales que corresponde a la democracia social o social-democracia.

Hay luego un nexo más específico entre igualdad substancial y democracia. Éste atañe a los presupuestos sociales de la democracia, inevitablemente amenazados por una excesiva desigualdad económica y social. El grado de igualdad substancial determina, en efecto, el grado de unidad y de cohesión al interior de una comunidad política: en tanto las personas se reconocen como pertenecientes a una misma comunidad, esto es a un mismo pueblo, en cuanto son y se perciban como iguales por ser igualmente titulares de los mismos derechos. Es la igualdad en los derechos – los iura paria de los que habló Cicerón dos mil años atrás – la que hace de una multitud un pueblo y la que funda su cohesión, solidaridad, sentido común de pertenencia a una misma institución política. La igualdad substancial se revela así como el término de mediación que liga las tres clásicas palabras de la Revolución francesa: liberté, égalité, fraternité. Ella forma, en efecto, el presupuesto de la efectividad de la igualdad formal y de derechos de libertad y, por otro lado, la condición de la solidaridad social, esto es, de la fraternidad y por ende de la unidad de un pueblo en el único sentido en el que tal unidad merece ser perseguida.

Aquellas tres palabras de la Revolución Francesa son por el contrario constantemente puestas una en contra de la otra por las diversas ideologías y políticas de la derecha. Para las derechas, en efecto, la fraternidad (o solidaridad) y la igualdad ni siquiera son valores, dado que a ellas viene contrapuesto, por parte de sus culturas, el valor de la competencia en las ideologías liberistas y una antropología de la desigualdad en las subculturas reaccionarias de tipo clasista, machista o racista. Por lo que respecta a la libertad, debido a que las derechas conciben como libertad la propiedad privada y los derechos del mercado que son en realidad derechos-poder sobre los cuales se basa – como ya dije – la desigualdad, ella no sólo no está implicada en la cultura liberal, sino incluso es contrapuesta a la igualdad.

De aquí se sigue el tendencial anti-constitucionalismo de las derechas. El constitucionalismo democrático, fundándose en el principio de igualdad en los dos sentidos arriba distinguidos, esto es, en la igual valoración de todas las diferencias de identidades y sobre la reducción de las desigualdades económicas, requiere un paso atrás de la esfera pública para la garantía de las libertades individuales, y entonces un modelo de Estado liberal (y de derecho penal) mínimo, y un paso hacia adelante para la garantía de los derechos sociales, y por lo tanto un modelo de Estado social máximo. La derecha por el contrario, en sus dos diversos componentes, sostiene exactamente lo opuesto: derecho penal máximo invocado por sus componentes reaccionarios, los cuales piden un paso hacia adelante del Estado sólo en contra de la delincuencia de los pobres y en contra de la inmigración y, por otro lado, su intromisión en todas las cuestiones bioéticas, desde la indisolubilidad del matrimonio hasta la penalización del aborto, desde los límites a la procreación asistida hasta los tratamientos obligatorios en contra del derecho de morir de muerte natural y, por el contrario, Estado social mínimo promovido por sus componentes liberalistas, que reivindican por el contrario el paso hacia atrás de la política y del derecho con respecto a las libres dinámicas del mercado y al crecimiento tanto de la riqueza como de la pobreza. Que son exactamente las posiciones de las dos derechas hoy dominantes y tendencialmente aliadas: una – xenófoba, racista, machista y antiliberal – hostil a la igualdad formal a través de los derechos de libertad; la outra – liberista y anti-social – hostil a la igualdad substancial a través de los derechos sociales.

Ahora bien, hoy la hegemonía cultural de las derechas en Europa se ha manifestado en el triunfo sea de las políticas represivas y racistas en contra de los migrantes, sea de las políticas liberistas conformes a la tesis no ya de la implicación sino de la contraposición de la así llamada "libertad", identificada esencialmente con los poderes económicos del mercado, y de su primacía con respeto a la igualdad y a la solidaridad, también a costa de un crecimiento exponencial de las desigualdades. De esto se sigue, además de la crisis económica, la crisis de la democracia. La excesiva desigualdad económica y material es en efecto destructora de la democracia, dado que por un lado se revuelve en una desigualdad también en la efectividad de los derechos de libertad y, por otro lado, opera como factor de disgregación y de ruptura de la cohesión y de la solidaridad social, determinando el socavamiento de la solidaridad, y con ésta del sentido de unidad y de pertenencia a una misma comunidad política. Piénsese en el mundo del trabajo, en el cual la demolición en estos años de los derechos de los trabajadores, la precariedad del trabajo, la multiplicación de las relaciones de trabajo y el crecimiento del desempleo pusieron en crisis, con la igualdad en los derechos, la cohesión de los trabajadores y con ella su subjetividad como sujeto político unitario. Palabras como "movimiento obrero" y "clase obrera" no acaso están fuera de circulación, habiéndose socavado, junto con la igualdad en los derechos y en las condiciones de vida y de trabajo, la solidaridad entre los trabajadores, quienes en vez de solidarizarse en luchas comunes, se ven constreñidos a entrar en competencia entre sí, cada uno en la búsqueda de relaciones privilegiadas con su propio empleador.

Pero piénsese, más en general, en el socavamiento de aquel presupuesto elemental de la democracia representado por aquellas que Habermas llamó las formas y las condiciones de la "acción comunicativa". Se explica en efecto sólo con el crecimiento de la desigualdad, con la precariedad de las condiciones de vida y de trabajo y con la consiguiente ruptura de las relaciones sociales de solidaridad provocados por las actuales políticas económicas, la degeneración en acto del debate político, su involución en un chismorreo pendenciero y venenoso bajo la insignia de la agresividad, de la difamación y de los insultos. Se explica además con el rebajamiento de las condiciones de vida de la gran mayoría de las poblaciones, simultáneo a los grandes enriquecimientos fruto de especulaciones o negocios sucios, el predominio en la opinión pública de las pasiones tristes del miedo, de la rabia, de la desconfianza de todos contra todos, de la primacía del interés personal y del desprecio de la política, que forman el terreno de cultivo de los muchos populismos. Se explica finalmente con esta disgregación del tejido civil y político producida por el crecimiento de la desigualdad, la crisis del proceso de integración europea, producida por una política insensata e irresponsable de recortes al gasto público y de sacrificios impuestos a los estamentos más pobres, que en toda Europa está provocando, junto a los éxitos de las derechas populistas y antieuropeas, una destrucción del europeísmo, esto es, del sentido de pertenencia a una comunidad de iguales.

# 5
# La reducción de las desigualdades y la garantia de los derechos sociales como la sola alternativa racional a la crisis de la democracia y de la economia

Si todo esto es verdad, una política dirigida a enfrentar la crisis económica y, junto con ello, a defender la democracia, no puede que ser más que una política dirigida a garantizar y a promover la igualdad en ambos significados ilustrados al comienzo. De las dos igualdades arriba distinguidas, ambas constitutivas de la identidad democrática de nuestro ordenamiento, la igualdad formal o liberal es un principio estático; la igualdad substancial o social es, por el contrario, un principio dinámico que impone el progreso de nuestro sistema político en dirección de su máxima realización. Adoptando una distinción en uso en la hodierna filosofía del derecho, diremos que mientras el primer inciso del artículo 3 de la Constitución italiana sobre la igualdad formal es una regla, consistente en la prohibición de las discriminaciones de todas las diferencias por éste enunciadas y valorizadas, el segundo inciso, estableciendo la tarea de remover las desigualdades substanciales, es un principio directivo nunca plenamente realizado y sólo imperfectamente realizable, que equivale por ende a una norma de alcance revolucionario que impone un proyecto político de transformación de la sociedad y una constante reforma del ordenamiento en dirección de la construcción de la democracia substancial además de formal. Resulta de ello una imagen dinámica de nuestro ordenamiento y, al que corresponde, una mutación del papel y del estatuto epistemológico de la ciencia jurídica: no más la simple descripción y contemplación acrítica y avaluativa del derecho vigente, siguiendo las prescripciones del viejo método técnico-jurídico, sino más bien una ciencia jurídica militante, comprometida con la defensa de la Constitución y en proponer proyectos de sus leyes de realización para la garantía de los principios y de los derechos constitucionalmente establecidos.

En esta perspectiva, el proyecto de la igualdad substancial requeriría, hoy, un cambio de ruta de las actuales políticas económicas: ya no las medidas liberistas consistentes de hecho en la doble abdicación, en favor de los poderes salvajes de los mercados, una de la política a su rol de gobierno de la economía y otra del derecho a su rol de garantía de los derechos, sino más bien una política y economía acordes con la función de la esfera pública como esfera separada y normativamente supraordenada a las esferas económicas privadas. Esta función de la esfera pública se afirmó con el nacimiento del Estado moderno, aun antes que de la democracia, y está delineado por casi todas las constituciones europeas: por los art. 41-43 de la Constitución italiana sobre la función social de la propiedad, sobre los límites a la iniciativa económica para la garantía de la seguridad, de la libertad y de la dignidad humanas y sobre las posibles nacionalizaciones de empresas y servicios de utilidad general; pero también por los art. 14-15 de la Constitución alemana, por el III de la Constitución española, por la parte II de la Constitución portuguesa y por los art. 17-18 de la Constitución griega.

Un tal modelo y proyecto puede realizarse, en primer lugar, mediante un proceso reconstituyente de nuestras democracias constitucionales. Dicho proceso requiere de una política social y fiscal en grado de destruir la espiral perversa entre crisis económica y crisis de la democracia, responsable del progresivo agravamiento de una y de la otra. Requiere, por ende, la efectiva garantía de los derechos sociales, que no es una opción dejada a la discrecionalidad de la política, sino más bien una obligación constitucional, y consiguientemente una imposición fiscal realmente progresiva. No se entiende en efecto por qué, en contraste con el artículo 53 de la Constitución italiana, la alícuota máxima del impuesto sobre las rentas es en Italia de 43%, la misma para quien gana 75 mil euros al año y para quien gana cien veces más, y hasta se le quiere bajar, según el programa del actual gobierno[i], 2 al 20%. Recordemos que un impuesto de hasta el 90% fue previsto en los Estados Unidos por Roosevelt en los años de la guerra, y hasta el 70% todavía en los años de la presidencia de Lindon Johnson. Pero el proceso reconstituyente de nuestras democracias requiere además de una ampliación a los poderes económicos del paradigma constitucional y, por ende, el desarrollo de un constitucionalismo ya no sólo de derecho público sino también de derecho privado: la restauración del derecho laboral y de sus garantías de estabilidad; la sustracción al mercado de los bienes comunes y vitales como el agua, el aire y más en general todos los bienes que son objeto de derechos fundamentales; la sujeción a la ley y más aun a la Constitución de los poderes de otra forma absolutos y salvajes de la autonomía privada. No es menos esencial el proceso constituyente que debe ser promovido más allá y por encima del constitucionalismo de los Estados, en el que se tomen en serio las numerosas cartas de los derechos de carácter supranacional. La perspectiva de largo plazo es la de un constitucionalismo internacional para la ejecución de estas cartas, desde la Declaración de 1948 hasta los Pactos de 1966, la cual sólo puede surgir de la construcción de una esfera pública planetaria a la altura de los actuales poderes económicos y financieros globales. Pero en una perspectiva más breve y urgente, lo que se requiere es, cuando menos, un serio proceso constituyente europeo. A causa de las políticas antisociales rigoristas hasta hoy impuestas por los órganos comunitarios, el sueño de una Europa unida se transformó, en efecto, para muchos pueblos europeos, en una pesadilla: en el aumento de la pobreza y del desempleo, en la reducción de las prestaciones del estado social, en el desarrollo de un antieuropeísmo creciente y rabioso. De aquí la necesidad de una refundación constitucional de una Europa federal y social, y de la institución, para tal fin, de una Asamblea Constituyente Europea. Sólo una Constitución aprobada por un Parlamento constituyente puede en efecto marcar el paso de la Unión Europea de la actual forma internacional a la forma constitucional: en tanto sistema federal generado ya no por tratados, sino más bien por un poder político constituyente legitimado por el voto de todo el electorado europeo, y dotado, por ende, de la legitimación democrática que derivaría de su refundación institucional según el

---

i    Gobierno de derecha y populista de la Lega Nord y del Movimiento Cinque Stelle, electo en marzo 2018 (Ndts.).

modelo de los estados federales: con la atribución de funciones legislativas a un Parlamento electo sobre listas electorales europeas; con la institución de un gobierno federal vinculado a éste por un relación de confianza o de alguna forma electo también éste sobre bases europeas; con un banco central dotado de los poderes de todos los bancos centrales; con uma fiscalidad común y un gobierno común de la economía.

La actual Unión Europea, por lo demás, es ya, formalmente, una federación, si con "federación" entendemos un ordenamiento basado en la separación entre instituciones y competencias federales e instituciones y competencias federadas, y sobre la atribución a las primeras de poderes de producción de normas que entran directamente en vigor en los ordenamientos federados sin necesidad, cada vez, de una ratificación específica para ellas. Pero la dimensión todavía internacional más que constitucional de la Unión está aún determinada por el hecho de que las políticas europeas son decididas sobre la base no ya directamente de un interés general europeo, sino mediante la composición pactada de los intereses de los Estados miembros, inevitablemente en competencia entre sí: una composición y una competencia en las cuales están obviamente destinados a prevalecer los intereses de los Estados más fuertes. No existe por ende un gobierno europeo orientado y vinculado al cuidado de los intereses generales de la Unión, sino una suerte de consenso internacional en el marco del cual se puede, cuando mucho, realizar una constante mediación entre todos los intereses en conflicto. Se entiende por qué – no obstante la Carta de los derechos fundamentales incorporada en el Tratado europeo – esta carencia de una esfera pública orientada por el interés general de Europa entera se ha convertido, en presencia de la más grave crisis económica de la posguerra, en un factor de crecimiento de las desigualdades, de tensiones políticas, de disgregación y, por ende, de crisis del pacto unitario. Solamente una verdadera Constitución europea, que garantice la efectiva igualdad de todos los europeos en los derechos de libertad y en los derechos sociales y del trabajo, puede restaurar en el sentido común el sentimiento de cohesión y de pertenencia a la Unión y provocar una inversión de ruta de las políticas económicas de Europa: ya no las políticas rigoristas que hasta ahora han tenido el único efecto de acrecentar la desigualdad, sino políticas de desarrollo encaminadas al pleno empleo y a la garantía de los derechos de todos los ciudadanos europeos.

Una tal perspectiva – reconstituyente de nuestras democracias y constituyente de una esfera pública supranacional y por lo menos europea – es hoy la única alternativa racional a la regresión económica, civil y política de nuestro continente entero. Lamentablemente, el proceso de integración europea está en crisis y está invirtiéndose en un proceso opuesto de desintegración, causado por el resurgimiento de los nacionalismos y de los soberanismos, de las acusaciones y de las recriminaciones recíprocas que están envenenando las relaciones entre los países miembros, de la desconfianza en el futuro de la Unión y en el crecimiento de los movimientos antieuropeístas. Para sustentar el desarrollo en sentido federal de la Unión europea existen seguramente la razón jurídica y la razón política. Pero la razón, sabemos, no basta. A ésta, como siempre, se debería añadir una específica energía política, como la que sólo puede provenir de una refundación de la política y de un renovado descubrimiento del compromiso civil y de la pasión civil. Y al respecto, lamentablemente, es difícil hoy en día ser optimistas.

*Cómo evaluar las argumentaciones judiciales*[i]

---

i   Publicado anterimente em: *Diánoia*, v. LVI, n. 67, p. 113-134, nov. 2011. Autorização expedida por Editora Marcial Pons.

*Manuel Atienza*

Departamento de Filosofía del Derecho. Universidad de Alicante.
E-mail: manuel.atienza@ua.es.

**Resumen**: En este trabajo se trata de contestar a la cuestión de cómo evaluar los argumentos judiciales de carácter justificativo. Se precisa para ello el sentido de la tesis de la única respuesta correcta; se identifican diversos criterios de corrección y se presta una atención particular a los criterios de universalidad, coherencia, adecuación de las consecuencias, moralidad social y crítica, y razonabilidad.

**Palabras clave**: Única respuesta correcta. Coherencia, moralidad social y crítica. Razonabilidad.

**Abstract**: This article deals with the question of how to evaluate justificatory judicial reasoning. To this end, the author clarifies the meaning of the one-right-answer thesis, identifies a variety of criteria of correctness, and gives special attention to the ideas of universality, coherence, (good) consequences, social and critical morality, and reasonability.

**Keywords**: One right answer. Coherence, social and critical morality. Reasonability.

# 1
# Introducción

Hay varias maneras de entender los argumentos. En la teoría general de la argumentación es usual diferenciar entre la perspectiva lógica, la retórica y la dialéctica (Vega, 2003). Yo prefiero, en relación con la argumentación jurídica, distinguir entre una perspectiva formal, una material y una pragmática; en esta última cabe, a su vez, establecer una subdistinción entre una aproximación retórica y otra dialéctica (Atienza, 2006). En los muy diversos campos de la argumentación jurídica (argumentación judicial, forense, legislativa, dogmática; argumentación en materia de hechos, interpretativa, etc.) es necesario considerar esas tres (o cuatro) perspectivas, aunque el peso relativo de cada una de ellas no es el mismo; por ejemplo, la perspectiva retórica desempeña un papel esencial en relación con la argumentación de los abogados, pero tiene un menor relieve (lo que no quiere decir que carezca de importancia) en relación con el razonamiento justificativo de carácter judicial.

Una teoría de la argumentación jurídica debe ser capaz de contestar a estas tres preguntas básicas: cómo analizar una argumentación; cómo evaluarla; cómo argumentar. Por lo demás, la argumentación se entiende aquí como un acto de lenguaje complejo, como una actividad, que comienza con el planteamiento de un problema (por ejemplo, ¿se debe declarar inconstitucional el artículo A de la ley L?) y termina con una solución (el artículo A debe declararse inconstitucional). La actividad consta, entonces, de una serie de argumentos (aunque en una argumentación no todos los pasos son argumentativos) vinculados entre sí de muy diversas formas. Por consiguiente, evaluar una argumentación quiere decir tener en cuenta todo ese conjunto, aunque los problemas evaluativos puedan (suelan) focalizarse en algún argumento en particular. Por otro lado, cuando se trata de una argumentación judicial, lo que se toma en consideración no es la actividad en cuanto tal, sino el resultado de la misma: la argumentación plasmada en la motivación de la sentencia.

## 2
## Evaluación y contextos argumentativos

El análisis de una argumentación suele ser el paso previo a su evaluación. Necesitamos (o queremos) entender la argumentación que otro ha hecho para así poder evaluarla y adoptar alguna actitud al respecto: aceptar que la decisión así argumentada está justificada, discrepar de ella y escribir un artículo doctrinal mostrando por qué se trata de una argumentación equivocada, plantear un recurso "explotando" precisamente los errores argumentativos de la decisión, etcétera.

Por otro lado, dado el carácter práctico (vinculado a la acción) de las argumentaciones jurídicas, es importante precisar que evaluar un argumento no es exactamente lo mismo que evaluar una decisión o una acción; y tampoco deben confundirse la evaluación de los argumentos teóricos y la de las creencias o teorías que éstos avalan. Es obvio que se puede decidir sin argumentar, sin ofrecer ningún tipo de razón, en cuyo caso, el juicio que se haga sobre la decisión no tendrá que ver con ninguna argumentación previa (aunque sí podría tener que ver con la falta de argumentación: si se trataba de una decisión que tenía que ser fundamentada). Pero incluso cuando se decide argumentativamente, ambos aspectos pueden separarse: hay buenas decisiones mal argumentadas, y a la inversa, buenas argumentaciones en favor de decisiones erróneas. Conviene, además, reparar en que las "buenas" y las "malas" argumentaciones (como también las decisiones) pueden serlo en dos sentidos distintos: en sentido técnico y en sentido moral.

Una buena argumentación en sentido técnico quiere decir una argumentación hábil, basada en argumentos que puedan resultar efectivos para lograr cierta finalidad; pero, al mismo tiempo, esa argumentación podría ser mala moralmente (en el sentido amplio de la expresión) si, por ejemplo, oculta argumentos relevantes que servirían para refutar los anteriores (y si quien argumenta tuviera la obligación de ser imparcial: una misma argumentación puede ser mala – en sentido moral – si quien la efectúa es, por ejemplo, un juez que debe resolver un recurso, pero no si su autor es el abogado de una de las partes).

De todas formas, en relación con la actividad judicial, el ideal regulativo del estado de derecho es que las buenas decisiones sean precisamente las decisiones bien argumentadas. La obligación de motivar (que rige al menos en relación con las decisiones de alguna importancia) supone el cumplimiento de criterios formales (autoritativos y procedimentales) y sustantivos tendentes a asegurar que las decisiones vayan acompañadas de una argumentación – motivación – adecuada. Y por otro lado, el cumplimiento de esos criterios sería la garantía de que una decisión bien motivada no puede ser una mala decisión; o sea, el juez que fundamenta sus decisiones de acuerdo con el Derecho decide jurídicamente bien, aunque la decisión pudiera ser errónea desde otros parámetros: por ejemplo, porque aplica una norma injusta o porque no da como probado un hecho que se ha conocido vulnerando alguna norma jurídica.

Esto último no ocurre en relación con otras instancias jurídicas en las que las decisiones y los procesos de argumentación no tienen ese tipo de vinculación conceptual. La razón es que los órganos legislativos o administrativos, los abogados o los particulares no tienen el grado de compromiso con el Derecho que caracteriza a la función judicial. Ellos se sirven más bien del Derecho para obtener propósitos sociales e individuales; en general, la adecuación al Derecho es un límite, no el fin de su actividad. La argumentación y la evaluación de los argumentos se plantean, por ello, de manera distinta en una u otra instancia. Una sentencia puede ser anulada por carencia o defecto de fundamentación, pero esto no ocurre con las leyes; o, por lo menos, si ocurre es de manera muy excepcional (y en relación más bien con defectos de carácter formal y procedimental); en las normas legisladas existe un texto que se separa en cierto modo de los argumentos que hayan podido utilizar-se para justificarlo, pero en las de origen judicial, en los precedentes, la norma y su fundamentación son de alguna manera inseparables. Y en cuanto a los abogados, sus argumentaciones no son normalmente evaluadas en términos de validez, sino de eficacia.

En definitiva, la pregunta de qué es un buen (y un mal) argumento tiene respuestas distintas en los distintos campos de la argumentación jurídica, entre otras cosas porque las finalidades que se persiguen al evaluar una argumentación jurídica son diferentes, según cuál sea la instancia argumentadora y la que efectúa la evaluación. La evaluación de los argumentos es, pues, una cuestión fundamentalmente contextual, pero eso no quiere decir que no haya criterios – criterios objetivos – para llevarla a cabo. Quiere decir que los criterios no pueden ser exactamente los mismos para todas las instancias jurídicas.

# 3
# La evaluación del razonamiento judicial

Centrémonos entonces en la evaluación de las argumentaciones judiciales de carácter justificativo. Considerando las tres aproximaciones a la argumentación antes señaladas, la obligación de los jueces de motivar sus decisiones significa que deben ofrecer buenas razones en la forma adecuada para lograr la persuasión. Un buen argumento, una buena fundamentación judicial, significa, entonces, un razonamiento que tiene una estructura lógica reconocible y que satisface un esquema de inferencia válido – deductivo o no –; basado en premisas, en razones, relevantes y suficientemente sólidas (al menos, más sólidas que las que pudieran aducirse a favor de otra solución); y que persuade de hecho o que tendría que persuadir a un auditorio que cumpliera ciertas condiciones ideales: información suficiente, actitud imparcial y racionalidad. Si nos fijamos también en la actividad de argumentar (y no sólo en el resultado), a las condiciones anteriores habrá que añadir el respeto de las reglas de la discusión racional por parte de los participantes en la argumentación, de los autores de la motivación.

Además, para evaluar los argumentos no ha de tenerse en cuenta únicamente, como es natural, que parezca que se cumplen esos requisitos. Han de cumplirse de hecho, y de ahí la importancia de una teoría de las falacias. Para evaluar un argumento no nos basta con saber lo que son (con ser capaces de detectar) los buenos y los malos argumentos, también necesitamos identificar los que parecen buenos pero no lo son. Ahora bien, lo anterior no es suficiente para poder evaluar cualquier razonamiento judicial. Para que lo fuera, habría que suponer no sólo que ésos son todos los criterios posibles, sino también que los mismos son objetivos, esto es, que tienen el mismo significado para todos los que participan en una argumentación y determinan, en consecuencia, cuál es la solución – la argumentación – correcta en cada caso. Y esto no es algo que todos estén dispuestos a aceptar. Seguramente son pocos los que dudan de la objetividad de la lógica, o sea, de los criterios de naturaleza formal: qué forma o qué esquema argumentativo es válido o no lo es; pero esto, como bien sabemos, resulta manifiestamente insuficiente para poder evaluar un argumento en una empresa – la del Derecho – que no es de naturaleza propiamente formal. Y, con respecto a los que hemos denominado criterios materiales y pragmáticos, el acuerdo simplemente no existe. La teoría de las fuentes, de la validez y, sobre todo, de la interpretación son territorios donde reina la disputa; o sea, no hay un acuerdo, por ejemplo, en cuanto a cómo jerarquizar los cánones interpretativos, en qué condiciones uno de ellos prevalece sobre los demás, etc. Y a propósito de los criterios pragmáticos, las razones para el escepticismo son varias: no se ve por qué el que un argumento persuada de hecho a todos o a la mayoría de un auditorio pueda servir como criterio de objetividad, pues efectividad no quiere decir validez; la idea de un auditorio ideal (bien se trate del auditorio universal de Perelman, de la comunidad ideal de diálogo de Habermas o de cualquier otra construcción por el estilo) suscita también muchas dudas, puesto que – se suele decir – como se trata de construcciones que no reflejan ninguna realidad, lo único que puede hacerse con ellas son conjeturas, suposiciones; y otro tanto vale en relación con las reglas del discurso racional: nadie argumenta realmente de esa manera y, desde luego, tampoco los jueces.

Pues bien, el argumento escéptico, el que esgrimen los defensores del carácter indeterminado del Derecho, suena de esta manera: en el Derecho (a diferencia de lo que podría ocurrir en otros campos, como en la ciencia) no hay criterios objetivos para juzgar acerca de la calidad de los argumentos, pues con frecuencia (digamos, en los casos difíciles) no hay acuerdo con respecto a cuál es la solución para una cuestión jurídica; no es sólo que cada una de las partes enfrentadas en una controversia pretende tener razón y ofrece argumentos en su favor y para refutar los contrarios, sino que la discrepancia aparece también en relación con instancias ajenas al conflicto, como los jueces que han de resolver el pleito o los dogmáticos o teóricos del Derecho que se plantean el problema en un nivel de mayor abstracción. El argumento escéptico, sin embargo, es susceptible de ser contestado de diversas maneras.

En primer lugar, lo anterior no quita que puedan existir criterios objetivos que las partes o quienes participan en una argumentación de cualquier otra manera sean incapaces de reconocer o bien no quieran hacerlo por cuestiones de interés personal, implicaciones políticas, de formaciones ideológicas, etc. O sea, que la gente discrepe con respecto a cuál es la respuesta correcta (o verdadera) a una cuestión (concreta o abstracta, teórica o práctica) no quiere decir que esa respuesta no exista (o que sea imposible encontrarla).

En segundo lugar, pudiera ser que la objetividad en el Derecho tuviera que construirse en términos distintos – menos flertes – que en la ciencia. Por ejemplo, podría aceptarse que los anteriores criterios no permiten determinar siempre una única respuesta (argumentación) correcta para cada caso, pero no pensar por ello que en este campo se carece de objetividad. La objetividad consistiría en que los criterios permiten, en todo caso, excluir muchas respuestas – muchas argumentaciones – como no correctas y muy a menudo (o por lo menos, frecuentemente) determinar una como la correcta.

En tercer lugar, también cabría cuestionar de dos maneras la falta de consenso que alega el argumento. Una consistiría en señalar que, si se vincula la idea de objetividad a la de consenso, no tendría que serlo (particularmente en un campo como el Derecho donde los intereses y valores de quienes participan en la argumentación son tan intensos) al consenso fáctico, sino al consenso racional. De nuevo: las discrepancias de hecho no prueban que seres bien informados, con actitud imparcial y que actúen racionalmente también discreparían. Y la otra manera consistiría en señalar que la falta de acuerdo en relación con cuál es la respuesta (la argumentación) correcta a un problema jurídico (desacuerdo que, por otro lado, pudiera estar magnificado, como consecuencia de que la teoría del Derecho se centra en exceso en los casos difíciles o muy difíciles) no supone necesariamente falta de acuerdo en cuanto a los criterios que se han de utilizar para evaluar una argumentación, sino en cuanto a su aplicación. De hecho, no sería difícil hacer una lista con las objeciones estándar que los juristas suelen esgrimir cuando critican una decisión judicial; por ejemplo: carece de motivación o la misma es muy oscura y/o insuficiente; incurre en contradicción (a propósito de cuestiones de hecho o de Derecho); no aplica el Derecho vigente, o lo interpreta mal; comete algún error al dar como probado cierto hecho; es ad hoc, es decir, se basa en una razón, en un argumento, que no podría universalizarse; es incoherente, esto es, no es compatible con los principios y valores del ordenamiento jurídico, o bien (en cuestiones de hecho) con el conocimiento científico y la experiencia disponible; produce consecuencias inasumibles; contradice alguna norma de la moralidad social; va contra algún principio moral (con independencia de que éste sea o no asumido por la opinión pública o por la mayoría de la misma).

Y, en fin, en cuarto lugar, negar que existan criterios objetivos implicaría también reconocer que no es posible una crítica (una crítica racional, fundada) de las decisiones judiciales, lo cual parece contradecir lo que son nuestras prácticas que, si tuvieran razón los escépticos, carecerían de sentido. Si (en los casos difíciles) no existen tales criterios, entonces lo único que queda es la autoridad; esto es, los jueces (digamos, los jueces supremos, los que ponen fin a las controversias) no podrían cometer errores: sus decisiones no sólo serían últimas, sino también infalibles.

# 4
# La tesis de la única respuesta correcta

La cuestión de si existe o no una única respuesta correcta (en los casos difíciles), o sea, si el Derecho es o no capaz de determinar una solución para cada caso (o hasta qué punto es capaz de hacerlo), es una de las cuestiones más debatidas en la teoría del Derecho contemporánea.

Pero se trata de una discusión en relación con la cual conviene hacer, al menos, estas dos precisiones. La primera es que la cuestión no se plantea en términos generales, para cualquier argumentación jurídica, sino únicamente a propósito de la argumentación judicial, esto es, cuando se trata de la aplicación de normas generales a casos concretos, o bien de la comparación entre normas para determinar si una contradice o no a la otra. En particular, no se plantea en relación con la justificación de normas generales (argumentación legislativa *latu sensu*), ni mucho menos a propósito de la argumentación de los abogados. Es importante darse cuenta de esa restricción que tiene que ver con algo que ya anteriormente se ha puesto de manifiesto: los jueces tienen que dar respuesta a problemas que son una "simplificación", en cuanto que el Derecho traduce el problema social que suscita el conflicto a su característico código bivalente: el acusado es culpable o inocente; la ley, constitucional o inconstitucional, etc. Por eso, entre otras cosas, nadie erige la pretensión (salvo en algún caso muy excepcional) de que tal ley es la única correcta, mientras que la decisión que consiste en absolver a X de tal delito puede perfectamente ser considerada como la única correcta, aunque (pongamos por caso) el juez que la toma puede incluso pensar que muy probablemente X cometió el acto de que se lo acusa, pero que eso no resultó debidamente probado durante el juicio.

La segunda precisión es que la cuestión de si existe o no una única respuesta para cada caso (susceptible de ser resuelto judicialmente) no puede ser (no es) contestada simplemente con un sí o un no. Las posiciones al respecto admiten muchos matices, muchas graduaciones, de manera que es posible ordenarlas de acuerdo con una escala que tome en cuenta afirmaciones como las siguientes:

1. Existe una única respuesta correcta, que cabe extraer a partir de los principios del Derecho natural.

2. Existe una única respuesta correcta que deriva exclusivamente del Derecho positivo y de las reglas del método jurídico.

3. Existe una única respuesta correcta, pues cuando el Derecho positivo y el método jurídico no resultan suficientes, cabe acudir a la opinión de la comunidad en general o de la comunidad de los juristas o de los que gozan de mayor autoridad.

4. Existe una única respuesta correcta, pues el Derecho no es sólo un conjunto de reglas, sino una práctica guiada por principios y valores. La respuesta correcta es la que, respetando los materiales jurídicos, proporciona la mejor interpretación posible de los fines y valores que definen la práctica.

5. Existe una única respuesta correcta, pero sólo como una idea regulativa en sentido kantiano.

6. La idea de la única respuesta correcta es simplemente una ficción que, sin embargo, cumple una función útil en el razonamiento jurídico.

7. No siempre existe una única respuesta correcta de acuerdo con el Derecho, aunque eso no quiere decir que no exista otro tipo de criterios objetivos o cuasiobjetivos (morales, económicos, etc.) que, de alguna forma, "guían" las decisiones de los juristas (de los jueces).

8. Casi nunca existe una única respuesta correcta. El Derecho fija únicamente unos márgenes para la decisión pero, dentro de ellos, los juristas (los jueces) deciden en forma subjetiva e impredecible.

9. La noción misma de una única respuesta correcta para cada caso es una simple ideología que cumple la función de enmascarar el poder político de los jueces.

Por lo demás, incluso dentro de cada una de esas posturas sería posible establecer grados. Por ejemplo, en relación con la posición 4 – en la que, en principio, cabría ubicar a Ronald Dworkin[i] –, no es lo mismo

---

[i] Dworkin, 1984; 2007. Para una comparación entre la tesis de Dworkin de la única respuesta correcta y las teorías contemporáneas de la argumentación jurídica, cfr. Arango, 1999.

afirmar que siempre hay una respuesta correcta, o bien que casi siempre la hay; y no es lo mismo afirmarlo de manera general, o bien únicamente en relación con algún tipo de sistema jurídico[i]; etc. En la posición 7 se incluiría la postura de positivistas metodológicos como H. L. A. Hart (1997), Genaro R. Carrió (1971) o Neil MacCormick (1978)[ii], y también la de partidarios del análisis económico del Derecho como Richard A. Posner (1990) o autores como Aulis Aarnio (2010), cuya diferencia en relación con Alexy es que Aarnio entiende que los criterios del discurso racional están limitados a una forma de vida: la mejor (no la única) respuesta posible, para él, es la que resulta aceptable para la mayoría de una comunidad ideal (que respeta las reglas del discurso racional) pero particular (sus miembros comparten unos mismos valores básicos que pueden ser distintos de los de otra comunidad)[iii].

# 5
# Criterios de evaluación

Quienes defienden algún tipo de objetividad en el Derecho apelan a una pluralidad de criterios, en parte coincidentes y en parte no. Los criterios lógico-formales (los de la lógica deductiva) son aceptados por todos o casi todos (incluidos los más escépticos), pero su cumplimiento supone verdaderamente un límite poco significativo: es relativamente difícil encontrar una sentencia en cuya motivación se cometan errores lógicos en sentido estricto, esto es, errores inferenciales; a veces puede parecer que es así, pero suele bastar con añadir alguna premisa (que bien pudiera estar implícita) o con interpretar una de las premisas de cierta forma, para evitar esa impresión. Tampoco parecen suscitar dudas criterios de racionalidad muy básicos como, por ejemplo, la necesidad de ofrecer argumentos (y argumentos que puedan resultar comprensibles, que sean los relevantes para el caso y suficientemente completos) si se pretende justificar una decisión; o sea, puede haber dudas en cuanto a si se ha satisfecho o no el criterio, pero no en cuanto al criterio em sí. O el de no incurrir en contradicción, aunque aquí conviene hacer una precisión. La no contradicción es un requisito lógico que afecta las

---

i      Éste es un punto central en el debate entre Hart y Dworkin: cfr. Hart, 1997, y Rodríguez, 1997, que hace un análisis detallado de ese debate.

ii      Me refiero, por lo tanto, al MacCormick de la primera época. Luego evolucionó (MacCormik, 2005) para defender posturas próximas a las de Robert Alexy (la 5) y Dworkin.

iii      Una crítica a esa posición puede encontrarse en Atienza, 2010.

premisas: fácticas o normativas. Naturalmente, el juez puede encontrarse con dos relatos de los hechos que sean contradictorios entre sí, o con dos normas antinómicas que en principio podrían aplicarse a la situación. Pero si opta por uno de los dos relatos ha de ser porque lo considera mejor fundado que el otro (y por eso no incurre en contradicción), y otro tanto cabe decir en relación con la norma que decida aplicar. Esto es, una cosa es la argumentación vista como un proceso (en el transcurso del cual lo normal es que se formulen tesis contradictorias) y otra como un resultado (la motivación de la decisión, donde no cabe – si pretende ser racional – que se asuman premisas que sean contradictorias entre sí). Una situación distinta es cuando el juez basa su decisión en un hecho que realmente no ha sido probado (según las reglas de la prueba correspondientes), o en una norma que es inválida (de acuerdo con los criterios de validez del sistema). Si aquí tiene sentido hablar de contradicción es porque se presupone (como una especie de premisa última del razonamiento judicial) la obligación de los jueces de obedecer – o al menos de aplicar – el Derecho vigente.

De todas formas, los criterios de evaluación más importantes (y problemáticos) parecen ser los que hacen referencia a las nociones de universalidad, de coherencia, de aceptabilidad de las consecuencias, de moralidad social y de moral justificada (coincida o no con la moralidad social). Merece la pena examinarlos con un mínimo de detalle.

## 5.1 Universalidad

El requisito de universalidad se aplica en relación tanto con problemas normativos como con problemas de hecho y, en realidad, está también implícito en el propio esquema de justificación interna; o sea, la premisa mayor – normativa – del silogismo judicial tiene que ser un enunciado de carácter universal: para todo x, si x es P, entonces debe ser también Q. En ese sentido, es un requisito de carácter lógico; es decir, si no tuviéramos como premisa un enunciado normativo universal (y un enunciado fáctico que afirma que un individuo a pertenece a la clase de los x), no podríamos inferir un enunciado normativo singular (a debe ser Q). Esa noción lógica de universalidad es la que está detrás de lo que se ha llamado la "regla formal de justicia" – tratar igual a los seres pertenecientes a la misma categoría (Perelman, 1964) –; del imperativo categórico kantiano (cuya primera formulación dice que se debe obrar de tal manera que uno pueda universalizar la máxima de su conducta) o de una de las reglas fundamentales del discurso racional – Alexy

(1989, p. 283) la formula así: "todo hablante que aplique un predicado F a un objeto a, debe estar dispuesto a aplicar F también a cualquier otro objeto igual a a en todos los aspectos relevantes".

En relación con problemas normativos, lo que quiere decir es que el criterio utilizado para construir la premisa normativa, la ratio decidendi, no puede ser *ad hoc*; que si, por ejemplo, en el caso C la norma N se interpreta en el sentido N' es porque esa misma fue también la interpretación que en el pasado se hizo de los casos análogos a C y, sobre todo, será la que, en el futuro, se seguirá haciendo cuando aparezcan nuevos casos semejantes a C. Resulta, pues, obvio, que la aceptación del criterio (que, de nuevo, pocos discutirían; no es ni más ni menos que la regla del stare decisis que rige la utilización de los precedentes) no impide que puedan existir dudas, desacuerdos, en cuanto a si un determinado caso (definido por una serie de propiedades) cae o no bajo una determinada categoría general (la de los casos que sean C o análogos a C).

Importa también aclarar que universalidad no es lo mismo que generalidad. O sea, la universalidad es un requisito de tipo lógico que no tiene que ver con el grado de generalidad de la norma. Una norma muy específica (aplicable a muy pocos casos) puede (debe) ser también aplicada de manera universal y, por ello, decidir según criterios de equidad significa ir en contra de la generalidad de una norma (introducir una excepción para evitar una mala consecuencia), pero no de su universalidad. Algo que ya sabía Aristóteles cuando afirmaba que lo equitativo es justo (y la justicia es una relación de igualdad), pero no en el sentido de la ley, sino como una rectificación de la justicia legal (Aristóteles 1989, V, 10).

El requisito de universalidad se aplica también a problemas de tipo fáctico. En la justificación externa de la premisa fáctica tiene que figurar también un enunciado de tipo universal, aunque el mismo sea de carácter probabilístico; por ejemplo, un enunciado que diga que siempre que se den los hechos X, Y, Z (los hechos del presente considerados verdaderos: los hechos probatorios), es razonable suponer que ocurrió otro hecho del pasado, P (el hecho que se trata de probar).

## 5.2 Coherencia

La noción de coherencia desempeña hoy un papel muy importante, y no sólo en relación con el razonamiento jurídico; también en la epistemología, en la moral o en la lingüística existen muchas teorías de la coherencia. Quizá por ello, a veces se emplea, en la teoría del Derecho, la expresión en un sentido muy amplio, que englobaría todos los criterios de justificación; una decisión o un razonamiento coherente sería sinónimo de justificado (y las teorías de la coherencia se contraponen a las deductivistas o formalistas: las que no tienen en cuenta las razones subyacentes a las normas) (Amaya, 2006). Aquí se utilizará la expresión en un sentido más restringido; la coherencia es uno de los criterios para evaluar los argumentos, pero no el único ni necesariamente el decisivo. La idea de coherencia está ligada a la de consistencia lógica, pero difiere de esta última porque la coherencia se refiere a la compatibilidad (de una decisión, de una norma o de la narración de unos hechos) en relación con valores, principios y teorías. Por eso, mientras que la consistencia (lógica) es una propiedad que sencillamente se da o no se da, la coherencia es más bien una cuestión de grado: por ejemplo, la fundamentación de una decisión puede contener alguna inconsistencia lógica (resultar incompatible con alguna norma específica del sistema, con algún elemento probatorio) y, sin embargo, ser la más coherente de entre las posibles y, en consecuencia, estar justificada.

Se dice que una norma (o un conjunto de normas) es coherente si puede subsumirse bajo una serie de principios y valores: los del ordenamiento. Así, frente a un problema interpretativo, la razón para interpretar la norma N en el sentido N' y no en el sentido N'' es que N' es el que resulta más acorde con los principios y valores del sistema; si se quiere, con los principios y valores interpretados de cierta manera: de la forma que los hace más coherentes en relación con cierta filosofía moral y política. Es importante darse cuenta de que los principios y valores del ordenamiento no son exactamente los mismos (o no deben interpretarse de la misma manera) en todas las ramas del Derecho, y también de que esos principios y valores cambian de ordenamiento en ordenamiento (aunque entre los sistemas jurídicos de los estados constitucionales exista una amplia base común), de manera que la coherencia normativa (también la narrativa, de la que ahora se hablará) es básicamente un criterio contextual.

La coherencia narrativa es lo que permite considerar como probado un determinado hecho, una hipótesis fáctica, porque eso es lo que mejor encaja con una serie de hechos probatorios y con las leyes científicas, relaciones de causalidad, máximas de experiencia, etc., que nos permiten explicar el mundo. Como es más o menos obvio, esta noción de coherencia es lo que subyace al esquema de la abducción. En un ejemplo que se ha usado con frecuencia, Sherlock Holmes "adivinaba" que el ladrón del caballo no podía haber sido el forastero acusado, porque eso no encajaba con el dato de que nadie había oído ladrar a los perros que había en el establo y los perros acostumbran ladrar a los forasteros.[i]

La noción de coherencia es, por lo tanto, relativa (una norma, un hecho, es coherente en relación con...) pero no es puramente formal, en cuanto que remite a máximas de experiencia, teorías científicas, principios, valores con determinados contenidos. Es además dinámica, y en un doble sentido: lo que haya que entender por coherencia cambia a medida que lo hagan esas máximas, leyes, etc.; pero, además, si en un principio (digamos, en el tiempo T1) podían considerarse, por ejemplo, como igualmente coherentes, en relación con el problema P, las decisiones (en materia normativa o fáctica) D1 y D2, el haber optado por D1 puede hacer que (en el tiempo T2) el criterio incorporado en D2 deje de ser coherente para resolver problemas de ese tipo.

En fin, la coherencia es lo que justifica también las dos formas de argumentar más características del Derecho (y quizá no sólo del Derecho) cuando estamos en una situación en la que no se trata únicamente de deducir, o sea, en las premisas no contamos con toda la información necesaria y suficiente para arribar a la conclusión. Si la información de partida es insuficiente (existe una laguna), entonces argumentar significa agregar nueva información, y así es como se puede entender la analogía (en un sentido amplio, que incluye los argumentos a pari y a fortiori y, en cierto modo, el argumento a contrario, que viene a ser la negación de una analogía e implica también agregar nueva información); y si es contradictoria (existe una antinomia), entonces se trata de suprimir un pedazo de información, para lo que sirve el argumento ad absurdum. En el argumento *ad absurdum* se elimina un trozo de información (por ejemplo, una determinada interpretación normativa) para evitar la incoherencia; en la analogía, lo que se hace es agregar información, innovar (creando una nueva norma o ampliando el sentido de una ya existente) pero preservando las señas de identidad del sistema, la coherencia.

## 5.3 Adecuación de las consecuencias

Mientras que la coherencia mira hacia el pasado (en el caso de la coherencia normativa, hacia el sistema jurídico, hacia las normas establecidas; y en el de la coherencia narrativa, hacia la experiencia acumulada

---

i     La referencia es al relato de Connan Doyle, Silver Blaze. Lo usa, por ejemplo, MacCormik (1978).

del pasado), el criterio de las consecuencias se enfoca hacia el futuro. Por eso, los argumentos de coherencia son tan importantes en el razonamiento judicial, mientras que en el legislativo o en el de los abogados desempeña más bien el papel de marcar un límite, y lo fundamental son, precisamente, los argumentos consecuencialistas: lo que justifica dictar una norma con determinado contenido o avanzar una determinada estrategia de defensa o de acusación es la consecuencia que va a producir.

Las consecuencias se tienen en cuenta en relación con cuestiones normativas y también (si se quiere, indirectamente) a propósito de cuestiones de hecho; en casos de duda, una razón para no considerar probado que X dio muerte a Y puede ser la consecuencia que eso le podría acarrear a X; como se ve, éste es un rasgo que separa el razonamiento en materia de hechos de carácter jurídico del que se realiza en ámbitos en los que sólo cuentan propósitos epistemológicos: averiguar qué ocurrió. El criterio de las consecuencias significa que, en el Derecho (en el razonamiento judicial), las razones finalistas (como subespecie de las razones sustantivas; la otra subespecie son las razones de corrección) desempeñan un papel que puede ser mayor o menor, según el sistema jurídico (la tradición jurídica) de que se trate o la concepción del Derecho que se suscriba. Como se recordará, una razón de fin – acojo el criterio de distinción establecido por Summers (1978) – es una razón cuya fuerza justificativa deriva del hecho de que, si se toma tal decisión, es posible predecir que ésta tendrá efectos que satisfarán algún objetivo social valioso (la salud pública, la seguridad, la democracia); en una razón de corrección, por el contrario, lo que justifica la decisión es que esta misma se apoya en una norma socio-moral (de corrección) que se aplica a las acciones pasadas de las partes o al estado de cosas resultante de tales acciones (por ejemplo, evitar que alguien obtenga un beneficio de un acto ilícito suyo; proteger al que está en una situación de desventaja, etc.). La diferencia, por lo tanto, entre usar o no usar un criterio consecuencialista para evaluar la argumentación de una decisión consiste en que, en el primer caso, no se toma únicamente en consideración el resultado de la decisión (el estado de cosas vinculado conceptualmente con la decisión, con la acción), sino otros estados de cosas que se conectan con los anteriores por lazos de causalidad. Y de ahí la dificultad de usar ese criterio y la necesidad de ponerle límites. Dificultad, porque se trata de predecir efectos, estados de cosas del futuro, y ésa, normalmente, es una actividad compleja (mucho más que constatar que algo ha tenido lugar en el pasado) y las instituciones judiciales no suelen contar además con los recursos adecuados para ello (no están diseñadas para cumplir esa finalidad).

La necesidad de ponerle límites proviene de lo anterior, y también de que los efectos remotos (aunque ligados causalmente) con un estado de cosas no podrían considerarse ya como consecuencias en sentido estricto de la decisión; dónde situar ese límite es, obviamente, una cuestión que puede resultar controvertida.

Una manera (restringida) de interpretar el criterio de las consecuencias es hacerlo en términos de eficiencia económica. Una decisión judicial justificada (respetando ciertos límites marcados por el Derecho) será la que más contribuya a la maximización de la riqueza social, entendida en términos de satisfacción de las preferencias de los individuos. Uno de los criterios utilizados para ello es la optimización en términos paretianos, de acuerdo con la cual una distribución de recursos es superior a otra (debe ser preferida) si nadie empeora su situación y al menos hay alguien que la mejora. Ese criterio sólo puede aplicarse en casos muy excepcionales a las decisiones judiciales, pues, como consecuencia de éstas, casi siempre ocurrirá que alguien (una de las partes) sufra una pérdida. Por eso es más frecuente utilizar una modificación del criterio, el criterio Kaldor-Hicks, según el cual, aun habiendo ganadores y perdedores, una situación es superior (preferible) a otra si, en la primera, las ganancias de unos permiten compensar las pérdidas de los otros. Con todo, la eficiencia económica (en lo que se basa el análisis económico del Derecho) es un criterio problemático y que, en términos generales, no puede considerarse decisivo: su aplicación puede ser compleja y requerir conocimientos e informaciones de las que los jueces suelen carecer; no puede servir por igual para todas las ramas del Derecho. En algunas – por ejemplo, el Derecho fiscal – podría reconocérsele un papel central; pero en otras, como el Derecho penal, sólo podría desempeñar – si acaso – una función residual; hay muchos otros objetivos – además del de la maximización de la riqueza – que deben tenerse en cuenta en la justificación de una decisión judicial; las razones finalistas (las económicas son una subclase de éstas) no pueden prevalecer, por lo menos en términos generales, frente a las razones de corrección.

## 5.4 Moral social

La apelación a la moralidad social (a nociones – valores – característicos de la moral social) está incorporada en ocasiones explícitamente en normas jurídicas; en tales casos, el uso de tal criterio para evaluar las decisiones judiciales no ofrece duda (aunque, naturalmente, puede ser discutible si el juez ha interpretado bien o no el correspondiente critério de moralidad social). Lo que podría parecer más cuestionable es si ese criterio puede utilizarse (si tiene fuerza justificativa) cuando las normas del Derecho positivo no lo han previsto; o sea, si en los casos difíciles, cuando se trata de optar por una u otra interpretación a propósito de un determinado concepto valorativo (por ejemplo, cómo entender la libertad o los límites de la libertad), los jueces deben decidir de acuerdo con la opinión mayoritaria de la gente, deben seguir (utilizar como premisa de su razonamiento) la pauta marcada por la moral social y no la opinión que él, como individuo, considere preferible.

Pues bien, parece indudable que los criterios de moralidad social tienen que tener su peso en la argumentación (y en la evaluación de la argumentación) judicial. El juez no puede ser indiferente a (o contradecir) las convenciones sociales, como podría serlo, pongamos por caso, un individuo que argumenta a propósito de alguna cuestión con connotaciones morales. El juez ocupa cierta posición institucional y eso supone ciertos límites en cuanto al tipo de razones que puede usar y en cuanto al alcance de esas razones. Optar (dentro siempre de ciertos límites) por la moral social facilita, entre otras cosas, que su decisión sea persuasiva y eso, como se ha visto, es un elemento importante de la motivación de sus decisiones. Además, los criterios socialmente mayoritarios parecen estar vinculados a la idea de democracia: decidir como la mayoría preferiría que se hiciese parece un saludable ejercicio democrático particularmente exigible a quienes – como los jueces – no han sido elegidos para ocupar sus cargos mediante procedimientos democráticos. Y, en fin, quienes son escépticos en materia de moral suelen pensar que la mejor forma de cerrar la necesaria discrecionalidad que con frecuencia se abre a los jueces es precisamente ésa: optar por las valoraciones sociales predominantes.

Pero esto no es enteramente satisfactorio por varias razones:

1. Puede ocurrir que no sea fácil saber cuál es la opinión mayoritaria al respecto, o que simplemente no exista una opinión claramente mayoritaria.

2. No puede excluirse la posibilidad de que esas opiniones, aun siendo mayoritarias, sean expresión de prejuicios que van además en contra de los propios valores del ordenamiento; en muchas sociedades pueden predominar o tener un gran predicamento, por ejemplo, opiniones xenófobas o contrarias a los principios del garantismo penal, recogidos en todas las constituciones contemporáneas.

3. El recurso a la democracia, a la opinión de la mayoría, por parte de los escépticos o relativistas morales no parece estar bien justificado: si no hay criterios objetivos en materia de moral, tampoco lo será el basado en la democracia, en la opinión de las mayorías.

4. Las constituciones contemporáneas (por ejemplo, la española) incorporan un código moral (reflejado en las declaraciones de derechos) que no es simplemente la moral establecida; el Derecho no proporciona razones últimas de carácter justificativo, y tampoco puede hacerlo la moral social: los criterios últimos de justificación de los razonamientos jurídicos (judiciales) tienen que provenir de una moral racionalmente justificada que, por lo tanto, en ocasiones puede no coincidir con la moral social.

## 5.5 Moral justificada

Lo anterior parece avalar la utilización (al menos, en algunos casos) de criterios de una moral justificada a la hora de evaluar una argumentación judicial. Pero frente a ello suelen presentarse básicamente dos objeciones: no es necesario – o no se debe – recurrir a ese criterio; no es posible hacerlo.

La primera objeción se conecta con uno de los dogmas del positivismo (del positivismo metodológico): la necesidad de mantener la separación conceptual entre el Derecho y la moral. El Derecho debe (o ha de poder) identificarse sin recurrir a criterios morales. Algunos positivistas, como Raz (2001), piensan que eso es compatible con la tesis de que, a la hora de razonar de acuerdo con el Derecho (no a la hora de identificar el Derecho), el jurista (el juez) podría apartarse del contenido del Derecho para satisfacer razones morales; es una manera de incorporar, como criterio de evaluación de los razonamientos judiciales, las razones de una moral justificada, pero ciertamente resulta bastante extraño y contradictorio con lo que parecen ser las "intuiciones" de los juristas y de la gente normal y corriente (Atienza; Manero, 2007, p. 15-16). Otros (los positivistas incluyentes) dirían que el recurso a la moral sólo sería admisible si la regla de reconocimiento del sistema remite de alguna manera (para identificar el Derecho) a conceptos morales, como de hecho ocurre en el caso de todas las constituciones contemporáneas: "libertad", "igualdad", "dignidad humana", etc. Y el problema que se plantea entonces es cómo han de interpretarse estos conceptos: si ha de hacerse manteniéndose dentro del Derecho o si cabe acudir a criterios "externos" y, en este último caso, si han de ser los de la moralidad social u otros. En realidad, este planteamiento supone que se puede distinguir siempre con nitidez entre el Derecho y la moral (entre criterios "internos" y "externos"), y eso no parece ser así. En algunos aspectos, las fronteras entre el Derecho y la moral son sencillamente fluidas o imposibles de trazar. Aunque se acepte como criterio para identificar el Derecho la regla de reconocimiento, las razones por las que un jurista (un juez) acepta esa regla no pueden ser más que morales (basadas en una moral justificada), y eso tiene consecuencias en relación con su razonamiento justificativo; incluso en los casos fáciles, tanto la premisa normativa como la fáctica descansan en último término en la aceptación por parte del juez de seguir los criterios del ordenamiento jurídico (de obedecer al Derecho), o sea, la premisa última es de naturaleza moral. Y cuando se trata de interpretar los conceptos valorativos, morales, de la Constitución (como los anteriormente señalados), parece evidente que no cabe otra cosa que recurrir a alguna filosofía moral y política; la diferencia aquí parece radicar en que se haga de manera explícita o no; en que se sea o no consciente (o más o menos consciente) de lo que se hace.

Por eso, la segunda, y más importante, objeción es ésta: ¿cuál es la moral justificada, la moral a la que debe acudir el juez?; ¿acaso existe alguna? Si no fuera así, como piensan muchos positivistas (no todos) y los defensores de las teorías críticas del Derecho, lo único que cabría es reconocer que en la argumentación judicial hay un componente (mayor o menor) de carácter irracional o arracional, el cual, por lo tanto, no parece apto para ser usado como criterio de evaluación. Pero ésa no tiene por qué ser una conclusión inevitable. En la filosofía moral existen diversas propuestas de teorías éticas – de ética normativa – que sostienen (con diversas intensidades) el objetivismo moral y que, en consecuencia, podrían ser aptas para desempeñar esa función: suministrar un método para descubrir la moral correcta. En mi opinión, la postura más adecuada es la del llamado constructivismo o procedimentalismo moral, en alguna versión como la suscrita por John Rawls, por Jürgen Habermas o por Carlo S. Nino que, por lo demás, son sustancialmente coincidentes. La base de ellas, por cierto, es que los principios de una moral justificada serían aquellos a los que llegarían por consenso un conjunto de agentes que discutieran respetando ciertas reglas más o menos idealizadas. Los criterios para evaluar los razonamientos judiciales remiten, por lo tanto, a la argumentación racional. Es importante, por lo demás, aclarar que defender una posición objetivista de la moral no es lo mismo que defender el absolutismo moral; el objetivista sostiene que los juicios morales incorporan una pretensión de corrección, pero están abiertos a la crítica, a la discusión racional y, por lo tanto, pueden ser modificados, no son absolutos. Además, la pretensión de corrección de los juicios morales no equivale del todo a la pretensión de verdad de los juicios científicos; la objetividad moral es análoga, pero no equivalente, a la científica; nadie pretende que existan criterios de verificación o de falsación de las teorías morales como los que se aplican a las teorías científicas o, en todo caso, no es necesario hacerlo para sostener el objetivismo moral.

## 5.6 Lo razonable en el Derecho

Ahora bien, aunque existan criterios, y criterios objetivos como los mencionados, eso no quiere decir que con ellos se puedan solucionar todos los problemas de evaluación de las argumentaciones jurídicas; en particular, de los razonamientos judiciales. No son suficientes (no siempre) porque algunos de ellos pueden ser difíciles de aplicar, discutibles en algunos de sus extremos, excesivamente indeterminados, etc. Además, porque puede ocurrir muy bien que entre los mismos surjan contradicciones, es decir, que no sea posible (en algún caso) satisfacer todos ellos. Los anteriores criterios están planteados de tal manera que parecería que los últimos, o el último, goza de prioridad frente a los anteriores, lo que permitiría resolver en forma más o menos automática esas contradicciones. Pero esto no es así, puesto que es posible que una razón de moral sustantiva (de moral justificada) tenga que ceder frente a razones de carácter institucional. Puede parecer paradójico, pero la paradoja se disuelve cuando se considera que la argumentación justificativa tiene lugar en varios niveles (cfr. Nino, 2000, p. 71): en un primer nivel existe un conflicto de razones (entre una razón moral y otra institucional), que se resuelve, en un segundo nivel, dando la prioridad a la de carácter institucional. La razón de segundo nivel es (ha de ser) de tipo moral, lo que se corresponde con la tesis de la supremacía de la moral que rige en el razonamiento práctico y, por lo tanto, en el jurídico. Pero supremacía de la moral no quiere decir imperialismo de la moral. O sea, la unidad de la razón práctica no significa que el razonamiento judicial se disuelva simplemente en razonamiento moral; la motivación de una sentencia judicial incorpora necesariamente un componente moral, pero el juez no es, sin más, un razonador moral; en el razonamiento judicial (y, en general, en el jurídico), los aspectos institucionales desempeñan, obviamente, un papel esencial.

En todo caso, la insuficiencia de los anteriores criterios para resolver todos los problemas de evaluación puede entenderse como una llamada a la idea de razonabilidad. Ahora bien, de "razonabilidad" puede hablarse en varios sentidos. En su acepción probablemente más general, se aplica a cualquier decisión judicial (jurídica), pues la razonabilidad marca, simplemente, el límite de lo justificable, de lo jurídicamente aceptable; incluso la decisión más simple, más incuestionable, tiene que ser razonable: la razonabilidad – digamos – es algo más que la racionalidad en sentido estricto, aunque en ocasiones actuar – decidir – de manera razonable signifique hacerlo en forma estrictamente racional. Pero, en un sentido más específico, la razonabilidad entra en juego únicamente a propósito de ciertas decisiones, de ciertas argumentaciones. O sea, la necesidad de ser razonable (a veces es requerida explícita- mente por el propio Derecho) se plantea cuando, en relación con una cuestión, parece existir, en principio, cierto margen para decidir de una manera u otra. Es lo que puede ocurrir cuando se trata de evaluar dos justificaciones judiciales, de signo contrapuesto, sobre un mismo caso: ninguna de las dos – imaginemos – comete errores inferenciales, deja de utilizar el sistema de fuentes establecidas, recurre a cánones de interpretación extravagantes ni resulta incoherente en relación con alguna interpretación (más o menos plausible) de los valores del ordenamiento. Es también perfectamente posible que quien argumenta en uno de los sentidos no atribuya la discrepancia del otro argumentador a ignorancia o mala fe, sino simplemente a que no comparte sus mismos valores; es más, ser razonable parece querer decir, precisamente, adoptar una actitud de ese tipo, una actitud tolerante y comprensiva hacia el otro. Pero eso no quiere decir tampoco renunciar a la objetividad, aceptar que ambas posturas son igualmente justificables, razonables. En algún caso podría darse esa situación de empate, pero lo normal es que no ocurra así y que sólo una de las dos sea razonable (o, si se quiere, la más razonable): la que logra, dadas las circunstancias del caso, satisfacer en la mayor medida posible los anteriores requisitos y tiene en cuenta, en consecuencia, el peso relativo de cada uno de ellos (por ejemplo, sería irrazonable insistir en la necesidad de interpretar en sentido muy literal una determinada norma, si el tenor de la misma no impide otra interpretación que evitaría erosionar un valor de considerable importancia, etc.). Viene a ser, en realidad, la misma idea de eficiencia, entendida en un sentido completamente general: como adecuado balance entre los costes y los beneficios a la hora de tomar una decisión. Esto coincide con lo que Alexy entiende por principio de proporcionalidad, para él, el más básico del razonamiento jurídico (una especie de metaprincipio) y que, a su vez, consta de tres subprincipios: el de idoneidad y el de necesidad (que se refieren a la optimización en relación con las posibilidades fácticas), y el de proporcionalidad en sentido estricto o ponderación (optimización en relación con las posibilidades normativas) (Alexy, 2007). O incluso con la idea de Dworkin de tratar a todos con la misma consideración y respeto (Dworkin, 1996), que podría interpretarse en el sentido de que, dentro de los límites establecidos por el Derecho, las decisiones judiciales deben satisfacer, en la mayor medida posible, ese valor.

Ahora bien, además de esa idea de equilibrio, de balance entre exigencias contrapuestas, la noción de razonabilidad (en sentido específico) implica un ingrediente más: el de aceptabilidad. Una decisión razonable sería la que, teniendo en cuenta todos los elementos de la situación (el juicio razonable es siempre un juicio holístico), logra una articulación óptima entre las exigencias contrapuestas y además resulta aceptable. La aceptabilidad no puede entenderse aquí simplemente como aceptación de hecho (por las razones que hemos visto a propósito del criterio de la moralidad social), pero tampoco serviría apelar sin más a un consenso racional (o a la aceptación por alguna entidad que discurriera monológicamente, como el espectador imparcial o el juez Hércules). Se trataría más bien de lograr un equilibrio entre esas dos ideas de consenso: quien argumenta razonablemente se esfuerza por encontrar puntos de acuerdo reales que puedan servir como base para lograr un nuevo acuerdo, o sea, para pasar de lo aceptado a lo aceptable: "puesto que estamos de acuerdo en X, deberíamos de estarlo también en Y ". Además, debería seguir una estrategia "de abajo arriba", esto es, evitar en la medida de lo posible que el discurso de justificación llegue a niveles muy profundos, en los que se ven afectados los valores más fundamentales y es más difícil obtener un consenso.

# Referencias

AARNIO, A. ¿Una única respuesta correcta? En: AARNIO, A.; LAPORTA, F. **Bases teóricas de la interpretación jurídica**. Madrid: Fundación Coloqui Jurídico Europeo, 2010. p. 9-45.

AARNIO, A.; ATIENZA, M.; LAPORTA, F. **Bases teóricas de la interpretación jurídica**. Madrid: Fundación Coloquio Jurídico Europeo, 2010.

ALEXY, R. La fórmula del peso. En: ALEXY, R. **Teoría de la argumentación jurídica**. La teoría del discurso racional como teoría de la fundamentación jurídica. Traducción de Manuel Atienza e Isabel Espejo. Lima: Palestra, 2007. p. 457-493.

ALEXY, R. **Teoría de la argumentación jurídica**. La teoría del discurso racional como teoría de la fundamentación jurídica. Traducción de Manuel Atienza e Isabel Espejo. Madrid: Centro de Estudios Constitucionales, 1989.

ALEXY, R. Sistema jurídico, principios jurídicos y razón práctica. **Doxa**, n. 5, p. 139-151, 1988.

AMAYA, A. **An Inquiry into the Nature of Coherence and Its Role in Legal Argument**. Doctorado (Tesis), European University Institute, Florencia, 2006.

ARANGO, R. **¿Hay respuestas correctas en el derecho?** Bogotá: Ediciones Uniandes, 1999.

ARISTÓTELES. **Ética a Nicómaco**. Traducción de M. Araujo y J. Marías. |Madrid: Centro de Estudios Constitucionales, 1989.

ATIENZA, M. Sobre la única respuesta correcta. En: AARNIO, A.; ATIENZA, M.; LAPORTA, F. **Bases teóricas de la interpretación jurídica**. Madrid: Fundación Coloquio Jurídico Europeo, 2010. p. 47-77.

ATIENZA, M. **El Derecho como argumentación**. Barcelona: Ariel, 2006.

ATIENZA, M.; MANERO; J. R. Dejemos atrás el positivismo jurídico. **Isonomía**, n. 27, p. 7-28, 2007.

CARRIÓ, G. R. **Principios jurídicos y positivismo jurídico**. Buenos Aires: Abeledo-Perrot, 1971.

DWORKIN, R. **La justicia con toga**. Traducción de M. Iglesias y I. Ortiz. Madrid: Marcial Pons, 2007.

DWORKIN, R. **A Matter of Principles**. Oxford: Clarendon Press, 1996.

DWORKIN, R. **Los derechos en serio**. Traducción de M. Guastavino. Barcelona: Ariel, 1984.

HART, H. L. A. Postcriptum. En: HART, H. L. A.; DWORKIN, R. **La decisión judicial**. El debate. Traducción de Magdalena Holguín. Bogotá: Universidad de los Andes/Siglo del Hombre, 1997. p. 89-141.

HART, H. L. A.; DWORKIN, R. **La decisión judicial**. El debate. Traducción de Magdalena Holguín. Bogotá: Universidad de los Andes/Siglo del Hombre, 1997.

MACCORMICK, N. **Legal Reasoning and Legal Theory**. 2. ed. Oxford: Oxford University Press, 1994.

MACCORMICK, N. **Rhetoric and the Rule of Law**. A Theory of Legal Reasoning. Oxford/Nueva York: Oxford University Press, 2005.

NINO, C. S. **Fundamentos de Derecho constitucional**. Análisis filosófico, jurídico y politológico de la práctica constitucional. Buenos Aires: Astrea, 2000.

PERELMAN, C. **De la justicia**. Traducción de R. Guerra. México: Universidad Nacional Autónoma de México, 1964.

POSNER, R. A. **The Problems of Jurisprudence**. Cambridge: Harvard University Press, 1990.

RAZ, J. La autonomía del razonamiento jurídico. En: RAZ, J. **La ética en el ámbito público**. Traducción de María Luz Melón. Barcelona: Gedisa, 2001. cap. 14.

RODRÍGUEZ, C. Estudio preliminar. En: HART, H. L. A.; DWORKIN, R. **La decisión judicial**. El debate. Traducción de Magdalena Holguín. Bogotá: Universidad de los Andes/Siglo del Hombre, 1997. p. 15-88.

SUMMERS, R. S. Two Types of Sustantive Reasons: The Core of a Theory of Common Law Justification. **Cornell Law Review**, n. 63, p. 707-788, 1978.

VEGA, L. **Si de argumentar se trata**. Una introducción a la argumentación, Madrid: Montesinos, 2003.

*Sistema global de justiça penal:
longe do improviso casuístico,
perto do problema e da norma*

*Sistema global de justicia penal:
lejos de la casuística improvisación,
cerca del problema y la norma*

*Mário Ferreira Monte*

Professor Catedrático na Escola de Direito da Universidade do Minho (Portugal). Coordenador do Grupo de Justiça Criminal e Criminologia (JusCrim) do Research Centre of Justice and Governance (JusGov). monte@direito.uminho.pt

**Resumo**: Partindo dos vários modelos de justiça, procura-se contribuir para a construção de um sistema global de justiça penal. Esse sistema tem os seguintes apoios: no plano científico, a ciência conjunta ou total do direito penal (criminologia, com relevância para a vitimologia, política criminal e dogmática penal); no plano normativo material, o direito penal de justiça, o direito penal secundário e os direitos penais especiais (militar, da marinha mercante, internacional, etc.); no plano processual, o direito processual penal; no plano executivo, as normas de execução das penas e medidas de segurança; e, no plano orgânico, os diversos órgãos que se encarregam da administração da justiça penal (tribunais e respetivos titulares, ministério público, órgãos de polícia criminal, com a participação dos advogados, na descoberta da verdade, e dos estabelecimentos de execução de penas e de medidas de segurança, na execução das consequências jurídicas do crime). Tudo converge para um fim comum: a realização integral da justiça penal, onde problema e norma se encontram. O exemplo dos acordos sobre sentenças penais, que foi introduzido na Alemanha em 2009, ajuda a compreender esta proposta.

**Palavras-chave**: Sistema. Problema. Norma. Decisão. Justiça penal.

**Resumen**: A partir de los diversos modelos de justicia, se busca a contribuir para la construcción de un sistema global de justicia penal. Este sistema cuenta con los siguientes soportes: a nivel científico, la "ciencia conjunta o total del derecho penal" (la criminología, con relevancia para la victimología, la política criminal y la dogmática penal); a nivel normativo material, derecho penal, derecho penal secundario y derechos penales especiales (militar, marina mercante, internacional, etc.); en el plano procesal, derecho procesal penal; a nivel ejecutivo, las reglas para la ejecución de sentencias y medidas de seguridad; y, a nivel orgánico, los distintos órganos encargados de la administración de justicia penal (juzgados y titulares respectivos, ministerio público, cuerpos de policía criminal, con la participación de abogados, en el esclarecimiento de la verdad, y establecimientos para la ejecución de penas y de medidas de seguridad, en la ejecución de las consecuencias jurídicas del delito). Todo converge hacia un fin común: la realización integral de la justicia penal, donde se encuentran problema y norma. El ejemplo de los acuerdos sobre sentencias penales, que se introdujo en Alemania en 2009, ayuda a entender esta propuesta.

**Palabras-clave**: Sistema. Problema. Norma. Decisión. Justicia penal.

**Sumário**: 1. Nota Introdutória. 2. Justiça comutativa, geral ou legal, protetiva e distributiva. 3. Por que faz sentido falar de um sistema global de justiça penal? 4. Ciência conjunta do direito penal. 5. O sistema global e a realização da justiça penal. 5.1. Nota introdutória (contributo da proposta de um sistema integral de direito penal). 5.2. A realização integral da justiça penal. 6. Um exemplo da aplicação dos pressupostos teóricos: a experiência alemã dos acordos sobre sentenças penais (*Verständigung zwischen Gericht und Verfahrensbeteiligten*). 7. Reflexão conclusiva.

**Sumário**: 1. Nota introductoria. 2. Justicia conmutativa, general o legal, protectora y distributiva. 3. ¿Por qué tiene sentido hablar de un sistema de justicia penal global? 4. Ciencia conjunta del derecho penal. 5. El sistema global y la realización de la justicia penal. 5.1. Nota introductoria (aporte de la propuesta de un sistema integral de derecho penal). 5.2. La realización integral de la justicia penal. 6. Un ejemplo de aplicación de los supuestos teóricos: la experiencia alemana de acuerdos sobre sentencias penales (*Verständigung zwischen Gericht und Verfahrensbeteiligten*). 7. Reflexión conclusiva.

# 1
# Nota introdutória

O desafio de escrever sobre "filosofias das abordagens jurisdicionais no direito constitucional e internacional" impeliu-nos a enfrentar o tema na área da justiça penal. Como é sabido, tanto o direito penal como o direito processual têm uma forte inspiração constitucional e humanista (internacional).

No primeiro caso, os princípios jurídico-penais são inspirados tanto nas constituições dos Estados democráticos de direito quanto nos instrumentos internacionais de direitos humanos. O exemplo mais claro do que dizemos é o princípio da legalidade criminal *nullum crimen, nulla poena sine lege*. Esse princípio está inscrito nas constituições – por exemplo, no art. 5°, inciso XXXIX, da Constituição brasileira; no art. 29° da Constituição portuguesa; no art. 103° (2) da Constituição alemã. Em âmbito internacional, embora busque legitimação em textos escritos, como é o caso do art. 11°, n. 2, da Declaração Universal dos Direitos Humanos (DUDH), não está descartada a hipótese de o direito penal internacional impor limitações ao princípio da legalidade[i], embora se entenda que o termo *lege*, na fórmula *nullum crimen sine lege*, possa significar não apenas a "lei" em sentido estrito, mas também o "direito (internacional) costumeiro"[ii]. Hoje, essa possibilidade encontra-se mitigada pela aprovação do Estatuto de Roma do Tribunal Penal Internacional (ETPI), para os Estados que o ratificaram, que também prevê o princípio da legalidade criminal[iii].

No caso do direito processual penal, é por todos reconhecida sua consideração como *direito constitucional aplicado*, tal é o modo como as garantias processuais estão normalmente inscritas nas constituições estaduais, e ninguém duvida de sua relevância internacional, tendo-se elevado muitas dessas garantias ao estatuto de verdadeiros direitos humanos. Só para citar alguns exemplos, ainda na DUDH, são várias as normas que se dedicam a questões processuais: diretamente, art. 5º, 7º, 8º, 9º, 10º, 11º, 12º e 14º.

O desenvolvimento desta premissa – fundamentação jusconstitucional e justinternacional do direito penal e do direito processual penal – levar-nos-ia à consideração de que é impossível abordar a jurisdição penal, nacional ou internacional, sem a consideração de sua ligação ao direito constitucional e internacional. Uma legitimação que necessariamente terá em sua base uma sólida fundamentação filosófica. Sim, esse seria um excelente caminho.

Mas nosso foco vai em outro sentido. No da consideração da intervenção jurídico-penal no âmbito de um *sistema global de justiça penal*, orientado à realização integral dessa justiça. Naturalmente que essa proposta pressupõe a legitimação de um tal sistema nas constituições e nos instrumentos jurídicos internacionais de direitos humanos. No entanto,

---

i   Na história recente, encontramos exceções ao princípio da legalidade criminal utilizadas internacionalmente. Por exemplo, nos julgamentos que ocorreram nos casos de Nuremberga, Ruanda, Tóquio, ex-Iugoslávia, entre outros, não foram propriamente leis penais escritas que serviram de base à condenação dos autores dos crimes em causa. Foram sobretudo princípios gerais de direito internacional.

ii  Nesse sentido, Dias, 2019, p. 211.

iii Secundando Ambos (1999, p. 4), em análise a esse princípio a partir do ETPI, suas dimensões são as seguintes: *lex scripta* – o facto só é crime quando previsto no Estatuto ao tempo da prática; *lex praevia* – o facto só é punível quando cometido antes de entrar em vigor o Estatuto; *lex certa* – o facto é definido com suficiente clareza; *lex stricta* – não é possível recorrer à analogia para definir o facto. Sobre o assunto, veja-se Monte, 2019, p. 60-ss.

procura ir ao encontro da racionalidade teleológica dessa intervenção. No fundo, responder a esta pergunta: Para que serve um sistema global de justiça penal? A resposta, antecipando, passa pela ideia de que se deve procurar para cada problema, para cada conflito, a *solução mais justa*. Não apenas a solução legal – isso está assumido e não pode ser postergado –, mas a mais justa dentro dos limites da lei. E, portanto, a relação entre norma e decisão, entre sistema e problema, não pode deixar de convocar um sistema global de justiça penal.

Para isso, vamos começar por localizar aquele sistema nos vários modelos de justiça. Em seguida, exporemos as caraterísticas desse sistema, para mergulharmos no modo como se deve realizar. E, finalmente, ilustraremos nosso contributo com um exemplo concreto inspirado no direito alemão.

## 2
## Justiça comutativa, geral ou legal, protetiva e distributiva

A **justiça privada**, também conhecida por *justiça comutativa ou corretiva*[i], está relacionada com as relações entre privados (*inter partes*). É comutativa porque pressupõe transação, troca, acordo, contrato, ou seja, revela um interesse, no concreto sentido de "estar entre" (*interesse*). Nestes termos, os particulares obrigam-se a prestações e contraprestações que de algum modo são equivalentes. Procura-se uma certa equivalência prestativa. Por isso ela é comutativa. Essa justiça comutativa visa superar assimetrias, desacordos, desigualdades não desejadas nem legalmente patrocinadas, apresentando-se, desse modo, como corretiva. Aspira a certa igualdade entre as pessoas. É exatamente a justiça comutativa que encontramos na, tantas vezes glosada, fórmula de Ulpianus: *"iustitia est constans et perpetua voluntas ius suum cuique tribuere"*. Nota importante é a de que a justiça privada não carece da intervenção do Estado, uma vez que tem carácter horizontal. O Estado, quando muito, coloca à disposição dos cidadãos os meios para corrigir os problemas, para realizar a justiça. Mas a justiça está sempre na inteira e livre disponibilidade das pessoas que compõem o litígio. Por exemplo, se um processo judicial estiver a decorrer em um tribunal, é sempre possível a transação entre as partes e, com isso, colocar fim à causa por meio da desistência no processo.

---

i     Nesse sentido, Aristóteles, 2012, p. 125-ss.

Ao contrário da justiça comutativa, na **justiça geral ou legal**, em que se integra o direito penal, "a sociedade emerge como sujeito das relações que estabelecemos com ela"[i]. Os agentes não se apresentam como meros indivíduos, mas como verdadeiros *socci*, inseridos que se encontram em uma concreta comunidade (*communitas = cum munus*). Semelhante aceção da justiça pressupõe a intervenção do Estado, a indisponibilidade do conflito, por princípio, implicando em regra uma decisão pública, seja de acusação, seja de condenação ou absolvição. Baseia-se essencialmente no cumprimento da lei – como é o caso do princípio da legalidade penal – e subordina-se ao princípio do monopólio estatal de jurisdição, também designado como *monopólio da violência* ou *monopólio do poder* ("*Gewaltmonopol des Staats*")[ii]. Pelo exposto, a justiça geral ou legal deixa-se "caracterizar como aquilo que em nome de todos se pode exigir a cada um, ou como aquilo que cada um pode exigir ao todo"[iii].

Da justiça criminal resulta que, para além de se caracterizar como legal ou geral, também poderá ser entendida como **protetiva**. No tocante a essa dimensão, "o direito é aqui chamado a institucionalizar formalmente, a limitar e a controlar o poder e, consequentemente, a garantir a situação dos particulares que com ele se confrontam"[iv]. Por regra, não há lugar, na justiça legal ou geral e na justiça protetiva, à justiça privada ou à privatização do conflito penal. Só excepcionalmente se admitem acordos, transações, negociações. Mas tudo isso enquadrado em normas, e não exclusivamente na vontade das pessoas. Em bom rigor, trata-se de uma "privatização" que deve ser entendida *cum grano salis*, na medida em que se expressa e consubstancia em fenómenos de diversão penal. Dito por outras palavras, a abertura da justiça legal e da justiça protetiva (a justiça criminal, de modo holístico) à resolução privada do conflito ocorre ainda e sempre como manifestação do *ius imperii* estatal. Aqui chegados, os diversos institutos de diversão penal mais não compreendem do que a abertura do sistema jurídico-penal a espaços de consenso e/ou oportunidade. Embora não se confundindo com a justiça restaurativa, constituem um abrir de portas – não escancaradas – a soluções restaurativas. E sobretudo

---

i    Bronze, 2010, p. 48.

ii    Referimo-nos ao monopólio da violência entendido como o poder (a inserir a expressão no pensamento de Weber, veja-se Zygmunt Bauman, 2007, p. 149-150) de que o Estado dispõe e aplica sobre o autor e a vítima.

iii    Bronze, 2010, p. 50-51.

iv    Idem, p. 51.

de justiça penal negociada de que palidamente daremos um exemplo no final deste escrito[i].

Em suma, a justiça criminal entendida como justiça geral ou legal e como justiça protetiva apresenta claros elementos comunitários a marcar, por um lado, a relação de verticalidade entre o Estado e os cidadãos e, por outro, a pugnar pela limitação do *ius puniendi* estatal, limitando a potencialidade expansiva do monopólio da violência ou do poder.

Para finalizarmos o presente excurso, convém sublinhar que a justiça criminal não se distingue apenas da justiça comutativa, distanciando-se igualmente da **justiça distributiva**[ii]. Esta última encontra-se orientada à prossecução do escopo da recolha e (re)distribuição de meios. A justiça distributiva está umbilicalmente ligada à conceção assistencialista do Estado ou, melhor, do Estado providência – ainda que essa expressão seja cada vez mais questionada ou, pelo menos, revisitada. Encontram assento na justiça distributiva o direito fiscal, o direito da segurança social, o direito administrativo, o direito do ambiente etc. Em uma palavra, a justiça distributiva procura recolher e repartir de modo materialmente justo os bens e interesses disponíveis na comunidade, tendo em conta a relação entre Estado e cidadãos.

# 3
# Por que faz sentido falar de um sistema global de justiça penal?

O direito penal não é uma "ilha isolada" no Direito e na Justiça. A um tempo, como **ciência jurídica**, faz parte de um conjunto de ciências que se dedicam ao estudo do crime, de suas causas, de seus efeitos, das melhores propostas e estratégias para a resolução do problema criminal e da melhor técnica legislativa para acolher essas propostas. Faz parte, portanto, da ciência conjunta ou total do direito penal. A outro tempo, é um **conjunto de normas jurídicas** que visa cobrir situações distintas da vida. Desde aquelas que se relacionam mais diretamente com bens jurídicos pessoais, com forte ligação aos direitos fundamentais do cidadão – o direito penal de justiça –, até às que se ligam aos direitos sociais e à organização económica – o direito penal

---

i    Um exemplo europeu, entenda-se, e não puramente negocial, como seria o sistema norte-americano. Nesse sentido: Monte, 2011, p. 114-115.

ii   Sobre a justiça distributiva, ver Aristóteles, 2012, p. 124-ss.

secundário –, passando por normas especiais de natureza penal (militares, internacionais, etc.). Neste âmbito normativo, também tem uma apetência de **resolução de concretos problemas** da vida em sociedade. As normas jurídico-penais, pela sua vocação preventiva de proteção subsidiária de bens jurídicos, evitam uma grande parte dos conflitos humano-sociais, mas não conseguem evitar todos. Por isso, torna-se necessária sua aplicação a casos da vida. O direito penal tem de "realizar-se", no concreto sentido de necessitar de entrar em contacto com a realidade contingente, sob pena de degenerar num "normativismo puro" e naturalmente avesso aos valores e ao sentido. Na sua aplicação e na execução das penas e medidas de segurança, o direito penal já não está só. E a norma também não. De um lado, está o processo penal, a viabilizar a aplicação das normas jurídico-penais, e o direito de execução de penas e medidas de segurança privativas da liberdade, a garantir a adequada execução das sanções penais; do outro lado, estão os órgãos de justiça penal a aplicar e a executar essas normas e as respetivas decisões.

Por isso faz sentido falar de **sistema global de justiça penal**, que se manifesta de diversos modos: no *plano científico*, a ciência conjunta ou total do direito penal (criminologia, com relevância para a vitimologia, política criminal e dogmática penal); no *plano normativo material*, o direito penal de justiça, o direito penal secundário e os direitos penais especiais (militar, da marinha mercante, internacional etc.); no *plano processual*, o direito processual penal; no *plano executivo*, as normas de execução das penas e medidas de segurança; e, no *plano orgânico*, os diversos órgãos que se encarregam da administração da justiça penal (tribunais e respetivos titulares, ministério público, órgãos de polícia criminal, com a participação dos advogados na descoberta da verdade, bem como dos estabelecimentos de execução de penas e de medidas de segurança na execução das consequências jurídicas do crime). Tudo converge para um fim comum: a **realização integral da justiça penal**.

Há, portanto, duas dimensões em que o sistema de justiça penal se projeta: a do **sistema** (norma) e a do **problema** (decisão). O sistema não pode desatender às exigências do problema, e a norma deve sintetizar esse atendimento; porém, a decisão é o momento em que se concretiza a norma no caso, e em que o sistema de justiça penal se projeta e realiza. Vamos analisar os vários *topoi* desse sistema global, atendendo às dimensões sistémicas e problemáticas (normativas e casuísticas), começando pela chamada *ciência conjunta do direito penal* e tomando posição sobre o que deve ser a realização da justiça penal por meio daquele sistema.

4
# Ciência conjunta do direito penal

A "ciência conjunta (total ou global) do direito penal" (*gesamte Strafrechtswissenschaft*), como Franz von Liszt a enunciou[i], assenta em três ciências distintas, mas complementares: a criminologia, a política criminal e a dogmática penal. Mais recentemente, começou a ganhar relevo, na área da criminologia, a vitimologia.

Por que razão surgiu essa proposta? Franz von Liszt preocupou-se essencialmente com o facto de que a legislação e a ciência não se abandonassem à casuística, sob pena de a administração da justiça se tornar insegura e incoerente, salientando a necessidade de um conhecimento sistemático[ii], traduzido, tanto quanto é possível perceber, em uma dogmática perfeitamente definida. Só que, para isso, a dogmática não estaria só. Antes, von Liszt concebeu um modelo tripartido que, ademais da dogmática, convocava outras duas ciências: a criminologia e a política criminal. As três ciências, nesse modelo, relacionam-se de um modo muito claro, cabendo a cada uma um claro campo de atuação: a criminologia seria a "ciência das causas do crime e da criminalidade"[iii]; a política criminal consistiria no "conjunto sistemático dos princípios fundados na investigação científica das causas do crime e dos efeitos da pena, segundo os quais o Estado deve levar a cabo a luta contra o crime por meio da pena e das instituições com esta relacionados"[iv]; a dogmática jurídico-penal seria o "conjunto de princípios que subjazem ao ordenamento jurídico-penal e devem ser explicados dogmática e sistematicamente"[v].

A proposta de Liszt foi inovadora porque constituiu a primeira tentativa de alcançar a interdisciplinaridade nas ciências criminais. Só que, mais do que isso, o autor dispôs-se a lançar a primeira pedra de uma ciência conjunta, englobante, complexiva. Uma ciência capaz de enlaçar seus elementos constitutivos, não apenas em uma união formal, mas cingindo-os materialmente, de tal modo que o todo supera a soma das partes. É certo que a interdisciplinaridade perseguida deve

---

i      Liszt, 1905, p. 293.
ii     Nesse sentido: Dias, 1999, p. 24.
iii    Assim se refere Dias, 1999, p. 24, tendo como modelo o proposto por Liszt.
iv    Liszt, 1905, p. 292, e Dias, 1999, p. 24.
v     Dias, 1999, p. 24, em referência ao modelo proposto por Liszt.

ser entendida *cum grano salis*, na medida em que, na conceção de Liszt, ela em rigor apenas se verificava entre a política criminal e a criminologia (por via da Escola Positiva italiana). A dogmática penal permanecia não apenas autónoma, mas isolada em relação às restantes ciências criminais. Enquanto a política criminal e a criminologia representavam a dimensão causal-explicativa e teleológica do crime e da sanção, a dogmática penal tendia para uma dimensão compreensivo--axiológica do crime[i]. Isso, no entanto, não surpreende. A posição de Liszt não deixa de ser filha do seu tempo, nomeadamente do Estado de Direito em sentido formal ou de mera legalidade (liberal) em que se inseria. Assim se compreende a afirmação lisztiana da dogmática penal como "barreira intransponível da política criminal"[ii].

Está clara qual terá sido a principal razão para a conceção desse modelo tripartido. Assim a explicam Figueiredo Dias e Costa Andrade, ao abordar a criação da ciência conjunta global (total, universal, integral ou conjunta) do direito penal: "por esta forma quis ele [Franz von Liszt] acentuar que a consideração solipista tradicional do direito penal e da sua ciência normativa – a chamada *dogmática* jurídico-penal ou ciência jurídico-penal em sentido estrito – era manifestamente impotente para lograr o controlo e domínio do inteiro problema do crime ou do fenómeno da criminalidade"[iii].

Ao fim de mais de um século, podemos dizer que o princípio é o mesmo, mas a dinâmica mudou o modo como as três ciências atuam e se relacionam. A **criminologia** começou por ser a ciência que se ocupava das causas do crime. Mais recentemente, também se ocupa dos efeitos das soluções penais e da atuação das instâncias formais de controlo na resposta ao crime. Compreender o fenómeno criminal em suas múltiplas causas (bio-psico-sócio-económicas) é fundamental para qualquer resposta ao crime. Mas também os efeitos das penas e da ação das instâncias formais de controlo do crime vêm a ser relevantes e a constituir objeto da criminologia.

Dentro da criminologia, tem vindo a ganhar expressão e certa autonomia a **vitimologia**, que, entre outros contributos, trouxe a vítima para o centro do discurso jurídico-penal e veio também sublinhar a

---

i   Nesse sentido e a considerar a dogmática penal e a criminologia como "dos mundos diferentes, que incluso hablaban dos distintos idiomas" (Conde, 2011, p. 60).

ii  Como sublinha Dias, 2007, p. 22.

iii Dias; Costa Andrade, 1984, p. 93.

dimensão problemática que o sistema deve comportar no confronto com as necessidades da vítima. Em traços assumidamente breves, a ponderação da vítima no âmbito do sistema de justiça penal atira-nos para três tópicos problemáticos a ter em conta. No primeiro está a vítima do problema, que será não só a que sofre o crime, mas também os que a rodeiam e as vítimas potenciais. A todos o direito penal deve orientar-se. Se o não fizer, até para o agente do crime pode ter um efeito perverso: se o Estado trata mal a vítima do crime, que expectativas pode o agente ter em sua própria ressocialização se esta tiver de ser assegurada pelo aparelho estadual?[i] No segundo, temos o *problema da vítima*: ter sofrido os danos de um crime e de não poder participar ativamente na sua resolução. E seria lamentável acreditar que isso possa resolver-se com uma indenização civil. Na terceira dimensão está a *vítima como "problema"*, melhor, a vítima começou a ser um problema, ao ponto de se ter falado numa mudança de paradigma: do "auxílio ao autor (mal socializado)" para o da "proteção da vítima inocente da criminalidade"[ii]. Na medida em que se impõe "não abandonar a vítima, nem converter a vitimização num *prémio*"[iii], aquela surge como um "problema". Encontrar um equilíbrio é um desafio difícil. Podemos dizer que é por esses três tópicos que a vitimologia tenta resgatar a vítima para o direito penal. Não sem resistências, é certo, porque sempre se olha de soslaio quando se pretende funcionalizar o direito penal aos interesses da vítima. Mas, em todo o caso, como tarefa indispensável, quando vemos como a vítima tem sido destratada pelo sistema de justiça penal.

A **política criminal** é a ciência que, arrancando dos resultados da criminologia, acaba por elaborar propostas e estratégias para a intervenção, ou não, da dogmática penal. A política criminal estabelece prioridades, como de resto sucede com a política em geral. Simplesmente, essas prioridades não são o resultado de um exercício exclusivamente político. Antes, têm em conta, por um lado, os contributos da criminologia – procurando objetividade e cientificidade nas proposições que faz – e, por outro, levam em conta, também, os princípios que regem o direito penal – nomeadamente os da intervenção penal mínima e da subsidiariedade – e os critérios de intervenção jurídico-penal – como os da dignidade, da necessidade e da eficácia penal.

---

i    Questão que também emerge das preocupações manifestadas por Costa Andrade, 1980, p. 251-ss.

ii    Hassemer, 2009, p. 17.

iii    Costa Andrade, 1980, p. 259.

E, por fim, a **dogmática jurídico-penal**, partindo das propostas político-criminais, sistematiza, positivando, as soluções mais adequadas. Donde, a dogmática não deve ser o resultado do improviso, do espontâneo, do imediato, do fugaz. Pelo contrário, deve atender aos resultados da criminologia e às proposições e estratégias da política criminal.

Fenómenos como o do **populismo penal** são opostos à lógica da ciência conjunta do direito penal. Suponhamos que em determinado momento sucede um facto mediático, com grande repercussão pública. Sabemos que, vivendo em uma sociedade de informação, o mais certo é esse facto e seus efeitos serem amplificados perante a comunidade (nem só por parte de certa imprensa mais seduzida pelo sensacionalismo criminal, mas também pelo efeito das redes sociais). E também sabemos que não é raro, em ocasiões como essas, alguns protagonistas políticos não resistirem à tentação de lançar mão do aparato penal para imediatamente anunciarem novas medidas penais em jeito de resposta ao fenómeno e aos "anseios" da turba. Ora, isso nem sempre é avisado. Porque raramente respeita os resultados da criminologia e da política criminal, podendo desaguar em leis populistas, muitas vezes simbólicas, inadequadas para lidar com o fenómeno criminal, indiferentes a todo um paradigma devidamente estudado e alicerçado, que mais danos do que benefícios trazem à convivência comunitária. Não é de hoje, por outro lado, que as questões criminais são motivo de discussão eleitoral e de haver nessas discussões quem apresente soluções sedutoras à procura de certo resultado favorável. Isso não seria um problema, não fosse o modo oportunista e imponderado com que não raras vezes sucede. Por isso, o populismo penal é impróprio de um Estado de direito democrático, porque desde logo não atende ao rigor científico que subjaz à ciência conjunta do direito penal.

A dogmática é indispensável porque a sistematicidade que lhe é inerente garante **segurança jurídica** resistente a intervenções ideológicas[i], muitas vezes de cariz populista. Essa segurança jurídica, que em grande parte se projeta na teoria geral do crime, é fundamental porque, como explica Jescheck, seus elementos possibilitam "uma jurisprudência racional, objetiva e igualitária, de modo que contribuem de forma essencial para garantir a *segurança jurídica*" e permitem "uma *aplicação mais proporcionada e justa* do direito penal às diversas situações criminosas"[ii].

---

i    Cf. Monte, 2009, p. 743.
ii   Jescheck, 1981, p. 264.

Só que a dogmática não pode ser indiferente às necessidades do **caso concreto**. Se a predominância da dogmática e quase alheamento face às outras ciências era aceitável no quadro do Estado de direito formal, de vertente liberal e individualista, onde se projetou a proposta de Franz von Liszt, no Estado de direito material contemporâneo isso é quase impossível. Não basta aplicar a norma ao caso. É necessário encontrar a solução mais justa, e não apenas legal. A solução mais justa acaba por supor "a 'penetração axiológica' do problema jurídico--penal, a qual, no âmbito da dogmática, tem de ser feita por apelo ou com referência teleológica a finalidades valorativas e ordenadoras de natureza político-criminal, numa palavra, a *valorações político--criminais co-naturais ao sistema*"[i].

Isso obrigou a uma **reformulação** do papel das ciências: agora, metodologicamente, o problema adquire relevância, penetrando e, até, sobrepondo-se ao sistema. À dimensão de sistematicidade, junta-se e até sobrevém uma dimensão de problematicidade: visa-se a decisão mais justa para cada caso. Claro que a solução deve ser encontrada no seio do sistema. Mas o sistema passa a contar com as valorações político-criminais e da criminologia como antes não tinha sucedido.

Naturalmente que se pretende, entre as três ciências, uma "relação dialéctica capaz de conduzir, no fim, a uma *unidade axiológico--funcional*"[ii]. Sem mais delongas, em que consistiria essa **unidade**? Como explicou Figueiredo Dias, consistiria na construção de um sistema teleológico-funcional e racional da dogmática jurídico-penal, por meio do estabelecimento das **finalidades político-criminais primárias do sistema**, de tal modo que "o caso concreto tem de ser projectado no contexto do sistema funcional-teleológico e racional do direito penal, aí tratado e – a ao menos de forma provisória – aí resolvido"[iii], mas que, por outro lado, não impede que, quando a solução se revelar "injusta ou disfuncional à luz da própria teleologia político--criminal imanente ao sistema", então "a 'justiça do caso' deve sobrepor-se a considerações puramente sistemáticas" e levar "ao reexame ou reajustamento do significado meramente operacional e coadjuvante dos conceitos para a aplicação do direito"[iv]. Isso significa que a dogmática deixa de ter um lugar de proeminência no seio da ciência conjunta

---

i     Dias, 2007, p. 28.
ii     Dias, 1999, p. 38.
iii    Idem, p. 40.
iv    Idem, ibidem.

do direito penal (como tinha na proposta de Liszt), cedendo esse lugar, em grande parte, à política criminal. Tal é claramente o sentido que tem vindo a ser seguido até hoje, sobretudo desde a década de 70 do século passado, em razão de um profundo movimento reformista que aí conheceu seu fastígio, quando se reivindicou uma dogmática aberta, *rectius*, um "**sistema aberto**". Um sistema que, projetando-se no seu conspecto mais paradigmático que é a teoria geral do crime, procuraria uma construção sistemática estruturada em distintas categorias do direito penal de acordo com os contributos da política criminal[i]. Um sistema aberto ao problema e às valorações das diversas ciências sociais. Uma dogmática determinada e cunhada a partir de proposições político-criminais, aberta ao problematismo de cada caso[ii]. A tudo isso se junta o facto de na década 60 do século passado a criminologia ter deixado de ser uma ciência meramente explicativa e, assim sendo, meramente auxiliar, e passar a ser *ciência crítica*, tendo como objeto não só o crime, melhor, as causas do crime, mas todo o sistema de realização da justiça penal.

Hoje, sem prescindir do rigor dos conceitos, da construção sistemática, própria de uma dogmática robusta, a ciência conjunta do direito penal deve orientar-se à efetiva e justa resolução dos casos jurídicos: tanto no momento da prescrição normativa, quando o caso se projeta na norma, quanto no momento da concretização normativa, ou seja, da judicativa decisão de cada caso. E isso muito simplesmente porque as valorações político-criminais devem projetar-se nos dois momentos em ordem a uma decisão justa de cada caso.

Tudo isso pode resumir-se na ideia de **sistema global de justiça penal**, que se realiza de um modo *integral* quando se concebe a norma jurídico-penal e quando se aplica a norma ao caso. E que, por isso, convoca não só a dimensão científica oferecida ela ciência conjunta do direito penal, mas também a dimensão prática dada pelo processo e pela execução das sanções, sem prescindir da dimensão orgânica imposta pelas instâncias formais de controlo.

Vejamos, então, como o sistema global de justiça penal se deve realizar.

---

i   Nesse sentido, Roxin, 2000, p. 14.
ii  Como, aliás, explica Neves (1993, p. 159), o sistema deve ser "*aberto* (problematicamente aberto), *não pleno* (não intencionalmente auto--suficiente) e *autopoiético* (de racionalidade prático-normativa autónoma)".

## 5
# O sistema global e a realização da justiça penal

## 5.1 Nota introdutória (contributo da proposta de um sistema integral de direito penal)

É fundamental que a relação entre criminologia, política criminal e dogmática penal tenha em conta o modo como a justiça penal se realiza que, não deixando de contar com os contributos dessas ciências, manifesta-se e concretiza-se por meio dos ramos de direito penal, muito em especial a relação entre o direito penal material, o direito processual penal e o direito de execução de penas e medidas de segurança. O modo como esses ramos se articulam e seus resultados não são indiferentes à ciência conjunta do direito penal, e o resultado que essas ciências preconizam não será indiferente ao modo como aqueles ramos normativos se hão de concretizar. Importa, pois, saber como se deve fazer essa articulação, que, para nós, antecipando, passará pela consideração do **sistema global de justiça penal**.

O esforço de articulação, sobretudo na relação entre direito penal material, processo penal e direito de determinação da pena já foi tentado. Por exemplo, a ideia de um "sistema integral de direito penal" (*gesamtes Strafrechtssystem*), tratada por vários autores, dos quais se destacam Jürgen Wolter, Georg Freund e Lothar Kuhlen[i] é disso um interessante exemplo.

O maior mérito dessa proposta está na ideia segundo a qual o direito de determinação da pena e o direito processual penal não podem deixar de interferir no próprio conceito de crime. Em particular, no que toca a este último, nas palavras de Freund, "o direito processual 'redige' por si mesmo uma parte essencial do que é o direito penal substantivo aplicado ou, melhor dito, do que é o direito penal (substantivo) que se aplica deve ser de acordo com o Direito"[ii]. Por isso, a nosso ver, se bem a entendemos – sem querer de modo algum comprometer seu sentido, mas apenas para resumir –, quatro virtudes podem ser reconhecidas a uma tal proposta:

---

i   Esse sistema pode ser compreendido na obra coordenada por Wolter e Freund, *El Sistema Integral del Derecho Penal. Delito, Determinación de la Pena y Proceso Penal* (Madrid: Marcial Pons, 2004).

ii  Freund, 2004, p. 107.

- considera excessivamente sistemática a teoria tradicional do crime que impede uma realização concreta do direito penal, que vá ao encontro de soluções justas para os casos concretos;
- tal dogmática dever ser reformulada no sentido de privilegiar a renúncia de pena na delimitação das causas de exclusão material, a suspensão facultativa do processo, assim como a atenuação facultativa da pena;
- o direito processual penal deve configurar-se como um espaço de prolongamento do sistema do facto punível, onde, sem colocar em causa a existência de um facto punível, antijurídico e culpável, merecedor e necessitado de pena, permite soluções como as da suspensão do processo e outras distintas da punição;
- uma tal conceção pressupõe espaços de resolução do conflito que não passem necessariamente pela aplicação de uma pena, mas que, relevando o direito de determinação da pena, apelem à aplicação de causas de exclusão, à renúncia da pena, à atenuação de pena e, no âmbito do processo penal, de soluções de consenso e oportunidade, etc.

E, visto assim, essas virtudes devem inspirar na construção de um sistema global de justiça penal, orientado à realização da justiça. Sobretudo na consideração dessa realização de um modo **integral**. Isso, contudo, não nos impede de ir mais longe, sobretudo na consideração dos contributos que a criminologia e a política criminal também podem dar ao sistema.

Importa, no entanto, sublinhar que aquele sistema integral de direito penal não se confunde nem com a ciência conjunta do direito penal (*gesamte Strafrechtswissenschaft*)[i], tal como a enunciou von Liszt e como hodiernamente a conhecemos, nem com aquilo que nos parece dever ser o **sistema global de justiça penal**. A ciência conjunta do direito penal engloba várias ciências que, embora autónomas, contribuem para um mesmo fim, complementando-se funcionalmente, e o sistema integral do direito penal estabelece uma relação entre o direito

---

i   Chamando a atenção para o facto de que o sistema integral de direito penal não se confunde com a ciência conjunta do direito penal, vai Naucke (1998, p. 265). Silva Sánchez (2004, p. 21, n. 19), em alusão a Naucke, entende que aquele primeiro sistema se aproxima mais da "pretensão de Feuerbach de reconduzir todo o Direito positivo a uma ideia reitora".

penal material, o direito processual penal e o direito de determinação da pena. Além disso, a proposta de um sistema integral de direito penal implica um esforço para integrar, além do ilícito culpável, "as premissas constitucionais, as instituições processuais, assim como outros factores de individualização determinantes da imposição de uma pena a um sujeito concreto"[i]. É essa ideia de realização integral que nos parece muito positiva nessa proposta.

Note-se que a ciência conjunta do direito penal peca pela insuficiente referência ao direito processual penal. E a proposta do sistema integral não valoriza suficientemente as contribuições que para a dogmática podem oferecer outras ciências, como é o caso da criminologia, da vitimologia e até da política criminal – sobretudo aqui parece-nos clara certa tendência para apelar a conceitos como o de "política jurídica" e nunca ou quase nunca se aludir claramente à política criminal.

É certo que, nesse âmbito, autores como Kuhlen entendem que a questão dos limites do direito penal não reveste natureza conceptual-dogmática, senão estritamente político-criminal[ii]. Mas logo acrescenta, a quem pretenda contrapor a política criminal científica (ilustrada) ao populismo da política "sem ciência", que os juízos dos políticos são tão válidos como os dos professores, e além do mais têm os votos atrás de si![iii] O que leva Silva Sánchez, a nosso ver corretamente, em análise crítica a tais propostas, a afirmar que também a política criminal está sujeita a racionalidade, e que "a consideração de argumentos político-criminais no sistema do crime não supõe contradição alguma, nem afetação da integridade do método dogmático, mas, pelo contrário, constitui a expressão mais clara da vontade de elaborar uma dogmática orientada à racionalização da aplicação judicial do Direito penal"[iv].

O que nos parece é que a ideia de ciência conjunta do direito penal, tal como hoje é entendida, permite atingir os mesmos resultados que o sistema integral de direito penal enuncia, embora o inverso não seja verdadeiro, se bem vemos as coisas. O ponto de partida deste nosso convencimento, no entanto, pressupõe que se aceite que o direito processual penal constitui em certo sentido *uma parte do direito penal*,

---

i    Silva Sánchez, 2004, p. 21.

ii   Veja-se a apreciação crítica do posicionamento de Kuhlen feita por Silva Sánchez, 2004, p. 28.

iii  Idem.

iv  Silva Sánchez, 2004, p. 28.

na senda de Figueiredo Dias. O direito processual e o direito substantivo penal formam uma *unidade*, ambos vão unidos por uma específica função: "só através do direito processual logra o direito substantivo, ao aplicar-se aos casos reais da vida, a realização ou concretização para que originariamente tende"[i].

Por isso, o que faz sentido é falar-se de sistema global de justiça penal orientado à *realização integral da justiça penal*. Em que consistiria então essa realização?

## 5.2 A realização integral da justiça penal[ii]

A realização da justiça penal, fim último do sistema global de justiça penal, é antes de mais, uma parte da realização do direito. A realização do direito pode e deve dar-se em abstrato, na medida em que a criação legislativa, ainda que de um modo prescritivo, também se propõe à decisão de questões jurídicas[iii]. A norma não é mais do que uma resposta a questões de direito, antecipando em abstrato uma decisão possível de casos. O legislador mais não faz que integrar na norma as decisões jurídicas possíveis para uma variedade de casos jurídicos[iv]. Desse modo se diz e se entende que "a prescrição legislativa realizaria sua determinação ou 'interpretação' jurídico-normativa mediante decisões jurídicas para uma pluralidade abstrata ou um tipo de questões jurídicas, pelo que o legislador só prescreveria afinal nas leis juízos jurídicos generalizados"[v].

Como explica Castanheira Neves, dir-se-á realização do direito "a actividade institucional e os actos pelos quais se decidem normativo-juridicamente questões jurídicas concretas – 'casos' jurídicos"[vi]. Como é bom de ver, o processo penal, deste ponto de vista, concorre de

---

i     Dias, 2004, p. 24.

ii    Grande parte das considerações feitas neste ponto, e às vezes também em outros deste escrito, já foi por nós expostas em outro escrito: Monte, 2009, *passim*. Aqui são recuperadas com vista a melhor se compreender a função do sistema global de justiça penal.

iii   Neves, 1988-1989, p. 44.

iv   Neves (1993, p. 156), considerando a norma como parte do sistema, expressa-o assim: "o direito positivo é função da contingente realidade histórico-social, em resposta normativa à qual se constitui".

v     Neves, 1988-1989, p. 45.

vi   Neves, 1991, p. 11.

modo determinante para a realização do direito. Dito de modo lapidar, como o faz Faria Costa: "o direito em 'acção' outra coisa não é do que a percepção da sua concreta aplicação"[i]. Quando se fala de realização do direito, tem-se pressuposta a ideia de que não basta a consideração da essência jurídica ou da juridicidade. A mera existência de leis não implica necessariamente a existência do direito. Quer isso significar que "a 'essência' não comprova a 'existência', o direito não é (não é direito) sem se manifestar na prática e como uma prática"[ii]. Essa manifestação dá-se em sua plenitude na decisão concreta dos casos jurídicos. O momento da decisão jurídica é o momento em que se realiza concretamente o direito, uma vez que só "o cumprimento histórico--concreto que lhe permite afirmar-se como uma efectiva dimensão da prática humano-social, transforma a juridicidade em direito"[iii]. Significa isso que esse momento da decisão jurídica dos casos jurídicos é o da prática. Por isso, na prática, o direito se realiza.

Olhando para o direito penal, diríamos que o tipo legal de crime mais não faz do que propor a resolução jurídico-penal de problemas emergentes de comportamentos ilícitos tidos como insuportáveis. Sendo assim, o direito penal realiza-se desde logo quando cumpre sua função de proteção subsidiária de bens jurídicos, na medida em que suas normas têm uma vocação preventiva que se concretiza na prevenção de eventuais crimes futuros. Aliás, não sendo assim, estar-se-ia a negar autonomia ao direito penal. Seria estranho que se pretendesse afirmar certa emancipação do direito processual penal e, ao mesmo tempo, se negasse essa característica ao direito substantivo. Mas também, e sobretudo, quando as normas jurídico-penais são violadas, quando se desencadeia o conflito penal, então, na resolução de concretos casos – e só nessa dimensão –, o direito penal, para se realizar, carece de uma concretização que só o processo penal é capaz de conceder.

É nesse preciso sentido que entendemos a posição do Tribunal Constitucional português, ao dizer: "[o] processo penal de um Estado de direito deve realizar primordialmente dois objectivos essenciais: por um lado, permitir que o Estado realize o direito de punir e, por outro lado, permitir que, na realização de tal finalidade, sejam concedidas aos cidadãos as garantias indispensáveis para os proteger contra

---

i   Costa, 2015, p. 49. O autor refere-se, naturalmente, ao direito processual penal.
ii  Neves, 1988-1989, p. 22.
iii Idem, p. 46.

eventuais abusos de tal poder de punir"[i]. A pretensão de punir, *rectius*, de julgar, por meio de um processo justo e equitativo, com vista ao restabelecimento da paz jurídica, vem a ser a realização plena do direito penal e do direito processual penal[ii].

Assim se compreende e aceita que sempre faltará à elaboração prescritiva uma concretização, uma aplicação a casos concretos. A concretização da norma, ainda que não seja pressuposto de validade, é condição de sua realização. E isso só se verifica em uma decisão validamente obtida, em determinado processo aplicado a uma situação concreta, *sc.*, obtida de modo processualmente válido. Como melhor afirma Figueiredo Dias, como já dissemos e não hesitamos em enfatizar, a realização do direito penal dá-se através do direito processual penal "ao aplicar-se a casos reais"[iii]. E isso é tanto mais importante quanto é certo que hoje, como nunca – pela profusão de leis[iv] que leva a certa erosão do princípio da legalidade penal criminal[v] –, a tarefa do Poder Judiciário

---

[i] Acórdão do Tribunal Constitucional português n. 429/1995 (disponível em: <http://www.tribunalconstitucional.pt/tc/acordaos/19950429.html>, acesso em: 1 out. 2022).

[ii] De certo modo, aquilo que defendem Roxin e Schünemann (2014, p. 1) [o que Roxin (2000, p. 1) já defendia em edição (espanhola) mais antiga], ou seja, que as prescrições do processo penal devem estar dispostas para "contribuir para a realização do direito penal material", devem traçar os limites para a intervenção das autoridades na persecução penal "em proteção da liberdade do indivíduo" e devem lograr a possibilidade de "restabelecer a paz jurídica quebrada" através de uma decisão definitiva.

[iii] Dias, 2004, p. 24. Sublinhe-se, no entanto, que a expressão condicional *ao aplicar-se a casos reais* não pode deixar de ser ressaltada, não só porque é na dimensão problemática que o processo penal é chamado a intervir, mas também porque, fora desses casos e em geral, o direito penal já se realiza pelo cumprimento de sua função preventiva.

[iv] Em tom assumidamente crítico, veja-se Alberto Seiça (2003, p. 1.389) falando em "*vertigem legiferante*", lamenta que "o tempo das normas esculpidas no mármore', na síntese luminosa de Franco Cordero, pertença irremediavelmente a uma época sem retorno – tornamo-nos todos servos do *upgrade*, esperando do novo 'programa' as virtualidades que não soubemos encontrar no anterior".

[v] Sobre a erosão do princípio da legalidade, veja-se Naucke, 2000, p. 531-ss.

é mais relevante na afirmação da segurança jurídica[i] e da realização da justiça de cada caso[ii].

O sistema global de justiça penal, como o vemos, deve manifestar-se como tal tanto na realização do direito em abstrato quanto na sua realização em concreto, em ordem a uma plena realização da justiça. Logo na **primeira modalidade**, o caso concreto deverá ser projetado no contexto do sistema que se quer, no dizer de Figueiredo Dias, funcional-teleológico e racional do direito penal e, por isso, no momento da prescrição legislativa tal projeção obrigará a que os contributos da criminologia e da vitimologia sejam valorados de molde a que a política criminal ofereça orientações tão precisas quanto o possível para ir ao encontro das necessidades que o caso envolve, ou seja, tendo em conta a dimensão do problema. Nessa tarefa prescritiva concorrem aspectos vários, fruto do contributo que as diversas ciências autónomas oferecem, o que corresponderá já à realização do direito penal em abstrato, a primeira das modalidades da realização do direito, sendo certo que, nessa primeira modalidade, a realização deve ser integral, uma vez que as soluções devem ter em conta não só o crime, mas também a pena e o processo. Isso quer dizer que o direito processual penal deve ser concebido no sistema, tendo em conta o problema, mas em relação com as restantes ciências de tal modo que as soluções dogmáticas tenham no processo uma concretização normativa.

A **segunda modalidade**, de concretização normativa no caso, não se traduz em mera utilização instrumental do direito processual penal, como se a realização do direito penal consistisse apenas em mera aplicação de normas. Nada disso. O direito processual haverá de ser

---

i      Sobre os princípios da certeza e da segurança jurídicas, sob as ideias de que "*o direito é certo porque é recto e é recto porque é certo*" e "*o direito é seguro porque é recto e é recto porque também é seguro*", veja-se Costa (2007, p. 26-ss, grifo do original).

ii     Nesse sentido, com muito acerto, veja-se Brandão, 2003, p. 1.299-ss. O autor, ademais de fazer um diagnóstico sobre a validade do princípio da legalidade, que sobreviveu à ascensão do pensamento positivista, e da multiplicação extraordinária de leis, "em numerosos casos obscuras, confusas e complexas", interrogando-se sobre o que se deve esperar da jurisprudência, entende que ela "deve prezar e manter-se fiel a um conjunto de valores que a têm caracterizado, como sejam, entre outros, o respeito pela igualdade entre os cidadãos, a tutela dos direitos fundamentais, a valorização da segurança jurídica, a preservação da independência, tendo sempre em vista que, em último termo, a sua finalidade é a da realização da justiça do caso concreto".

construído como parte do sistema, se bem que tendo em conta os princípios jurídico-penais e as soluções dogmáticas, e por isso como seu prolongamento. Mas também como espaço autónomo e teleologicamente orientado. Orientado, entenda-se, à obtenção de soluções justas para os casos concretos que, no entanto, têm no sistema penal um mínimo de tradução, uma vez que está concebido para permitir ao aplicador da norma uma tarefa criativa do direito sem correr o risco de se opor ao sistema. E isso só é possível porque o direito processual penal também comunga dos contributos oferecidos pela criminologia, pela vitimologia e pela política criminal, embora pela sua autonomia teleológica possa apontar soluções que não são coincidentes com as soluções da dogmática jurídico-penal substantiva, mas que a complementam. Porque ambas visam à realização integral da justiça penal. É assim fácil de entender que um caso possa terminar com um acordo sobre a sentença penal, apesar de o tipo penal prever determinada sanção, porque a solução encontrada no processo respeita os princípios e as soluções jurídico-penais – veremos, no ponto seguinte, como isso é possível no sistema alemão, no qual vigora o princípio da legalidade (criminal e processual); como não é difícil compreender que se afigure questionável que determinadas soluções processuais, por não respeitarem esses princípios e essas determinações jurídico-penais, não devem ser preconizadas. Um bom exemplo dessa segunda hipótese pode ser encontrado na figura da colaboração premiada.

Fica claro que o estudo do direito penal ganha toda a sua plenitude quando considerado parte da justiça penal. E esta faz sentido como fim do sistema global. O sistema global, portanto, não será só de *direito penal*, mas de *justiça penal*. O direito penal, por si só, não passa de uma ciência jurídica. Na sua relação com o processo penal, com o direito de execução de penas, e como parte da ciência conjunta do direito penal, em uma perspetiva estática, e depois, em sua relação com a atuação dos órgãos de justiça penal, em uma perspetiva dinâmica, é que permite considerá-lo como verdadeiro *modus faciendi* de justiça penal. E isso só é possível quando, apesar de podermos olhar para cada uma das partes do sistema global de justiça penal, não percamos de vista que são partes de um todo que se orientam sempre a uma mesma finalidade: a realização da justiça penal.

# 6
# Um exemplo da aplicação dos pressupostos teóricos: a experiência alemã dos acordos sobre sentenças penais (*Verständigung zwischen Gericht und Verfahrensbeteiligten*)

Perscrutar a experiência alemã dos acordos sobre sentenças penais, longe de ser uma curiosidade meramente processual, permite-nos cumprir um desiderato: perceber como é desejável conceber o direito penal no âmbito de um sistema global de justiça penal, em que, apesar das prescrições penais, o processo penal pode oferecer soluções autónomas que melhor concretizem a tarefa do direito penal.

Como é sabido, para além de uma rigorosa dogmática jurídico-penal muito difundida e seguida, o direito processual penal alemão tem servido de inspiração a muitos ordenamentos jurídicos, como é o caso de Portugal ou do Brasil. No direito alemão, vigora o princípio da legalidade processual, segundo o qual e como está no § 152 (2) da *StPO*, "[s]alvo disposição em contrário da lei, o Ministério Público é obrigado a agir em relação a todas as infrações penais, desde que existam indícios factuais suficientes". De modo que, falar-se em justiça penal negociada é aqui quase descabido. No entanto, a partir de 1999, o Código de Processo Penal alemão passou a admitir algumas soluções de negociação. Por exemplo, o § 153 a (*Absehen von der Verfolgung unter Auflagen und Weisungen*) permite o arquivamento do processo mediante aceitação, pelo condenado, de uma proposta feita pelo Ministério Público e autorizada pelo juiz; o § 155 a (*Täter-Opfer-Ausgleich*) permite uma mediação entre a vítima e o ofensor por meio de mediação. Também no direito penal material se encontram soluções que permitem relevar a conciliação. Por exemplo, o § 46 a *StGB* (*Täter-Opfer-Ausgleich, Schadenswiedergutmachung*) permite o acordo entre vítima e ofensor, com relevância para a reparação, sob certas condições.

Apesar desses espaços legais de algum consenso, a prática judiciária alemã veio a revelar que aquelas soluções não eram suficientes. Por isso, continuou a realizar acordos informais sobre sentenças, mesmo para lá daqueles casos e ainda que não houvesse legislação que os previsse[i]. Como assumia a jurisprudência, o que a lei não proibia, era admitido[ii]. Ao ponto de se ter considerado essa prática a "'droga acordos', que não pode contar com uma desabituação séria"[iii]. Era tolerada porque a justiça penal, "sem as conversas prévias já não conseguiria cumprir o seu papel"[iv]. E, fundamentalmente, convém sublinhar, terão sido também os "escassos recursos da Justiça" que estiveram na base de uma tal cedência[v].

Essa prática judiciária foi severamente criticada por vários autores, entre os quais se destaca Roxin[vi]. O autor refere que "[o] processo da crescente desformalização tem vindo, nos últimos 20 anos, a abranger progressivamente o processo de julgamento"[vii]. E a propósito desses acordos, em "lugar da, legalmente prevista, audiência de discussão e julgamento", Roxin considerava que "não são, assim, observados princípios fundamentais do processo penal alemão"[viii]. A verdade é que a prática judiciária se viu forçada a realizar tais acordos, antes mesmo que a lei os regulasse. E a razão era muito simples: "as conversas prévias apenas são admitidas – dizia Roxin – para tentar evitar um colapso da justiça penal motivado pela sua sobrecarga"[ix]. Não o dizia por mera intuição. Fundamentava-se na jurisprudência. Com efeito, o *BGH* no acórdão de uniformização de jurisprudência de março de 2005 declarava que não havia qualquer regulamentação sobre conversas prévias e admitia até que elas fossem contrárias a certos princípios fundamentais.

---

i     Cf. Roxin, 2009, p. 390-ss.; Huber, 2009, p. 116-ss. Refere-se a esse fenómeno de sobreutilização de procedimentos de negociação em causas penais, na Alemanha, nos anos de 2007 e 2008, com cifras na ordem dos 95,5% dos operadores judiciais, Prado (2018, p. 146), apoiando-se em Barbara Huber. No mesmo sentido, de que a prática judiciária se realizou sem suporte legal, Weigend, 2008, p. 47.

ii     Nesse sentido, Dias, 2011, p. 31.

iii     Huber, 2009, p. 120.

iv     Roxin, 2009, p. 391, citando o BGHSt 50.

v     Também Madlener (2009, p. 648-ss) referiu-se ao assunto com pormenor, dando conta que muitas das soluções divertidas do processo penal alemão ficam a dever-se fundamentalmente à quantidade de trabalho da justiça alemã e à escassez de recursos para dar resposta a tanta solicitação.

vi     Refere-se a essas críticas Prado, 2018, p. 41, não só em alusão a Roxin, mas também a Barbara Huber.

vii     Roxin, 2009, p. 390.

viii     Idem, p. 390.

ix     Idem, p. 391.

O mesmo sucederia com os compromissos assumidos relativamente à medida da pena antes do julgamento, que seriam dificilmente compatíveis com a lei. Só que, assim sendo, uma constatação importante era feita: "a decisão teria de ser criada 'a partir do processo'"[i]. Invocando essa função da jurisprudência cocriadora do direito, acabava por se admitir que os tribunais fizessem uso dessa possibilidade. De tal modo que o *BGH* acabou por dar seu voto positivo a essa possibilidade.

O apelo do Tribunal Federal Alemão (BGH) foi claro: que o legislador "regulamente a admissibilidade e os requisitos e limites legais das conversas prévias. É uma obrigação primária do legislador a de definir as questões principais de conformação do processo penal"[ii]. E foi isso que sucedeu com a Lei de 4 de agosto de 2009, que veio prever expressamente essa possibilidade, introduzindo o § 257 c da *StPO* (*Verständigung zwischen Gericht und Verfahrensbeteiligten*). Por isso, o § 257 c que determina a possibilidade de acordos sobre sentenças penais, na Alemanha, começou por ser uma imposição da prática processual, em primeiro lugar, da jurisprudência que os recomendou e, finalmente, acabou por ser uma solução do legislador que os acolheu e formalizou[iii].

Basicamente o que se admite é que, em certos casos, o tribunal pode chegar a um acordo com os participantes processuais quanto ao rumo e resultado do processo. Um tal acordo pode incidir essencialmente sobre as consequências jurídicas, mas não sobre a questão da culpabilidade ou sobre as medidas de socialização e prevenção. Para isso, exige-se que a confissão faça parte integrante do acordo. Para facilitar, o tribunal pode dar instruções sobre o conteúdo que o acordo pode ter, podendo indicar os limites máximo e mínimo da sanção jurídica, mas ficando reservado o poder de livre avaliação das circunstâncias do caso e das finalidades da pena. É sempre necessária a concordância do arguido e do Ministério Público quanto à proposta do tribunal.

Essa solução, contudo, está longe de configurar uma *Plea bargaining* de estilo norte-americano, mas constitui uma abertura ao consenso que vale a pena aprofundar para eventual aplicação em outros países, com as necessárias adaptações. Apesar de na solução alemã se tratar de acordos, não existe uma negociação entre Promotor público e arguido que vincule o tribunal, e que implique uma *charge bargaining* e uma

---

i   Idem, p. 391.

ii  Idem, p. 391, em citação do BGHSt 50.

iii Para mais desenvolvimentos, Weigend, 2008, p. 43-ss.

*sentencing bargaining*. Ao contrário da solução americana, as partes não decidem sobre a declaração de culpabilidade do arguido, nem a confissão por este produzida tem um valor vinculativo do tribunal. E eventuais conversações entre Promotor público e arguido sobre a pena não serão vinculativas para o tribunal. Este, na solução alemã, continua a decidir sobre o valor da confissão e, portanto, em última instância, sobre a questão da culpabilidade e sobre a pena a determinar.

Certos autores alemães criticaram essa solução, como é o caso Schünemann[i], referindo-se à solução como um *"catch as catch can"* ("agarra-te como possas"), e a jurisprudência, entretanto, também se pronunciou em casos concretos sobre a validade de alguns acordos, eventualmente sobre sua ilegalidade ou inconstitucionalidade[ii]. Sabendo que, na Alemanha, a ciência conjunta do direito penal funciona, não terão sido alheios à solução encontrada, para além da prática judiciária, os contributos da criminologia e as propostas da política criminal. Mas se assim não foi, *sc.*, se tudo não passou de um impulso da prática judiciária, no seio do processo penal, a forçar uma solução normativa, muito provavelmente é tempo de convocar também a criminologia e a política criminal. E, nesse sentido, não seria demais revisitar alguns ensinamentos do "Projeto Alternativo da Reparação" (*Alternativ--Entwurf Wiedergutmachung*)[iii] levado a cabo por juristas alemães, austríacos e suíços[iv] que ajudaria a compreender a relevância da reparação penal e da dimensão consensual da justiça penal.

---

i     Schünemann, 2002, em especial p. 301.

ii    Nesse sentido, entre outros, a decisão do Tribunal Federal Constitucional Alemão *BvR 2628/10*, de 19 de março 2013 (disponível em: <https://www.bundesverfassungsgericht.de/SharedDocs/Entscheidungen/DE/2013/03/rs20130319_2bvr262810.html>, acesso em: 1 out. 2022). Nessa sentença, o Tribunal, embora considerando constitucionais as normas sobre acordos, chama a atenção para a necessidade de cumprimento dos requisitos constitucionais e, se for o caso, rever a lei com vista à sua melhoria.

iii    Sobre o Projeto Alternativo, veja-se Roxin, 1991, p. 24-ss; com desenvolvimentos, Baumann, 1992, *passim*.

iv    Basicamente prevê três hipóteses de solução em que a reparação atuaria: como *substitutiva da pena* – "sempre que o castigo não seja indispensável para influir o delinquente ou a comunidade"; como *suspensiva da pena* – "serve sempre de base a um prognóstico favorável" (cfr. Roxin, 1991, p. 24-ss); como *atenuante penal* – quando "tenha de ir-se à punição pela reserva preventiva [...] ou que as prestações reparadoras não tenham compensado totalmente, senão em parte, as consequências do facto". Graças a esse conceito amplo de reparação, acabaria, assim,

É importante notar que parte do problema, a nosso ver, continua a passar pela **ausência da vítima**[i] e pela **irrelevância da reparação**. Talvez se tenha de admitir que o sistema de acordos na Alemanha passa mais pelos interesses da administração da justiça do que dos protagonistas do conflito, problema a que outros ordenamentos jurídicos não são alheios. E, por isso, tendemos a concordar quando se diz que "o mecanismo consensual adere integralmente aos interesses de juízes e promotores, ou seja, aqueles que detêm o poder na persecução penal"[ii], quando na verdade deveria ir ao encontro das reais necessidades do sistema penal, do ofensor e da vítima.

Seja como for, e aqui está o *punctum crucis* deste tópico, aparentemente o sistema de justiça penal, pese embora o que a lei penal material prescreve, terá necessitado, para sua própria realização, de uma linha de fuga de natureza processual. Essa nota parece-nos muito importante porque reforça a ideia segundo a qual o direito penal não pode ser visto senão como uma parte de um sistema global onde a atuação integral e articulada faz todo o sentido. Certo que a realidade é dinâmica e impõe mudanças inevitáveis no edifício normativo. Foi o que sucedeu com a introdução dos acordos. Mas o que a proposta de um sistema global de justiça penal demonstra é que, estando atento aos alores do pulsar da vida, incluindo da prática judicial, para tais mudanças lograrem melhores resultados deve contar com os contributos da criminologia e da política criminal. Em uma palavra: as soluções devem ser encontradas no seio do sistema global de justiça penal, como o caraterizámos antes, com vista à sua realização integral. E esta, não prescindindo dos princípios da legalidade criminal e da legalidade processual, deve orientar-se sempre à procura da solução mais justa do caso.

---

          por ser aplicada "a *todos* os delitos e a *todos* os delinquentes" (Roxin, 1991, p. 25), e fundamentalmente porque sua aplicação se regeria por três princípios: o da "aplicabilidade universal", o da "voluntariedade" e o da "garantia de êxito" (Idem, p. 26). Ou seja, "não há nenhuma condenação a prestações reparadoras", tudo depende de um ato voluntário, ao que acresce uma garantia de êxito porque "se deve assegurar a realização efetiva da prestação reparadora" (Idem, p. 26-ss).

i    Nesse sentido, Weigend, 2008, p. 47.

ii   Vasconcellos; Moeller, 2013, p. 13-ss.

# 7
# Reflexão conclusiva

O sistema global de justiça penal, cientificamente suportado, mas focado na resolução concreta dos problemas, convoca uma relação entre os ramos do direito penal material com o direito processual penal, projeta-se nas normas de execução das penas e medidas de segurança e viabiliza-se por meio dos diversos órgãos que se encarregam da administração da justiça penal (tribunais e respetivos titulares, Ministério Público, órgãos de polícia criminal, com a participação dos advogados, na descoberta da verdade, e dos estabelecimentos de execução de penas e de medidas de segurança, na execução das consequências jurídicas do crime). Esse sistema, que visa à *realização integral da justiça penal*, atuando nos limites da lei, procura acima de tudo a solução mais justa para cada caso.

Desse modo, convive mal com o populismo normativo e é avesso ao improviso casuístico judicial. Pode não ser perfeito, porque não há sistemas perfeitos. Mas contribui para que a justiça penal seja um pouco menos imperfeita e sobretudo democrática e humanista.

# Referencias

AMBOS, K. General Principles of Criminal Law in the Rome Statute. **Criminal Law Forum**, n. 10, p. 1-32, 1999. Disponível em: <https://www.department-ambos.uni-goettingen.de/data/documents/Veroeffentlichungen/epapers/General_Principles.pdf>. Acesso em: 25 nov. 2022.

ANDRADE, C. A vítima e o problema criminal. **Boletim da Faculdade de Direito da Universidade de Coimbra**, Coimbra, 1980.

ARISTÓTELES. **Ética a Nicómano**. 4. ed. Lisboa: Quetzal, 2012.

BAUMANN, J. et al. **Alternativ-Entwurf Wiedergutmachung. (AE-WGM)**: Entwurf eines Arbeitskreises deutscher, österreichischer und schweizerischer Strafrechtslehrer (Arbeitskreis AE). München: Beck, 1992.

BAUMAN, Z. **A vida fragmentada**: ensaios sobre a moral pós-moderna. Lisboa: Relógio D'Água, 2007.

BRANDÃO, N. Contrastes jurisprudências: problemas e respostas processuais penais. In: COSTA ANDRADE, M. et al. (Orgs.). **Liber Discipulorum para Jorge de Figueiredo Dias**. Coimbra: Coimbra Editora, 2003.

BRONZE, F. J. **Lições de introdução ao direito**. 2. ed. Coimbra: Coimbra Editora, 2010.

COSTA, F. **As linhas rectas do direito**. Porto: Instituto da Conferência; Conselho Distrital do Porto da Ordem dos Advogados, 2007.

COSTA, F. **Noções fundamentais de direito penal (Fragmenta Iuris Poenalis)**. Introdução. A Doutrina Geral da Infracção [A Ordenação Fundamental da Conduta (facto) Punível; A Conduta Típica (O Tipo); A Conduta Ilícita (O Ilícito); a Condta Culposa (A Culpa)]. 4. ed. Coimbra: Coimbra Editora, 2015.

DIAS, F. **Questões fundamentais do direito penal revisitadas**. São Paulo: Revista dos Tribunais, 1999.

DIAS, F. **Direito processual penal**. Coimbra: Coimbra Editora, 2004.

DIAS, F. **Acordos sobre a sentença em processo penal**. O "Fim" do Estado de Direito ou um Novo "Princípio"? Porto: Conselho Distrital do Porto da Ordem dos Advogados, 2011.

DIAS, F. **Direito penal**: parte geral. Coimbra: Gestlegal, 2019. Tomo I: As questões fundamentais; A doutrina geral do crime.

DIAS, F.; COSTA ANDRADE, M. **Criminologia**. O homem delinquente e a sociedade criminológica. Coimbra: Coimbra Editora, 1984.

FREUND, G. Sobre la función legitimadora de la ideia de fin em el sistema integral del derecho penal. In: WOLTER, J.; FREUND, G. (Eds.). **El Sistema Integral del Derecho Penal**. Delito, Determinación de la Pena y Proceso Penal. Madrid: Marcial Pons, 2004.

HASSEMER, W. El derecho penal en los tempos de las modernas formas de criminalidade. Traducción de Alfredo Sánchez. In: ALBRECHT, H. et al. (Orgs.). **Criminalidad, Evolución del Derecho Penal y Crítica al Derecho Penal en la Actualidad** (Die Gegenwart der Kriminalität, der Strafrechtsentwicklung und Strafrechtskritik). Buenos Aires: Editores del Puerto, 2009.

HUBER, B. Por fin socialmente aceptables: acuerdos procesales en Alemania? Traducción de Juan-Luis Gómez Colomer. In: ALBRECHT, H. et al. (Orgs.). **Criminalidad, Evolución del Derecho Penal y Crítica al Derecho Penal en la Actualidad** (Die Gegenwart der Kriminalität, der Strafrechtsentwicklung und Strafrechtskritik). Buenos Aires: Editores del Puerto, 2009.

JESCHECK, H-H. **Tratado de Derecho Penal**. I. Parte General. Traducción de Mir Puig y Muñoz Conde. Barcelona: Bosch, 1981.

MADLENER, K. Meios e métodos para alcançar-se no processo penal as metas de "prazo razoável" e de "celeridade". Observações a respeito da justiça alemã. In: MONTE, M. et al. (Orgs.). **Que futuro para o direito processo penal**. Simpósio de Homenagem a Jorge de Figueiredo Dias por Ocasião dos 20 anos do Código de Processo Penal Português, Coimbra: Coimbra Editora, 2009.

MONTE, M. Da realização integral do direito penal. In: COSTA ANDRADE, M. et al. (Orgs.). **Estudos em homenagem ao Prof. Doutor Jorge de Figueiredo Dias**. Coimbra: Coimbra Editora, 2009. v. I.

MONTE, M. Um balanço provisório sobre a Lei de Mediação Penal de Adultos. In: ALBUQUERQUE, P. P. de (Coord.). **Homenagem de Viseu a Jorge de Figueiredo Dias**. Coimbra: Coimbra Editora, 2011.

MONTE, M. Princípios gerais de Direito Penal Internacional. In: BRITO, W. et al. (Coords.). **Estatuto de Roma do Tribunal Penal Internacional**. Braga: DH-CII, 2019. Disponível em: <https://issuu.com/comunicadireito/docs/estatuto_de_roma_tpi_comentarios_we>. Acesso em: 25 nov. 2022.

MUÑOZ CONDE, F. La herancia de Franz von Liszt. **Revista Penal México**, n. 2, 2011.

NAUCKE, W. Wissenschaftliches Strafrechtssystem und positives Strafrecht. **Goltdammer's Archiv für Strafrecht**, 1998.

NAUCKE, W. La progresiva pérdida de contenido del principio de legalidad penal como consecuencia de un positivismo relativista y politizado. **AA.VV., La Insostenible Situación del Derecho Penal**, Granada: Editorial Comares, 2000.

NEVES, C. **Apontamentos de metodologia jurídica**. Coimbra,1988-1989.

NEVES, C. O actual problema metodológico da realização do direito. **Boletim da Faculdade de Direito de Coimbra**, Estudos em Homenagem ao Prof. Doutor A. Ferrer-Correia, Coimbra: Coimbra Editora, v. III, 1991.

NEVES, C. **Metodologia jurídica**. Problemas fundamentais. Coimbra, 1993.

PRADO, G. **Estudos jurídicos**. São Paulo: Contracorrente, 2018.

ROXIN, C. La reparación en el sistema jurídico-penal de sanciones. In: JORNADAS SOBRE "REFORMA DEL DERECHO PENAL EN ALEMANIA", Madrid: Consejo General del Poder Judicial, p. 19-30, 1991.

ROXIN, C. **La Evolución de la Política Criminal, el Derecho Penal y el Processo Penal**. Valencia: Tirant lo Blanch, 2000.

ROXIN, C. **Derecho Procesal Penal**. 25. ed. Traducción de Gabriela Córdoba e Daniel Pastor, revista por Julio Maier. Buenos Aires: Editores del Puerto, 2000.

ROXIN, C. Sobre o desenvolvimento do direito processual penal alemão. In: MONTE, M. et al. (Orgs.). **Que futuro para o direito processo penal**. Simpósio de Homenagem a Jorge de Figueiredo Dias por Ocasião dos 20 anos do Código de Processo Penal Português, Coimbra: Coimbra Editora, 2009.

SCHÜNEMANN, B. Crisis del procedimento penal? (marcha triunfal del procedimento penal americano en el mundo?). In: SCHÜNEMANN, B. **Temas Actuales y Permanentes del Derecho Penal Después del Milenio**. Madrid: Tecnos, 2002.

SEIÇA, A. Legalidade da prova e reconhecimentos "atípicos" em processo penal: notas à margem de jurisprudência (quase) constante. In: COSTA ANDRADE, M. et al. (Orgs). **Liber Discipulorum para Jorge de Figueiredo Dias**. Coimbra: Coimbra Editora, 2003.

SILVA SÁNCHEZ, J. M. Introducción: dimensiones de la sistematicidad de la teoría del delito. In: WOLTER, J.; FREUND, G. (Eds.). **El Sistema Integral del Derecho Penal**. Delito, Determinación de la Pena y Proceso Penal. Madrid/Barcelona: Marcial Pons, 2004.

VASCONCELLOS, V; MOELLER, U. Acordos no processo penal alemão: descrição do avanço da barganha da informalidade à regulamentação normativa (Agreements in German Criminal Procedure: description of the Plea-Bragaining triumph from Informality to legal Regulations. **Boletín Mexicano de Derecho Comparado**, v. 49, n. 147, p. 13-33, 2016. Disponível em: <https://www.sciencedirect.com/science/article/pii/S0041863318300899#fn0390>. Acesso em: 25 nov. 2022.

VON LISZT, F. **Strafrechtliche Aufsätze und Vorträge**. Berlim: Guttentag, 1905. v. I.

WEIGEND, T. The Decay of the Inquisitorial Ideal: Plea Bargaining Invades German Criminal Procedure. In: JACKSON, J.; LANGER, M.; TILLERS, P. (Eds.). **Crime, Procedure and Evidence in a Comparative and International Context**. Essays in Honour of Professor Mirjan Damaška. Oxford, Hart Publishing, 2008. p. 39-64.

WOLTER, J.; FREUND, G. (Eds.). **El Sistema Integral del Derecho Penal**. Delito, Determinación de la Pena y Proceso Penal. Madrid/Barcelona: Marcial Pons, 2004.

*Conocimiento científico y estándares
de prueba judicial*[i]

---

i   Traducción de Miguel Carbonell y Pedro Salazar (IIJ-UNAM). Publicado anteriormente em: *Boletín Mexicano de Derecho Comparado*, nueva serie, año XXXVIII, n. 114, p. 1.285-1.312. septiembre-diciembre 2005. Autorização expedida por Editora Marcial Pons.

*Michele Taruffo*

Universidad de Pavía.

# 1
# Ciencia y processo: aspectos generales

En un cierto sentido puede decirse que la ciencia y el proceso tiene un objetivo común: la investigación de la verdad. La investigación científica está de por sí orientada hacia la búsqueda de la verdad, aunque otro problema es definir qué se entiende por verdad científica y cuáles son los métodos empleados para conseguirla. También el proceso judicial está orientado hacia la búsqueda de la verdad, al menos si se adopta una concepción legal-racional de la justicia – como la propuesta por Jerzy Wroblesky seguida por otros teóricos de la decisión judicial – según la cual una reconstrucción verídica de los hechos de la causa es una condición necesaria de la justicia y de la legalidad de la decisión. Si se atiende a la averiguación de los hechos, el proceso puede también ser concebido como un método para el descubrimiento de la verdad: un método a veces muy complicado y con frecuencia inadecuado para el objetivo, pero sin embargo un procedimiento orientado hacia el logro de la verdad. Naturalmente, sucede con frecuencia, por las razones más diversas, que el objetivo no se alcanza. Esto demuestra solamente lo inadecuado de un particular procedimiento judicial o del modo en que se ha desarrollado, pero no demuestra que el proceso no pueda o no deba ser concebido como un método para reconstruir la verdad de los hechos. Esta concepción del proceso puede ser impugnada, y de hecho existen varias orientaciones teóricas según las cuales el proceso judicial no podría estar orientado hacia la búsqueda de la verdad sobre los hechos, o incluso no debería ser entendido como un método para la reconstrucción verídica de los mismos. Sin embargo estos puntos de vista son por muchas razones infunda dos: el contexto procesal, de hecho, requiere que se busque la verdad de los hechos como condición de corrección, validez y aceptabilidad de la decisión que constituye el resultado final del proceso.

Entre ciencia y proceso existen diferencias relevantes que deben ser tomadas en consideración si se quiere comprender de qué manera la ciencia puede ser utilizada en el contexto del proceso. La ciencia opera a través de varios tránsitos, en tiempos largos, teóricamente con recursos ilimitados, y conoce variaciones, evoluciones y revoluciones. Además, al menos según el modelo más tradicional, la ciencia está orientada hacia el descubrimiento, la confirmación o la falseabilidad de enunciados o leyes generales que se refieren a clases o categorías de eventos. Por decirlo así, y retomando una conocida distinción de Windelbald, las ciencias naturales tienen carácter nomotético.

Por el contrario, el proceso se refiere a conjuntos limitados de enunciados relativos a circunstancias de hecho particulares, seleccionadas y determinadas con base en criterios jurídicos, es decir, con referencia a las normas aplicables a un caso particular. Por tanto, tiene, análogamente a algunas ciencias históricas, carácter idiográfico. Además, el proceso opera en tiempos relativamente restringidos, con recursos limitados, y está orientado a producir una decisión tendencialmente definitiva (que se convierte en tal a través del mecanismo de la cosa juzgada) sobre el específico objeto de la controversia.

A pesar de estas diferencias, la atención cada vez más intensa que desde hace tiempo se ha dedicado al problema general de las relaciones entre ciencia y derecho se ha referido frecuentemente a las relaciones entre ciencia y proceso, es decir, reformulando el problema en otros términos, al uso que de la ciencia se puede hacer en el proceso. Y así ha venido emergiendo, con evidencia cada vez mayor, el problema de las "pruebas científicas", o sea del posible empleo de la ciencia como instrumento para la averiguación de la verdad sobre los hechos que deben ser analizados en el contexto procesal. Esta conexión estrecha entre ciencia y proceso tiene varias razones fácilmente comprensibles. En realidad, siempre ha sucedido que los jueces han utilizado nociones científicas para establecer o interpretar circunstancias de hecho para las que parecían inadecuadas las nociones de la experiencia o del sentido común. Desde hace varios siglos, pero con una enorme aceleración en el siglo XX, la extensión de la ciencia en campos del saber que en el pasado eran dejados al sentido común ha provocado un relevante movimiento de las fronteras que separan la ciencia de la cultura media no-científica: sucede cada vez con mayor frecuencia, de hecho, que circunstancias relevantes para las decisiones judiciales pueden ser averiguadas y valoradas con instrumentos científicos, y por tanto se reduce proporcionalmente el área en la que el juicio sobre los hechos puede ser formulado solamente sobre bases cognoscitivas no científicas. El empleo de pruebas científicas se hace en consecuencia cada vez más frecuente en el proceso civil y en el proceso penal. Por otra parte, la penetración capilar de la ciencia y de la tecnología en la vida cotidiana, desde la medicina hasta la informática, hace más frecuentes que en el pasado las controversias que tienen origen en hechos directamente conectados con el uso de la ciencia, y que por tanto requieren de métodos de averiguación que no pueden ser más que ser científicos.

Es necesario también considerar que en muchas áreas de la cultura moderna la ciencia está envuelta en una suerte de aura mitológica, y representa el símbolo del conocimiento cierto y de la verdad objetiva en torno a cualquier tipo de acontecimiento. Simboliza también cosas que se supone que están más allá del nivel normal de conocimiento de las personas "normales", como los abogados y los jueces. En consecuencia, la ciencia es concebida por muchos como algo extraño, ajeno y exótico, que sin embargo es indispensable para aportar respuestas verídicas a quien, como los jueces y los jurados, debe decidir sobre los hechos de una controversia. Como casi siempre sucede, sin embargo, la realidad está bien lejos del mito, como lo saben bien los epistemólogos que se interrogan sobre el estatuto científico de muchos campos del saber y sobre la atendibilidad de muchos conocimientos considerados "científicos". Por lo que se refiere específicamente a la ciencia que puede ser utilizada en el contexto del proceso, a las perplejidades de orden general de los epistemólogos se pueden agregar otras, dado que con frecuencia no se dispone de conocimientos científicos relevantes para la decisión sobre los hechos de la causa, no se está suficientemente cierto de la atendibilidad de estos conocimientos, o surgen dudas sobre las modalidades con que estos conocimientos son adquiridos en el proceso o son valorados por quien adopta la decisión final.

## 1.1 Qué ciencia

Entre estas perplejidades, resulta muy notoria la que se refiere a "qué ciencia" es utilizable en el proceso como instrumento para la averiguación de los hechos. Este problema tiene al menos dos aspectos particularmente relevantes. El primero se refiere a la tipología de las ciencias que se entienden como utilizables; el segundo se refiere a la calidad de la ciencia que se utiliza.

Respecto al primer aspecto, debe observarse que normalmente no surgen problemas sobre la utilización de las llamadas ciencias "duras" como la química, la biología, la ingeniería, las matemáticas, y sus respectivas articulaciones como la farmacología, la genética, la ciencia de los materiales y otras por el estilo. Más bien sucede normalmente que cuando el juez se encuentra frente a circunstancias que pueden ser establecidas, interpretadas o valoradas solamente recurriendo a nociones que pertenecen a estos ámbitos del saber – es decir, que son "científicas" en el sentido más obvio y más tradicional del término – renuncia a utilizar su propia "ciencia privada", que casi siempre no incluye una preparación científica adecuada, y se sirve de expertos y consultores para adquirir las nociones técnico-científicas que le sirven para emitir la decisión. El discurso no puede sin embargo detenerse aquí, dado que en la cultura actual el ámbito de las ciencias incluye también numerosas ciencias que se pueden definir como soft, "humanas" o "sociales" para distinguirlas de las ciencias "duras" o "no-humanas", como la psicología, la psiquiatría, la econo- mía, la sociología y también la historia, la estética, la crítica literaria, la ciencia de las religiones y la etnología (y otras que se pueden agregar). En estos casos, un aspecto relevante del problema es que se trata de áreas del saber relativas a hechos humanos y sociales que tradicionalmente, y por siglos, han formado parte simplemente del sentido común y no eran consideradas como "científicas"; ahora, por el contrario, estas áreas del saber se afirman como "ciencias" y pretenden una dignidad y una atendibilidad no inferiores a las de las ciencias "duras". El otro aspecto, más específico pero no menos relevante en este tema, es que son particularmente numerosas las situaciones procesales en las cuales una u otra de estas áreas del saber son necesarias, o al menos útiles, para una averiguación correcta de los hechos de la causa. Basta pensar en controversias relativas a menores de edad en el ámbito de la familia o en la determinación de la capacidad de entender o de querer del imputado en el proceso penal, para tener algunos de los muchísimos ejemplos de casos en los que una ciencia social – la psicología – es relevante para la averiguación, la interpretación y la valoración de los hechos de la causa. Otros numerosos ejemplos pueden referirse a la determinación y valoración de hechos económicos, como el valor de una prestación contractual o el importe de un daño sobre una cosa o hacia una persona. En esta perspectiva, el problema principal recae sobre el juez, al menos en los sistemas – como los del *civil law* – en los que corresponde justamente al juzgador tomar la decisión relativa a si es necesario adquirir nociones científicas a través de las modalidades procesales previstas por la ley, o bien si el juez mismo entiende que es capaz de averiguar y valorar los hechos sin recurrir al auxilio de un experto. De esta suerte de "autocrítica cultural" del juez derivan muchas consecuencias relevantes, tanto sobre la marcha del proceso (que puede incluir o no el recurso a la consulta técnica), como sobre la naturaleza de la decisión final, que podrá estar fundada sobre datos científicamente apreciables, o por el contrario sobre el conocimiento modesto que el juez pueda tener, a partir del sentido común y de la cultura media, de las nociones necesarias para decidir. Las cosas son distintas, desde el punto de vista procesal, en los ordenamientos de *common law*, donde son principalmente las partes las que deciden si se sirven de la ayuda de expertos, y estos expertos son tratados para todos los efectos como si fueran "testimonios de parte".

En todo caso, la tendencia prevalente parece ser todavía en el sentido de infravalorar la aportación que las ciencias sociales pueden ofrecer para la correcta averiguación de los hechos en el proceso: a veces se recurre a expertos en las áreas de la psicología y del psicoanálisis, de la economía y de las otras ciencias sociales, pero esto no sucede con mucha frecuencia, y desde luego no en todos los casos en los que sería necesario y oportuno. Muchos jueces están todavía ligados a la concepción tradicional según la cual solamente cuando entra en juego una ciencia "dura" se vuelve indispensable la ayuda de un experto, mientras que las ciencias sociales pertenecerían a la cultura media, y por tanto entrarían en el normal bagaje de conocimientos del juez. Es claro que esta concepción es infundada, y se vuelve menos aceptable cada vez que nuevas áreas del saber adquieren el estatuto de ciencias; sin embargo, la cultura media de los jueces no evoluciona con la misma rapidez y en la misma dirección en que evoluciona el conocimiento científico, lo que explica la permanência – en la cultura jurídica – de la concepción tradicional y restrictiva de la ciencia. Es evidente que también están sujetos a evolución los paradigmas tradicionales de la ciencia, dado que las ciencias humanas adoptan métodos, sistemas de análisis y de control, y grados de atendibilidad de los conocimientos que no solamente son distintos de los de las ciencias "no-humanas", sino que también son profundamente diferentes entre ellos. Por decirlo así, el viejo mito simplista y unitario de la ciencia debe ser adaptado a estas nuevas realidades que – si bien de forma lenta y fatigosa – ya están encontrando la ruta de los tribunales.

El segundo aspecto problemático que se refiere al empleo de conocimientos científicos en el proceso tiene que ver con la distinción entre ciencia "buena" y ciencia "mala" o *junk science*. La historia y la práctica del uso probatorio de la ciencia en el proceso están llenas de ejemplos en los que la pretendida ciencia adquirida en el juicio no es atendible, no tiene fundamento y credibilidad, y por tanto – en sustância – no es "buena ciencia". Se trata de casos en los que las informaciones científicas no son correctas, son incompletas, no verificadas, no compartidas, o bien han sido manipuladas, referidas erróneamente, o bien – incluso – no son propiamente relevantes respecto a los hechos específicos del caso concreto. Por otra parte, existen varias pseudo-ciencias, es decir, áreas en las que se pretende que existan conocimientos generados sobre bases científicas, pero en las que estas bases no existen: se puede pensar, por ejemplo, en la grafología, en las distintas máquinas o sueros de la verdad, y en todo lo que se parece también a la "ciencia" de las huellas digitales, como por ejemplo la astrología o – en Italia – la lectura del fondo del café o – en Inglaterra – la lectura de las hojas de té.

El hecho de que este problema ha tomado gran relevancia está demostrado no solamente por la actualmente rica y amplia literatura que en varios países se refiere al tema de las pruebas científicas, sino también por la circunstancia de que los tribunales se ocupan hoy em día con una cierta frecuencia de problemas referidos a la cientificidad de las nociones que en el proceso se utilizan como prueba de los hechos. El caso más famoso en este sentido es la decisión de la Corte Suprema de los Estados Unidos, emitida en 1993 en el caso Daubert, en la cual el juez Blackmun indicó los requisitos de cientificidad de las nociones que pueden ser utilizadas como prueba. Se trata: a) De la controlabilidad y falseabilidad de la teoría científica sobre la que se funda la prueba; b) De la determinación del porcentaje de error relativo a la técnica empleada; c) De la existencia de un control ejercido por otros expertos a través de la *peer review*; d) De la existencia de un consenso general de la comunidad científica de referencia. Se requiere además que la prueba científica sea directamente relevante (fit) respecto a los hechos que deben ser determinados en el caso concreto. La decisión del caso Daubert ha suscitado muchas discusiones, tanto en la doctrina como en la jurisprudencia sucesiva, que no es el caso examinar aquí de modo detallado. Lo que importa subrayar es que esa decisión es un importante punto de surgimiento del problema de la calidad de la ciencia que se utiliza en el proceso: los jueces no pueden limitarse a recibir pasivamente cualquier cosa que se presente en el juicio como "científica", y deben asumir el problema de verificar la validez y la atendibilidad de las informaciones que pretenden tener dignidad científica, y que están destinadas a constituir la base de la decisión sobre los hechos. Los estándares de cientificidad definidos en Daubert pueden también ser compartidos o ser entendidos como muy restrictivos o muy genéricos: pero queda presente el problema constituido por la necesidad de que los jueces verifiquen con el máximo cuidado la calidad de la ciencia que adoptan.

## 1.2 Qué verdad procesal

Un problema ulterior se refiere a la verdad de los hechos, en el proceso y en las ciencias. En el proceso, el problema de la verdad presenta al menos dos aspectos relevantes, que son: si el proceso puede o debe estar orientado hacia la investigación de la verdad, y, en caso afirmativo, de qué tipo de verdad se trata.

El primero de estos aspectos se toma en consideración porque en el panorama filosófico y filosófico-jurídico actual existen varias orientaciones según las cuales el problema de la averiguación de la verdad es considerado como un sin sentido. Desde Rorty hasta las demás filosofías post-modernas, pero también en el ámbito de varios filones irracionalistas más tradicionales, son muchas las teorías filosóficas que llevan a excluir la posibilidad de un conocimiento verídico de la realidad. También varias teorías idealistas o "coherentistas" de la verdad terminan sugiriendo que el conocimiento no tiene que ver con la realidad de los eventos concretos, de manera que no se puede hablar de hechos empíricos, sino solamente de entidades lingüísticas y de sus relaciones en el ámbito de contextos "narrativos". Teorías narrativistas han sido también propuestas con referencia al proceso judicial, con la consecuencia de excluir que pueda estar orientado hacia la determinación de la verdad de los hechos.

Desde una perspectiva distinta, las teorías según las cuales el proceso no sería más que un método para la resolución de las controversias pueden inducir a entender que la verdad de los hechos no es un objetivo del proceso, e incluso que puede ser contraproducente si impone el descubrimiento de hechos que las partes no quieren revelar o si requiere un gasto de tiempo y de dinero que se podría evitar: después de todo, una decisión puede ser eficaz, en el sentido de poner fin a la controversia, incluso si no está fundada en la determinación verídica de los hechos de la causa. Estas teorías son criticables desde varios puntos de vista, y por tanto no constituyen un punto válido de referencia. Por el contrario, es posible sostener que el proceso está desde luego orientado a la resolución de las controversias, pero los principios de legalidad y de justicia que rigen en los ordenamientos procesales evolucionados exigen que las controversias se resuelvan con decisiones "justas". Una condición necesaria para la justicia de la decisión es que se averigüe la verdad de los hechos, ya que ninguna decisión puede considerarse justa si aplica normas a hechos que no son verdaderos o que han sido determinados de forma errónea. Argumentando de esta manera, en el ámbito de la concepción legal-racional de la justicia a la que se ha hecho referencia al principio, se puede concluir que el proceso debe estar orientado hacia la consecu- ción de una decisión verídica, o sea correspondiente en la mayor medida posible con la realidad de los hechos. En un sentido, entonces, el proceso puede ser concebido como un procedimiento epistémico, en el que se recogen y se utilizan conocimientos con el objetivo de reconstruir la verdad de determinadas situaciones de hecho. Desde este punto de vista no existen, contrariamente a lo que se suele creer, diferencias relevantes entre el proceso civil y el penal: también en el proceso civil, de hecho, la decisión es justa solamente si está fundada en una determinación correcta y verídica de los hechos de la causa.

Por lo que hace al segundo aspecto del problema de la verdad procesal, se puede subrayar sintéticamente que en el proceso no se trata de establecer verdades absolutas de ningún tipo, sino solo verdades relativas. Mientras que por un lado la definición tarskiana del concepto de verdad vale también en el contexto del proceso, por otro lado hay que destacar que la verdad procesal es esencialmente relativa porque la decisión del juez en torno a los hechos no puede fundarse más que en las pruebas que han sido adquiridas en el juicio: las pruebas, de hecho, son los únicos instrumentos de los que el juez puede servirse para "conocer", y por tanto para reconstruir de modo verídico los hechos de la causa. A propósito vale también la afirmación según la cual en el proceso se puede considerar verdadero solamente lo que ha sido probado, y en la medida en que las pruebas disponibles ofrecen un apreciable soporte cognoscitivo a las enunciaciones de hechos. La circunstancia de que no se hable de verdades absolutas, y que la verdad procesal sea "relativa a las pruebas", no pudiendo fundarse más que en ellas, induce a formular el problema de la decisión sobre los hechos, no en términos de certeza sino en términos de probabilidad. Esto sugiere una cuestión ulterior, ya que el concepto de probabilidad no es unívoco, y por tanto habría que establecer "qué probabilidades" entran en juego en el contexto procesal. En otros términos, y como se verá mejor enseguida, el problema de la verdad procesal puede ser correctamente reformulado en términos de grados de confirmación probabilista que las pruebas pueden ofrecer a los enunciados sobre los hechos.

Desde la vertiente de la ciencia, vale la pena subrayar sintéticamente que no existe, y quizá no ha existido nunca, una concepción clara, homogénea, unitaria y absoluta, de la "verdad científica". Por un lado, de hecho, sucede casi siempre que leyes y enunciados científicos son formulados en términos de probabilidad en vez de en términos absolutos. Además, desde hace tiempo la epistemología ha aclara do que la ciencia no alcanza nunca resultados en verdad definitivos, y las enunciaciones científicas están sujetas siempre a cambios, evoluciones o – popperianamente – a falsificaciones. Por otro lado, la pluralidad de las ciencias genera que en cada una se estudien y analicen eventos y condiciones diversos, que se empleen metodologías distintas de investigación y de demostración, y que en consecuencia se entiendan apropiados o aceptables – según el contexto en el que se encuentran – varios niveles de confirmación de las conclusiones que se formulan en los distintos sectores del conocimiento. También los criterios de control de la atendibilidad de estas conclusiones son distintos, de forma que se puede decir que existen diversas concepciones de la verdad científica. Esta variedad se vuelve incluso mayor si – como ya se ha dicho – junto a las tradicionales ciencias "duras" se toman en consideración las ciencias humanas o sociales. En muchas de estas ciencias, como por ejemplo en la psiquiatría, la economía o la sociología, los "hechos" son concebidos y definidos de manera completamente distinta de como pueden ser concebidos o definidos los "hechos" de los que se ocupa un físico o un químico.

Finalmente, debe también considerarse que en contextos diversos pueden ser diferentes los niveles de confirmación de las informaciones ofrecidas por una ciencia. Por ejemplo, frecuencias estadísticas poco elevadas, como las que a menudo resultan de los estudios epidemiológicos, pueden ser suficientes para establecer conexiones simples entre eventos, o para establecer una relación de "causalidad general" entre eventos, en función de la cual, por ejemplo, se puede determinar que la exposición a un material dañino es capaz de provocar un aumento en la frecuencia de una determinada enfermedad dentro de una población de referencia. Si el contexto en el que nos encontramos es el de quien debe planificar el funcionamiento de una industria o de un hospital, o de quien debe realizar tareas de prevención respecto a esa enfermedad, entonces estadísticas caracterizadas por frecuencias bajas sobre la conexión entre eventos pueden ser suficientes para justificar algún tipo de decisiones. Puede sin embargo suceder que este nivel de información científica no sea suficiente para justificar las conclusiones que deben ser formuladas en un proceso relativo a circunstancias particulares y específicas.

## 2
## La valoración de las pruebas científicas

Un aspecto importante del problema referido al uso de la ciencia en el proceso es que la ciencia normalmente representa una fuente de conocimiento y de valoración de los hechos de la causa: por esta razón se suele hablar comúnmente de prueba científica o de *scientific evidence*. Desde esta perspectiva surgen diversos problemas, como el de las modalidades con las que la ciencia es adquirida en el proceso a través de la colaboración de expertos, que requieren un análisis articulado también de carácter comparado: este análisis sería muy interesante pero no se puede desarrollar en este momento. El problema que se debe enfrentar se refiere por el contrario a la valoración de las pruebas científicas por parte del juez, y a las condiciones bajo las cuales, sobre la base de esas pruebas, puede concluir en el sentido de considerar como "verdadero" un hecho de la causa. Es necesario, sin embargo, destacar que no existen reglas específicas atinentes a la valoración de las pruebas científicas; más bien, por lo que aquí interesa, las pruebas científicas no son distintas de las demás pruebas, y pueden también combinarse con las pruebas "ordinarias" – es decir, no científicas – para aportar la confirmación de la veracidad de un enunciado de hecho.

Enfrentando el tema de la valoración de las pruebas, científicas y no científicas, la premisa de la que hay que partir es que – salvo limitadas excepciones todavía presentes en algunos ordenamientos procesales – el sistema de la prueba legal que ha existido por siglos en los ordenamientos de Europa continental se ha desplomado desde hace tiempo, a finales del siglo XVIII, y ha sido sustituido por el principio de la libre convicción del juez. Según este principio, el juez tiene el poder de valorar discrecionalmente las pruebas, de establecer su credibilidad y de derivar de ellas conclusiones en torno a la verdad o la falsedad de los enunciados relativos a los hechos controvertidos de la causa. Mientras que, sin embargo, es claro el significado negativo del principio de la libre convicción, o sea la eliminación de las reglas de la prueba legal, no es para nada claro cuál sea su significado positivo. No faltan, de hecho, versiones de este principio según las cuales se haría depender la decisión sobre los hechos de la intime conviction del juez, es decir de un convencimiento interior, subjetivo, personal e impenetrable, del juez en torno al valor de la prueba y a la verdad de los hechos. En conexión con teorías irracionalistas de la decisión judicial, y también con filosofías de varias formas anti-racionalistas, se tiende a interpretar el convencimiento discrecional del juez como un poder absoluto para establecer arbitrariamente, y de modo incognoscible e incontrolable, una "certeza moral" sobre los hechos. A estas tendencias le son naturalmente coherentes varias concepciones de las pruebas judiciales según las cuales no serían más que instrumentos retóricos de los que los abogados se sirven para influenciar la formación del convencimiento del juez; son también coherentes con estas tendencias las concepciones según las cuales el proceso no está ni debería estar orientado hacia la investigación de la verdad.

Es evidente que si se siguieran estas tendencias, el problema del uso de la ciencia como instrumento para la averiguación de la verdad judicial sobre los hechos ni siquiera surgiría, y no habría que continuar con el discurso. La ciencia, de hecho, no sería sino un ingrediente más dentro de los mecanismos subjetivos a través de los cuales el juez íntima e inconscientemente elabora su persuasión sobre los hechos. En el mejor de los casos, la ciencia podría ser utilizada retóricamente, es decir, como instrumento para influenciar al juez aprovechando el mito de la certeza y de la verdad que está conectado con las concepciones tradicionales, groseras y acríticas, de la ciencia.

Por el contrario, como se dijo al principio, la concepción que parece por muchas razones preferible es la que entiende al proceso como un método para el descubrimiento de la verdad posible en torno a los hechos de la causa. Correlativamente, la prueba no resulta ser un mero instrumento retórico sino un instrumento epistémico, o sea el medio con el que en el proceso se adquieren las informaciones necesarias para la determinación de la verdad de los hechos. En consecuencia, también de la ciencia se hace un uso epistémico, en el sentido de que las pruebas científicas están dirigidas a aportar al juez elementos de conocimiento de los hechos que se sustraen a la ciencia común de que dispone. Por lo que se refiere a la valoración de las pruebas, la adopción de la perspectiva racionalista que aquí se sigue no implica la negación de la libertad y de la discrecionalidad en la valoración del juez, que representa el núcleo del principio de la libre convicción, pero implica que el juez efectúe sus valoraciones según una discrecionalidad guiada por las reglas de la ciencia, de la lógica y de la argumentación racional. Por decirlo así, el principio de la libre convicción ha liberado al juez de las reglas de la prueba legal, pero no lo ha desvinculado de las reglas de la razón. Por lo demás, en la mayor parte de los sistemas procesales modernos el juez está obligado a justificar racionalmente sus propias valoraciones, y elabora argumentos lógicamente válidos para sostener su decisión en hechos.

El paso sucesivo a través de la perspectiva racionalista consiste en enfrentar la cuestión de si existen o no criterios a los que el juez debería atender al valorar discrecionalmente las pruebas de que dispone, y para establecer cuándo ha sido o no ha sido conseguida la prueba de un determinado hecho. Criterios de este tipo en realidad existen, y están indicados como reglas a las que el juez debería atenerse al formular su valoración final sobre los hechos de la causa. El problema es, sin embargo, complejo porque la tendencia que actualmente prevalece es la que lleva a formular criterios distintos en el proceso civil y en el proceso penal: en el proceso civil el criterio es el de la probabilidad prevalente, o sea de lo más probable que no o de la *preponderance of evidence*. En el proceso penal, por el contrario, el criterio típico es el de la prueba más allá de toda duda razonable o *proof beyond any reasonable doubt*. Estos criterios son notablemente distintos, y por tanto es oportuno analizarlos separadamente.

## 2.1 La probabilidad prevalente

En ocasiones el estándar prevalente emerge en el nivel normativo: es el caso, por ejemplo, de la Rule 401 de las Federal Rules of Evidence estadounidenses que establece, definiendo la relevancia de las pruebas, que una prueba es relevante si tiene "any tendency to make the existente of any fact... more probabile or less probable". En muchos ordenamientos la regla de "más probable que no" no se encuentra prevista en ninguna regla particular, pero se afirma como criterio racional para la elección de las decisiones sobre hechos de la causa. En otros términos, se configura como la forma privilegiada para dar un contenido positivo al principio del libre convencimiento del juez, guiando y racionalizando la discrecionalidad del juez en la valoración de las pruebas, eliminando toda implicación irracional de esta valoración y vinculando al juez con la carga de criterios intersubjetivamente controlables.

El estándar de la probabilidad prevalente se funda en algunas premisas principales: a) Que se conciba la decisión del juez sobre los hechos como el resultado final de elecciones en torno a varias hipótesis posibles relativas a la reconstrucción de cada hecho de la causa; b) Que estas elecciones se conciban como si fueran guiadas por criterios de racionalidad; c) Que se considere racional la elección que toma como "verdadera" la hipótesis sobre hechos que resulta mejor fundada y justificada por las pruebas respecto a cualquier otra hipótesis; d) Que se utilice, como clave de lectura del problema de la valoración de las pruebas, no un concepto genérico de probabilidad como mera no--certeza, sino un concepto específico de probabilidad como grado de confirmación de la veracidad de un enunciado sobre la base de los elementos de confirmación disponibles.

Por lo que hace a la primera premisa: el problema del juicio de hecho puede y debe formularse como el problema de la elección de una hipótesis entre diferentes alternativas posibles. En otros términos, lo que el juez debe hacer es resolver la incerteza que ab initio caracteriza los enunciados en torno a los hechos singulares de la causa: cada enunciado hipotético puede ser verdadero o falso y, por si fuera poco, el propio hecho puede enunciarse de diferentes maneras, porque – como dice Susan Haak – de cada hecho pueden darse una infinidad de descripciones verdaderas (y, por lo tanto, también de descripciones falsas). Las pruebas sirven al juez como elementos de conocimiento en función de los cuales determina cuál entre las diferentes hipótesis posibles relativas a cada caso debe elegirse como verdadera y, por lo tanto, como base racional para la decisión final que resuelve la incerteza entre verdad y falsedad de cada enunciado de hecho.

Por lo que hace a la segunda premisa: se trata de aplicar a cada elección particular del juez la orientación antes señalada que embona con la utilización de esquemas racionales de razonamiento y no con el uso de la persuasión "íntima" del propio juez.

Por lo que se refiere a la tercera premisa: se puede hablar de verdad en el proceso sólo en un sentido relativo y contextualizando el juicio relacionado con las pruebas adquiridas, según el principio que establece que puede considerarse verdadero solamente aquello que há sido probado, siempre y cuando – y en la medida en la que – las pruebas confirmen la hipótesis que el juez asume como verdadera.

La cuarta premisa exige que asumamos una perspectiva metodológica precisa en torno al concepto de probabilidad, aun cuando no implica – per sé – la adopción de una teoría particular entre las diversas teorías de la probabilidad. Sin embargo, implica que no se hable genéricamente de probabilidad para indicar indistintamente todas las situaciones en las que no es posible hablar de certeza o de verdad absolutas, y que se adopte – como ya lo sabían Bacon y Pascal, y como es evidente para cualquier concepción no naïve de la probabilidad – una definición de probabilidad como concepto "de grado" que permita identificar probabilidades "bajas", "medias" o "elevadas" según las diferentes situaciones, y de qué tanto los enunciados pueden ser atendidos a partir de la información disponible.

El estándar de la probabilidad prevalente nos otorga el criterio de decisión racional para la elección del juez fundada en estas premisas, en la medida en la que nos ayuda a determinar cuál es la decisión, de entre las alternativas posibles, que es racional. Éste puede articularse en algunas reglas más específicas.

En términos generales, el criterio de la probabilidad prevalente implica que entre las diversas hipótesis posibles en torno a un mismo hecho deba preferirse aquella que cuenta con un grado relativamente más elevado de probabilidad. Así, por ejemplo, si existen tres hipótesis sobre un mismo hecho A, B y C con grados de probabilidad respectivamente del 40%, del 55% y del 75%, se impone la elección a favor de la hipótesis C que cuenta con un grado de probabilidad del 75%, por la obvia razón de que sería irracional elegir como "verdadera" una hipótesis que ha recibido un grado relativamente menor de confirmación. En el caso en el que solamente exista una hipótesis relacionada con un hecho, el criterio de la probabilidad prevalente se especifica en la regla comúnmente conocida como "más probable que no". Esta regla se basa en la premisa que nos dice que cada enunciado relativo a un hecho puede considerarse como verdadero o como falso según las pruebas respectivas y que esas calificaciones son complementarias: por ejemplo, si la hipótesis relativa a la verdad del enunciado recibe la confirmación probatoria del 75%, ello implica que la hipótesis negativa correspondiente tiene una probabilidad del 25%; la hipótesis positiva sobre el hecho es, por lo tanto, "más probable que no" y es atendible. Si, en cambio, las pruebas disponibles sobre la verdad de un enunciado solamente alcanzan un nivel del 30%, entonces la hipótesis "más probable que no" es la negativa, o sea la falsedad del enunciado en cuestión y, en este caso, el juez no podrá fundar su decisión en dicha hipótesis negativa, porque sería irracional considerar atendible la hipótesis positiva que resultó "menos probable" que la negativa.

A este respecto es oportuno aclarar cómo opera el criterio de la probabilidad prevalente si consideramos una situación diferente. Por ejemplo, si el enunciado A tiene un grado de confirmación del 40%, y el enunciado B cuenta con un grado de confirmación del 30%, la regla de la probabilidad prevalente indicaría como racional la elección del enunciado A porque es más probable que el enunciado B. Sin embargo, esto no es así porque la regla del "más probable que no" nos dice que es más probable (60%) que el enunciado A sea falso y no verdadero; mientras que el enunciado B es falso con una probabilidad del 70%. Ninguna de las dos hipótesis cuenta con una probabilidad prevalente.

Surge de esta manera un criterio que proviene de la correcta interpretación de la regla de la probabilidad prevalente, que puede definirse como el estándar del grado mínimo necesario de confirmación probatoria necesaria para que un enunciado pueda ser considerado "verdadero". Este estándar indica que es racional asumir como fundamento de la decisión sobre un hecho, aquella hipótesis que obtiene de las pruebas un grado de confirmación positiva prevalente, no sólo sobre la hipótesis simétrica contraria, sino también sobre todas las otras hipótesis que hayan recibido un grado de confirmación positiva superior al 50%. Naturalmente, la hipótesis con probabilidad positiva prevalente es preferible a todas las hipótesis en las que prevalece la probabilidad negativa. En otros términos, el juez puede asumir como "verdadera", por estar confirmada por las pruebas, una hipótesis sobre un hecho cuando el grado de confirmación positiva sea superior al grado de probabilidad de la hipótesis negativa correlativa. Si con el tiempo surgen otras hipótesis con un grado de confirmación positiva, entonces será racional escoger aquella que tenga el grado de confirmación relativamente mayor.

A este respecto es útil hacer una precisión. Cuando se elaboran ejemplos sobre las diferentes situaciones posibles es factible utilizar cifras porcentuales, aunque en muchos casos también se utilizan números decimales.[i] Esto se debe a razones de claridad expositiva, porque – quizá en honor a un síndrome que nos dice que sólo existe lo que podemos contar – nos parece más fácil comparar números que colores[ii] o sonidos. Pero esto no implica una adhesión a las diversas teorías de la probabilidad cuantitativa o estadística que suelen utilizarse para dar una versión formalizable o "calculable" de la valoración probatoria. Es más, es posible demostrar que estas versiones del razonamiento probatorio son infundadas, porque no corresponden a las condiciones reales en las que el juez valora las pruebas o que solamente sirven en los raros casos en los que la ciencia aporta frecuencias estadísticas que permiten inferencias significativas sobre los hechos de un caso particular. En cambio, refiriéndonos a la probabilidad como grado de confirmación lógica que un enunciado recibe de las pruebas disponibles, es posible adoptar una concepción "baconiana" de la probabilidad que resulta de las inferencias que el juez formula a partir de las informaciones que las pruebas le aportan para establecer conclusiones sobre la veracidad de los enunciados en torno a los hechos. En sustancia, entonces, es lícito utilizar indicaciones numéricas, pero siempre y cuando quede claro que son formas para expresar diferentes grados de confirmación probatoria, pero no implican alguna cuantificación numérica de estos grados y, sobre todo, que no pueden ser objeto de cálculo según las reglas de la probabilidad cuantitativa.

## 2.2 Racionalidad de la probabilidad prevalente

El estándar de las probabilidades prevalentes puede considerarse una definición funcional del concepto de "verdad judicial" referida al proceso civil. Si, como se ha sostenido, la verdad procesal de un enunciado de hecho está determinada por las pruebas que lo confirman (puede

---

i   Si, como sucede con frecuencia, se considera que la probabilidad se refiere a grados intermedios entre 0 y 1, entonces se expresa con números decimales como 0.40, 0.55, 0.75, y así sucesivamente.

ii  Por ejemplo, se podría utilizar un criterio "azul prevalente" o uno del "azul que no" si se adopta la gama de colores desde el casi blanco hasta el azul intenso que utilizó Gaudí en el pozo de luz de la Casa Batlló de Barcelona.

considerarse como "verdadero" lo que está probado); y si está probado el enunciado fundado en un grado prevalente de probabilidad lógica; entonces puede considerarse verdadero el enunciado que es más probable sobre la base de los elementos de prueba disponibles.

Esta definición es aplicable en todos los casos en los que nos referimos a la confirmación de la verdad o a la prueba de los hechos en el ámbito de la justicia civil. Por ejemplo, si se considera que el libre convencimiento del juez se orienta hacia la investigación de la verdad sobre los hechos, el criterio del "más probable que no", con todas sus implicaciones, es la regla que el juez deberá seguir cuando tome sus decisiones en el marco de la discrecionalidad que ese principio le confiere.

Además, el estándar de la probabilidad prevalente no solamente es un criterio de racionalidad de la valoración judicial de las pruebas. También es el objeto de una elección de policy que es compartida por la mayor parte de los ordenamientos procesales civiles. De hecho, por un lado, como hemos visto, durante siglos una policy diferente había llevado a preferir el sistema de la prueba legal sobre el sistema de la libre convicción y siempre es posible elegir las reglas de la prueba legal (de hecho las reglas de este tipo no faltan en ciertos ordenamientos, como el italiano). Por otro lado, es posible que el legislador establezca ciertos estándares legales diferentes al de la probabilidad prevalente. En algunos casos, por ejemplo, la ley contempla que una semiplena probatio (es decir, una hipótesis de hecho con un grado de confirmación inferior al "mínimo necesario" que indicamos anteriormente), sea suficiente para justificar algunas decisiones particulares del juez, como por ejemplo, las decisiones que originan medidas cautelares. En otros casos, en cambio, el legislador puede considerar oportuno adoptar estándares que contemplan grados de confirmación probatoria más elevados que el que ofrece la probabilidad prevalente. Como veremos, esto sucede en el proceso penal. En el proceso civil puede suceder que se exijan grados de probabilidad particularmente elevados, como sucede por ejemplo, según una interpretación ampliamente difundida, a propósito del § 286 de la Zivilprozessordnung ale mana, cuando se exige que la hipótesis sobre el hecho deba confirmarse con un "alto grado" de probabilidad.

La elección de adoptar el criterio de la probabilidad prevalente sigue pareciendo racional desde otro punto de vista. Es bien sabido que en el proceso civil las partes tienen tanto el derecho a la prueba, en cuanto manifestación esencial de las garantías de la acción y de la defensa en juicio, como la carga de la prueba, que nos dice que el que afirma la existencia de un hecho debe demostrarlo mediante pruebas, si no quiere perder. Se trata en realidad de las dos caras de una misma moneda, en la medida en que el derecho a la prueba implica que las partes tengan efectivamente la posibilidad de satisfacer la carga de la prueba, o sea de allegarse de todas las pruebas disponibles para demostrar la verdad del hecho que cada una de ellas tiene la carga de probar. Pues bien: si nos encontramos ante un ordenamiento en el que valen las reglas del derecho a la prueba y de la carga de la prueba, y tiene vigor el principio de libre convencimiento del juez, el estándar de la probabilidad lógica prevalente no solamente aparece como el criterio más racional, sino también como el criterio más justo en términos de elección de policy. Por un lado, de hecho, este criterio da contenido al derecho a la prueba, porque indica que las partes tienen el derecho de allegarse de todos los medios de prueba permitidos por la ley para otorgarle un grado de probabilidad prevalente a los enunciados de hecho con base en los cuales fundamentan sus pretensiones. Por otro lado, implica que la carga de la prueba se satisface cuando la parte que debe demostrar un hecho determinado logra demostrar que el enunciado relativo recibe de las pruebas un alto grado de probabilidad prevalente por lo que puede considerarse jurídicamente "verdadero". En sustancia, se necesita que la parte que tiene la carga relativa demuestre la verdad de los hechos que ha argumentado como fundamento de su derecho y, por lo mismo, que pruebe que sus enunciados se encuentran debidamente fundados siguiendo la regla del "más probable que no". Además esta regla permite que las partes demuestren lo fundado de sus alegatos según criterios racionales pero sin que esta demostración sea excesivamente difícil. Si se adoptaran estándares de prueba demasiado elevados (que hicieran demasiado difícil, o casi imposible, la demostración probatoria de los hechos que las partes alegan como fundamento de sus derechos) la garantía de la tutela en juicio de los derechos sería sustancialmente negada.

Desde esta perspectiva puede surgir una tensión, sino es que una verdadera y propia contradicción entre diversos aspectos del estándar de decisión sobre los hechos. Por un lado, el estándar de la probabilidad prevalente es racional no solamente porque es más razonable elegir como "verdadera" la hipótesis más probable en lugar de la hipótesis menos probable, sino también porque, ubicando en el 50% el nivel de probabilidad que debe superarse para probar un hecho, existe la tendencia a producir una distribución causal de los errores en un número elevado de decisiones, sin que los errores se concentren sistemáticamente en perjuicio o a favor de una parte en lugar de la otra. Por otro lado, un estándar tan poco elevado – aunque sea en sí mismo racional – admite que exista una proporción de casos relativamente elevada en los que la probabilidad de que un hecho que sirve de fundamento para una decisión no sea verdadero es inferior a la probabilidad de que sí sea verdadero, aunque siga siendo significativa. Si, como hemos visto, con base en las pruebas, una hipótesis de hecho adquiere un grado de probabilidad del 75%, ello constituye una razón válida para asumir esta hipótesis como confirmada; sin embargo, sigue existiendo una probabilidad de error del 25%. El problema es particularmente evidente si se considera el caso límite en el que la probabilidad positiva es del 51%, mientras que la negativa (la probabilidad de error) es del 49%. En este caso, el problema se expresa como la cantidad de errores que estamos dispuestos a tolerar en un determinado sistema, ante la exigencia contraria – afirmada anteriormente – de no elevar excesivamente los estándares de prueba de los hechos para no hacer demasiado difícil o imposible la tutela de los derechos. Sin embargo, no podemos excluir a priori la eventualidad de que también en el proceso civil se exijan, como en la experiencia alemana, estándares de prueba más elevados que la probabilidad prevalente.

Para desdramatizar el problema podemos considerar que, aun cuando se utilicen números para expresar los diferentes grados de prueba, el estándar de la prueba prevalente sigue siendo un concepto altamente indeterminado y, por lo mismo, debe aplicarse con prudencia y elasticidad, siguiendo los métodos de la *fuzzy logic* en lugar de cuantificaciones analíticas precisas, que serían altamente arbitrarias. En este sentido, es posible afirmar que el juez realizará una aplicación correcta de este estándar solamente cuando sea verdaderamente cierto que la probabilidad de un enunciado es prevalente sobre la probabilidad de su falsedad o sea que, también en la hipótesis peor, el estándar será seguramente superado. Esto nos puede llevar a excluir que subsista el requisito de la probabilidad prevalente cuando la probabilidad de la hipótesis se ubica dentro de un range que incluye el 50% y se coloca "alrededor" de dicho valor (como sería, por ejemplo, una probabilidad individualizada en un intervalo entre el 40% y el 60%), porque ello implicaría la eventualidad de un grado de probabilidad inferior al mínimo necesario. Por ello es necesario que también el umbral mínimo del range de probabilidad de la hipótesis se coloque claramente por encima del 50%. Así las cosas, una situación verdaderamente clara sólo se tiene con valores de probabilidad que oscilan entre el 55-60% y valores superiores, con grado medio del range de alrededor del 70%.

# 3
# La prueba más allá de cualquier duda razonable

Como ya se ha señalado, el estándar de prueba que es típico del proceso penal (y que no se adopta en ningún tipo de proceso civil) es el de la prueba más allá de toda duda razonable. Este tiene su origen en la historia del proceso penal inglés y posteriormente se reafirma repetidamente hasta convertirse en la regla fundamental del proceso penal estadounidense (aunque también existen fuertes tendencias hacia la aplicación de este mismo criterio en otros ordenamientos como, por ejemplo, en Italia).

A pesar de la existencia de una amplísima literatura sobre el mismo, que no podemos estudiar analíticamente por razones de espacio, se trata de un estándar que adoptado por razones absolutamente válidas, pero que es muy difícil – sino es que imposible – definir analíticamente.

La razón fundamental por la que un sistema penal debería adoptar el estándar de la prueba más allá de toda duda razonable es esencialmente de naturaleza ética o ética-política: se trata de lograr que el juez penal pueda condenar al imputado solamente cuando haya alcanzado (al menos en tendencia) la "certeza" de su culpabilidad; mientras que el imputado deberá quedar absuelto todas las veces en las que existan dudas razonables, a pesar de las pruebas en su contra, de que sea inocente. El estándar probatorio en cuestión es por lo mismo particularmente elevado – y es mucho más elevado que el de la probabilidad prevalente – porque en el proceso penal entran en juego las garantías a favor de los acusados, que no tienen un equivalente en el caso del proceso civil. Se trata, por lo tanto, de la elección de una policy lo que explica la adopción del criterio de la prueba razonable: la policy es la de limitar las condenas penales únicamente a los casos en los que el juez haya establecido con certeza o casi-certeza (o sea sin que exista, con base en las pruebas, ninguna probabilidad razonable de duda) que el imputado es culpable. Sin embargo, la justificación ética fundamental de la adopción de un estándar de prueba así elevado no excluye que también cuente con justificaciones jurídicas: de hecho, incluso más allá de los ordenamientos de *common law*, es posible conectar este estándar de prueba con principios fundamentales del proceso penal moderno que se refieren a las garantías procesales del imputado y al deber de racionalidad de la decisión, y de su justificación, que corresponde al juez penal.

En cambio, son menos relevantes, o no convincentes, otras justificaciones que frecuentemente se adoptan para sostener la adopción del estándar de prueba más allá de toda duda razonable. Así, por ejemplo, no parece que la demostración de la necesidad de utilizar este estándar provenga de la presunción de no culpabilidad del imputado, que existe en muchos ordenamientos (por ejemplo en Italia está contemplada en el artículo 27, párrafo 2 de la Constitución). Para superar esta presunción, como para superar todas las presunciones, no es necesario un grado particularmente elevado de prueba "en contrario" (probar la culpabilidad del imputado): de hecho, en ausencia de diversos criterios formulados por normas (o que pueden recabarse de normas), sería posible superar la presunción con una prueba ordinaria de culpabilidad, o sea con la probabilidad prevalente del enunciado correspondiente. Por otro lado, la formulación, también en el nivel constitucional, de la presunción de no culpabilidad se explica por razones histórico políticas: por la reacción a regímenes totalitarios en los que correspondía al imputado aportar la prueba de su inocencia, y no por razones lógicas o sistémicas. Naturalmente esto sólo significa que el estándar de la prueba más allá de toda duda razonable no es una consecuencia lógico-jurídica necesaria para la presunción de no culpabilidad, pero no demuestra que la adopción de dicho estándar sea injustificada. Por el contrario: es la adopción del estándar lo que le da una fuerza particular y un valor a la presunción de no culpabilidad, en la medida en la que el criterio de la prueba más allá de toda duda razonable implica que es particularmente difícil vencer la presunción y condenar al imputado.

Aunque parece que no existen dudas sobre la existencia de razones de principio válidas para adoptar el estándar de la prueba más allá de toda duda razonable, surgen dificultades relevantes cuando tratamos de definir analíticamente su significado. De hecho, por un lado, todas las formulaciones que han sido propuestas para definir con precisión cuándo una duda sobre la culpabilidad del imputado es "razonable" o "no razonable" se resuelven en tautologías o círculos viciosos, que en ocasiones rayan en lo ridículo o en la insensatez. Por otro lado, son dignos de consideración los intentos para cuantificar en cifras porcentuales el grado de prueba que correspondería al estándar en cuestión, o el grado que tocaría a la duda razonable. Estas cuantificaciones se han formulado de manera impropia, partiendo de determinaciones de error tolerable: así, por ejemplo, algunos (Blackstone, en primer lugar, y Fortescue, posteriormente) han sostenido que es preferible que 20 culpables sean absueltos antes de que un inocente sea condenado y, con base en esta afirmación, muy difundida, se ha concluido que la prueba más allá de la duda razonable debería superar un grado de confirmación del 95%, con la consecuencia de que la duda, para ser razonable, debería superar una probabilidad del 5%. Pero esta manera de argumentar parece del todo incongruente. Existen varias versiones del margen tolerable de error, cada una de las cuales nos llevaría a cuantificar el estándar de manera diferente: Voltaire, por ejemplo, sostenía que era mejor absolver a dos culpables que condenar a un inocente (de modo que, para él, el estándar de prueba se colocaría alrededor de los 2/3), mientras que Mosè Maimonide pensaba que sería mejor absolver a mil culpables que condenar a un inocente (y, por lo mismo, en este caso, el margen de duda tolerable sería sólo de 1/1000). Por otro lado, parece poco sensato razonar en términos de margen de error en situaciones en las que el error no es verificable por la evidente razón de que no es posible saber si fue condenado un inocente o si fue absuelto un culpable, ni se puede saber cuántos inocentes han sido condenados o cuántos culpables han sido absueltos por cada 100 o 1.000 sentencias de condena o de absolución. La única cosa válida en esta clase de argumentos es su Leitmotiv fundamental, o sea la opción moral que se inclina por sistemas penales en los que se reduzca al mínimo la eventualidad de que se condene a un inocente, aun a costa de incrementar sustancialmente el número de los casos en los que se absuelvan imputados culpables.

No siendo posible, al menos por lo que parece, aportar una definición analítica precisa de qué cosa es una "duda razonable" o una "prueba más allá de cualquier duda razonable", las únicas conclusiones racionales parecen ser: abandonarla para sustituirla con otros criterios equivalentes, como el de la "certeza", de la "casi certeza" o de la alta o altísima probabilidad (como ha sucedido en algunos ordenamientos de *common law*); o, más oportunamente, reconocer que se trata de un concepto indeterminado que expresa un principio general que debe ser caracterizado por el juez en cada caso particular. En otros términos, no es con la lógica del cálculo de probabilidad estadística con la que podemos conseguir una determinación precisa del criterio, y no es con dicha lógica con la que podemos decidir en los casos individuales y concretos si las pruebas permiten o no permiten superar el límite mínimo exigido para emitir una sentencia de condena. Más bien, parece más razonable recurrir, también en estos casos, a la *fuzzy logic*, que permite formular argumentaciones racionales en torno a conceptos vagos como el concepto de "duda razonable". En ello no hay nada de extraño o de sorprendente: el derecho, y también el derecho penal, es riquísimo en conceptos vagos o indeterminados que no pierden por ello su valor de garantía o la posibilidad de su aplicación concreta por parte de los jueces al decidir (como, por ejemplo, también sucede con las normas constitucionales y con las cláusulas generales).

En sustancia, sigue siendo verdadero que la adopción del criterio de la prueba más allá de toda duda razonable corresponde a una exigencia política y moral fundamental, por la cual una sentencia de condena debería ser emitida únicamente cuando exista una certeza práctica de la culpabilidad del imputado, aun cuando esta exigencia no pueda traducirse en determinaciones analíticas del grado de prueba que corresponde, en cada caso, a este nivel de certeza.

Naturalmente la adopción del criterio en cuestión hace particularmente difícil, en los casos concretos, probar la culpabilidad suficiente que justifique la condena del imputado. A su vez, este aspecto se vincula con elecciones fundamentales de policy de la justicia penal: si partimos de la premisa de que, como sea, debemos minimizar la frecuencia de las condenas (cualquiera que sea la razón por la que se lleva a cabo esta elección), sin importar si las absoluciones corresponden a sujetos inocentes o culpables, el estándar de la prueba más allá de toda duda razonable se convierte en el instrumento más razonable para alcanzar este resultado.

# 4
# Estándares de prueba y conocimiento científico

Los estándares de prueba que se consideran adecuados en los diferentes tipos de proceso constituyen el contexto en el que se coloca el esfuerzo probatorio de los conocimientos científicos. En línea general, estos conocimientos sirven como elemento para confirmar los enunciados sobre los hechos en función de su validez científica, y del grado de atendibilidad que les corresponde en el ámbito científico del que provienen. Así, como se ha dicho anteriormente, es necesario distinguir cuidadosamente cuál es el tipo de ciencia del que se trata, cuál es el estatuto epistemológico de los conocimientos que suministra, cuál es su grado de atendibilidad, y cuál es el grado de confirmación que pueden aportar al enunciado de hecho sobre el que se despliega la decisión del juez. Esta diversidad de niveles de atendibilidad de los conocimientos científicos que se realizan, con fines probatorios, durante el proceso implica una consecuencia importante: que solamente en casos particulares – con toda probabilidad no muy frecuentes – la prueba científica es capaz, por sí sola, de atribuirle a un enunciado de hecho un grado de probabilidad capaz de satisfacer el estándar de prueba que tiene vigor en esa clase de proceso. En con secuencia, debemos admitir que la prueba científica puede acompañarse o integrarse con otras pruebas, con pruebas "ordinarias", que pueden contribuir a fundar conclusiones válidas sobre el hecho que debe probarse. Así, por ejemplo, es muy posible que una prueba del DNA sea el único elemento de prueba para decidir sobre la identificación de un sujeto, dado que esta prueba – cuando se realiza con todas las condiciones necesarias y su resultado se interpreta correctamente – alcanza valores de probabilidad del orden del 98-99%. Por el contrario, con frecuencia se utilizan como pruebas datos epidemiológicos que se expresan con frecuencias estadísticas muy bajas, del orden del 1 o 2%: ciertamente, por sí solos, estos datos no son suficientes para demostrar un nexo de causalidad específica entre un hecho ilícito y el daño provocado a un sujeto, y es bastante dudoso que puedan dotar a la prueba de un nexo de causalidad general (en casos en los que un nexo de esta naturaleza es objeto de prueba). De esta forma, resulta evidente que, si se quiere alcanzar el estándar de prueba que debemos satisfacer para demostrar el nexo causal entre el hecho ilícito y el daño causado, y para afirmar que el enunciado correspondiente pueda considerarse como "verdadero", estos datos deben integrarse con pruebas de otro género. En sustancia, las pruebas científicas son muy útiles, pero raramente resultan decisivas y suficientes para determinar la decisión sobre los hechos.

Bajo otra perspectiva, resulta relevante la diferencia entre los estándares de prueba que acabamos de discutir. De hecho, parece evidente que en el contexto del proceso civil, en donde el estándar es el de la probabilidad prevalente, es relativamente más fácil satisfacer este estándar con pruebas científicas aunque no cuenten con un nivel de atendibilidad tan elevado como el de la prueba del DNA; también será relativamente más fácil integrar pruebas científicas caracterizadas por grados no elevados de probabilidad con pruebas ordinarias que permitan, sumándose a las pruebas científicas, alcanzar el grado de prueba mínimo necesario del hecho que se debe demostrar. Si, en cambio, nos encontramos en el terreno del proceso penal, en el que debemos satisfacer el estándar de la prueba más allá de toda duda razonable, debemos resignarnos ante el hecho de que sólo en unos pocos casos la prueba científica aporta informaciones con un grado de probabilidad suficientemente alto como para lograr la certeza o la casi-certeza del hecho. Esto puede suceder, por las razones ya señaladas, cuando disponemos de una prueba del DNA que se efectuó correctamente, pero sucede pocas veces en el caso de otras pruebas científicas. Por lo general el estándar de la prueba más allá de toda duda razonable solamente puede superarse cuando la conexión entre un hecho (causa) y otro hecho (efecto) está "recubierta" por una ley de naturaleza deductiva o, al menos, casi-deductiva, cuya aplicación permita otorgar un carácter de certeza o de casi-certeza al enunciado que se refiere a dicha conexión. Más allá de las pocas hipótesis en las que el caso particular entra en un modelo nomológico- -deductivo específico, es muy probable que las pruebas científicas, incluso si se encuentran – cuando esto es posible – integradas por otras pruebas, puedan aportar elementos para superar el estándar en cuestión. Si, como se ha señalado, tenemos que tratar con datos epidemiológicos que aportan una frecuencia baja de las conexiones entre hechos, será prácticamente imposible otorgarle a la prueba un nexo de causalidad específica, pero también será extremadamente difícil otorgar a la prueba un nexo de causalidad general: de hecho, es difícil hacer una hipótesis en el sentido de que un descarte que va del 1-2% hasta un estándar que alcanza el 95% pueda colmarse recurriendo a otros elementos probatorios. Esto no es imposible a priori, pero establece un límite muy sólido para la utilización de la mayor parte de las pruebas científicas en el ámbito del proceso penal.

Además, una prueba científica que no cuenta con un grado elevado de probabilidad puede ser muy útil en el proceso penal, cuando es favorable a la hipótesis de la inocencia del imputado. Una prueba de este tipo, de hecho, podría ser suficiente para confirmar la existencia de la duda razonable que, aun ante una probabilidad prevalente de culpabilidad, impide imponer una condena al imputado. En el proceso civil, en cambio, una prueba de esta naturaleza que fuera favorable para el demandado, con tendencia a confirmar la falsedad del hecho sostenido por el actor, podría no ser suficiente para impedir la derrota del primero si la hipótesis positiva, relativa a la veracidad del hecho argüido por el actor, resulta igualmente la "más probable que no".

Estas consideraciones nos conducen a observar que el recurso a la ciencia puede ser útil tanto en el ámbito del proceso civil como en el ámbito del proceso penal, pero ciertamente no constituye el remedio para todos los problemas, e incluso provoca una serie de cuestiones y de dificultades que debemos considerar con atención. Como se ha visto, existen muchos elementos de variación, y también de incertidumbre, que tienen una tendencia a entrecruzarse y a sumarse en la realidad concreta del proceso: por un lado la variedad de los estándares a los que se recurre para orientar y controlar la discrecionalidad de juez; por el otro, la presencia de diferentes ciencias que aportan informaciones que tienen diferentes grados de atendibilidad y de utilidad probatoria. Sin embargo, la presencia de estas dificultades no constituye una buena razón ni para abandonar los estándares de prueba con la finalidad de retornar a la intime conviction irracional del juez individual, ni para renunciar al uso de la ciencia en el proceso todas las veces que sea posible utilizar datos científicos válidos. Más bien, dichas dificultades nos llevan a la conclusión de que necesitamos modelos conceptuales y lógicos particularmente complejos, que deben ser desarrollados por juristas y epistemólogos, para enfrentar de manera adecuada el problema de la decisión sobre los hechos y el problema del uso correcto de la ciencia en los diferentes contextos procesales.

# Seção 2

*Convidados brasileiros*

*Amini Haddad Campos*
*Ana Flávia Messa*
*Ives Gandra da Silva Martins*
*Janaína Soares Schorr e Nathalie Kuczura Nedel*
*Marina Faraco Lacerda Gama e Gabriela Shizue Soares de Araujo*
*Tiago Gagliano Pinto Alberto*

*Discriminación por razones de género contra
mujeres y niñas y las necesarias políticas
de equidad entre hombres y mujeres*

*Discriminação por razões de gênero contra
mulheres e meninas e as necessárias políticas
de igualdade entre homens e mulheres*

## *Amini Haddad Campos*

Jueza de Derecho, actualmente Jueza Auxiliar de la Presidencia del Consejo Nacional de Justicia, gabinete de la Ministra Rosa Weber (Presidente STF/CNJ). Profesora de la Universidad Federal y Coordinadora de Estudios sobre las Vulnerabilidades – FD/UFMT. Posdoctoral en Derechos Humanos Sociales y Acción Colectiva – Universidad Salamanca, España. Doctora en Procesual Civil por la Universidad Católica de São Paulo, PUC/SP, con evaluación máxima unánime (10,0 con distinción-honor, suma cum laude). Doctora en Derecho (Derechos Humanos y Multiculturalismo) por la Universidad Católica de Santa Fe, donde defendió tesis obtenida con la evaluación máxima y destacada, por voto unánime del Tribunal de Tesis (10, con honor sobresaliente). Tiene maestría en Derecho Constitucional – Pontificia Universidade Católica do Rio de Janeiro (PUC-Rio). Miembro de la Academia de Letras de Mato Grosso, de la Academia Brasileña de Derecho, de la Academia de Derecho de Mato Grosso, de la Academia Internacional de Cultura, de la Academia de Magistrados y de la Academia Brasileña de Derecho. Actuó como la primera Magistrada de Brasil con competencia para juzgar casos (civil y penal) de la violencia doméstica y familiar contra las mujeres (Ley Maria da Penha) y fue una jurista con participación en la construcción normativa de esta Ley (Lei n. 11.340/2006).

**Sumilla**: 1. Introducción. 2. Cultura y género en la violencia contra las mujeres y niñas: normas internacionales especificas. 3. Violencia y género: concepto, relación y proyección. 4. Movimientos de Mujeres para la Equidad. 5. Principales Instrumentos internacionales sobre discriminación y violencia de género en el ámbito de la ONU y la OEA. 6. Consideración final. Referencias.

**Resumen**: La situación de prejuicios por razones de género contra las mujeres y niñas es un dato común en todos los países. Es llamativo, sin embargo, que esta discriminación no es un dato cultural de ciertos pueblos (occidental o de pueblos aislados/originarios). Es una realidad indistinta en el mundo, que además sustenta numerosas regulaciones de exclusión, descalificación, inutilidad e indignidades del femenino en todas las sociedades, con diferencia de grado, pero no de fondo. La discriminación contra las niñas y mujeres sólo se comprende como el resultado de cierto dinamismo cultural (símbolos y lenguaje), ya que las culturas son elementos de la construcción de una identidad social, con asimilación en la individualidad humana. Las normativas internacionales de derechos humanos para la equidad entre hombres y mujeres son medidas importantes para la exigencia de políticas de Estado concretas, incluso las de garantía del acceso a la justicia y participación femenina en los espacios de poder.

**Palabras-claves**: Discriminación contra niñas y mujeres. Violencia de género. Igual dignidad. Identidad Social. Identidad humana. Políticas de Estado. Equidad.

**Sumário**: 1. Introdução. 2. Cultura e gênero na violência contra mulheres e meninas: padrões internacionais específicos. 3. Violência e gênero: conceito, relação e projeção. 4. Movimentos de Mulheres pela Igualdade. 5. Principais instrumentos internacionais sobre discriminação e violência de gênero no âmbito da ONU e da OEA. 6. Considerações finais. Referências.

**Resumo**: A situação de preconceito por razões de gênero contra mulheres e meninas é um fato comum em todos os países. Chama a atenção, porém, que essa discriminação não seja um fato cultural de determinados povos (ocidentais ou isolados/nativos). É uma realidade indistinta no mundo, que também sustenta inúmeras regulamentações de exclusão, desqualificação, inutilidade e indignidade das mulheres em todas as sociedades, com diferença de grau, mas não de substância. A discriminação contra meninas e mulheres só é entendida como resultado de certo dinamismo cultural (símbolos e linguagem), pois as culturas são elementos da construção de uma identidade social, com assimilação na individualidade humana. As normas internacionais de direitos humanos para a igualdade entre homens e mulheres são medidas importantes para a demanda por políticas estatais específicas, inclusive aquelas que garantam o acesso à justiça e a participação das mulheres nos espaços de poder.

**Palavras-chave**: Discriminação contra meninas e mulheres. Violência de gênero. A mesma dignidade. Identidade social. identidade humana. Políticas de Estado. Equidade.

1
# Introducción

La historia de la discriminación contra las mujeres, presente en las sociedades, atraviesa las generaciones y perpetúa la percepción de este fenómeno como una necesidad natural, con variaciones que llegan a extremos perversos en las filosofías sociales construidas. El resultado es que, en mayor o menor grado y extensión, las mujeres continúan, culturalmente, siendo caracterizadas como vanas, inseguras y dependientes, lo que induce a tratarlas como medio u objeto[i]. En países donde se permite la poligamia masculina, encontramos hombres que "coleccionan" mujeres[ii].Con las técnicas de comunicación cada vez más ágil en todo el globo, no más es posible negar las instancias culturales de la violencia contra niñas y mujeres.[iii]

Veamos algunos datos históricos.

Según el chileno Pedro Fernández Santiago, la norma romana, de acuerdo con las leyes de Rómulo Augusto, se fundaba principalmente en la noción de "Potestas". Esto significaba la autoridad superior y distintiva del "hombre de familia"[iv]. Conforme resalta Fernández Santiago, el páter familia gobernaba y poseía todos los bienes, incluyendo, por tanto, el derecho a la vida y a la muerte de sus niños, de sus mujeres y de sus esclavos.

---

i   Cfr. Giordani, 2006, p. 83.
ii  Cfr. Zabala, 2009, p. 261-331.
iii Cfr. Gomes; Minayo, 2005, p. 117-140.
iv  Fernández Santiago, 2007, p. 23.

Si el páter familia moría, la autoridad pasaba a manos del tutor, o sea, a un miembro masculino de la familia más cercana, porque las mujeres en Roma estaban plenamente sujetas al hombre, por lo que, como resultado, eran consideradas inferiores y esta inferioridad era impuesta en todos los ámbitos de la vida[i].

El esquema del derecho romano se mantuvo con muy leves cambios a lo largo de la historia del derecho occidental. Así, Evelyne Sullerot observa que muchas leyes discriminatorias destacaban la diversidad de derechos a la herencia entre los hijos e hijas, en los siglos XV y XVI, teniendo en cuenta los derechos consuetudinarios a la cuota parte[ii]. Los hechos están muy bien presentados por el brasileño Elder Costa:

> *La idea surgió a partir del año 218 a.C hasta el año 476 d.C. dentro de la influencia del Imperio Romano, que detallaba el papel de los hombres y las mujeres en la sociedad y por lo tanto la posición relativa entre sí. Empezaron a surgir conflictos entre los cristianos, criterios y normas legales –por lo que, por ejemplo, por una parte, afirmó el principio de la igualdad del hombre, por el contrario, si quería la idea de 'sexusfragilitis' para justificar una sumisión de las esposas para su protección. También en ese momento se instituyó la figura del dote o arras, durante la celebración del matrimonio, como residuo inconsciente de la compra del cuerpo de la mujer, en la que una parte del precio pagado, empleado por medio de ellas*[iii].

Este contexto es aún hoy una realidad en la mayor parte de los países árabes[iv]. En este escenario, Wassyla Tamzali documenta:

---

i  Fernández Santiago, 2007, p. 23.

ii  Cfr. Sullerot, 1971. Igualmente, véase: Zeberio; Bjerg; Otero, 1997.

iii  Costa, 2014, p. 65.

iv  Por ejemplo, en Siria, el artículo 277 del Código de Estatuto Personal, parte 2ª, dice: "En estos casos la herencia se repartirá entre ellos, recibiendo el varón una parte igual a la de dos mujeres". Se dice exactamente lo mismo en el código de Kuwait (artículo 307), en el de Egipto (artículo 19 del capítulo II de la Ley de las Sucesiones), y en el de Argelia (artículo 155). Para más información, véase: *Miscelánea de Estudios Árabes y Hebraicos*, Sección Árabe-Islam, v. 44, 1995; *Miscelánea de Estudios Árabes y Hebraicos*, Sección Árabe-Islam, v. 46, 1997, Universidad de Granada; Tamzali, 2002, p. 361-373.

*Discriminación por razones de género contra mujeres y niñas y las necesarias
políticas de equidad entre hombres y mujeres*

> *De todas las iniquidades la que parece permanecer todavía
> intacta es el derecho de herencia que no es sólo simbólico ya
> que concierne directamente al poder económico de los hombres
> sobre las mujeres y a su papel de cabeza de familia. Las jóvenes
> heredarán la mitad de lo que heredan los jóvenes*[i].

Esta problemática es desafiada por la española María Nieves García González, cuando analiza los sistemas en todos los periodos de la historia y hasta la actualidad, argumentando que la división sexual del trabajo en la sociedad era exactamente el principio de una cardinal discriminación multifactorial de las mujeres, convirtiéndose éstas en un colectivo débil y susceptible de opresión por sociedades machistas[ii]. Sin negar la fidelidad de estos estudios debe apuntarse que la discriminación contra la mujer se manifiesta también por la negación del derecho a la diferencia, es decir, "la denegación del reconocimiento y el respeto de los datos biológicos […], los elementos del universo femenino" (madurez, maternidad, lactancia materna, embarazo, parto y puerperio, por ejemplo). Esta discriminación se basa a veces en tratamientos culturales que son éticamente insostenibles y peligrosos, por cuanto concluyen en la falta de respeto al cuerpo de la mujer (por ejemplo, la cultura de violación del femenino en la mutilación sexual de las mujeres y niñas).[iii]

Muchos ven en esta división de los mundos masculino y femenino el desempeño de un ideal: los sexos se complementan y hacen posible la armonía entre el hombre y la mujer[iv]. Los tutores de este modelo, ampliamente mayoritarios en el siglo XIX, sostenían que no se podía hablar de desigualdad entre los sexos, puesto que estos eran incomparables.

Pero este hermoso discurso ideológico, tan provechoso para los hombres, puesto que las mujeres quedan fuera de sus espacios, oculta una realidad nada democrática. La desigualdad impuesta (discriminación)

---

i   Tamzali, 2002, p. 372.
ii  Cfr. García González, 2007, p. 13.
iii Sobre estos datos: Campos, 2019, p. 163-259.
iv  En esta línea tenemos la crítica de Kimmel, 1987.

a las mujeres, incluso sobre el manto de la religión[i], favorece la creación, el mantenimiento y el acondicionamiento de factores de riesgo, la marginación, la exclusión de los beneficios de la vida social y económica, la restricción del derecho a la educación, bien como al trabajo/remuneración para ambos los sexos, por ejemplo[ii].

En cuanto al uso de la religión para menosprecio de la mujer, es necesario señalar, como ha dicho María Antonia Bel[iii], que el matrimonio cristiano fue, en parte, un desdoblamiento clave para la mejora de la situación de la mujer en la familia y en la sociedad, ya que la ley canónica ha insistido en la necesidad de que existiese un consentimiento libre de ambas partes para constituir un matrimonio válido, lo que representa, sin lugar a duda, un avance significativo e importante para las mujeres. Este, sin embargo, no es el caso de algunas otras religiones[iv], debido a las creencias que sostienen[v].

Es necesario decir que la discriminación de género generada a partir del patriarcado[vi] es la primera raíz de la generación y continuación de la exclusión vivida por las mujeres, forjando posiciones jerárquicas entre el sexo femenino y el masculino[vii]. Además, sobre esta realidad, María Ángeles Barrère prescribe lo siguiente:

---

i      Lectura de códigos religiosos pueden resultar en la esclavitud como una expresión de lo divino, cuando, en realidad, son las relaciones humanas las que componen el instrumento de realizar los problemas de cada época, confinado en el parámetro de creencias. El Corán aprueba en cuatro el número máximo de mujeres que puede tener un hombre. No expresa la abolición de la práctica, o propone la monogamia. Hay que recordar que el Corán fue escrito treinta años después de la muerte de Mahoma. Hasta principios del siglo XX la trata de esclavos continuó siendo explotada por el mundo árabe. Los estudios más recientes consideran que en el mundo árabe-musulmán todavía hay alrededor de 2,5 millones de hombres y mujeres reducidos a la condición de esclavos declarados. Algunos datos interesantes se pueden encontrar en: Chebel, 2007. En la misma dirección, véase Spencer, 2008; Keener, 1994; y Grabmeier, 2004.

ii      Cfr. Giordani, 2006, p. 116. Otros datos en: Campos; Correa, 2007.

iii      Bel, 2000, p. 20.

iv      Cfr. Luckey; Nass, 1969, p. 364-379.

v      Deveney, 2012.

vi      Fraser, 2007, p. 291-308.

vii      Cfr. Comparato, 2005, p. 287.

> *Para dar cuenta de este proceso emergente se recurrirá al derecho antidiscriminatorio es decir, al estudio de un producto jurídico que tiene más o menos la misma edad que el corpus teórico del feminismo (digamos que cincuenta años) y que, por tanto, coincide en su inicio con la construcción por parte de éste del concepto de patriarcado como esquema o marco interpretativo de la situación de las mujeres. Así, analizando el origen, contenido y evolución del derecho antidiscriminatorio es posible percibir los esfuerzos que han tenido que hacer las mujeres para encontrar, como grupo sui generis, un hueco en el texto de los documentos jurídicos que les hiciera aparecer, no sólo como titulares de derechos, sino como sujetos políticos (agentes) con problemas, intereses y experiencias no recogidos en el discurso jurídico hegemónico o dominante[i].*

Es importante destacar que la equidad entre hombres y mujeres es una cuestión de derechos humanos, fundamental para el desarrollo y la paz en una sociedad democrática, sostenida en la dimensión de los derechos humanos y nucleada pela dignidad inherente a la existencia de cada persona.

## 2
## Cultura y género en la violencia contra las mujeres y niñas: normas internacionales especificas

El concepto de género genera nuevas preguntas sobre la cuestión de cómo las relaciones sociales son engendradas y percibidas en determinados ámbitos culturales. De igual forma, esta perspectiva sirve para comprender datos sobre la forma más extrema de desigualdad: el uso de la violencia contra niñas y mujeres. La perspectiva de género permite percibir que la cultura puede reforzar jerarquías entre las distintas expresiones de lo humano, hasta el extremo de legitimar violencia[ii].

Pero, este relativismo en la esfera de los derechos frente a las acepciones culturales nos lleva a otra pregunta por la universalidad de los derechos: Si la violencia no se cuestiona por respeto a la delimitación

---

i      Barrère Unzueta, 2008, p. 30-31.

ii     Al respecto, véase Epstein, 1988, p. 38-40.

cultural, no se comprende con qué argumento se puede cuestionar la escisión del clítoris en el continente africano, en Asia y en los países árabes[i], el asesinato de mujeres como resultado de la dote en la India[ii], la lapidación de las mujeres en los países árabes[iii], o la poligamia, en muchas sociedades, válida para los hombres y prohibida para las mujeres.

---

i     Sobre la mutilación sexual femenina, Markle y otros autores aclaran que este procedimiento se basa en una exigencia religiosa, cuyo objetivo es el control social de su sexualidad o preservación de su virginidad. El procedimiento reduce el deseo sexual de la mujer. Esta práctica, según el autor, es anterior a la fundación del cristianismo y del islamismo. Aseverando el hecho de que la mutilación genital femenina (MGF) es practicada por algunas comunidades cristianas en África y también entre los judíos de la Etiopia, denominados "Falashas". Igualmente, el autor explica que, en algunos países como Egipto, Kenia y Guinea, estos procedimientos son practicados por agentes de la salud. En Egipto, por ejemplo, el 77,4% de todas las MGF fueron realizados por agentes sanitarios capacitados (datos del servicio de salud de Egipto). Véase: Markle; Fisher; Smego Jr., 2015, p. 109.

ii     Olazábal, 2015.

iii     Sobre este asunto, véase: Gómez-Limón, 2011. Gómez-Limón explica que la lapidación "es un castigo que se impone específicamente para los delitos de adulterio y la mayor parte de las personas condenadas a muerte por lapidación son mujeres. Una de las razones de este impacto sobre las mujeres es que éstas no gozan de igualdad de trato ante la ley y los tribunales, lo que se plasma, entre otras cosas, en que el testimonio de un hombre equivale al de dos mujeres y en que, en determinados delitos como el adulterio, el testimonio de las mujeres solas o conjuntamente con un solo hombre no vale como prueba, además de las limitaciones que se imponen a las mujeres en materia de vida sexual, ya que se les exige tener un solo compañero, su esposo, mientras que los hombres pueden tener cuatro esposas permanentes y un número ilimitado de esposas temporales. Igualmente, el derecho de los hombres al divorcio es incuestionable; en cambio, el derecho de las mujeres a divorciarse de sus maridos y quedar libres para casarse con otro hombre es limitado; y muchas mujeres no pueden elegir el hombre con el que se casan, ya que se les impone un matrimonio forzoso, mientras otras son casadas a edades muy tempranas". Luego la autora aclara el origen de la lapidación en el Islam, afirmando que la práctica "existía en las tradiciones previas al Corán y era de común aplicación. Sin embargo, fue establecida entre los musulmanes a partir del segundo califa Umar Ibn al--Jattab (581-644), que afirmaba guiarse por la sunna del Profeta cuando legisló la lapidación diciendo: 'Pero el Mensajero de Allah lapidó y por eso hemos lapidado'. También se habla de lapidación en los textos de Al-Bujari (810-870)" (Gómez-Limón, 2011, p. 94-96).

Todas estas situaciones se asientan en la cultura: son expresiones de un modo particular de concebir hombres y mujeres[i]. Si se acepta un tipo de violencia de género por respeto a su origen cultural, no hay razones para no permitir otras manifestaciones de violencia igualmente ancladas en construcciones culturales.[ii]

Desde esta perspectiva se comprende que la crítica de la violencia de género sólo puede fundarse en una teoría como la ***inter-culturalista***, que valora la cultura como una condición del desarrollo humano, donde conserva parámetros meta-culturales que permiten distinguir culturas y dimensiones de las culturas, según su capacidad real de incidir en el desarrollo *auténticamente* humano (amparo de la dignidad inherente de todas las personas).

La violencia es un fenómeno extremadamente complejo que no sólo afecta a las personas físicamente, sino también psicológica y emocionalmente. Es necesario decir que la sumisión de mujeres es una temática social que sintetiza comúnmente muchas manifestaciones cubiertas en el involucro de la cultura[iii]. Maria de Fátima Araújo y otros autores señalan:

> Son muchas las razones que llevan a las mujeres a permanecer en una relación de violencia, sin siquiera denunciar a sus agresores. [...] la dominación masculina y la sumisión femenina son un factor preponderante en la perpetuación de la violencia practicada por los hombres contra las mujeres, muchos de ellos

---

i     En 2008, reuniones de expertos convocados por las Naciones Unidas recomendaron lo siguiente: "Por lo tanto, resulta esencial que toda definición de violencia doméstica que incluya violencia psicológica o económica se cumpla de forma apropiada y teniendo en cuenta las cuestiones de género. Debe recurrirse a los conocimientos técnicos especializados de los profesionales pertinentes, como psicólogos y asesores, abogados y proveedores de servicios para las demandantes/sobrevivientes de violencia y al mundo académico para determinar si el comportamiento constituye violencia". Sobre este asunto, véase ítem 3.4.2 del *Manual de legislación sobre la violencia contra la mujer* (Naciones Unidas, 2010).

ii     Sobre la cuestión, ver: Agende – Ações em Gênero Cidadania e Desenvolvimento, 2004. La violencia contra las mujeres es tan generalizada que ha sido calificada perversamente, metafórica e irónicamente, como democrática, a fin de mostrar que se encuentra presente en todas las clases sociales, en los grupos étnicos/raciales, en los segmentos culturales y en los credos religiosos que pertenecen a las sociedades nacionales (Agende, 2004).

iii     Cfr. Ceccarelli, 2005, p. 266-277.

*protegidos por el silencio de sus propias víctimas. La cuestión del género atraviesa las distintas razones que llevan a las mujeres a permanecer en una relación abusiva*[i].

Precisamente la percepción de una violencia generalizada contra las mujeres ha motivado un enorme interés por investigar y recoger la mayor cantidad de información posible que ayude a poner de manifiesto su situación social y jurídica al redor del globo. Por lo tanto, el desarrollo de una crítica intercultural[ii] es fundamental para análisis sobre el contexto universal de los derechos humanos. En este sentido, Elder Costa resalta:

> *En las investigaciones realizadas se ha detectado desde el momento en que se ha verificado que la violencia de género no es más un problema familiar ni siquiera de una nación, que su solución ha de pasar inexorablemente por un discurso internacional. Bajo ese aspecto, la planificación global por medio del discurso internacional ha sido una piedra de toque [un buen instrumento de medida], y sus resultados se han mostrado muy proficuos, de suerte que, por medio de las resoluciones y convenciones de la Organización de las Naciones Unidas, se han subvencionado las leyes internas de sus miembros*[iii].

Esta es la dimensión critica del artículo que se intenta en esta contribución discursiva.

---

i   Araújo; Martins; Santos, 2004, p. 31. Original: "São muitos os motivos que levam as mulheres a permanecerem numa relação de violência sem sequer denunciarem seus agressores. […] a dominação masculina e a submissão feminina, é um fator preponderante na perpetuação da violência praticada pelos homens contra as mulheres, muitos deles protegidos pelo silêncio das próprias vítimas. A questão de gênero atravessa os diferentes motivos que levam as mulheres a permanecerem numa relação abusiva".

ii  Sobre ámbitos simbólicos, véase: Campos, 2021.

iii Costa, 2014, "Introdução", p. 38. La traducción y lo que está entre corchetes es nuestro. "Nas pesquisas efetuadas, detectou-se, a partir do momento em que se verificou que a violência de gênero não é mais um problema familiar nem mesmo de um país, que sua solução passa inexoravelmente pelo discurso internacional. Neste aspecto, a planificação global por meio do discurso internacional tem sido a pedra de toque, e seus resultados têm se mostrado muito profícuos, de sorte que, por meio das resoluções e convenções das Nações Unidas, têm subsidiado as leis internas de seus membros".

## 3
## Violencia y género: concepto, relación y proyección

El origen etimológico de la palabra violencia viene del latín *violentia*, de *violentus* (con venganza, furioso, a la fuerza), unido al verbo *violare* en que *vis*, significa fuerza, poder, y también infringir, transgredir, intrusión. Se puede comenzar definiendo la violencia como la acción irresistible, practicada sobre una persona con la intención de alcanzar una meta, que no se materializaría sin ella. Es el uso agresivo e ilegítimo del proceso coactivo.

Nagib Slaibi, profesor y magistrado brasileño, escribió que "legalmente, la violencia es una forma de coerción o restricción puesta en marcha para superar la resistencia de la otra"[i] y puede ser exteriorizada como amenaza física o intimidación moral. La violencia designa, pues, un tipo de acción que se concretiza en formas muy específicas como el asalto, la violación o el abuso.

En el seno de las relaciones humanas, la violencia, material y moral, vicia el consentimiento, suprime la voluntad. Por esta razón, la tortura es clasificada como crimen sin derecho a fianza, gracia o amnistía (art. 5º, inciso XLIII, CRFB), y se invalida el valor probatorio de las pruebas obtenidas mediante violencia, entendiendo estas como ilícitas (art. 5º, inciso LVI, CRFB). En la base de estas normas se advierte una común condena moral de la acción consistente en forzar a una persona a actuar o abstenerse de actuar por medios violentos, o a través de la amenaza del uso de la violencia. El antropólogo brasileño Roberto Damatta señala que la violencia "muestra una visión jerárquica de la sociedad, sobre la que se construyen posiciones sociales complementarias y líneas de graduación de poder"[ii].

Por su parte, la filósofa política Hannah Arendt propone a la violencia como signo de fracaso de la autoridad política: "La autoridad siempre demanda obediencia y por este motivo es corriente que se la

---

i     Slaibi Filho; Carvalho, 2003.
ii    Damatta, 1993, p. 180-182.

confunda con cierta forma de poder o de violencia. No obstante, excluye el uso de medios externos de coacción: se usa la fuerza cuando la autoridad fracasa"[i].

Asumiendo estas aportaciones jurídicas, sociológicas y políticas, cuando hablamos en esta tesis de violencia de género hacemos referencia a una forma particular de violencia, cuyas características se pueden resumir en tres puntos. En primer lugar, es la violencia practicada contra las mujeres a causa de su condición de identidad de mujer, de devaluación cultural del sexo femenino. En segundo lugar, es un tipo de violencia que pone en evidencia una forma de jerarquía, sumisión y categorización de la mujer. En tercer lugar, el uso de control sobre el femenino, incluso con utilización de la violencia (psicológica, física, patrimonial, moral y sexual), es percibido y "aceptado socialmente" como regla cultural de la relación hombre-mujer.

En otras palabras, Lourdes Maria Bandeira lo expresa así:

> *Al elegir usar la modalidad violencia de género, entiéndase que las acciones violentas son producidas en contextos y en espacios relacionales y, por tanto, interpersonales, con escenarios sociales e históricos desiguales. La centralidad de las acciones violentas incide sobre la mujer, sean estas violencias físicas, sexuales, psicológicas, patrimoniales o morales, tanto en el ámbito privado-familiar como en los espacios de trabajo y públicos*[ii].

En este punto es importante señalar que la denominación violencia de género contra las mujeres no debe ocultar el elemento esencial de este tipo de violencia, que es su proyección sobre el femenino. En este orden de ideas, María Ángeles Barrère advierte que la asociación entre

---

i    Arendt, 1972, p. 129. Traducción al español: Arendt, 1996, p. 102. Traducción de Ana Poljak. "Visto que a autoridade sempre exige obediência, ela é comumente confundida com alguma forma de poder ou violência. Contudo, a autoridade exclui a utilização de meios externos de coerção; onde a força é usada, a autoridade em si mesma fracassou".

ii   Bandeira, 2014, p. 449-469. Tradução livre al español: "Ao escolher o uso da modalidade violência de gênero, entende-se que as ações violentas são produzidas em contextos e espaços relacionais e, portanto, interpessoais, que têm cenários societais e históricos não uniformes. A centralidade das ações violentas incide sobre a mulher, quer sejam estas violências físicas, sexuais, psicológicas, patrimoniais ou morais, tanto no âmbito privado-familiar como nos espaços de trabalho e públicos".

los conceptos de violencia y género puede ocultar un elemento esencial de este tipo de violencia, que es el sexo femenino de la víctima:

> *¿Por qué la llamada en décadas pasadas "violencia sexista", "violencia patriarcal", "violencia machista" o, simplemente, "violencia contra las mujeres" pasa a denominarse a mediados de los años noventa "violencia de género"? ¿Qué justifica este cambio? Y, sobre todo, ¿qué tipo de alcance tiene? [...]. En otros términos: avancemos en el proceso explicativo de la violencia utilizando, si se considera oportuno, la referencia al género, pero ni un paso atrás de la contextualización política de esa violencia, una politización que encuentra su justificación, precisamente, en el hecho de que la violencia, aún siendo "de género" se ejerza sobre las mujeres*[i].

En otras palabras, cuando usamos el concepto de violencia de género, en lugar de "violencia contra la mujer", o expresiones análogas, se pretende acentuar la percepción y la actitud social que acompaña a este tipo de violencia. Las nociones de lo que es aceptable e inaceptable en términos de comportamiento están influenciadas culturalmente, de acuerdo con las normas sociales que conservan costumbres y tradiciones, incluso en el aparato legal de la sociedad[ii]. Esta acentuación no debería conducir al vaciamiento de sentido de la expresión "violencia contra las mujeres".

Los aspectos culturales involucrados naturalizan estos hechos, dándoles apariencia de legítimos. Las formas más típicas de la violencia de género contra las mujeres, así entendida, son muchas y muy variadas, dependiendo del contexto cultural. Lo común a todos los casos es la subyugación o anulación de la voluntad de la mujer, mediante el uso de fuerza física o amenazas, en un contexto cultural que legitima estas formas de anulación.

La lista incluye, al menos, los siguientes tipos: a) a la violencia doméstica o familiar; b) la violencia sexual, incluida en algunos casos la violación; c) la importunación o persecución sexual; d) la violencia emocional y/o violencia psicológica, así como la exposición de la intimidad en los medios de comunicación; e) la explotación sexual perpetrada contra las niñas; f) la trata internacional de mujeres y niñas con fines sexuales; g) la mutilación genital femenina; h) el matrimonio

---

i   Barrère Unzueta, 2008, p. 27-28.
ii  Véase: Oliven, 2010.

forzado; i) el asesinato de mujeres, cometidos en nombre del honor; j) feminicidio de control social de la mujer, cuando grupos de personas atacan mujeres que no se sometieren a las reglas impuestas; k) los delitos cometidos como resultado de la dote; l) la violencia económica (la esclavitud doméstica, la falta de derecho a la herencia/las diferencias salariales o de promoción / acceso a la oferta de empleo / carrera); m) la comercialización de las niñas; n) la cancelación de la deuda mediante la entrega de una hija y no de un hijo (condición interna de la esclavitud / servidumbre); o) la violencia a la que muchas mujeres son sometidas en el parto; p) la selección prenatal del sexo, con el aborto de fetos femeninos; q) la eliminación de los embriones femeninos; r) el infanticidio de las niñas bebés; s) la desnutrición de bebés niñas frente a los niños; t) la limitación de las actividades físicas e intelectuales, como resultado de la indumentaria o accesorios que impiden la movilidad y el ejercicio técnico de determinadas acciones humanas (por ejemplo, el "xador y la burqa"); u) la mercantilización de la virginidad de las niñas; v) el turismo sexual; w) la coacción sexual, como objeto de extorsión a cambio del cumplimiento de un derecho; x) el incesto; y) el desprecio, la descalificación o descrédito de los testimonios o declaraciones dadas por las mujeres; z) el impedimento a la ciudadanía equivalente al hombre, así como la educación escolar, técnico y científico o deportivo[i].

En este sentido, Souto Galván señala:

> *La violencia de género, amparada en unos principios y valores que tratan de acabar con la posición de inferioridad de las mujeres, es la máxima manifestación de desigualdad entre hombres y mujeres. Esta manifestación que vulnera abiertamente los derechos fundamentales de las mujeres, como es el derecho a la vida y a la integridad física y psíquica, supone una obligación para el Gobierno y los poderes públicos, para llevar a cabo la aplicación de medidas que hagan reales y efectivos los derechos jurídicamente reconocidos, asegurando el pleno ejercicio de su condición de ciudadanas*[ii].

---

i   La intención de este trabajo no pretende examinar cada una de estas tipologías. Con este texto sólo se intenta describir las diversas situaciones que enfrentan las relatorías de la ONU. Véase: Naciones Unidas, 2009 (*Violencia contra las mujeres*). Otros informes sobre la violencia de género en: Iglesias Canle; Lameiras Fernández, 2009.

ii  Souto Galván, 2012, p. 68.

En el plano jurídico no es poco frecuente que el propio Estado sea un elemento inhibidor para el acceso a la justicia, en cuyo caso estaríamos frente a la violencia de género institucional contra las mujeres.[i]

Todos los datos de crímenes citados se encuentran en los informes de la Organización de las Naciones Unidas (ONU)[ii]. Por esta razón, la conceptualización de la Organización Mundial de la Salud (OMS) es amplia al definir la violencia como el uso deliberado de la fuerza física o el poder, efectivo o como amenaza, contra sí mismo, contra otra persona o un grupo o comunidad, que cause o tenga muchas probabilidades de causar lesiones, muerte, daños psicológicos, discapacidad del desarrollo o privaciones[iii].

La relación de causalidad entre la violencia de género y las estructuras subyacentes culturales de discriminación no es exclusiva de este tipo de violencia. En efecto, la histórica exclusión social, jurídica y política de los negros en Estados Unidos es una muestra de cómo la exclusión puede acabar justificando la violencia en todos los niveles (sociedad, política, escuela, comunidad y familia)[iv].

Sintetizando, si todo el poder social, político, jurídico, o de cualquier clase se concentra sustancialmente en una parte del género humano (solamente a hombres u hombres blancos, por ejemplo), el efecto inevitable es afectación del goce efectivo de los derechos de la parte que no está inclusa en el grupo más poderoso. Este problema evidente se profundiza y perpetúa cuando se transforma en una realidad institucionalizada y sistematizada por creencias.

En este contexto, Ferreres Comella expone que "si una Constitución prohíbe explícitamente la discriminación por razón de raza y de sexo, por ejemplo, es claro que normalmente se dan dos cosas al mismo tiempo: por un lado, existe suficiente consenso en la comunidad en el sentido de que las desigualdades que padecieron en el pasado determinadas razas y las que sufrieron las mujeres constituyen una discriminación injustificable; por el otro, existe consciencia de que perviven los efectos de ese pasado discriminatorio y de que, en consecuencia,

---

i   Véase: Campos, 2019. También: CNJ, 2021 (*Protocolo para Julgamento com Perspectiva de Gênero*).
ii  Véase: ONU Mujeres, 2010.
iii Cfr. Krug; Mercy; Dahlberg; Zwi, 2002, p. 1.083-1.084.
iv  Véase: McPherson; Holland; Banner; Weiss; Bell, 1971.

es necesario dotar de especial protección a los miembros de esos grupos. Estas cláusulas constitucionales reflejan un repudio del pasado y una consciencia de que ese pasado sigue dominando"[i].

## 4
## Movimientos de Mujeres para la Equidad

Así como la existencia de normas jurídicas que prohíben la discriminación por razones de sexo muestran la existencia real del problema, también la aparición de numerosos movimientos y campañas, relativas a la violencia y vulnerabilidad de las mujeres, otorgan visibilidad al hecho[ii]. Estos movimientos se proponen, en efecto, exteriorizar e invalidar ideologías que niegan la igual dignidad entre los seres humanos y la propia ciudadanía plena de las mujeres. Como acentúa Tiago dos Santos Andrade, aún hay muchos casos de legislaciones y culturas donde el ejercicio del control de poder en la sociedad perpetúa la cultura del machismo[iii].

En esta dirección – si bien la información que existe sobre la violencia contra las mujeres y sus fundamentos evidencia la realidad de la mujer en el mundo[iv] –, en la que la jerarquía entre los sexos está

---

i   Ferreres Comella, 1997, p. 253.

ii  El Código Civil de 1916 predicó que la familia estaba compuesta únicamente por el matrimonio en el que el hombre era el jefe de esta relación. Después de la llegada de la Constitución de la República Federativa del Brasil de 1988, el sistema legal comenzó a equiparar los derechos de los hombres y de las mujeres, considerando a la familia como la unión del hombre y de la mujer, con o sin hijos. Ya no es esencial la realización del matrimonio. Véase: Diniz, 2002, p. 3.

iii Cfr. Andrade citado en Cerqueira; Coelho, 2014, p. 3.

iv  Véase: Pateman, 2009, p. 52: "Por tanto, la ciudadanía para las mujeres podía considerarse una elaboración de sus tareas privadas y domésticas, de ahí que uno de los principales argumentos de las sufragistas fuera que el voto era un medio necesario de proteger y fortalecer el ámbito concreto de las mujeres (un argumento que cobró peso a finales de siglo, a medida que los legislativos se interesaron cada vez más en temas sociales relacionados con la esfera de las mujeres)". También: Spelman, 1988, p. 160-180.

legitimada[i], hay que admitir que con la globalización ya no es posible ocultar esta problemática: la violencia contra las niñas, adolescentes, adultas y mujeres de edad avanzada, por el simple hecho de tener el cromosoma XX[ii].

En la misma línea, corresponde referirnos a algunas asambleas[iii] realizadas en Brasil, donde se debatió sobre la violencia de género practicada contra mujeres indígenas por sus compañeros o familiares. En éstas participaron varias etnias del movimiento de las mujeres indígenas, quienes cuestionaron el nivel de aplicación de la Ley 11.340/2006 (Ley Maria da Penha), y la lucha contra la violencia sufrida por las mismas. Las discusiones pusieron en evidencia que las indias deseaban saber de qué forma podrían ser beneficiadas por la Ley, frente al extendido fenómeno de la poligamia, entre otros tipos de abusos que sufrían. Estos actos permiten advertir que la cultura de la violencia contra las mujeres no es un fenómeno exclusivo de los países de raigambre cultural islámica. De hecho, la realidad de las mujeres en el mundo occidental nunca alcanzó la igualdad de derechos y obligaciones con el universo masculino.

---

i     En la historia de la guerra del Peloponeso, Tucídides transcribe las palabras con que Pericles refería a las virtudes de las mujeres con los siguientes términos: "si tengo que hablar también de las virtudes femeninas, dirigiendo a las mujeres ahora viudas, resumiré todo en un corto consejo: será grande vuestra gloria si mantuvieres fieles a su propia naturaliza – physis –, **y grande también será la gloria de aquellas de quien menos si hablar**, sea por las virtudes, sea pelos defectos" (Tucídides, II, 45, 2). En ese sentido, véase: Rodríguez, 1952, p. 45.

ii     Véase: Jaramillo, 2000, p. 105: "La primera distinción que cabe hacer, también la más básica y la que cuenta con el mayor consenso en la literatura, es la que se refiere al uso de las palabras sexo y género. Sexo es la palabra que generalmente se usa para hacer alusión a las diferencias biológicas relacionadas con la reproducción y otros rasgos físicos y fisiológicos entre los seres humanos. El sexo, como parámetro para crear categorías, distingue entre hombres y mujeres […]. Género, por el contrario, se refiere a las características que socialmente se atribuyen a las personas de uno y otro sexo. […] se consideran atributos femeninos […] la no violencia, la inclinación por el cuidado de otros (el altruismo), la inclinación por las tareas domésticas y manuales, la menor capacidad de abstracción, la belleza. Como masculino, por oposición, se considera la brusquedad en las actuaciones, la violencia, el egoísmo, la competitividad, una mayor capacidad de abstracción". También: Epstein, 1988.

iii     Para más información, véase: Lima, 2009.

En un contexto cultural en el cual la mujer se ve subsumida a reglas sociales que imponen condición inferior al hombre, es cierto que la violencia es una manifestación más de una relación subyacente de subyugación. En este orden de ideas, tomar consciencia de la diversidad social, del pluralismo moral y cultural de nuestra sociedad, es un verdadero desafío para el acceso a la justicia.

Sobre la realidad de la violencia contra las mujeres, que va más allá de una cultura específica, el *Estudio Global sobre Homicidios*, publicado en 2014 por la Oficina de las Naciones Unidas contra la Droga y el Delito (ONUDD), señaló que el homicidio intencional (doloso) causó la muerte de casi medio millón de personas en todo el mundo en 2012.

Más de un tercio de estas muertes, es decir, aproximadamente el 36%, se produjo en América, el 31% en África y el 28% en Asia, mientras que el 5% de estas muertes se llevó a cabo en Europa y sólo el 0,3 por ciento en Oceanía[i].

Así, tenemos:

**Gráfico 1** – Estudio Global sobre Homicidios

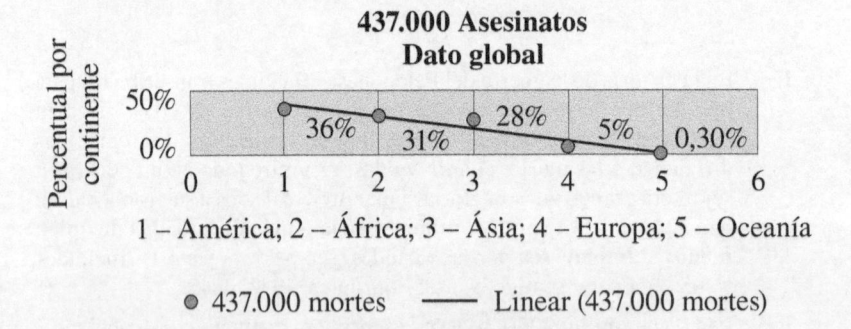

437.000 Asesinatos
Dato global

Percentual por continente

1 – América; 2 – África; 3 – Ásia; 4 – Europa; 5 – Oceanía

● 437.000 mortes — Linear (437.000 mortes)

**Fonte:** Elaborado sobre la base de: UNODC, 2014.

De acuerdo con la estadística global, los hombres son las principales víctimas de homicidios en general perpetrados comúnmente en el entorno público. Ellos componen el 79% de todas las muertes. Sin embargo, los datos revelan que los autores del 95% de todos los asesinatos que se cometen en el mundo son hombres.

Sobre esta base, el informe muestra que existe datos interesantes entre el sexo de las víctimas y el de los agresores en el contexto de las relaciones íntimas de afecto o de familia. En estos casos, las mujeres

---

i    UNODC, 2014.

son las principales víctimas. "Results from this research indicate that spousal controlling behavior may serve as a mediator of the predictive relationship between women's employment status and domestic violence among Mexican Women. Findings provide support for continued exploration of the factors that mediate experiences of domestic violence among women worldwide[i].

**Gráfico 2** – Estudio Global sobre Homicidios

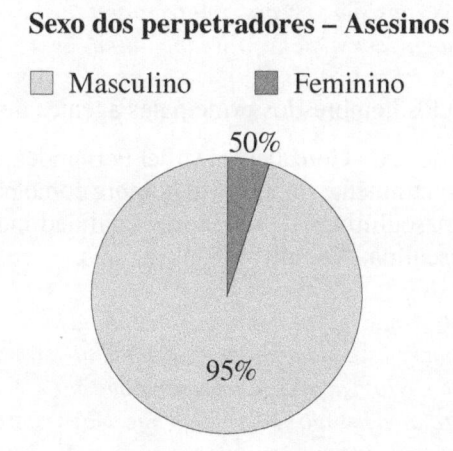

**Sexo dos perpetradores – Asesinos**

☐ Masculino ■ Feminino

50%

95%

**Fonte:** Elaborado sobre la base de: UNODC, 2014.

---

i  Terrazas-Carrillo; McWhirter, 2015, p. 1128-1152. Traducción libre al español: "La exploración de los factores de riesgo y los perfiles de la violencia del compañero íntimo en otros países proporcionan informaciones sobre si las teorías existentes sobre este fenómeno mantienen consistentes en diferentes entornos culturales. Este estudio presenta resultados de un análisis de regresión a respecto de la violencia doméstica entre las mujeres mexicanas. Los predictores significativos de la violencia doméstica entre las mujeres mexicanas incluyeron la edad, número de hijos, estado, educación, historia familiar de abuso, y el control de su comportamiento por el marido. [...] Los resultados de esta investigación indican que el control de la conducta conyugal puede servir como un mediador de la relación predictiva entre la situación laboral de las mujeres y la violencia doméstica entre las mujeres mexicanas. Resultados proporcionan apoyo a la exploración continua de los factores que median las experiencias de violencia doméstica entre las mujeres en todo el mundo".

Estos datos muestran que

> *Polarization not only exists in terms of where homicide occurs, but also in the sex of its victims and perpetrators. In the context of Family and intimate partner relationships, women are considerably more at risk than men, yet 79 per cent of all homicide victims globally are male. Moreover, some 95% per cent of homicide perpetrators at the global level are also male; a share that is consistent across countries and regions, irrespective of the homicide typology or weapon used*[i].

¿Por qué son los hombres los principales agentes del crimen?

En palabras de Julio Gonzáles y Daniel Fernández, el ejercicio de la violencia es comúnmente impuesta al hombre como parte de la construcción de su masculinidad. O sea, como cualidad indispensable de su identidad masculina. Así, afirman los autores:

> *Desde pequeños los hombres son conducidos a la asunción de los patrones conductuales asociados al ser masculino, varón, macho. A los varones se les enseña que para ser hombres deben controlar el mundo y lo primero que deben controlar son a ellos mismos y a las mujeres que los rodean. El asumir la violencia como parte intrínseca de su identidad y de ese proceso, ocupa un espacio primordial. Las dinámicas del proceso formativo que se les imponen, encierran todo el tiempo la asimilación de conductas violentas, agresivas*[ii].

En este orden de ideas, según Michael Kaufman, a pesar de que la violencia de género emana de una estructura subyacente contra las mujeres (inferioridad y control), lo cierto es que se proyecta sobre todas las relaciones humanas (desequilibrios), con una efecto evidente

---

i   UNODC, 2014, p. 13. Traducción libre al español: "La polarización no sólo existe en términos de dónde se produce el homicidio, sino también en el sexo de sus víctimas y de los autores. En el contexto de la familia y las relaciones familiares, las mujeres están considerablemente más en riesgo que los hombres, sin embargo, el 79 por ciento de todas las víctimas de homicidios a nivel mundial son de sexo masculino. Por otra parte, el 95% por ciento de los autores de homicidios a nivel mundial también son hombres; un porcentaje que es consistente a través de países y regiones, con independencia de la tipología de homicidio o arma utilizada".

ii   Gonzáles Pagés; Fernández González, 2009, p. 123-136.

sobre la identidad de los hombres[i]. El resultado de esta proyección es el bloqueo de las emociones y sentimientos, que se conciben como una expresión femenina, y por lo tanto inferior, lo que indudablemente tiene repercusiones en la psicología de cada uno. Entre estas repercusiones, destaca el hecho de la violencia contra sí mismo y la consecuente violencia contra el otro[ii], con sus correspondientes efectos nocivos sobre la convivencia familiar y social[iii].

Exactamente por esto, Stephen Moolakkattu[iv] explica que la agresión masculina también tiene su origen en los modelos de socialización, donde muchos chicos son educados para ser agresivamente competitivos (por ejemplo, la estimulación con juguetes bélicos), mientras las chicas son criadas para ser compasivas, obedientes y cooperativas. La educación en la agresividad legitima "un signo de virilidad". Por tanto, es necesario que los seres humanos sean educados y aprendan, desde muy temprano, a relacionarse con respeto, de tal manera que rompan esa visión controladora sobre la mujer.

# 5
# Principales instrumentos internacionales sobre discriminación y violencia de género en el ámbito de la ONU y la OEA

La Declaración Universal de los Derechos Humanos, aprobada por la Organización de las Naciones Unidas (ONU), en 1948, consagró a nivel mundial un conjunto de valores esenciales, no sólo para servir como parámetro de moralidad de la acción humana, sino también y principalmente para definir el marco jurídico en que los estados pueden legítimamente ejercer sus funciones esenciales de legislar, juzgar y administrar. Estos valores fueron reconocidos como un criterio universal[v], para evaluar y, por consecuencia, juzgar las acciones de los Estados-parte.

---

i   Cfr. Kaufman, 1987.
ii  Cfr. Muszkat, 2011, p. 30-38.
iii Cfr. Souza, 2005, p. 59-70.
iv  Moolakkattu, 2006, p. 137-162.
v   Sobre los debates previos y la participación de los representantes de los gobiernos para la consagración del documento denominado Declaración Universal de los Derechos Humanos, véase: Glendon, 2001.

Con todo, fue a partir de 1945 que se comenzó a formular el marco de desarrollo del denominado "Derecho Internacional de los Derechos Humanos".

En este sentido, Valerio de Oliveira Mazzuoli explica:

> *Fue a partir de 1945 cuando de la adopción de la Carta de las Naciones Unidas, en la segunda pos-Guerra, que el Derecho Internacional de los Derechos Humanos comenzó verdaderamente a desarrollarse y efectuarse como ramo autónomo del Derecho Internacional Público. Antes de esta fecha también había normas que podría ser consideradas, en parte, como de protección de los derechos humanos; faltaba, entre tanto, un sistema específico de normas que protegiese los individuos en su condición de seres humanos*[i].

Luego de la Carta de la ONU, la Declaración de los Derechos humanos definió el elenco de los derechos humanos y libertades fundamentales que, algunos años más tarde, servirían de pauta para el acuerdo de pactos con operatividad jurídica. La Declaración y los pactos posteriores conforman así, en conjunto, un sistema de valores políticos y jurídicos que se consideran comunes a todas las culturas. En esta directriz, los derechos humanos proclamados desde 1948, en la Declaración Universal (ámbito de la ONU), parten del principio de que todo ser humano es igualmente digno y titular de derechos fundados en su condición humana:

> • *Artículo 1. Todos los seres humanos nacen libres e iguales en dignidad y derechos y, dotados como están de razón y conciencia, deben comportarse fraternalmente los unos con los otros.*
>
> • *Artículo 2. Toda persona tiene todos los derechos y libertades proclamados en esta Declaración, sin distinción alguna de raza, color, sexo, idioma, religión, opinión política o de cualquier otra índole, origen nacional o social, posición económica, nacimiento o cualquier otra condición. […]*

---

i    Mazzuoli, 2014, p. 59. Traducción libre al español. "Foi a partir de 1945, quando da adoção da Carta das Nações Unidas, no segundo pós-guerra, que o Direito Internacional dos Direitos Humanos começou a verdadeiramente se desenvolver e a se efetivar como ramo autônomo do direito internacional público. Antes dessa data também existiam normas que podiam ser consideradas, em parte, como de proteção dos direitos humanos; faltava, entretanto, um sistema específico de normas que protegesse os indivíduos na sua condição de seres humanos".

> • *Artículo 7. Todos son iguales ante la ley y tienen, sin distinción, derecho a igual protección de la ley. Todos tienen derecho a igual protección contra toda discriminación que infrinja esta Declaración y contra toda provocación a tal discriminación. [...]*
>
> • *Artículo 10. Toda persona tiene derecho, en condiciones de plena igualdad, a ser oída públicamente y con justicia por un tribunal independiente e imparcial, para la determinación de sus derechos y obligaciones o para el examen de cualquier acusación contra ella en materia penal.*

Entre las diversas organizaciones que existen a nivel internacional, la que ocupa la posición más prominente es la Organización de las Naciones Unidas (ONU)[i], debido a su esfera universal de actuación, tanto en lo que se refiere a la fijación de las pautas básicas de valoración (Declaración Universal de Derechos Humanos) como a la instauración de mecanismos de construcción de otros documentos internacionales, inspirados en tales pautas.

En esta dirección, Flávia Piovesan anota:

> *la Declaración Universal de 1948, aunque no asuma la forma de tratado internacional, presenta fuerza jurídica obligatoria y vinculante, en la medida en que constituye la interpretación autorizada de la expresión 'derechos humanos' constante de los arts. 1º, (3) y 55 de la Carta de las Naciones Unidas. Resáltese que, a luz de la Carta, los Estados asumen el compromiso de asegurar el respecto universal y efectivo de los derechos humanos*[ii].

---

i     La ONU reemplazó a la Sociedad de Naciones (SDN), fundada en 1919, ya que dicha organización había fallado en su propósito de evitar otro conflicto internacional. Aunque inspirada en la Sociedad de Naciones, la ONU se diferencia de ésta tanto en su composición como en su estructura y funcionalidad. Para más información, véase: <http://www.un.org/es/about-un/index.html>. Acceso: 28 jan. 2022.

ii     Piovesan, 2011, p. 205 (Traducción libre al español). Texto original: "a Declaração Universal de 1948, ainda que não assuma a forma de tratado internacional, apresenta força jurídica obrigatória e vinculante, na medida em que constitui a interpretação autorizada da expressão 'direitos humanos' constante dos arts. 1º, (3) e 55 da Carta das Nações Unidas. Ressalte-se que, à luz da Carta, os Estados assumem o compromisso de assegurar o respeito universal e efetivo aos direitos humanos".

En efecto, el Pacto Internacional de Derechos Civiles y Políticos, con sus protocolos facultativos, y el Pacto Internacional de Derechos Económicos, Sociales y Culturales, junto con la Declaración Universal, constituyen la "Carta Internacional de los Derechos Humanos". Estos tres documentos, que definen los derechos humanos y las libertades fundamentales de todos los seres humanos, con independencia de su nacionalidad, sexo, raza o religión, constituyen la base de otros convenios, declaraciones y conjuntos de normas y principios de las propias Naciones Unidas sobre derechos humanos. Entre éstos, los convenios dirigidos a evitar y prohibir abusos específicos, tales como la tortura y el genocidio, a proteger a grupos específicos vulnerables como los refugiados (Convención sobre la Posición de los Refugiados, 1951), las mujeres (Convención sobre la Eliminación de Todas las Formas de Discriminación contra la Mujer, 1979), y los niños (Convención sobre los Derechos del Niño, 1989). Otros convenios se proponen erradicar tipos específicos de violaciones de derechos humanos, como la discriminación racial, el genocidio, la negación de los derechos políticos de las mujeres, la esclavitud y la tortura. Al respecto, Mauricio Toro Huerta sostiene:

> *El Sistema Universal sentó sus bases con la Carta Internacional de Derechos Humanos, integrada por la Declaración Universal y los Pactos Internacionales de Derechos Civiles, Políticos, Económicos, Sociales y Culturales. Se ha estructurado con otros tratados internacionales, con los que se busca proteger los temas prioritarios en materia de derechos humanos a nivel mundial y que versan sobre la eliminación de todas las formas de discriminación racial y de discriminación contra la mujer; la tortura y otros tratos o penas crueles, inhumanos o degradantes; los derechos del niño; los trabajadores migratorios y sus familiares; las personas con discapacidad, y la protección de todas las personas relacionadas con desapariciones forzadas*[i].

Cada uno de estos tratados ha establecido un comité de expertos encargado de supervisar la aplicación de sus disposiciones normativas por parte de los países participantes[ii]. De modo que, a través de la ratificación de los tratados internacionales, los Estados se comprometan en el orden internacional a desarrollar políticas dirigidas a proteger y garantizar el goce efectivo de los derechos humanos.

---

i     Toro Huerta, 2012, p. 13.
ii    Véase: Salazar Albornoz, 2009, p. 105-143.

La teoría contemporánea de los derechos humanos, inspirada en los ideales de la indivisibilidad y universalidad presentes en el preámbulo de la Declaración Universal de los Derechos Humanos, refuerza la idea de que los derechos humanos no deben ser reducidos al interés particular de los Estados. La promoción y protección de los derechos humanos se conciben como un asunto de interés global y, por tanto, no limitado únicamente a la competencia nacional ni a la jurisdicción interna. Se agrega, además, que no se puede construir exclusividad o relatividad de tales derechos, limitándose su campo a algunos grupos o individuos[i].

Como observa Mazzuoli:

> El gran impacto internacional de la Declaración Universal de 1948 dice respecto a su cualidad de fuente jurídica para los tratados internacionales de protección a los derechos humanos. En este sentido, ella ha servido de paradigma y de referencial ético para la conclusión de innumerables tratados internacionales de derechos humanos, tanto del sistema global como de los contextos regionales. Fue exactamente a partir de 1948 que se fomentó, por lo tanto, la creación de tratados referentes a los derechos humanos, comenzando (en el sistema regional europeo) por la Convención Europea de los Derechos Humanos, de 1950, seguida de una serie de preámbulos de tratados a ella concernientes[ii].

Se entiende en este contexto que los convenios y pactos que protegen un grupo especial de personas, como las mujeres, no pretenden reconocer derechos exclusivos de la categoría en cuestión. Su propósito,

---

i   Sobre la legitimidad de la declaración y su valor universal (es decir, no sólo occidental), esta es exactamente la pregunta genérica en cuanto a los derechos humanos. En este sentido, véase: Steiner; Alston, 2000, p. 373.

ii  Cfr. Mazzuoli, 2014, p. 81. Traducción libre al español. "O grande impacto internacional da Declaração Universal de 1948 diz respeito à sua qualidade de fonte jurídica para os tratados internacionais de proteção dos direitos humanos. Nesse sentido, ela tem servido de paradigma e de referencial ético para a conclusão de inúmeros tratados internacionais de direitos humanos, quer do sistema global como dos contextos regionais. Foi exatamente a partir de 1948 que se fomentou, portanto, a criação de tratados referentes aos direitos humanos, a começar (no sistema regional europeu) pela Convenção Europeia de Direitos Humanos, de 1950, seguida de uma série de preâmbulos de tratados a ela concernentes".

en cambio, es reforzar la conciencia de la necesidad de protección de sus derechos – universales –, frente a una situación de especial vulnerabilidad[i].

En el ámbito específico de la esfera de protección de las mujeres, la ONU ha creado los siguientes instrumentos: Convención sobre la eliminación de todas las formas de discriminación contra la mujer; Protocolo Facultativo de la Convención sobre la Eliminación de todas las formas de discriminación contra la mujer; Declaración sobre la protección de la mujer y el niño en estados de emergencia o de conflicto armado; y Declaración sobre la eliminación de la violencia contra la mujer.

Estos documentos se proponen como objetivo aumentar la eficacia de los planes iniciales de la Declaración, en relación con un grupo vulnerable en particular, como es el caso de las mujeres. La lucha por la igualdad de derechos y los deberes entre los sexos, por lo tanto, queda reconocida como un derecho fundamental y universal[ii]. Desde la perspectiva de las organizaciones regionales de derechos humanos, Mazzuoli señala que su creación, como el Sistema Interamericano, europeo y africano, es una respuesta a la directiva contenida en el art. 1, § 3, de la Carta de las Naciones Unidas, de 1945, a saber: el logro de la cooperación internacional con el fin de "promover y fomentar el respeto de los derechos humanos y las libertades fundamentales de todos"[iii], sin distinción de ningún tipo. Los sistemas regionales también giran en torno a los tratados de Derechos humanos, pero con límites espaciales de aplicación: a) El sistema interamericano, que se crea a partir de la proclamación de la Carta de la Organización de los Estados Americanos (Carta de Bogotá – 1948), aprobada con ocasión de la 9ª. Conferencia Interamericana, donde también fue acordada la Declaración Americana de los Derechos y Deberes Humanos, luego incorporada a la Convención Americana sobre Derechos Humanos, de 1969 – ámbito de la Organización de los Estados Americanos (OEA) –, con sus instrumentos dispuestos también en tratados y convenciones de Derechos Humanos; b) El sistema europeo, con origen en la Convención Europea de Derechos Humanos del 4 de noviembre de 1950, en vigor a partir de septiembre de 1953, con los Protocolos adicionales que extienden y precisan el sentido de los derechos y libertades fundamentales

---

i     Véase: Abramovay; Pinheiro, 2003.

ii    Véase: Guarnieri, 2010, p. 3.

iii   Mazzuoli, 2011, p. 880.

reconocidos en la Convención; y c) el sistema africano, con origen en la Carta Africana de los Derechos Humanos y de los Pueblos, de 1981.

Si bien, en el mundo árabe y en el continente asiático aún no existen instrumentos de protección ni mecanismos de monitoreo, comienzan a aparecer en el primero, movimientos tendientes a exigir el reconocimiento efectivo de los derechos humanos, como respuesta a la Adopción de la Carta Árabe de Derechos Humanos, datada en 1994 y revisada en 2004. Sin embargo, esta normativa está fundada en la religión islámica, con la total sumisión a la Shari'ah[i], lo que refleja notoriamente una limitada comprensión de los derechos humanos de las mujeres[ii].

Dentro de este marco internacional y regional, los instrumentos protectorios básicos[iii] de los derechos de las mujeres, vinculantes para Brasil, son dos: a) La Convención sobre la Eliminación de toda Forma de Discriminación contra las Mujeres, denominada Convención CEDAW[iv]; y b) la Convención Interamericana para Prevenir,

---

i     Cfr. Mazzuoli, 2014, p. 131-133.

ii     En el mundo árabe, la aplicabilidad de la Shari'ah con sus diversas fuentes, como el Alcorán, los Ahadith (consejos y conductas del profeta Mahoma) y las Fatwas (proclamas de los estudiosos islámicos para la vida), impiden de hecho la realización de una perspectiva para el desarrollo efectivo de los talentos y potencialidades de las mujeres. En otra directriz, tenemos países africanos con normativas fijadas en la Shari'ah. Aún, es necesario destacar que, en el sistema regional africano, el Protocolo de la Carta Africana sobre los Derechos Humanos de las Mujeres no impide la poligamia, limitando-se a fomentar la monogamia (art. 6º.). Es necesario decir que solamente los hombres detienen el derecho al matrimonio con varias mujeres. Para más información: Steiner, 2008, p. 517-665; Reilly, 2009; Tavares, 2013.

iii     Véase: Mazzuoli, 2014, p. 225-226.

iv     ONU, 1979 (*Convention on the Elimination of All Forms of Discrimination against Women*). Llamada también "Carta Internacional de los Derechos de la Mujer", actualmente ratificada por 189 Estados (Disponible en: <https://treaties.un.org/Pages/ViewDetails.aspx?src=TREATY&mtdsg_no=IV-8&chapter=4&clang=_en#1>. Acceso: 14 mar. 2016). En marzo de 1983, Brasil asignó la Convención CEDAW, inicialmente con reservas en los dispositivos dedicados a la familia, en razón de la incompatibilidad de sus dispositivos con la legislación interna que legitimaba una jerarquía entre los sexos, siendo el hombre jefe de la familia. Así, en 1984, la Convención fue ratificada con reservas por parte del Congreso brasileño. Solamente diez años después, en 1994, el gobierno brasileño retiró las reservas. Para más información, véase: Mazzuoli, 2014, p. 224-228.

Sancionar y Erradicar la Violencia contra la Mujer, denominada Convención de Belém do Pará[i].

Desde una perspectiva global, una evidencia de la violación de los derechos humanos de las mujeres reside en el hecho de que la Convención CEDAW-ONU, fue la que tuvo mayor resistencia. Al respecto, incluso en la constitucional brasileña, Flávia Piovesan[ii] asevera que esta convención fue la que recibió el mayor número de reservas (oposiciones de los países), especialmente en lo que concierne a la igualdad entre hombres y mujeres. Según la jurista, tales reservas quedaban justificadas con argumentos de orden religioso, cultural y legal, siendo que algunos países (Bangladesh e Egito) llegaron a acusar al Comité para la Eliminación de la Discriminación contra la mujer, de practicar un "imperialismo cultural" y una "intolerancia religiosa", debido a la proclamación de la igualdad entre hombres y mujeres, incluso en la familia.

Es necesario subrayar que ambos documentos normativos (CEDAW y Convención de Belém do Pará), en el ámbito global (ONU-CEDAW), y regional (OEA-Convención de Belém do Pará), son considerados diplomas-base[iii], por tanto, en el ámbito global y regional, pueden considerarse, respectivamente, específicos en lo que atañe a los derechos humanos de las mujeres.

---

i   La Convención Interamericana para Prevenir, Sancionar y Erradicar la Violencia contra la Mujer, conocida como *Convención de Belém do Pará*, fue adoptada por la Asamblea General de la Organización de los Estados Americanos en 1994, y ratificada por Brasil, en 1995, aprobada por medio del Decreto Legislativo n. 107, de 31 de agosto de 1995. Un año más tarde tuvo lugar la promulgación por la Presidencia de la Republica, con la edición del Decreto n. 1.973, de 1º de agosto de 1996. La Convención de Belém do Pará define la violencia contra la mujer, declara los derechos protegidos, apunta los deberes de los Estados-parte, y crea los mecanismos interamericanos de protección. Esta Convención reviste un gran importanciaa debido a las medidas preventivas, punitivas y de apoyo asistencial y psicológico para las mujeres y sus familias. Para más información, véase Mazzuoli, 2014, p. 224-228.

ii  Véase: Piovesan, 2012, p. 70; 76.

iii Pietilä, 2007, p. 12-19. En el mismo sentido, véase: PNUD, 2000 (*Informe sobre Desarrollo Humano 2000. Derechos Humanos y Desarrollo Humanos*).

Según la perspectiva de los teóricos de la CEDAW, la violencia cultural contra la mujer se encuentra presente en toda la sociedad, evidenciando un efecto psicológico permanente (estructural)[i]. Sobre esta violencia psicológica, Amparo Zacarés describe brevemente la difícil y compleja situación que enfrentan las mujeres en muchas culturas, incluso afirma en esta misma línea que tanto los niños como las niñas han de aprender habilidades de inteligencia emocional y habilidades domésticas que son necesarias para la autonomía personal y que les permitirán en el futuro, cuando sean adultos, compartir tareas de cuidado de la familia y tener en cuenta los derechos y las necesidades de las mujeres, para el desarrollo de sus potencialidades e inteligencias.[ii]

La supervisión del cumplimiento de esta Convención de la ONU está a cargo del Comité para la Eliminación de la Discriminación contra la Mujer, un grupo de 23 profesionales independientes y expertos en los derechos de las mujeres, procedentes de diferentes Estados que han ratificado la Convención.

Como resultado del trabajo efectuado por este comité en todas las naciones que experimentan esta realidad[iii], se reconoció explícitamente, en Viena (Conferencia de Derechos Humanos – 1993), por primera vez, que los derechos de las mujeres son una parte inalienable, integrante e indivisible de los derechos humanos universales, como una forma de reforzar la directriz primera, inclusiva de la parcela femenina de la sociedad. Poco tiempo después, en septiembre de 1995, seis mil delegados y delegadas de 189 países (Cuarta Conferencia Mundial sobre la Mujer, Beijing), reafirmaron los dictámenes de la CEDAW y su compromiso fundamental de defender los derechos y la dignidad humana intrínseca de las mujeres y de los hombres. También adoptaron la Plataforma de Acción de Beijing, en la que prometieron garantizar, legalmente y en la práctica, la igualdad y la no discriminación de las mujeres. Concretamente, en el Párrafo 232 (d) prescribieron el deber de

---

i    Cfr. Oliver; Valls, 2004, p. 24-32.

ii    Cfr. Zacarés, Amparo, *La violencia de género explicada a mi hijo*, p. 67.

iii    Véase: Mohammad, 2011. En el mismo orden de ideas, Mohammad, 2010, p. 663-668.

todos de revocar cualquier ley que discrimine a las mujeres[i]. En junio del 2000, en un período de sesiones extraordinario de la Asamblea General, se revisó la implementación de Plataforma de Acción y los Gobiernos se comprometieron a revisar su propia Legislación nacional con miras a tratar de eliminar las disposiciones discriminatorias. Así, la CEDAW, en el ámbito de las Organizaciones de las Naciones Unidas, se enfocó en la realización global de los derechos humanos de las mujeres, en el diálogo con todos los continentes, exponiendo al público internacional las atrocidades humanas cometidas contra ellas, con base en una simple constatación cromosómica: XX.

Ya en contexto de la Organización de los Estados Americanos, fundada dos años después de la Organización de las Naciones Unidas, el 30 de abril de 1948, con la participación de 35 países del continente americano, fue desarrollada la Convención Interamericana para Prevenir, Sancionar y Erradicar la Violencia contra la Mujer, conocida como Convención de Belém do Pará, el 9 de junio de 1994. En esta normativa internacional se incorporó de manera expresa la perspectiva de género como perfil de análisis de la violencia contra la mujer, teniendo en cuenta los nuevos enfoques recogidos en el ámbito de las investigaciones sociales.

---

i   Véase Plataforma de Acción: "Objetivo estratégico I.2. Garantizar la igualdad y la no discriminación ante la ley y en la práctica. Medidas que han de adoptarse. 232. Medidas que han de adoptar los gobiernos: a) Dar prioridad a la promoción y protección del disfrute pleno y amplio, por mujeres y hombres en condiciones de igualdad, de todos los derechos humanos y las libertades fundamentales sin distinción de ningún tipo en cuanto a raza, color, sexo, idioma, religión, opiniones políticas o de otra índole, orígenes nacionales o sociales, bienes, nacimiento u otra condición; b) Proporcionar garantías constitucionales o promulgar leyes apropiadas para prohibir la discriminación por razones de sexo de todas las mujeres y las niñas de todas las edades y garantizar a las mujeres, sea cual fuere su edad, la igualdad de derechos y el pleno disfrute de esos derechos; c) Incorporar el principio de la igualdad de mujeres y hombres en su legislación y garantizar, mediante leyes y otros medios apropiados, la realización práctica de ese principio; d) Revisar las leyes nacionales incluidas las normas consuetudinarias y las prácticas jurídicas en las esferas del derecho de familia, el derecho civil, penal, laboral y comercial con objeto de asegurar la aplicación de los principios y procedimientos de todos los instrumentos internacionales de derechos humanos pertinentes mediante la legislación nacional, revocar cualesquiera leyes restantes que discriminen por motivos de sexo y eliminar el sesgo de género en la administración de justicia", (Naciones Unidas, 1995/2014, p. 165-166).

> *Para los efectos de esta Convención debe entenderse por violencia contra la mujer cualquier acción o conducta, basada en su género, que cause muerte, daño o sufrimiento físico, sexual o psicológico a la mujer, tanto en el ámbito público como en el privado (artículo 1).*

Así, a pesar de que en el ámbito de la ONU ya se conocían los estudios de la perspectiva de género por parte de los organismos de control, la Convención de Belém do Pará la embutió por primera vez en un instrumento internacional de Derechos Humanos. Ana María Navarrete apunta que esta normativa internacional tiene "un enfoque de género", ya que se reconoce en esta modalidad de violencia "un factor que mitiga el desarrollo de la mujer"[i].

Así, después de exponer este nuevo orden de análisis (género), la Convención de Belém do Pará prescribe, en el artículo 6º, el derecho de toda mujer a ser valorada y educada libre de patrones estereotipados de comportamiento y prácticas sociales y culturales basadas en conceptos de inferioridad o subordinación. Esta Convención es considerada como la segunda en importancia y generalidad (amplitud)[ii]. Su aprobación fue fruto del esfuerzo sostenido del movimiento de mujeres a nivel mundial y regional, que logró colocar en la agenda pública la temática de la violencia basada en el género (VBG – Violación basada en el género). A partir de entonces, la situación de las mujeres en el mundo, desde la perspectiva de género, pasó a ser estudiada en todos los ámbitos de las políticas públicas[iii]. La Convención retoma la observación de la CEDAW según la cual la violencia contra la mujer trasciende todos los sectores de la sociedad independientemente de su clase, raza o grupo étnico, nivel de ingresos, cultura, nivel educacional, edad o religión y afecta negativamente sus propias bases de existencia, motivo por el cual la lucha contra esta modalidad de violencia es considerada una condición indispensable para su realización como mujer, tanto en el plano individual como social.

---

i    Navarrete Frías, 2006, p. 24-25; 27.

ii   Cfr. Badilla, 1996.

iii  En este sentido, véase *Convención Interamericana de Belém do Pará. Convención Interamericana Para Prevenir, Sancionar y Erradicar la Violencia Contra la Mujer* (Disponible en: <http://www.inmujeres.gub.uy/innovaportal/file/19705/1/3_articulado_belem_do_para.pdf>. Acceso: 12 jul. 2022).

Debido a esto, la Convención de Belém do Pará dispone en su artículo 2, que:

> *Se entenderá que violencia contra la mujer incluye la violencia física, sexual y psicológica: a. que tenga lugar dentro de la familia o unidad doméstica o en cualquier otra relación interpersonal, ya sea que el agresor comparta o haya compartido el mismo domicilio que la mujer, y que comprende, entre otros, violación, maltrato y abuso sexual; b. que tenga lugar en la comunidad y sea perpetrada por cualquier persona y que comprende, entre otros, fración, abuso sexual, tortura, trata de personas, prostitución forzada, secuestro y acoso sexual en el lugar de trabajo, así como en instituciones educativas, establecimientos de salud o cualquier otro lugar, y c. que sea perpetrada o tolerada por el Estado o sus agentes, donde quiera que ocurra.*

Así, la Convención enumera los deberes de los Estados-parte, entendiendo que son imprescindibles (artículo 7) las acciones de todos ellos, en el sentido de: a) abstenerse de cualquier acción o práctica de violencia contra la mujer y velar porque las autoridades, sus funcionarios, personal y agentes e instituciones se comporten de conformidad con esta obligación; b) actuar con la debida diligencia para prevenir, investigar y sancionar la violencia contra la mujer; c) incluir en su legislación interna normas penales, civiles y administrativas, así como las de otra naturaleza que sean necesarias para prevenir, sancionar y erradicar la violencia contra la mujer y adoptar las medidas administrativas apropiadas que sean del caso; d) adoptar medidas jurídicas para conminar al agresor a abstenerse de hostigar, intimidar, amenazar, dañar o poner en peligro la vida de la mujer de cualquier forma que atente contra su integridad o perjudique su propiedad; e) tomar todas las medidas apropiadas, incluyendo medidas de tipo legislativo, para modificar o abolir leyes y reglamentos vigentes, o para modificar prácticas jurídicas o consuetudinarias que respalden la persistencia o la tolerancia de la violencia contra la mujer; f) establecer procedimientos legales justos y eficaces para la mujer que haya sido sometida a violencia, que incluyan, entre otros, medidas de protección, un juicio oportuno y el acceso efectivo a tales procedimientos; g) establecer los mecanismos judiciales y administrativos necesarios para asegurar que la mujer objeto de violencia tenga acceso efectivo a resarcimiento, reparación del daño u otros medios de compensación justos y eficaces; y h) adoptar las disposiciones legislativas o de otra índole que sean necesarias para hacer efectiva la propia Convención.

Aún hoy, la Convención Interamericana para Prevenir, Sancionar y Erradicar La Violencia Contra La Mujer sirve como clave para el reconocimiento de los derechos de las niñas y mujeres. Por lo tanto, la Convención de Belém do Pará constituye un mecanismo eficaz del Sistema Interamericano de los Derechos humanos que, como todo instrumento regional, se integra en el contexto del sistema internacional de Derechos Humanos, respecto del cual representa un avance significativo en la materia.

De acuerdo con la concepción universalista, hay estándares mínimos para la protección de los Derechos Humanos que permiten la existencia y la protección de estos derechos en el plano internacional. En este contexto, Flávia Piovesan afirma que "el sistema internacional de protección de los derechos humanos es el mayor legado de la llamada 'Edad de los Derechos', que ha permitido la internacionalización de estos derechos y la humanización del Derecho Internacional Contemporáneo"[i].

El régimen de los Derechos Humanos garantiza a todos los individuos que sus derechos sean respetados, tanto por el Estado, como por la comunidad y los particulares. Así, las personas adquieren la condición de ciudadanos del globo, portadores de una dignidad[ii] intrínseca, o sea, de sujetos con legitimidad para la reivindicación de sus derechos humanos a nivel internacional. Razón por la cual surge la necesidad de crear una comunidad internacional y, al mismo tiempo, afirmar la autoridad de esta comunidad en todo el mundo[iii]. Un ejemplo de esta progresiónes, precisamente, el paso desde la inicial prohibición de cualquier forma de discriminación incorporada a la Declaración Universal; al Pacto Internacional de Derechos Civiles y Políticos; y al Pacto Internacional de Derechos Económicos, Sociales y Culturales; a la posterior creación y aprobación de los documentos regionales e internacionales aquí analizados, dirigidos a proteger de forma específica a las mujeres como grupo vulnerable frente a la discriminación"[iv].

---

i     Piovesan, 2012, p. 71.

ii    Sobre la dignidad humana, José Afonso da Silva sintetiza que "la dignidad de la persona humana es un valor supremo que centra todo el contenido de los derechos humanos fundamentales, desde el derecho a la vida" (Silva, 2005, p. 105).

iii   Cfr. Bittar, 2008, p. 67.

iv   Escobar, 2004, p. 24.

Este proceso no solamente ha generado un mejor fundamento y eficacia de las afirmaciones que figuran en la estructura original de la DUDH[i], sino que además torna evidente la base conceptual que inspira al sistema en su totalidad: la igual dignidad de todo ser humano.

## 6
## Consideración final

En este artículo hemos abordado los conceptos de género, discriminación por razones de género, violencia de género, y la protección internacional de los derechos humanos de las mujeres y niñas.

Una primera asertiva, es que la consciencia de la igualdad humana, varón-mujer, es relativamente reciente en la historia del pensamiento político. El pensamiento iluminista liberal, en el que se enmarcó la Revolución Francesa y las cartas de derechos, era mayoritariamente – y sorpresivamente – excluyente en lo que respecta a la condición jurídica de la mujer.

Una segunda asertiva es que se ha precisado el concepto de género como la distribución cultural de roles sociales que no se justifican en función de las diferencias entre hombres y mujeres. Las diferencias de género claramente injustificadas, en este orden de ideas, son aquellas que manifiestan y alimentan una concepción cultural de inferioridad de la mujer con respecto al hombre.

En tercero, el género hace también referencia a la técnica de análisis sociológica, dirigida a identificar los procesos culturales que subyacen a la dinámica retroalimentativa entre cultura y discriminación de las mujeres/niñas. Este concepto hace referencia a un conjunto de acciones que se conectan con esta concepción cultural de inferioridad, y que además contribuyen a asentarla y extenderla.

La cuarta asertiva es que la garantía eficaz de los derechos humanos de las mujeres exige comprender acabadamente las estructuras culturales que alimentan y expanden la violencia de género.

En la quinta y última asertiva, se han sistematizado las principales fuentes internacionales de derechos humanos que de forma directa y principal se proponen garantizar la protección de los derechos humanos de las mujeres y niñas frente al fenómeno de la violencia de género.

---

i    Véase: Mazzuoli, 2011, p. 815.

Esta sistematización en el artículo ha permitido identificar los siguientes principios comunes a las fuentes consultadas:

a. La afirmación del principio de la igual dignidad entre hombre y mujer en relación con la titularidad de derechos fundamentales en todos los instrumentos internacionales de derechos humanos;

b. La afirmación del derecho de la mujer a gozar de una protección eficaz frente a la violencia de género, y el correlativo deber de todos los Estados de protección de la mujer contra la violencia de género. Este deber incluye la obligación de garantizar el acceso a la justicia, con el objetivo de demandar la prevención y sanción de agresiones/violación de los derechos de mujeres y niñas; así como el desarrollo de políticas "correctivas" destinadas a modificar los patrones culturales que subyacen a la violencia de género; y

c. La afirmación del derecho a la no discriminación por razón de su condición de ser mujer/femenina, y el correlativo deber de los países de abstenerse de incurrir en este tipo de discriminación; sancionar las discriminaciones realizadas por instituciones o particulares; y desarrollar políticas correctivas destinadas a erradicar los patrones culturales que subyacen a la discriminación.

Este análisis nos ha permitido desvelar las razones que promueven y favorecen los estigmas sociales impuestos a la mujer y las consecuencias de éstos. Reconocemos, de acuerdo con los datos expuestos, que los prejuicios de género contra las mujeres proyectan discriminación/violencia en todos los espacios y continentes (datos culturales).

Las informaciones ponen de manifiesto la degradación, apropiación y subyugación del sexo femenino, profundamente arraigadas (cultura/lenguaje).

Es necesario afirmar que tanto los niños como las niñas han de aprender habilidades de inteligencia emocional y habilidades domésticas que son necesarias para la autonomía personal y que les permitirán en el futuro, cuando sean adultos, compartir tareas de cuidado de la familia y tener en cuenta los derechos y las necesidades de las mujeres, para el desarrollo de sus potencialidades e inteligencias, en similar paridad con los hombres.

# Referencias

ABRAMOVAY, M.; PINHEIRO, L. C. Violência e vulnerabilidade social. En: FRAERMAN, A. (Ed.). **Inclusión Social y Desarrollo**: Presente y futuro de La Comunidad IberoAmericana. Madrid: Comunica, 2003.

AGENDE – Ações em Gênero Cidadania e Desenvolvimento. **10 anos da adoção da Convenção Interamericana para Prevenir, Sancionar y Erradicar a Violência contra a Mulher**. Convenção de Belém do Pará, Brasília: AGENDE, 2004.

ARAÚJO, M. de F.; MARTINS, E. J.; SANTOS, A. L. dos. Violência de Gênero e Violência contra a Mulher. En: ARAÚJO, M. de F.; MATTIOLI, O. C. (Orgs.). **Gênero e violência**. São Paulo: Ed. da Unesp, 2004. p. 31.

ARENDT, H. **Entre el pasado y el futuro**. Ocho ejercicios sobre la reflexión política. Barcelona: Península, 1996.

ARENDT, H. **Entre o passado e o futuro**. São Paulo: Perspectiva, 1972.

BADILLA, A. E. La Discriminación de género en la Legislación Centroamericana. En: GUZMÁN STEIN, L.; PACHECO OREAMUNO, G. (Compiladoras). **Estudios Básicos de Derechos Humanos**. San José: Publicación del Instituto Interamericano de Derechos Humanos y la Comisión de la Unión Europea, 1996. Tomo IV.

BANDEIRA, L. M. Violência de gênero: a construção de um campo teórico e de investigação. **Soc. Estado** [online], v. 29, n. 2 p. 449-469, 2014. Disponible en: <http://www.scielo.br/scielo.php?script=sci_arttext&pid=S0102-69922014000200008&lng=en&nrm=iso>. Acceso: 18 jun. 2022.

BARRÈRE UNZUETA, M. A. **Género, discriminación y violencia contra las mujeres**. 2008.

BEL, M. A. **La historia de las mujeres desde los textos**. Barcelona: Ariel, 2000.

BITTAR, E. C. B. (Coord.). **Direitos humanos no século XXI**: cenários de tensão. Rio de Janeiro: Forense Universitária, 2008. p. 67.

CAMPOS, A. H. **Controle de precedentes**. Brasil-Londrina: Thoth, 2021.

CAMPOS, A. H. **Derechos Humanos, Multiculturalismo y Violencia de Género contra las Mujeres**. Portugal-Porto: Juruá Editorial, 2019. p. 163-259.

CAMPOS, A. H. **Derechos Humanos, Multiculturalismo y Violencia de género contra las Mujeres**. Portugal-Porto: Juruá, 2019.

CAMPOS, A. H.; CORREA, L. R. **Direitos humanos das mulheres**. Brasil-Curitiba: Juruá, 2007.

CECCARELLI, P. R. Violência simbólica e organizações familiares. En: FERES-CARNEIRO, T. (Org.). **Família e casal**: efeitos da contemporaneidade. Rio de Janeiro: Ed. da PUC-Rio, 2005. p. 266-277.

CERQUEIRA, D.; COELHO, D. S. C. Estupro no Brasil: uma radiografia segundo os dados da Saúde. **Nota técnica**, Brasília: IPEA, n. 11, p. 3, mar. 2014. Disponible en: <http://www.ipea.gov.br/portal/images/stories/PDFs/nota_tecnica/140327_notatecnicadiest11.pdf>. Acceso: 11 jul. 2022.

CHEBEL, M. **L'Esclavage en Terre d'Islam**. Um Tabou Bien Gardé, Paris: Fayard, 2007.

CNJ – Conselho Nacional de Justiça. Grupo de Trabalho Instituído pela Portaria CNJ n. 27, de 2 de fevereiro de 2021. **Protocolo para Julgamento com Perspectiva de Gênero**, 2021.

COMPARATO, F. K. **A afirmação histórica dos direitos humanos**. São Paulo: Saraiva, 2005.

COSTA, E. L. F. da. **O gênero no direito internacional**. Discriminação, violência e proteção. Brasil-Belém: Ed. Paka-Tatu, 2014. p. 65.

COSTA, E. L. F. da. **O gênero no direito internacional**: discriminação, violência e proteção. Belém: Paka-Tatu, 2014.

DAMATTA, R. **Conta de mentiroso**: sete ensaios de antropologia brasileira. Rio de Janeiro: Rocco, 1993.

DEVENEY, C. A verdade sobre os casamentos forçados no Paquistão. **Folha de S.Paulo**, São Paulo, 6 jun. 2012. Disponible en: <http://www1.folha.uol.com.br/ilustrissima/1101223-a-verdade-sobre-os-casamentos-forcados-no-paquistao.shtml>. Acceso: 14 jul. 2022.

DINIZ, M. H. **Curso de direito civil brasileiro**: direito de familia. São Paulo: Saraiva, 2002, p. 3.

EPSTEIN, C. F. **Deceptive Distinctions Sex**. Gender and the Social Order. New Haven / London: Yale University Press, 1988.

EPSTEIN, C. F. **Deceptive Distinctions Sex**: Gender and the Social Order. Yale University Press; Russell Sage Foundation, 1988.

ESCOBAR, G. Derechos de la Mujer. **II Informe sobre Derechos Humanos**, Madrid: Federación Iberoamericana de Ombudsman, 2004.

FERNÁNDEZ SANTIAGO, P. **Violencia familiar**: la visión de la mujer en casas de acogida. Valencia: Tirant lo Blanch, 2007.

FERRERES COMELLA, V. **Justicia constitucional y democracia**, Madrid: Centro de Estudios Políticos y Constitucionales, 1997. p. 253.

FRASER, N. Mapeando a imaginação feminista: da redistribuição ao reconhecimento e à representação. **Revista Estudos Feministas**, v. 15, n. 2, p. 291-308, 2007.

GARCÍA GONZÁLEZ, M. N. **La igualdad de la mujer y la violencia de género en la sociedad informada**. Madrid: Dykinson, 2007. p. 13.

GIORDANI, A. T. **Violências contra a mulher**. São Caetano do Sul, SP: Yendis Editora, 2006.

GLENDON, M. A. **A World Made New**: Eleanor Roosevelt and the Universal Declaration of Human Rights. New York: Random House, 2001.

GOMES, R.; MINAYO, M. C. de S.; SILVA, C. F. R. Violência contra a mulher: uma questão transnacional e transcultural das relações de gênero. En: BRASIL. Ministério da Saúde. Secretaria de Vigilância em Saúde. **Impacto da violência na saúde dos brasileiros**. Brasília, DF: Ministério da Saúde, 2005, p. 117-140.

GÓMEZ-LIMÓN, M. T. **Las tradiciones que no aman a las mujeres**. Madrid: Ediciones Akal, 2011.

GONZÁLES PAGÉS, J. C.; FERNÁNDEZ GONZÁLEZ, D. A. Masculinidad y violencia: aproximaciones desde el universo del deporte. **Educar**, Curitiba: Ed. da UFPR, n. 35, p. 123-136, 2009.

GRABMEIER, J. **When Europeans Were Slaves**: Research Suggests White Slavery Was Much More Common Than Previously Believed. 2004. Disponible en: <http://researchnews.osu.edu/archive/whtslav.htm>. Acceso: 14 jul. 2022.

GUARNIERI, T. H. Os direitos das mulheres no contexto internacional: da criação da ONU à Conferência de Beijing. **Revista Eletrônica da Faculdade Metodista Granbery**, Curso de Direito, n. 8, p. 3, jan./jun. 2010. Disponible en: <http://re.granbery.edu.br/artigos/MzUx.pdf>. Acceso: 5 nov. 2016.

IGLESIAS CANLE, I. C.; LAMEIRAS FERNÁNDEZ, M. (Coords.). **Violencia de género**: perspectiva jurídica y psicosocial. Valencia: Tirant lo Blanch, 2009.

JARAMILLO, I. C. La crítica feminista al derecho. En: WEST, R. **Género y teoría del derecho**. Bogotá: Siglo de Hombres Editores, 2000.

KAUFMAN, M. The construction of masculinity and the traid of men's violence. En: KAUFMAN, M. (Ed.). **Beyond Patriarchy**: Essays on Pleasure, Power, and Change. Toronto: Oxford University Press, 1987.

KEENER, C. **Christianity, Islam and Slavery**. 1994. Disponible en: <http://www.answering-islam.org/ReachOut/ckeener.html>. Acceso: 14 jul. 2022.

KIMMEL, M. **Changing Men**. New Directions in Research on Men and Masculinity. California: University of California Press Sage Publications, 1987.

KRUG, E. G.; MERCY, J. A.; DAHLBERG, L. L.; ZWI, A. B. The world report on violence and health. **The Lancet**, v. 360, n. 9.339, p. 1.083-1.084, oct. 2002.

LABACA ZABALA, M. L. El matrimonio polígamo islámico y su repercusión en el Derecho Español. **Derecho Eclesiástico Revista Jurídica de Castilla y León**, n. 18, p. 261-331, mayo 2009.

LIMA, S. M. S. de. **Mosaico de interculturalidade**: aspectos sobre o direito indígena. 2009, 161 f. Dissertação (Mestrado en Ciências Ambientais) – Universidade do Estado de Mato Grosso, Cáceres: Unemat, 2009. Disponible en: <http://www.unemat.br/prppg/ppgca/teses/2009/15.pdf>. Acceso: 12 dec. 2014.

LUCKEY, E. B.; NASS, G. D. Comparison of sexual attitudes and behavior in an international sample. **Journal of Marriage and the Family**, v. 31, n. 2, p. 364-379, May 1969.

MARKLE, W. H.; FISHER, M. A.; SMEGO JR., R. A. **Compreendendo a saúde global**. 2. ed. Porto Alegre: AMGH Editora, 2015.

MAZZUOLI, V. de O. **Curso de direito internacional público**. São Paulo: Ed. da Revista dos Tribunais, 2011.

MAZZUOLI, V. de O. **Curso de direitos humanos**. São Paulo: Método, 2014.

MCPHERSON, J.; HOLLAND, L. B.; BANNER, J. M.; WEISS JR., N.; BELL, M. D. **Blacks in America**: Bibliographical Essays. Garden City, New York: A Doubleday Anchor Book, 1971.

MOHAMMAD, A. Gender and firm-size: Evidence from Africa. **Economics Bulletin**, v. 30, n. 1, p. 663-668, 2010.

MOHAMMAD, A. Labor Productivity, Firm-size and Gender: The Case of Informal Firms in Latin America (Short Note). **Mimeograph**, 2011. Disponible en: <http://works.bepress.com/mohammad_amin/32>. Acceso: 14 mar. 2014.

MOOLAKKATTU, S. J. Feminism and Peace Studies: Taking Stock of a Quarter Century of Efforts". **Indian Journal of Gender Studies**, v. 13, n. 2, p. 137-162, 2006. Disponible en: <http://journals.sagepub.com/doi/pdf/10.1177/097152150 601300201>. Acceso: 13 mar. 2015.

MUSZKAT, S. **Masculinidade e violencia**. São Paulo: Ed. Casa do psicólogo, 2011.

NACIONES UNIDAS. **Declaración y Plataforma de Acción de Beijing, Declaración política y documentos resultados de Beijing+5**. ONU Mujeres, United Nations, 1995. Reeditado por UN Women in 2014. p. 165-166. Disponible en: <http://beijing20.unwomen.org/~/media/headquarters/attachments/sections/csw/bpa_s_final_web.pdf>. Acceso: 14 oct. 2015.

NACIONES UNIDAS. **Manual de legislación sobre la violencia contra la mujer**. Nueva York: Naciones Unidas, 2010. Disponible en: <http://www.un.org/women watch/daw/vaw/handbook/Handbook%20for%20legislation%20on%20VAW%20 %28Spanish%29.pdf>. Acceso: 14 jul. 2022.

NACIONES UNIDAS. **Violencia contra las mujeres**. nov. 2009. Disponible en: <http://www.un.org/es/events/endviolenceday/pdfs/unite_the_situation_sp.pdf>. Acceso: 15 sept. 2022.

NAVARRETE FRÍAS, A. M. **La mujer rosarista en la sociedad colombiana**. Bogotá: Centro Editorial Universidad del Rosario, 2006.

OEA. **Convención Interamericana de Belém do Pará**. Convención Interamericana Para Prevenir, Sancionar y Erradicar la Violencia Contra la Mujer. Instituto Nacional de las Mujeres. Disponible en: <http://www.inmujeres.gub.uy/inno vaportal/file/19705/1/3_articulado_belem_do_para.pdf>. Acceso: 12 jul. 2022.

OLAZÁBAL, V. M. Violadas y asesinadas por la dote en India. **El Mundo**, 18 jul. 2015. Disponible en: <http://www.elmundo.es/internacional/2015/07/18/55a8e-3b3268e3ef16f8b4580.html>. Acceso: 14 jul. 2022.

OLIVEN, R. G. **Violência e cultura no Brasil**. Rio de Janeiro: Ed. Centro Adelstein de Pesquisas Sociais, 2010.

OLIVER, E.; VALLS, R. **Violencia de Género**. Investigaciones sobre quiénes, por qué y cómo superarla. Barcelona: El Roure, 2004.

ONU MUJERES – Centro Virtual de Conocimientos para eliminar la violencia contra las mujeres y las niñas. **Datos básicos**, 31 oct. 2010. Disponible en: <http://www.endvawnow.org/es/articles/299-datos-basicos-.html?next=300>. Acceso: 20 jan. 2022.

ONU. **Convention on the Elimination of All Forms of Discrimination against Women**. New York, 18 Dec. 1979. Disponible en: <https://treaties.un.org/Pages/ViewDetails.aspx?src=TREATY&mtdsg_no=IV-8&chapter=4&clang=_en#1>. Acceso: 15 mar. 2016.

PATEMAN, C. Críticas feministas a la dicotomía público-privado. En: ÁVILA SANTAMARÍA, R.; SALGADO, J.; VALLADARES, L. (Coords.). **El género en el derecho**. Ensayos críticos. Quito, Ecuador: Oficina del Alto Comisionado de las Naciones Unidas para los Derechos Humanos, 2009. p. 52.

PIETILÄ, H. **The Unfinished Story of Women and the United Nations**. Nueva York / Ginebra: United Nations, 2007.

PIOVESAN, F. A proteção internacional dos direitos humanos das mulheres. **Revista da EMERJ**, v. 15, n. 57, Edição Especial, p. 70-76, jan./mar. 2012.

PIOVESAN, F. **Direitos humanos e o direito constitucional internacional**. São Paulo: Saraiva, 2011.

PNUD. **Informe sobre Desarrollo Humano 2000**. Derechos Humanos y Desarrollo Humanos. Madrid / Barcelona / México: Ediciones Mundi-Prensa, 2000.

REILLY, N. **Women's Human Rights**. Seeking Gender Justice in a Globalizing Age. Cambridge: Polity Press, 2009.

RODRÍGUEZ, F. A. **Las inscripciones ampuritanas griegas, ibéricas y latinas**. Barcelona: Departamento de Barcelona del Instituto Rodrigo Caro de Arqueología, 1952.

SALAZAR ALBORNOZ, M. El sistema universal de los Derechos Humanos a 60 años de la Declaración. De la Comisión al Consejo de Derechos Humanos. En: CABALLERO OCHOA, J. L. (Coord.). **La Declaración Universal de los Derechos Humanos**. Reflexiones en torno a su 60 aniversario. México, D.F.: Porrúa, 2009. p. 105-143.

SILVA, J. A. da. **Curso de direito constitucional positivo**. São Paulo: Malheiros, 2005.

SLAIBI FILHO, N.; CARVALHO, G. **Vocabulário jurídico**. Rio de Janeiro: Forense, 2003.

SOUTO GALVÁN, C. **Principio de igualdad y transversalidad de género**. España: Editorial Dykinson, 2012.

SOUZA, E. R. de. Masculinidade e violência no Brasil: contribuições para a reflexão no campo da saúde. **Ciênc. Saúde Coletiva**, Rio de Janeiro, v. 10, n. 1, p. 59-70, mar. 2005. Disponible en: <http://www.scielo.br/scielo.php?script=sci_arttext&pid=S1413-81232005000100012&lng=en&nrm=iso>. Acceso: 16 jun. 2015.

SPELMAN, E. V. **Inessential Woman**. Problems of Exclusion in Feminist Thought. Boston: Beacon Press, 1988.

SPENCER, R. **Slavery, Christianity, and Islam**. 2008. Disponible en: <http://www.firstthings.com/web-exclusives/2008/02/slavery-christianity-and-islam>. Acceso: 14 jul. 2022.

STEINER, H. **Conflict in Culture**. Tradition and Practices: Challenges to Universalism. International Human Rights in Context. Law, politics, morals. Nueva York: Oxford University Press, 2008.

STEINER, H.; ALSTON, P. **International human rights in context**. New York: Oxford University Press, 2000.

SULLEROT, E. **Histoire et Sociologie du Travail Féminin**. Paris: Ed. Gonthier, 1971.

TAMZALI, W. Confuencias y conflictos acerca de las mujeres. En: JAÉN GARCÍA, M.; MARTÍNEZ LÓPEZ, F. (Eds.). **El Mediterráneo confluencia de culturas**. La Méditerranée: confluence de cultures. Almería: Universidad de Almería, Servicio de Publicaciones, D.L. / Université de la Sorbonne, Paris IV, 2002. p. 361-373.

TAVARES, R. **Direitos humanos**. De onde vêm, o que são e para que servem? Brasília: Procuradoria-Geral da República, Casa da Moeda, 2013.

TERRAZAS-CARRILLO, E.; MCWHIRTER, P. T. Employment Status and Intimate Partner Violence Among Mexican Women. **J Interpers Violence**, v. 30, n. 7, p. 1.128-1.152, Apr. 2015.

TORO HUERTA, M. I. **La Declaración Universal de Derechos Humanos**: un texto multidimensional. México, D.F.: Comisión Nacional De Los Derechos Humanos, Colección del Sistema Universal de Protección de los Derechos Humanos, 2012. Fascículo 2.

UNODC – United Nations Office on Drugs and Crime. **Global Study on Homicide 2013**. United Nations Publication, 2014. Disponible en: <http://www.unodc.org/documents/gsh/pdfs/2014_GLOBAL_HOMICIDE_BOOK_web.pdf>. Acceso: 15 jul. 2022.

ZEBERIO, B.; BJERG, M.; OTERO, H. (Orgs.). **Reproducción social y sistemas de herencia en una perspectiva comparada**. Buenos Aires: Instituto de Estudios Históricos y Sociales, 1997.

*Dimensões da transparência
administrativa na abordagem jurisdicional:
a visibilidade na gestão pública*

*Dimensiones de la transparencia
administrativa en el enfoque jurisdiccional:
visibilidad en la gestión pública*

*Ana Flávia Messa*

Doutora em Direito Público pela Universidade de Coimbra. Doutora em Direito Público pela Universidade de São Paulo. Mestre em Direito Político e Econômico pela Universidade Presbiteriana Mackenzie. Membro da Academia Paulista de Letras Jurídicas. Membro do Conselho Científico da Academia Brasileira de Direito Tributário. Membro do Conselho Editorial da International Studies on Law and Education. Professora da Graduação e Pós-Graduação da Universidade Presbiteriana Mackenzie. Investigadora integrada na equipa do JusGov (no âmbito das atividades do JUSLAB e do ETEC) da Universidade do Minho.

**Sumário**: 1. Dimensões da transparência administrativa. 1.1. Transparência e segurança jurídica. 1.2. Transparência e publicidade. 2. Conteúdo da transparência administrativa. 2.1. Conteúdo. 2.1.1. Inclusão. 2.1.2. Vigilância. 2.1.3. Consenso. 2.1.4. Inovação. 2.2. Fundamentos. 2.2.1. Político. 2.2.2. Jurídico. 2.2.3. Organizacional. 2.2.4. Sociológico. 3. Conclusão. Referências.

**Resumo**: Neste artigo, interessa-nos destacar e enfatizar as dimensões da transparência administrativa na abordagem jurisdicional. Como substrato comum nas referidas dimensões, o Judiciário brasileiro trouxe uma visão da publicidade para garantir transparência no agir administrativo. Essa perspectiva, apesar de contribuir para tornar a Administração Pública mais aberta ao cidadão, revelou-se insuficiente para responder às demandas da sociedade, dado que a visibilidade administrativa não pode ser revelada apenas pela divulgação e disponibilização dos dados governamentais para eficácia de seus atos, mas também por uma gestão que seja interativa que age em comunicação com o cidadão. Nesse contexto, é necessário arejar a transparência administrativa com uma proposta que responda aos desafios da pós-modernidade e que seja associada à estruturação democrática da Administração Pública.

**Palavras-Chave**: Transparência. Publicidade. Visibilidade. Divulgação. Interação. Aberta. Democracia.


**Sumilla**: 1. Dimensiones de la transparencia administrativa. 1.1. Transparencia y seguridad jurídica. 1.2. Transparencia y publicidad. 2. Contenido de la transparencia administrativa. 2.1. Contenido. 2.1.1. Inclusión. 2.1.2. Vigilancia. 2.1.3. Consenso. 2.1.4. Innovación. 2.2. Fundamentos. 2.2.1. Político. 2.2.2. Legal. 2.2.3. Organizativo. 2.2.4. Sociológico. 3. Conclusión. Referencias.

**Resumen**: En este artículo nos interesa destacar y enfatizar las dimensiones de la transparencia administrativa en el enfoque jurisdiccional. Como sustrato común en estas dimensiones, el Poder Judicial brasileño trajo una visión de publicidad para garantizar la transparencia en la actuación administrativa. Esta perspectiva, a pesar de contribuir a que la Administración Pública sea más abierta al ciudadano, se mostró insuficiente para responder a las demandas de la sociedad, dado que la visibilidad administrativa no puede ser revelada únicamente por la difusión y disponibilidad de datos gubernamentales para la efectividad de sus actos sino por una gestión interactiva que actúe en comunicación con el ciudadano. En este contexto, se hace necesario ventilar la transparencia administrativa con una propuesta que responda a los desafíos de la posmodernidad y se asocie a la estructuración democrática de la Administración Pública.

**Palabras clave:** Transparencia. Publicidad. Visibilidad. Difusión. Interacción. Abierto. Democracia.

# 1
# Dimensões de transparência administrativa

## 1.1. Transparência e segurança jurídica

A segurança[i] jurídica, enquanto expressão do Estado democrático de direito[ii], tem duas dimensões: a objetiva e a subjetiva. As dimensões se complementam, não havendo antagonismo entre elas, já que todas

---

[i] "A civilização moderna tem almejado cada vez mais a segurança, mas não estou rigorosamente certo de que a eliminação de todo o perigo contribua para a felicidade" (RUSSEL, 1977).

[ii] "O conceito de segurança jurídica é considerado conquista especial do Estado de Direito. Sua função é a de proteger o indivíduo de atos arbitrários do poder estatal, já que as intervenções do Estado no direito dos cidadãos podem ser muito pesadas e, às vezes, injustas." (STEIN, 2000); "princípio essencial na Constituição material do Estado de Direito, imprescindível como é, aos particulares, para a necessária estabilidade, autonomia e segurança na organização dos seus próprios planos de vida" (NOVAIS, 2011); No Direito alemão, o princípio da segurança jurídica tem envergadura constitucional, porquanto entendido como subprincípio do Estado de Direito. No Direito positivo francês, a noção de segurança jurídica não está expressamente edificada. No Direito espanhol, o princípio da segurança jurídica foi incorporado expressamente ao texto da Constituição de 1978 na condição de princípio geral do ordenamento jurídico (VALIM, 2010). "O Estado de Direito segue a linha do direito, se auto-limitando, protegendo as liberdades individuais, contrapondo-se ao estado de poder, ou totalitário, sendo constitucionalmente organizado. Os dois fundamentos do estado de Direito são a segurança e a certeza jurídica. A segurança e a certeza do direito são indispensáveis para que haja justiça, porque é óbvio que na desordem não é possível reconhecer direitos ou exigir o cumprimento de obrigações" (MARTINS, 2002, p. 142).

buscam a estabilidade das relações jurídicas[i]. A divisão da segurança jurídica em dimensões foi definida na Alemanha em 1956 no caso da "Viúva de Berlim"[ii].

É com base nesse *leading case*[iii] que se costuma assinalar o surgimento da dimensão subjetiva da segurança jurídica[iv] consubstanciada na tutela da confiança[v] legítima dos administrados nas condutas da Administração Pública, ao lado da dimensão objetiva. Há mais de 50 anos que a separação dimensional da segurança jurídica, nascida por construção jurisprudencial alemã, foi desenvolvida com inegável expansionismo e repercussão na seara do direito público.

Na dimensão subjetiva, segurança jurídica é o direito fundamental da pessoa de ter estabilidade e conforto em sua vida[vi], em suas

---

[i] "A segurança jurídica estabelece o dever de buscar um ideal de estabilidade, confiabilidade, previsibilidade e mensurabilidade na atuação estatal." (ÁVILA, 2004).

[ii] "Cuida-se de ação proposta por viúva de funcionário público que vivia na Alemanha Oriental. Informada pelo responsável pela Administração de Berlim de que teria direito a uma pensão desde que tivesse o seu domicílio fixado em Berlim ocidental, a interessada mudou-se para a cidade. A pensão foi-lhe concedida. Tempos após, constatou-se que ela não preenchia os requisitos legais para a percepção do benefício, tendo a Administração determinado a suspensão do pagamento e solicitado a devolução do que teria sido pago indevidamente." (MS 24268/MG – MINAS GERAIS – Relator(a): Min. ELLEN GRACIE; Relator(a) p/ Acórdão: Min. GILMAR MENDES – Julgamento: 05/02/2004 – Órgão Julgador: Tribunal Pleno).

[iii] LUENGO, 2002; SCHONBERG, 2000.

[iv] Em sentido contrário: o princípio da confiança legítima surgiu com o Código Administrativo da República Popular da Polônia de 14 de junho de 1960 (PÉREZ; NAVARRO, 2003, p. 365).

[v] "[...] é condição fundamental para uma pacífica vida coletiva e uma conduta de cooperação entre os homens e, portanto, da paz jurídica." (LARENZ, 1985).

[vi] "[...] cada cidadão deve ter a certeza do que pode e deve fazer e estar certo de que caso alguém não cumpra para com ele os deveres que a lei impõe, os órgãos do Estado estarão prontos a defende-lo" (SOUSA, 1979, p. 230).

disposições pessoais e nos efeitos jurídicos de seus próprios atos[i], em um contexto de defesa do cidadão contra o arbítrio estatal consubstanciada na legítima expectativa dos cidadãos contra a instabilidade e de certeza das regras do jogo.

A dimensão objetiva da segurança jurídica[ii] representando a garantia do direito dos cidadãos à estabilidade jurídica, uma necessidade social[iii] da coletividade de querer compreender a realidade[iv], põe em pauta a busca de formas de legitimar a atuação do Estado no sentido de fornecer ao cidadão a confiança esperada, o direito de saber com o que podem contar por parte do Estado[v].

Com o reconhecimento das duas dimensões da segurança jurídica, desenvolveu-se, no direito comparado, em especial na Alemanha, a distinção entre os princípios da segurança jurídica e o da proteção da confiança ou confiança legítima[vi]. O princípio da segurança jurídica corresponde ao aspecto objetivo da estabilidade das relações

---

i   O direito surge quando a pessoa conhece a realidade, de modo a poder prever as situações e, por consequência, realizar planejamento de vida. Se o cidadão sabe de antemão o que pode acontecer, prever os efeitos de seu comportamento, do comportamento dos outros, inclusive do Estado, terá garantia de estabilidade e certeza na vida.

ii  "num Estado de direito democrático, sem um sentimento geral e profundo de segurança, não são praticáveis as mais elementares facetas da liberdade" (LOUREIRO, 1995).

iii "entre as principais necessidades e aspirações das sociedades humanas encontra-se a segurança jurídica. Não há pessoa, grupo social, entidade pública ou privada que não tenha necessidade de segurança jurídica para atingir os objetivos e até mesmo sobreviver" (DALLARI, 1980).

iv  "não há dúvida de que o homem almeja conhecer a si mesmo e conhecer o mundo em que está imerso, com o desejo de atingir aquele saber fundamental que dê coerência a seu agir, aquele saber básico que forneça o sentido último de sua vida e lhe ofereça mais plena explicação da realidade que o cerca" (HERVADA, 2008).

v   "A pretensão essencial do Estado à legitimidade esta em seu papel de garantir a segurança do povo no lado de dentro de suas fronteiras." (HASLAM, 2006).

vi  Parte da doutrina entende que a dimensão subjetiva é a certeza consubstanciada na confiança do cidadão nas leis, que lhe permite agir eticamente adotando condutas razoáveis e previsíveis (SOUZA, 1996). No direito francês, a dimensão objetiva é o princípio da segurança jurídica, e a dimensão subjetiva é o princípio da confiança legítima (VALEMBOIS, 2004).

jurídicas, e o princípio da proteção da confiança, ao aspecto subjetivo, relacionado com a confiança das pessoas no comportamento, nos atos e nos procedimentos do Poder Público.

A ideia da segurança jurídica, elemento da segurança[i], como uma das funções da transparência se perfaz em uma atuação administrativa transparente por dois motivos: (1) previsibilidade e estabilidade da atuação jurídica estatal; (2) interdição da arbitrariedade[ii] dos poderes públicos com a salvaguarda dos cidadãos perante o Estado[iii].

Na questão da previsibilidade e estabilidade, a transparência atende à expectativa das pessoas de uma atuação segundo a racionalidade[iv] das normas e dos procedimentos da diafanidade do poder[v]. Nesse sentido,

---

i   A segurança jurídica integra a estrutura da segurança de proteção a uma sociedade e a cada um de seus integrantes contra ameaças de qualquer natureza, não obstante seja uma parte dotada de autonomia própria (LUCHAIRE, 2013; DELPIAZZO, 2007); "Com efeito, desde que o homem se reúne em sociedade, não pode deixar de reconhecer que é preciso que esta goze de segurança, de ordem, de meios para seu progresso; e que ele deve concorrer para a felicidade da comunidade social de que faz parte: esse é o interesse geral" (BUENO, 2002); "se não há segurança na sociedade, a vida se torna insuportável" (TORRES, 1968); "não seremos humanos sem segurança ou sem liberdade; mas não podemos ter as duas ao mesmo tempo e ambas na quantidade que quisermos" (BAUMAN, 2003).

ii  "A segurança é, assim, praticamente, a base da Justiça. Um regime social em que haja segurança, em que haja ordem, estabilidade nessa ordem e certeza de que será respeitada e mantida, será por isso só um regime justo. O fim do Direito é realizar esse regime, conseguir o máximo possível de segurança, eliminando o máximo possível de arbitrariedade, de anarquia, de incerteza e instabilidade." (NÓBREGA, 1981).

iii "A segurança jurídica se expressa, hoje, praticamente, na previsibilidade da atuação estatal, partindo a doutrina moderna do conceito de paz jurídica para a compreensão de que a segurança jurídica requer confiabilidade, certeza e interdição da arbitrariedade no Estado de Direito." (PRUDENTE, 1998, p. 237-248).

iv  "O que é essencial é que lembremos o que substituiu a crença nas autoridades: a exigência de que as opiniões sejam justificadas. A exigência de justificativa plausível suplantou a crença no poder por si mesmo" (AARNIO, 1987, p. XV).

v   Informativo n. 471/07 do STF.

a transparência contribui para o cidadão obter condições que garantam um planejamento de vida e a produção de um futuro de modo consciente[i].

A transparência satisfaz, por meio da compreensão, da certeza das coisas e da realidade[ii], a previsibilidade na vida social. No primeiro motivo, a transparência funciona como requisito indispensável na realização da segurança jurídica[iii], uma espécie de corpo intermediário entre a ordem estatal e a própria segurança jurídica, que serve de canal de expressão dos anseios sociais de previsibilidade e objetividade das relações jurídico-administrativas.

A imagem que caracteriza de maneira mais original a função da segurança jurídica é de que a transparência é uma casa de vidro que enseja aos cidadãos a possibilidade de se orientarem, graças à ciência que, de antemão, lhes é dada sobre o que devem ou que podem fazer por lhes ser obrigatório ou conveniente, e o que não devem, não podem ou não lhes convém fazer, tendo em vista as ulteriores consequências imputáveis a seus atos. Com isso, os sujeitos de direito podem ter certa

---

i "A segurança é uma necessidade humana básica, considerada um das principais causas da própria existência do Direito. Se a existência do ordenamento jurídico decorre da necessidade humana de segurança, não há como conceder um ordenamento em que ela não esteja presente... enquanto a oncretização da segurança é causa final do Direito, a necessidade da segurança é sua causa eficiente." (MARTINS, 2008); "a segurança e a liberdade são elementos essenciais, logo, ontológicos da relação de cuidado-de-perigo que estrutura todo o comportamento humano" (COSTA, 2007, p. 154); CINTRA, 2012; SILVA, 2000, p. 163-174; "La seguridade es, sobre todo y antes que nada, uma radical necessidade antropológica humana y el 'saber a que atenerse' es el elemento constitutivo de la aspiración individual y social a la seguridade; raíz comum de sus distintas manifestaciones em la vida y fundamento de su razón de ser como valor jurídico" (LUÑO, 1994).

ii "A segurança ontológica se refere à crença que a maioria das pessoas têm na continuidade de sua auto-identidade e na constância dos ambientes de ação social e material circundantes" (BECK; GIDDENS; LASH, 1997).

iii "El Derecho es fabricado por los hombres sobre todo bajo el estimulo de una urgencia de certeza (saber a qué atenerse) y de seguridad (saber que eso a lo cual puede uno atenerse tendrá forzosamente que ser cumplido); o sea bajo el estimulo de una urgencia de orden en la vida social." (SICHES, 1970).

segurança em relação ao futuro, o qual se lhes apresenta, então, com alguma estabilidade no que atina aos efeitos que terão amanhã os comportamentos que praticarem hoje[i].

A transparência administrativa é um instrumento de previsibilidade das condutas estatais, em que se previnem riscos e corrigem desvios capazes de afetar o equilíbrio das relações jurídicas, mediante informação em plenitude e de máxima qualidade[ii], e a participação dos cidadãos, de modo a viabilizar o controle dos atos estatais e o aperfeiçoamento do regime democrático[iii]. Noutros termos, a transparência administrativa embasada na clareza, na limpidez e na veracidade das informações prestadas à coletividade, bem como na participação popular, no contexto de garantir o maior esclarecimento possível aos cidadãos, confere previsibilidade aos comportamentos estatais, proporcionando segurança jurídica na regulação das atividades administrativas.

De acordo com as novas exigências da sociedade contemporânea de riscos, podemos perceber que não basta a previsibilidade normativa para a consecução da segurança jurídica; é necessária transparência administrativa, pois esta representa a ideia que possa tornar possível à sociedade o prévio conhecimento das consequências de seus atos à luz dos mecanismos de informação e participação popular.

No segundo motivo, a transparência revela a atuação do Poder Público, incrementando o controle social e impedindo que os governantes possam fazer valer seus interesses próprios na condução do Estado[iv].

---

i   MELLO, 2009, p. 12.

ii  DPF 130/DF – MC – Rel. Min. Ayres Britto, DJ 7/11/08.

iii "Que todas as decisões e mais em geral os atos dos governantes devam ser conhecidos pelo povo soberano sempre foi considerado um dos eixos do regime democrático, definido como o governo direto do povo ou controlado pelo povo (e como poderia ser controlado se estivesse escondido?). Mesmo quando o ideal da democracia direta foi abandonado como anacrônico, [...] e foi substituído pelo ideal da democracia representativa [...] o caráter público do poder, entendido como não-secreto, como aberto ao 'público', permaneceu como um dos critérios fundamentais para distinguir o Estado constitucional do Estado absoluto se, assim, para assinalar o nascimento ou o renascimento do poder público em público" (BOBBIO, 2009).

iv  "O aspecto sociológico está na movimentação social que confere a base de sustentação dessa limitação do poder, impedindo que os governantes passem a fazer valer seus próprios interesses e regras na condução do Estado." (TAVARES, 2007).

Dessa forma, a transparência impede o arbítrio dos governos, permitindo certa estabilidade das relações jurídicas em que os cidadãos passam a conhecer a racionalidade que rege as relações jurídico-administrativas.

## 1.2 Transparência e publicidade

Como princípio jurídico, a transparência deve ser diferenciada da publicidade. A diferença não é apenas jurídica, mas também política. No âmbito das dessemelhanças entre tais institutos, a análise será feita a partir do advento do Estado democrático de direito[i] no Brasil com a Constituição Federal de 1988, quando, no *caput* de seu art. 37, inaugura os princípios fundamentais da Administração Pública[ii], determinando que a publicidade esteja presente em todos os atos administrativos como condição de seu aperfeiçoamento.

---

i     O Estado democrático de direito constitui-se em torno de duas bases fundamentais: a soberania popular e a dignidade da pessoa humana. Na perspectiva da supremacia da vontade popular, o Estado democrático de direito se estrutura por meio de uma democracia representativa, pluralista e participativa. Além da escolha de representantes políticos, busca-se assegurar e incentivar a participação democrática dos cidadãos na resolução dos problemas comuns, a fim de promover a realização prática dos direitos fundamentais. Na perspectiva da dignidade da pessoa humana, a par do reconhecimento e garantia de um sistema de direitos fundamentais e do imperativo da juridicidade, a democracia passa a ser vista não apenas como regime político, mas forma de vida e processo para promover o bem-estar e a qualidade de vida do povo.

ii     A relação entre a Administração Pública e a Constituição, no período do Estado Liberal, era frágil, já que os textos constitucionais, no século XIX, regulavam o tema da Administração Pública, no máximo, em preceitos isolados. É verdade que, na prática, as consequências dessa fragilidade revelam que as relações jurídicas travadas entre a Administração Pública e os particulares, eram remetidas ao direito administrativo, escapando completamente ao direito constitucional, cuja função era outra, bem como à disciplina do direito civil. O direito constitucional e o direito administrativo se identificam porque têm uma origem comum consubstanciada na necessidade de limitação do Estado pelo direito como consequência das revoluções liberais. Porém, o desenvolvimento na origem das duas disciplinas permitiu a formação da tese da autonomia do direito administrativo. A tese da autonomia do direito administrativo em relação ao direito privado, como direito especial, decorre do fato de ele observar um regime jurídico que lhe é próprio, cujo conteúdo é formado por normas associadas ao primado do interesse geral sobre os

Na perspectiva política, a distinção entre publicidade e transparência é relacionada com o desenvolvimento da vida democrática. Com efeito, a trajetória histórica da democracia é um processo de abertura do exercício do poder a uma interação entre Administração Pública e o cidadão na construção conjunta e plural das decisões fundamentais na sociedade. Esse processo depende da inserção da Administração Pública em mecanismos que a conectem à sociedade e possam prover canais institucionalizados para sujeição do poder administrativo ao escrutínio público.

Nesse contexto, a ideia da publicidade como divulgação dos atos da Administração para eficácia de seus atos, sem preocupação de interação democrática apta a gerar insumos na forma de demandas, comunicação de preferências e prioridades, mostra-se compatível como sistema representativo, cuja concepção é destituída de qualquer conteúdo finalístico na garantia da participação e do controle social das políticas públicas concretizadoras de direitos fundamentais[i]. Além dessa conexão, cabe ressaltar que a publicidade como princípio disciplinador da atividade da Administração Pública surge como reação ao autoritarismo fomentado pela invocação do segredo administrativo como regra.

A partir dos anos 1990, com movimentos de ampliação da divulgação interativa das ações públicas aos cidadãos e fortalecimento da cidadania, a transparência surge no Brasil como opção do reformismo

---

        interesses privados, exorbitantes ao direito comum. Além da autonomia face ao direito privado, registra-se uma fuga do direito administrativo ao direito constitucional pela falta de força jurídica das normas constitucionais em face da perpetuidade das práticas burocráticas. Essa fuga, rebatida por alguns doutrinadores, permaneceu até quando no decorrer do século XX, com a expansão da atividade administrativa, registra-se a tendência paralela de inserção, nas Constituições, de temas ligados à Administração Pública. Em alinhamento a essa tendência, a Constituição Brasileira de 1988, ao contemplar a organização do Estado, traz um capítulo próprio sobre a Administração Pública, prevendo os princípios disciplinadores de sua atuação, no art. 37, "a legalidade, impessoalidade, moralidade, publicidade" (LAMARQUE, 1960, p. 18; SCHWARTZ, 1954, p. 3; MEDAUAR, 2015, p. 53; ESTORNINHO, 1999, p. 27-28; ENTERRÍA; FERNANDEZ, 2015, p. 43; ZANOBI, 1947, p. 3; CASSESE, 2000, p. 23; HAURIOU, 1945, p. 466-467; GONÇALVES, 2004, p. 46; BAQUER, 1996, p. 215; ANABITARTE, 1973, p. 35; VEDEL; DELVOLVÉ, 1992, p. 25).

i     GUERRERO, 2006; DELPIAZZO, 2002; ASH, 1997; HEROLES, 2008; HUESO, 2015.

administrativo[i] na criação de uma aproximação da Administração Pública com a sociedade, de maneira que os cidadãos tenham acesso e compreensão daquilo que os gestores públicos têm realizado a partir do poder de representação que lhes foi confiado na condução da máquina pública.

Na diferenciação política, no âmbito da redemocratização das relações de poder no Brasil a partir de 1988, a publicidade surge ligada ao modelo representativo[ii], no qual é suficiente exigir do indivíduo o conhecimento dos atos estatais em razão do estreitamento da participação popular, reduzida ao voto com a escolha dos governantes. Esse conhecimento público gerado com a divulgação não gera efetivo controle dos atos estatais pela sociedade, pois não há preocupação na construção de uma cidadania ativa possibilitando sua participação na fiscalização da coisa pública. A fim de superar o segredo administrativo,

---

[i] A transparência na gestão pública brasileira remonta à implantação da Administração Pública gerencial na Inglaterra, no sentido de eficiência; e mais tarde, com a introdução da ideia da governança, a um sentido democrático de acesso às informações e motivações nas ações dos gestores públicos.

[ii] Em contraponto ao modelo da democracia direta, cuja participação dos cidadãos realizava-se por meio de assembleias populares, com a exclusão das mulheres, escravos e estrangeiros, surge a partir do final do século XVIII, sob o influxo das revoluções inglesas, americana e francesa, com o encerramento do ciclo histórico do absolutismo monárquico a democracia moderna, concebida pelo modelo representativo, e com a influência do liberalismo. De acordo com o ideário liberal, manifestação ideológica no continente europeu entre os séculos XVII e XVIII, a democracia dos modernos adota a representação política, em que o povo elege representantes pela via eleitoral como portadores orgânicos da vontade representada, dentro do cenário de separação entre o Estado e a sociedade civil, e a participação popular é indireta, periódica e formal. LOCKE afirma que a democracia representativa, no contexto da teoria política moderna, é vinculada ao poder dos representantes eleitos pelo povo. A partir do sistema democrático de SCHUMPETER caracterizado pela competição das elites ao poder político, DAHL, no mesmo sentido, compartilha a legitimação do poder político baseada em eleições representativas pelo voto. Completa-se o quadro com SARTORI de que a democracia é revelada por um sistema seletivo de minorias eleitas para comandar o poder político, baseado no ato de eleger e nas eleições – em eleições livres, periódicas e competitivas (URBINATI, 2006, p. 191-228; PATEMAN, 1992, p. 25; SILVA, 2002, p. 47; BOBBIO, 1963, p. 260; KELSEN, 2000, p. 35; 95-110; SCHUMPETER, 1961, p. 269; TOQUEVILLE, 2005, p. 296; DAHL, 1997; SARTORI, 1994, p. 189).

bem como de adquirir o *status* de público, basta ao Estado a presunção de conhecimento e circulação restrita da informação produzida pelos veículos oficiais: o objetivo era garantir a eficácia dos atos estatais.

Essa construção do princípio da publicidade com o conteúdo da exteriorização dos atos do Poder Público, embora compatível com a democracia concebida sob o modelo representativo, passou a enfrentar dificuldades em sua adaptação à Administração Pública a partir dos anos 1990, com a ampliação das dinâmicas cívicas.

A insuficiência da visão formal da democracia é reconhecida a partir de um ambiente favorecido pela crise da democracia representativa[i] e da necessidade na busca de maior legitimidade às decisões políticas tomadas na solução dos problemas da sociedade. A transparência surge, nesse contexto político, como uma forma de solucionar o distanciamento entre o interesse dos cidadãos e as decisões dos governantes, pela superação da suficiência da democracia formal limitada às formalidades procedimentais para escolha dos políticos, com a instalação da democracia material, que exige novos instrumentos de participação nas políticas e nos controles públicos.

---

i    Uma espécie de "patologia da representação", a crise da representação política é entendida como um fenômeno disruptivo em sua existência onde práticas políticas e conceitos estabelecidos se mostram degenerados e/ou inoperantes no encargo de defesa, conservação e aprimoramento dos interesses coletivos por parte dos representantes. Como fenômeno disruptivo, a crise pode ser entendida no aspecto negativo, associando-o a uma quebra coletiva do sentido partilhado e da estruturação dos papéis sociais com fatores que prejudicam as metas prioritárias da democracia representativa, ou então como a reconstrução dos papéis dos participantes e processos aptos na resolução de desafios na funcionalidade do sistema democrático. FUNG e COHEN, ao comentarem os déficits democráticos da representação competitiva, afirmam que a representação, além de não permitir aos cidadãos uma avaliação substantiva das políticas e decisões públicas, tende a favorecer interesses concentrados com influências políticas face às desigualdades sociais e econômicas, e impede o ideal de autogoverno e autonomia política. A falta de legitimidade resultante do distanciamento entre representantes políticos e a esfera civil pode ser percebida pela desconfiança do cidadão em relação aos atores e instituições políticas e constatada pela insuficiência do vínculo eleitoral, bem como pela exigência do exercício representativo em conformidade com os valores constitucionais traduzidos na incorporação de dinâmicas cívicas de participação (LERBINGER, 1997, p. 6; THOMPSON, 2000; PEARSON; CLAIR, 1998, p. 59-76; SANTOS, 1999; FUNG; COHEN, 2007; GASTIL, 2000; MOREIRA NETO, 1998, p. 5).

A valorização da ideia substantiva de democracia decorre a crise do modelo representativo que permitiu um aumento considerável da participação popular na vida estatal. Nesse cenário, a teoria democrática desenvolve fundamentos que contribuem para aumentar a transparência nas atividades do Estado. Nesse desenvolvimento, ressurge o questionamento acerca da legitimidade dos regimes democráticos pela aproximação cada vez maior do Estado com a sociedade civil, com a criação de ambiente consensual e dialógico de interação e proteção da dignidade da pessoa humana.

Na perspectiva política, a mudança de significado no princípio da publicidade decorre, igualmente, no contexto de uma sociedade de informação, da democracia comunicativa e da publicidade crítica, pois, com a disseminação de informações públicas relevantes e compreensíveis, cria-se uma autodeterminação informativa, em que os indivíduos tornam-se mais conscientes de seus direitos e deveres, ganhando preparação cívica para debate público, com reivindicação de maior participação no funcionamento estatal e na eficiência no atendimento de suas necessidades.

Na diferenciação jurídica, verifica-se que esta tem três dimensões: (1) dimensão normativa: aquela que analisa o fundamento que justifica sua exigência na ordem jurídica; (2) dimensão intersubjetiva: aquela que analisa qual a sua finalidade na relação da Administração Pública com os cidadãos; e (c) dimensão objetiva: aquela que analisa os aspectos de estruturação.

Na dimensão normativa, na publicidade, com a exigência da divulgação oficial dos atos da Administração Pública, privilegia-se a forma da ação da Administração Pública vinculada à lei que a prescreve, com aplicação em todos os seus atos e processos. Esse aspecto formal está associado à ideia de garantia jurídica não apenas para o administrado, mas também para a própria Administração Pública, de obediência às formalidades, que devem ser observadas na formação da vontade da administração.

Nesse cenário reducionista, a exigência da publicidade administrativa feita por norma jurídica ostenta a condição de requisito necessário à regularidade do ato. Enfoque esse legalista compatível com o Estado de direito formal, já que reflete o acatamento a uma estrutura normativa posta, vigente e positiva.

Na publicidade administrativa, o cumprimento de suas determinações cinge-se à exposição ao público, seja para validar o ato, seja para garantir sua eficácia, com observância da forma prevista. Não há preocupação em velar por explicações ou justificativas que permitam uma qualidade maior na elaboração da comunicação da Administração Pública com os cidadãos. A Administração Pública cumpre seu dever quando disponibiliza dados.

A divulgação oficial exige a publicação da informação pública, atentando-se para o meio de publicidade definido pelo ordenamento jurídico ou consagrado pela prática administrativa. Essa dimensão exprime o caráter "público" da atuação administrativa. O dever envolve a exposição do ato em meios oficias. Sua finalidade é tornar público, tornar do conhecimento público. A divulgação dos atos praticados pela Administração Pública abrange o meio utilizado para a exteriorização da vontade da Administração, bem como o modo da divulgação. Na análise do meio utilizado, é necessário observar a forma de divulgação prevista na legislação. Na ausência de codificação legal, a divulgação deve ser feita por órgão oficial da Administração Pública, e não pela imprensa particular, pela televisão ou pelo rádio, ainda que em horário oficial[i].

Recente decisão do STF considerou a divulgação na "Voz do Brasil" como insuficiente, pois, além de ser o único meio utilizado, desrespeitada a ideia da ampla divulgação para conhecimento público dos atos administrativos, o referido programa de âmbito nacional não é meio oficial. A segunda regra é a de que o modo da divulgação sofre variação conforme o tipo de ato, de maneira que, se for ato geral ou individual de efeito coletivo, a divulgação será feita por publicação no Diário Oficial; se for ato individual ou interno, a divulgação será feita pela simples comunicação do interessado[ii].

---

i   BRASIL. Superior Tribunal de Justiça. Mandado de Segurança n. 6169. Relator: Ministra Nancy Andrighi. Órgão Julgador: Primeira Seção. Data do julgamento: 28/06/2000. DJe: DJ 01/08/2000. p. 184.

ii  BRASIL. Superior Tribunal de Justiça. Recurso Ordinário em Mandado de Segurança n. 21554. Relator: Maria Thereza de Assis Moura. Órgão Julgador: Sexta Turma. Data do julgamento: 04/05/2010. DJ 02/08/2010; BRASIL. Superior Tribunal de Justiça. Agravo Regimental no Recurso Especial n. 959999. Relator: Napoleão Nunes Maia Filho. Órgão Julgador: Quinta Turma. Data do julgamento: 26/03/2009. DJ 11/05/2009; BRASIL. Superior Tribunal de Justiça. Mandado de Segurança n. 15450. Relator: Mauro Campbell Marques. Órgão Julgador: Primeira Seção. Data do julgamento: 24/10/2012. DJe 12/11/2012; BRASIL. Superior Tribunal de Justiça. Recurso Especial n. 1308588. Relator: Mauro Campbell Marques. Órgão Julgador: Segunda Turma. Data do julgamento: 16/08/2012. DJe 22/08/2012; BRASIL. Superior Tribunal de

A exigência da publicidade administrativa é feita por norma jurídica, de modo que integra o campo da juridicidade do ato administrativo, ostentando a condição de requisito necessário à regularidade integrante da forma do ato[i].

Se for constada a exigência e verificada a forma, não há dúvida de que a não publicidade ou a não observância da forma exigida pela publicidade gera nulidade do ato[ii]. Considerando ser a publicidade do ato essencial à sua forma[iii], logo a não publicidade ou sua realização de maneira incompleta gera a nulidade do ato, comprometendo a lisura nas atividades administrativas[iv]. Quando a lei não fizer previsão da forma, cabe à Administração Pública, de acordo com os critérios de conveniência e de oportunidade, decidir pela forma mais adequada, ressaltando-se que, no caso de atos restritivos de direitos, a Administração deve velar pelo contraditório e ampla defesa. No conteúdo, a publicidade envolve a mais ampla divulgação possível[v], principalmente quando os administrados forem individualmente afetados pela prática do ato,

---

Justiça. Mandado de Segurança n. 16603. Relator: Benedito Gonçalves. Órgão Julgador: Primeira Seção. Data do julgamento: 24/08/2011. DJe 2/12/2012.

i   Entre os elementos do ato administrativo, destaca-se a forma do ato que pode ser entendida em um sentido amplo, a exemplo do conjunto das solenidades, das fases e dos requisitos do ato, bem como em um sentido restrito, entendida como o modo de exteriorização do ato exigido pela ordem jurídica na realização do ato (MEIRELLES, 2002, p. 150; MELLO, 2009, p. 391; TÁCITO, 1997, p. 299; MEDAUAR, 1998, p. 149-150; ALMEIDA, 1969, p. 51).

ii  A violação da publicidade administrativa, ao representar uma desconformidade entre o ato e o ordenamento jurídico, não cumpre a exigência jurídica para sua regular admissão no ordenamento jurídico. Constata-se um vício do ato administrativo. Diante da desconformidade entre o ato administrativo pelo desrespeito à publicidade administrativa, surgem a invalidação e a convalidação como meios para eliminação do vício comprometedor da estabilidade jurídica.

iii CALVACANTI, 1955.

iv  O Superior Tribunal de Justiça utilizou o fundamento da falta de publicidade para justificar a anulação do concurso público realizado para cargo de oficial do registro de imóveis (BRASIL. Superior Tribunal de Justiça. Recurso Ordinário em Mandado de Segurança n. 1128/PR. Relator: Ministro Demócrito Reynaldo. DJ 29/03/1993 p. 5217).

v   "os atos da Administração devem merecer a mais ampla divulgação possível entre os administrados, e isso porque constitui fundamento do princípio propiciar-lhes a possibilidade de controlar a legitimidade da conduta dos agentes administrativos" (CARVALHO FILHO, 2015, p. 26).

ressalvados as hipóteses de sigilo. A publicidade deve ocorrer quando for essencial à prática do ato. Assim, por exemplo, no caso de nomeação do candidato aprovado no concurso público, é necessária a divulgação do nome do servidor no meio oficial para fins de acessibilidade aos cargos públicos, sem que isso ofenda sua intimidade[i].

Na dimensão normativa, na transparência, com a exigência de esclarecimento compartilhado dos atos da Administração Pública, privilegia-se o conteúdo da ação da Administração Pública vinculado ao controle social com aplicação em todos os seus atos e processos. Esse aspecto material está associado à ideia de garantia jurídica não apenas para o administrado, mas também para a própria Administração Pública, de um processo de interação no qual prevalecem a expressão, a interpretação e o diálogo, que devem ser observados na formação da vontade da Administração. Nesse cenário expansivo, a exigência da transparência administrativa ostenta a condição de requisito necessário à legitimidade do ato. Enfoque compatível com o Estado de direito material, já que reflete o respeito a princípios substanciais, estabelecidos pelos direitos fundamentais.

Na transparência administrativa, o cumprimento de suas determinações traduz-se pela exigência da visibilidade nos atos da Administração Pública, pelo esclarecimento compartilhado dos atos da Administração Pública possibilitando o controle social. Há preocupação em velar por explicações ou justificativas que permitam uma qualidade maior na elaboração da comunicação da Administração Pública com os cidadãos, no sentido de complementar o aspecto formal da publicidade e ampliar seus efeitos, além da forma, para inspirar e fundar ações preventivas e corretivas da corrupção voltadas à preservação do princípio democrático e da legitimidade formal-material da atividade administrativa no quadro do Estado democrático de direito.

Trata-se de um enfoque desenvolvido pelo emprego efetivo do poder administrativo, não apenas quanto à sua adequação ao direito, mas, fundamentalmente, quanto à sua adequação à vontade consensual da sociedade, de modo a gerar e manter a crença de que as instituições são apropriadas para a sociedade. Nesse sentido, o Ministro Celso de

---

i  BRASIL. Superior Tribunal de Justiça. Recurso Ordinário em Mandado de Segurança n. 21021. Relator: Ministro Francisco Falcão. Órgão Julgador: Primeira Turma. Data do julgamento: 16/05/2006. DJe: DJ 01/06/2006 p. 146.

Mello (2010, p. 1-5)[i], em voto vencido na Ação Direta de Inconstitucionalidade n. 2.461, ressaltou o seguinte:

> *os estatutos do poder, numa República fundada em bases democráticas, como o Brasil, não podem privilegiar o mistério, porque a supressão do regime visível de governo – que tem, na transparência, a condição de legitimidade de seus próprios atos – sempre coincide com os tempos sombrios em que declinam as liberdades e os direitos dos cidadãos.*

Esse aspecto legitimador mais amplo da transparência está associado à ideia de aproximação para o cidadão e para a própria Administração Pública de cumprimento da exigência de correspondência entre as demandas sociais e políticas que devem ser observadas na atividade administrativa. Nesse cenário amplo, a transparência deixa de ser uma obrigação formal da Administração Pública com a natureza de condição de validade e/ou eficácia do ato administrativo para se tornar uma qualidade de agir administrativo, embasada em valores materiais de legitimação da atuação estatal.

A transparência administrativa exige o esclarecimento do agir administrativo atentando-se para a qualidade informacional com a manutenção de um fluxo de informações públicas pertinentes, confiáveis, inteligíveis e oferecidas no momento oportuno. Essa dimensão exprime o caráter "visível" da atuação administrativa. O dever envolve a compreensibilidade e a utilidade das informações. O esclarecimento dos atos praticados pela Administração Pública abrange disponibilização de dados e informações que permita aos receptores (cidadãos) sua correta captação, seu processamento, sua compreensão e sua utilização na fiscalização da gestão pública.

Na dimensão intelectual da informação pública, a preocupação é buscar meios ou modos que permitam sua compreensão pelo cidadão, para que, diante de elementos informativos e reflexivos sobre o agir administrativo, seja feita a verificação da conformidade dos programas e ações da Administração Pública com o direito, com vistas a inibir a corrupção e/ou a responsabilização pelas fraudes e malversação dos recursos públicos.

---

i   MELLO, 2010, p. 1-5.

Com a democracia, o controle social torna-se um dos recursos da cidadania mais importante na fiscalização, no monitoramento e no controle das ações da Administração Pública, e o exercício desse controle passa a depender diretamente da facilidade no acesso cognitivo da informação pública. A compreensão da informação pública é, certamente, o aspecto em que mais deve estar presente a ideia da utilização responsável dos recursos públicos, pois, quando a sociedade elege seus representantes, espera que estes ajam em seu nome de modo correto e que prestem contas de seus atos[i].

Uma primeira ideia é a que compreensão informacional deve ser construída levando em conta a condição do usuário da informação, o cidadão, qualificado como membro do povo, que, ao entrar em contato com a realidade da atividade pública administrativa, quer compreender suas relações e produções, como garantia de seu modo de ser, estar e viver no mundo[ii]. Nesse contexto, o "homem comum" assume papel de funcionar como parâmetro para que seja feita a tradução das informações oriundas do Estado e, assim, surjam formas de atenuar a dificuldade de sua compreensão.

A compreensão inteligível no funcionamento do sistema de administração ao permitir monitoramento das ações públicas criadas para satisfação das necessidades e resolução dos problemas necessita de um conjunto de atributos que garantam a elucidação da informação sobre agentes e instituições públicas.

Constituindo a linguagem da informação pública uma representação do agir estatal empregado no aprimoramento da vida em comum, é consequência natural que seja dotada de características capazes de esclarecer os programas e os respectivos gastos da ação governamental voltados à satisfação das necessidades da coletividade. Nesse sentido, SECLAENDER[iii] afirma que o direito de ser informado não pode deixar de implicar também um direito à explicação, sob pena de perder sua própria razão de ser.

---

i     SLOMSKI, 2003, p. 367.

ii    É necessário um processo permanente de tradução das informações oriundas do Estado para termos inteligíveis ao "homem comum" (HABERMAS, 1984).

iii   SECLAENDER, 1991, p. 147-159.

*Dimensões da transparência administrativa na abordagem jurisdicional:*
*a visibilidade na gestão pública*

Embora seja difícil encontrar um critério de mensuração da qualidade da informação pública[i], podemos estabelecer parâmetros mínimos para que seja considerada como apta para os cidadãos. Assim, a linguagem da informação pública como instrumento de revelação do agir estatal é estruturada de modo a representar o conteúdo da informação, no sentido de reduzir incerteza e gerar conhecimento da ação pública pelo cidadão comum, deve ser clara, ou seja, facilmente entendida[ii].

A clareza da informação apresenta-se como requisito ligado à compreensão dos significados dos dados. Deve ser feita em uma linguagem interpretável e de fácil entendimento ao cidadão comum. A informação depende da construção de uma linguagem que envolva a representação elucidativa das decisões alocativas no âmbito do Estado, evitando dados ambíguos e desconexos. A base da clareza são os dados expressos em uma linguagem coerente, com ausência de contradições, exposta de maneira a possibilitar a imediata compreensão do sentido da ação pública pelo cidadão.

A linguagem da informação pública deve evitar excessos de técnica e vultosa erudição e ser veiculada em uma linguagem simples para entendimento geral. Se a Administração Pública decide em nome do povo, não pode usar uma linguagem inacessível aos destinatários de suas decisões. O cidadão, diante de dados brutos e informações técnicas, assume um papel de recebê-los decifrados na construção do sentido, como explicações e soluções de orientação e segurança na trajetória dinâmica e inacabada da vida humana.

Outra ideia importante é a de que, na transparência informacional, as informações devem ser completas. Nesse sentido, se a linguagem informacional representa conjugação e complementariedade de diversos tipos de signos[iii], disso decorre que o conteúdo da informação deve ser equilibrado no sentido de abranger tanto os riscos quanto os benefícios da atuação do Estado, com menção da necessidade e dos cuidados específicos na ação governamental, bem como adequado para que o cidadão comum entenda a mensagem.

---

i  "a informação nunca será exata porque depende do contexto; nunca está isolada, tem vida própria e sua qualidade depende da visão, do nível de conhecimento, da interpretação de seu receptor. A busca da qualidade total da informação é similar à busca do eldorado" (PAIM; NEHMY; GUIMARÃES, 1996, p. 111-119).

ii  STRONG; LEE; WANG, 1997, p. 38-46.

iii  TORNERO, 2000.

Assim, não basta saber a ação governamental direcionada a buscar o aprimoramento da vida em comum, mas o resultado gerado pela adoção de políticas e programas executados pelo setor público e se esse mesmo efeito poderia ser alcançado naquela conjuntura institucional, e, ainda, de acordo com as metas fiscais e com menores custos para o contribuinte, dentro da projeção para o futuro mais próximo.

Além da qualidade informacional, o conteúdo do dever envolve a exigência para a Administração Pública de apresentar, de maneira pública, os esclarecimentos quanto às suas ações, tornando-se meio de controle e legitimação do poder administrativo. Quanto ao conteúdo da justificativa, ela deve conter razões e informações e abordar, necessariamente, a compreensão da informação pública[i] sem obscurecer ou ocultar o significado ou alterar a verdade para colocar as coisas em uma luz melhor.

Nessa dimensão, a finalidade é possibilitar ao cidadão comum a compreensão da atividade pública, para que este possa extrair substrato necessário para não apenas defender seus interesses individuais, em uma ótica subjetivista, mas também avançar no sentimento coletivo e buscar a tutela impessoal do interesse público por meio da possibilidade de fiscalização da atuação administrativa. Cabe considerar aqui os benefícios dessa postura do cidadão, que, além do esforço administrativo de fomentar a realidade compreensiva da atividade pública, desenvolve o papel ativo de conscientização e interesse no trato do patrimônio público.

No compartilhamento, a transparência da Administração Pública deve concretizar medidas que possibilitem o fácil acesso da informação pública administrativa, como, por exemplo, a criação de portais eletrônicos. Na linha concretizadora, além da criação de estruturas propícias ao cidadão no contato com a atividade pública, enfrentamos a problemática da fronteira entre o interesse público e o interesse privado no aspecto do universo informacional. A excepcionalidade do sigilo conjugada com a ponderação legítima e justificada no conflito entre interesse público e confidencialidade deve ser o fator decisivo para justificar a transparência nessa dimensão do esclarecimento. E, também, em sua dimensão do compartilhamento, a transparência consiste no instrumento que compreende a formação de uma autonomia

---

i     Na publicidade, a ideia é divulgar a informação para conhecimento da atividade pública; na transparência, a intenção é produzir informações de qualidade para permitir compreensão da atividade pública e, com isso, atender melhor o público.

democrática traduzida, no plano sócio-político, na abertura da Administração Pública à participação de diversos atores nos processos de decisão, formulação de políticas públicas e fiscalização da gestão pública.

Na dimensão intersubjetiva, a publicidade pode ser concebida como um direito de ter conhecimento dos atos administrativos (perspectiva do cidadão); ou como um dever de divulgação oficial dos atos administrativos (perspectiva da Administração Pública). A transparência, por sua vez, pode ser concebida não apenas como um direito de compreensão dos atos administrativos (perspectiva do cidadão), mas também como um dever de explicação (perspectiva da Administração Pública).

Assim, na perspectiva do cidadão, fala-se na publicidade como um meio que serve para colocar os cidadãos em condições de conhecer, de saber as ações dos administradores no trato da coisa pública. Além disso, o direito de saber é fundamentado na quantidade informacional. Sobre o assunto, Joseph STIGLITZ, ganhador do Prêmio Nobel da Economia em 2002, assevera que, com mais informação, o público será capaz de discernir melhor o valor adicionado pela ação pública.

O direito de saber é um conhecimento dos atos, das atividades e dos resultados da Administração Pública, o qual, embora permita o monitoramento básico do exercício do poder administrativo por parte da sociedade civil, não é suficiente para possibilitar o cidadão de opinar e discutir políticas públicas que correspondam às suas expectativas e prioridades. A publicidade gera uma espécie de controle baseado nos princípios da legalidade e do formalismo, em que é feita a verificação retrospectiva da legalidade e do uso apropriado dos recursos públicos.

Com a exposição dos dados da gestão pública, o cidadão não conseguirá avaliar o comportamento das instituições, tampouco fazer um julgamento ou tomar medidas para exercer defesas da gestão pública, de modo que não terá como assegurar ou ampliar seus direitos sociais. A disponibilização e a posse das informações públicas lhe possibilitarão apenas defender-se individualmente contra a Administração Pública, em um quadro de superação do segredo administrativo que ainda representa a exceção, e não a regra.

Esse cenário faz com que surja uma sociedade de indivíduos isolados uns dos outros, sem diálogo, com base em um individualismo exacerbado, no qual os interesses individuais tendem a suplantar os interesses voltados ao bem-estar coletivo. Em consequência, é o "Eu" que está em questão o tempo todo, alargado e exaltado em suas fronteiras até o espaço sideral.

Para completar, a indiferença com as questões de âmbito coletivo aliada à postura autocentrada do indivíduo, acabará por acentuar a busca de crescimento econômico e o acúmulo de riqueza em uma lógica competitiva de produzir mais e mais, a não fraquejar nesse afã, a não parar, a tornar-se cada vez mais maquinal, bem como havia sido previsto pelo visionário Charles CHAPLIN (1936) em seu filme *Tempos modernos* como "a nova doença do ser humano"[i].

Nesse sentido, pode-se afirmar que a noção de cultura do narcisismo ocupa um lugar de destaque na concepção da transparência formal, porque a lógica desse casulo é a autoabsorção, fator que confere uma preocupação excessiva com o "Eu", ou seja, com olhos em seus próprios desempenhos particulares, os homens se tornam peritos em sua própria decadência.

Embora o individualismo, acompanhado da lógica acumulativa de riquezas, seja a indiferença com assuntos de interesse coletivo e a formação de uma personalidade competitiva, e até destrutiva, SINGLY (2002)[ii] acentua o elo do indivíduo em grupos, com uma multiplicação das pertenças geradoras de uma diversidade de laços que, tomados um a um, são menos sólidos, mas que, juntos, unem os indivíduos e a sociedade.

A ideia da publicidade vincula-se a um controle da cidadania preocupada com a proteção dos interesses privados perante o Judiciário, que exerce um poder declarativo e reativo, compatível com a ideia da separação de poderes como mecanismo estrutural do poder (limita o poder em contraposição ao fenômeno da concentração de poder vigorante no absolutismo monárquico de origem divina), do Estado (organiza o Estado por meio da distribuição orgânico-funcional) e garantista (protege os indivíduos contra o arbítrio, garante liberdade em face da vocação abusiva gerada na concentração de atribuições ou governo autocrático).

Na perspectiva do cidadão, fala-se na transparência como o meio que serve para colocar os cidadãos em condições de compreender as ações dos administradores no trato da coisa pública. Diante de tais fatos, a compreensão surgida como passo seguinte após a divulgação e o conhecimento da informação pública é fundamentada na qualidade informacional, quer do ponto de vista do acesso social à informação pública, abrangendo o acesso físico e intelectual, quer na perspectiva

---

i    CHAPLIN, 1936.
ii   SINGLY, 2000.

do controle dos fluxos informacionais, emergente da ponderação legítima entre transparência e segredo administrativo.

Assim, a simples acessibilidade da informação não será suficiente para conduzir à transparência material, ou seja, quando acessível e visível à sociedade, a informação pública gerará dois efeitos: (1) transformação social, o que implica a ideia de transparência das relações mais democráticas entre o Estado e a sociedade; e (2) cidadãos bem informados e mais exigentes na prestação de serviços públicos de qualidade. Por outro lado, o não acesso à informação tenderá a dificultar e/ou impossibilitar o exercício da cidadania, o que leva aos ensinamentos de DAHL[i] quando afirma que "cidadãos silenciosos podem ser perfeitos para um governante autoritário, mas seriam desastrosos para uma democracia".

Uma informação pode ser pública, mas não transparente, como quando não reúne os atributos mínimos de compreensibilidade e de qualidade da informação, tampouco servir de modo suficiente como parâmetro de controle social, pois, sem a manutenção de um fluxo de informações pertinentes, confiáveis, inteligíveis, corretas, completas, atualizadas e oferecidas no momento oportuno, não há como possibilitar a contribuição do cidadão na formação da decisão do Poder Público, com vistas a garantir um bom governo. O direito à compreensão dos atos, das atividades e dos resultados da Administração Pública, permitindo um conhecimento real da atividade administrativa, desenvolve controle democrático do exercício do poder administrativo por parte da sociedade civil, permitindo ao cidadão acompanhar e influenciar as políticas públicas.

A transparência gera uma espécie de controle que permite um empoderamento dos cidadãos e o incremento de sua participação na tomada das decisões administrativas.

Esse controle justifica-se quando surge a governança pública: processo de gestão cujas características permitem a contínua e permanente troca democrática. A disposição dos dados da gestão pública, em tempo real, com informações claras e relacionadas aos vetores que influenciam o agir administrativo possibilita ao cidadão avaliar o comportamento das instituições, bem como julgar, discutir estratégias para solução de problemas na gestão pública; também permitem a instalação de uma gestão democrática condizente com seus próprios interesses. A criação de canais de comunicação entre a Administração e os

---

i   DAHL, 2001, p. 36.

cidadãos, por meio de mecanismos de participação popular na Administração, também é de grande valia.

Nesse cenário, viabiliza-se uma sociedade interativa, com diálogo contínuo entre os que detêm conhecimento (Administração Pública) e os que procuram compreender suas relações e produções, como garantia de seu modo de ser, estar e viver no mundo (cidadãos) em suas relações e destes com o ambiente em que vivem.

Tal processo de compreensão produzido pelas explicações sobre a atuação da Administração Pública consiste na busca de referenciais de sentido sobre o agir administrativo, com a transformação da opacidade da realidade em caminhos "iluminados" como processo de adaptação e manipulação dos dados da gestão pública.

A transparência propicia um espaço de encontro e confronto de relações sociais estabelecidos pelos indivíduos, cujo funcionamento envolve singularidades e complexidades constitutivas das significações e articulações das pautas interativas estabelecidas pela realidade. Nesse espaço comum, o mundo humano é estruturado pelo cultivo de um cotidiano de interações sociais envolvidas em um processo permanente de diálogo e convivência, de um horizonte de reflexão da essência humana em suas dimensões, desde os processos de reprodução aos de conservação.

Com a transparência, verifica-se um controle da cidadania preocupada com o controle do exercício do poder administrativo perante o Judiciário, que exerce atuação proactiva, a fim de fazer valer os fins previstos na Constituição. Como poder político atua na omissão dos outros poderes, a fim de proteger os direitos da pessoa.

Na perspectiva da Administração, a publicidade visa à divulgação de seus atos, para exteriorização do modo como a Administração atua e toma as decisões, por um comportamento passivo (tornar disponível as informações). Em sua divulgação, a *accountability* é interpretada como a atuação do administrador em prestar contas de seus atos, ou seja, realiza uma exteriorização de seus atos, expondo sua atividade administrativa e os dados da gestão pública ao conhecimento público. O papel da Administração ao disponibilizar as informações em sua posse é de mera transmissora do conhecimento das informações públicas.

Na perspectiva da Administração, a transparência refere-se à obrigação que os funcionários públicos têm de fornecer explicações sobre o modo de sua atuação aos cidadãos. No dever de explicação, a *accountability* pode ser interpretada em uma esfera mais ampla, caracterizada pela capacidade do agente público de compreender e de responder às necessidades e às expectativas dos cidadãos, acompanhando, assim, em suas complexidades e vicissitudes, a instituição da responsividade que concilia a expressão da vontade popular democraticamente recolhida com a racionalidade pública.

Assim, no quadro do direito administrativo contemporâneo, em pleno século XXI, a Administração deve garantir não apenas conhecimento, mas também compreensão de suas atividades, assumindo um papel de mediador da aprendizagem.

Na dimensão intersubjetiva, a formulação da publicidade em uma perspectiva relacional entre Administração Pública e cidadão, pelo binômio publicidade-acesso, exprime o caráter "representativo" da Administração Pública, tornando-a acessível apenas na perspectiva da investidura, relegando a participação popular ao procedimento mínimo de escolha de representantes, as eleições. Reconhecida a visão reducionista da representação pela Administração Pública a uma simples autorização, caberá ao administrador público agir em cumprimento do paradigma da democracia formal como governo do povo.

Divulgar os atos tendo em vista o acesso é objetivo de um paradigma de gestão preocupado com a fixação dos meios do exercício do jogo democrático, sem desenvolver um sentimento de compreensão da necessidade de um espaço público democrático com a construção de uma maior aproximação entre a sociedade e seus representantes com uma cidadania aliada ao desenvolvimento de uma democracia participativa que tenha como meta a descentralização das decisões políticas, o controle social do poder e dos recursos e o exercício dos mecanismos de cogestão.

Na dimensão intersubjetiva, a formulação da transparência em uma perspectiva relacional entre a Administração Pública e o cidadão, pelo binômio visibilidade-compreensão, exprime o caráter "participativo e/ou deliberativo" da Administração Pública, tornando-a acessível na dimensão operacional, com destaque à participação popular no espaço coletivo de reflexão da gestão e controle da Administração Pública. A participação ativa do cidadão na Administração Pública constitui não somente fator de democratização administrativa, mas precisamente uma maior legitimação da tomada de decisão administrativa.

Tornar visíveis os atos da Administração tendo em vista a compreensão do agir administrativo pelos cidadãos é objetivo de um paradigma de gestão que leva em conta a força substantiva no agir administrativo, na qual o maior controle social, seja para garantir seus direitos fundamentais, seja para exigir a tutela impessoal dos interesses públicos, por uma adequação transposta da legalidade estrita para a conformidade do justo aos advogados da coletividade, é revelado por uma administração responsiva aos interesses e responsável perante ela por sua satisfação.

Na dimensão objetiva, a publicidade destina-se a garantir eficácia do ato administrativo, de modo que, no caso da falta de publicidade ou de publicidade incompleta, o ato já existe, mas não produz efeitos jurídicos[i]. Ao contrário, a transparência visa permitir o controle social da gestão pública. A publicidade abrange comportamentos preocupados com o cumprimento do dever da Administração Pública em divulgar e possibilitar o conhecimento público de seus atos. A transparência, por sua vez, abrange comportamentos preocupados com o cumprimento do dever de prestar contas e possibilitar a compreensão pública de seus atos.

A abertura administrativa na publicidade é a difusão e o conhecimento dos atos da Administração Pública; na transparência, é a integração do cidadão na gestão pública. A publicidade disponibiliza informações em uma atitude passiva, tornando públicas as informações administrativas sem preocupação com o destinatário-cidadão. Já a transparência disponibiliza informações em uma atitude proativa, com a preocupação de fazer sentido ao cidadão. A publicidade conduz os atos da Administração Pública ao conhecimento público pelos meios consagrados na legislação ou pela prática administrativa. A transparência conduz os atos da Administração Pública à clareza de conteúdo e com todos os elementos de sua composição, inclusive motivo e finalidade.

---

i   A publicidade funciona como um ato complementar, elemento necessário para a produção dos efeitos jurídicos do ato, especialmente para valer perante terceiros ou *erga omnes*. Nesse caso, a publicidade representa fator de eficácia dos atos administrativos, cuja omissão nas hipóteses em que a divulgação é obrigatória revela um ato administrativo imperfeito. Enquanto não ocorre a publicidade, o ato não produz efeitos jurídicos. Nesse caso, eventual retratação de um pedido de exoneração antes da publicação do ato provoca o retorno ao *status quo ante*. Já outros sustentam que a publicidade é elemento de existência do ato administrativo, de modo que, sem a publicidade, o ato não existe no mundo jurídico (MARÇAL FILHO, 2009, p. 294; BRASIL. Superior Tribunal de Justiça. Recurso Especial n. 213417. Relator: Ministro Fernando Gonçalves. Órgão Julgador: Sexta Turma. Data do julgamento: 16/11/1999. DJe: DJ 13/12/1999 p. 188; BRASIL. Superior Tribunal de Justiça. Recurso Ordinário em Mandado de Segurança n. 5164. Relator: Ministro Fernando Gonçalves. Órgão Julgador: Sexta Turma. Data do julgamento: 15/08/2000. DJe: DJ 04/09/2000 p. 193).

*Dimensões da transparência administrativa na abordagem jurisdicional:*
*a visibilidade na gestão pública*

A publicidade é a divulgação oficial dos atos da Administração Pública, de modo a permitir o conhecimento público, e representada nos conceitos de divulgação, exposição e exteriorização. A transparência é o esclarecimento compartilhado dos atos da Administração Pública, com vistas a permitir a fiscalização cidadã e a participação do cidadão nos discursos do processo de tomada de decisão, e representada pelos conceitos de acessibilidade, comunicação e prestação de contas.

Na jurisprudência brasileira, a ideia da transparência aparece como vertente do dever da publicidade administrativa[i]. Além do sentido formal de divulgação dos atos da Administração Pública[ii], velando pela não clandestinidade do Estado, o esconder do povo sua atuação, o princípio da publicidade administrativa abrange a não obscuridade de comportamentos, causas e efeitos dos atos da Administração Pública[iii].

No caso ADIN n. 2.361, promovida pela Associação dos Tribunais de Contas do Brasil, constata-se que a transparência decorre do princípio da publicidade no sentido de garantir o acesso a documentos públicos por órgãos fiscalizadores e pela sociedade em geral. É vedado aos órgãos públicos, como curadores de dados que pertencem ao povo, guardar ou produzir documentos para benefício próprio.

---

i   "A Constituição Federal erige a publicidade como princípio que deve reger a Administração Pública, acentuando a necessidade de transparência dos atos do gestor público" (BRASIL. Superior Tribunal de Justiça. Mandado de Segurança. MS n. 9794/DF. Órgão Julgador: Primeira Seção. Relator (a): Ministro FRANCISCO FALCÃO. Julgamento: 24/11/2004, DJ 01/02/2005 p. 389; "O princípio da publicidade impõe a transparência na atividade administrativa exatamente para que os administrados possam conferir se está sendo bem ou mal conduzida" (MELLO, 2008, p. 85).

ii  "A divulgação dos nomes dos profissionais responsáveis pela elaboração das questões das provas objetivas após a realização das provas de concurso público promovido pela Universidade Federal do Triângulo Mineiro, satisfaria o Princípio da Publicidade" (BRASIL. Tribunal Regional Federal da Primeira Região. Apelação Cível AC n. 0004187-72.2013.4.01.3802 / MG. Órgão Julgador: Sexta Turma. Relator: Desembargador Federal Jirair Aram Meguerian. Data do julgamento: 13/03/2017. Data da publicação: 31/03/2017 e-DJF1).

iii "O dever administrativo de manter plena transparência em seus comportamentos impõe não haver em um Estado Democrático de Direito, no qual o poder reside no povo (art. 1º, parágrafo único, da Constituição), ocultamento aos administrados dos assuntos que a todos interessam, e muito menos em relação aos sujeitos individualmente afetados por alguma medida." (MELLO, 2010, p. 114).

Na mesma esteira, no MS n. 28.178, que apreciou a natureza pública das verbas indenizatórias para exercício da atividade parlamentar, fica bem explícita a ideia da relação entre transparência e publicidade, quando o relator Min. Roberto Barroso afirma que do princípio da publicidade (art. 37, *caput* e § 3º, II) e do princípio republicano (art. 1º) se originam os deveres de transparência e de prestação de contas, bem como a possibilidade de responsabilização ampla por eventuais irregularidades.

Em sentido oposto, afirmando que a publicidade é decorrência da ideia da transparência quando no julgamento da ADIN n. 1.923, o relator Ayres Britto afirma que a Administração deve observar, sempre, os princípios estabelecidos no *caput* do art. 37 da CF. Entre eles, têm destaque os princípios da impessoalidade, expressão da isonomia (art. 5º, *caput*), e da publicidade, decorrência da ideia de transparência e do princípio republicano (impõe-se responsabilidade jurídica pessoal a todo aquele que tenha competência para – e consequente dever de – cuidar de tudo que é de todos)[i].

Ainda na relação da transparência com a publicidade, a transparência aparece como fundamento para divulgação de dados relacionados a cargos públicos[ii]. No julgamento da ADIN n. 2.444, a legislação estadual do Estado do Rio Grande do Sul, ao determinar a obrigação do Governo de divulgar na imprensa oficial e na internet dados relativos a contratos de obras públicas, inspira-se no princípio da publicidade, em sua vertente mais específica, a da transparência dos atos do Poder Público[iii].

---

i   BRITTO, 2014, p. 18; 20.

ii  BRASIL. Supremo Tribunal Federal. Agravo Regimental no Recurso Extraordinário RE n. 766390 AgR/DF – DISTRITO FEDERAL. Órgão Julgador: Segunda Turma. Relator(a): Min. RICARDO LEWANDOWSKI. Julgamento: 24/06/2014, DJe-157; BRASIL. Supremo Tribunal Federal. Embargos de Declaração no Recurso Extraordinário RE n. 586424 ED / RJ – RIO DE JANEIRO. Órgão Julgador: Segunda Turma. Relator(a): Min. GILMAR MENDES. Julgamento: 24/02/2015, DJe-047.

iii BRASIL. Superior Tribunal de Justiça. Ação Direta de Inconstitucional. RMS n. 10131 / PR. Órgão Julgador: Segunda Turma. Relator (a): Ministro FRANCISCO PEÇANHA MARTIN. Julgamento: 07/11/2010, DJ 18/02/2002 p. 279.

Nesse mesmo cenário, no julgamento n. 10.131 do STJ[i], a publicidade das informações sobre o Protocolo de Acordo entre a Renault do Brasil S.A. e o Fundo de Desenvolvimento Econômico do Estado do Paraná foi fundamentada na ideia transparência dos negócios realizados pela Administração Pública envolvendo interesses patrimoniais e sociais da coletividade como um todo.

Outro caso julgado pelo STJ demonstra que a transparência fundamenta a divulgação de Cadastro que veicula o nome das empresas que tiveram seus autos de infração declarados subsistentes, em processo administrativo regular, contribuindo para informar a sociedade sobre as ações dos órgãos públicos destinadas a erradicar o trabalho degradante no Brasil[ii].

Na mesma esteira, o STJ julgou a necessidade da divulgação dos documentos e das informações a respeito dos gastos efetuados com cartão corporativo do Governo Federal, com fundamento na transparência ("A transparência das ações e das condutas governamentais não deve ser apenas um *flatus vocis*, mas sim um comportamento constante e uniforme")[iii]. Outro caso, também julgado pelo STJ, em que a divulgação de dados públicos, qual seja, o nome de quem recebe um passaporte diplomático emitido por interesse público, fundamenta-se na transparência que constitui o modo republicano de governo; sujeita a res publica à visibilidade de todos, o poder se autolimita ou é limitado pelo controle social[iv].

---

i  BRASIL. Superior Tribunal de Justiça. Recurso Ordinário em Mandado de Segurança. ADI n. 2444 / RS – RIO GRANDE DO SUL. Órgão Julgador: Tribunal Pleno. Relator (a): Min. RICARDO LEWANDOWSKI. Julgamento: 24/06/2014, DJe-157.

ii  BRASIL. Superior Tribunal de Justiça. Mandado de Segurança. MS n. 14017 /DF. Órgão Julgador: Primeira Seção. Ministro HERMAN BENJAMIN. Julgamento: 27/05/2009, DJe 01/07/2009.

iii  BRASIL. Superior Tribunal de Justiça. Mandado de Segurança. MS n. 20895 /DF. Órgão Julgador: Primeira Seção. Relator: Ministro NAPOLEÃO NUNES MAIA FILHO. Julgamento: 12/11/2014, DJe 25/11/2014.

iv  BRASIL. Superior Tribunal de Justiça. Mandado de Segurança. MS n. 16179/DF. Órgão Julgador: Primeira Seção. Relator (a): Ministro ARI PARGENDLER. Julgamento: 09/04/2014, DJe 25/04/2014, RSTJ v. 235 p. 61.

# 2
# Da transparência administrativa

## 2.1 Conteúdo

### 2.1.1 Inclusão

É a abertura e o estímulo à participação dos cidadãos, que não se esgotam nas formas já clássicas de participação dos interessados nos procedimentos administrativos, mas que incluem canais mais amplos de intervenção e o fomento de uma atitude proativa dos cidadãos.

Deve-se seguir uma política de estímulo, incentivo e atuação da participação. O particular assume ou vê-se convocado a assumir um novo papel de ator, que partilha com o Estado a missão de realizar o interesse público.

O paradigma democrático no sistema administrativo, que transpõe o liminar da eleição de representantes políticos para expressar-se também no modo de tomada de decisão dos eleitos[i], concretiza-se com a valorização do cidadão como sujeito atuante e integrado a uma sociedade estatal, em um sentido mais amplo do que a mera titularidade de certos direitos políticos.

É a noção de um cidadão atuante e colaborador colocado como um importante ator no cenário das relações jurídico-administrativas, com papel ativo da esfera pública[ii].

### 2.1.2 Vigilância

É a processualização da atividade administrativa, ou seja, uma preocupação crescente com a disciplina e a democratização dos procedimentos formativos da vontade administrativa. Ao revalorizar os processos como veículos decisórios da Administração, funcionam como instrumento para assegurar uma adequada consideração do indivíduo nos processos discricionários, bem como a participação popular direta e efetiva na gestão pública, resultando em uma atuação administrativa responsável, coerente e com maior aceitabilidade pela sociedade[iii].

---

i    MEDAUAR, 1999, p. 27.
ii   FUNGHI, 2011, p. 223; MAFFINI, 2010, p. 161.
iii  CALLIGAN, 1996, p. 130.

É a responsabilização da Administração Pública para alcançar resultados sociais e sistêmicos por meio da qualidade informacional e justificativa administrativa.

No **aspecto formal**, um acesso fácil, simples e rápido no meio eletrônico, envolvendo a capacidade da Administração Pública de disponibilizar informações de interesse público, não apenas por imposição de dispositivos de leis ou regulamentos, mas de modo proativo, contemplando resultados da atividade administrativa, bem como fatores que norteiam a preservação e a otimização de valor da organização, gerando uma sociedade capaz de controlar o Poder Público.

E no **aspecto material**, com um conteúdo claro, didático, completo e objetivo que permita a compreensão das escolhas administrativas na condução da máquina pública, cuja finalidade é aumentar a capacidade de avaliação do agir administrativo, bem como a participação social. É o esclarecimento com a qualidade da informação pública traduzida na manutenção de um fluxo de informações públicas pertinentes, confiáveis, inteligíveis e oferecidas no momento oportuno, e a justificação dos atos praticados na gestão pública. Abrange, igualmente, a troca e partilha de informações que sejam de interesse público.

É a expansão da anticorrupção, não apenas por meio de um sistema normativo que intensifique os controles sobre a Administração Pública e a responsabilização pela prática de atos corruptos, mas também mediante o fortalecimento de órgãos estatais e da sociedade civil no combate à corrupção.

## 2.1.3 Consenso

É o modo de atuação dos órgãos e entidades administrativas a partir de bases e procedimentos que privilegiem o emprego de técnicas, métodos e instrumentos negociais. Marca a evolução de um modelo centrado no ato administrativo (unilateralidade) para um modelo que passa a contemplar os acordos administrativos, a negociação, a coordenação, a cooperação, a colaboração, a conciliação e a transação.

A Administração Pública volta-se para a coletividade, passando a conhecer melhor os problemas e as aspirações da sociedade. A administração autoritária centrada no ato administrativo e na rígida dicotomia liberal entre público e privado, baseada em uma lógica de contraposição absoluta, é substituída por uma administração concertada[i].

Hoje, pensa-se no consensualismo na esfera pública. As relações administrativas devem ser relações abertas e interativas com um cidadão interessado no cotidiano da gestão pública, inclusive quando da tomada de decisões administrativas. Constata-se mudança de perspectivas, em razão do que a Administração Pública deixa de desconfiar dos interesses privados e de exercer de modo exclusivo a função de satisfação do interesse público com a execução objetiva da vontade geral fixada na lei, para dedicar-se à busca de mecanismos destinados a conferir às relações administrativas o grau de integração na condução dos negócios públicos.

### 2.1.4 Inovação

Significa a atualização dos métodos e das ferramentas da evolução tecnológica na formulação e gestão das políticas públicas e na prestação de serviços públicos, bem como a adequação do relacionamento da Administração Pública com a sociedade ao contexto da sociedade de informação com ganhos democráticos baseados na cocriação e na coprodução de dados e decisões, de modo a impulsionar uma nova abordagem na gestão pública fundamentada em uma governação democrática e aberta.

É a ampliação do governo eletrônico, permitindo a acessibilidade dos cidadãos ao governo não como um fim em si mesmo, mas para garantir o uso inclusivo e pedagógico para os cidadãos.

Com a promoção do desenvolvimento tecnológico, busca-se, além da facilitação no intercâmbio de dados entre órgãos e entidades da Administração Pública e do compartilhamento da tecnologia de informação e da oferta de serviços públicos digitais de maneira integrada, o franqueamento aos cidadãos, de modo aberto, aos dados produzidos ou acumulados pela Administração Pública.

---

i   ENTERRÍA; FERNÁNDEZ, 1999, p. 662; ESTORNINHO, 1990, p. 64-67; DAMIANI, 1992, p. 1-9; SILVA, 1997, p. 43-70; GONÇALVES, 2010, p. 97-128.

## 2.2 Fundamentos

### 2.2.1 Político

A evolução no conceito da democracia participativa contribui para construção da Administração Pública democrática compatível com a ideia da visibilidade no poder administrativo. Nesse contexto, a transparência pode ser vista como uma ferramenta ou um instrumento para melhoria da qualidade democrática[i] quando fomenta a participação dos administrados nas decisões administrativas. A transparência é: (1) requisito de funcionamento da democracia: a visibilidade na atuação do poder é condição para que haja participação da cidadania (historicamente, a visibilidade do poder na sociedade civil nem sempre foi democrática)[ii]; (2) verdadeiro indicador da qualidade democrática: a transparência na atuação administrativa induz à configuração de um regime em que aos cidadãos são concedidos direitos de liberdade, de igualdade política e de controle das políticas públicas e dos direitos políticos.

### 2.2.2 Jurídico

Refere-se às transformações do Estado constitucional com a doutrina da efetividade, a normatização dos princípios e a ordem objetiva de valores, repercutindo em todos os ramos do Direito e nas relações sociais.

---

i    PRATAS, 2011.

ii   Na sociedade grega, o poder era relativamente visível, uma vez que os cidadãos se reuniam em assembleias para debates e decisões. As assembleias eram um tipo de esfera pública, na qual a visibilidade podia ser compartilhada. Havia uma participação direta não representativa em um processo em que os cidadãos podiam ver e ser vistos, ouvir e ser ouvidos. Na estética de inserção da política grega, não cabiam mulheres, escravos, artesãos e estrangeiros. Nos tradicionais Estados monárquicos da Idade Médica e início da Idade Moderna, não havia visibilidade do poder pelos súditos. Com a constituição do Estado Moderno, começa um processo contínuo de visibilidade.

### 2.2.3 Organizacional

As profundas transformações pelas quais passam o modelo de Estado e, na mesma esteira, a função administrativa, com a introdução da ideia da governança pública[i] e da necessidade da modernização administrativa[ii], que provoca desafios estimulantes na redefinição do papel gestacional dos negócios públicos no discurso administrativo buscando o vetor da boa Administração Pública.

### 2.2.4 Sociológico

O impacto da globalização e o advento da sociedade de informação que fomentam a busca de uma nova legitimidade no agir administrativo. Há um aumento da eficiência e da eficácia das organizações públicas, com as tecnologias de informação e os novos desafios da era digital.

# 3
# Conclusão

A transparência é a atualização expansiva do princípio da publicidade e, por consequência, uma acepção que vai além dos limites estreitos de uma obrigação formal de divulgação pública dos atos da Administração Pública[iii].

---

i "The path towards good governance requires a long-term vision centred on a genuine consideration of the needs of citizens and business. Building trust should be a priority. Consensus building and a strategic approach are the pre-conditions for successful reform. The active engagement of all stakeholders is needed. The European Commission is a partner in this process, providing funding and guidance, as well as facilitating the exchange of know-how and experience. Together, we will build high-quality public services that meet the needs of citizens and foster business and job creation" (In Promoting good governance – European Social Fund thematic paper. European Commission: Directorate-General for Employment, Social Affairs and Inclusion Unit E1 Manuscript completed in January 2014).

ii FORJAZ, 2000.

iii MOREIRA NETO, 2005, p. 83; DROMI, 2005, p. 69; VALLE, 2010.

A transparência é enfatizada em determinado aspecto que possa transmitir visibilidade administrativa, ou seja, interação e proximidade entre Administração Pública e o cidadão, com mecanismos de esclarecimento e compartilhamento da gestão pública.

Na linha da compreensão da necessidade de concretização de uma maior articulação e cooperação no relacionamento entre Administração Pública e sociedade[i], a exigência premente de um sentido democratizante na estrutura relacional administrativa justifica o desenvolvimento de um novo estatuto no conjunto dos princípios gerais disciplinadores da ação administrativa contemporânea. Nesse contexto, busca-se colocar em destaque a importância de estabelecer para a ação administrativa contemporânea princípios que, harmonizando e dando coerência ao complexo de transformações, fixe as bases e os fundamentos da nova ordem relacional estruturada em uma Administração Pública democrática[ii].

A perspectiva democrática da Administração Pública[iii] pressupõe a Administração Pública como um sistema aberto, que percebe as mudanças nos ambientes contextuais e conduz a uma não concentração

---

i     A observação de um estreitamento no relacionamento entre Administração Pública e sociedade, no contexto da Administração Pública democrática, mostrou-se um importante elemento catalizador do desenvolvimento não só do sentido da transparência, mas, sobretudo, dos mecanismos pelos quais esse conteúdo possa encontrar, na democratização do sistema administrativo, a sua concretização. Afinal, desde a cultura do segredo, prática tradicional do Estado Moderno, tem-se por certo o desafio consistente no distanciamento entre a enunciação do direito de acesso a documentos administrativos, e sua mudança em termos de compreensão da informação contida nos documentos administrativos, para permitir o público compreender as motivações e os objetivos no agir público (TARDE, 1994; HESPANHA, 2013).

ii     ETZIONI, 1981, p. 15; HOLZNER; HOLZNER, 2006; NASCIMENTO, 1972, p. 5-31; BREYER, 2005; FREITAS, 2009; DI PIETRO, 2010; RODRÍGUEZ-ARANA, 2011, p. 87-102; BINENBOJM, 2006.

iii     Nesse sentido e chamando atenção para as dimensões da estrutura da Administração Pública democrática, algumas das seguintes características: a) da condição de administrado à condição de cidadão; b) personalização do direito administrativo; c) gestão pública consensual; d) independência da Administração Pública; e) vinculação administrativa à juridicidade; f) limitação na discricionariedade administrativa; g) descentralização da unidade do Poder Executivo com o surgimento das agências reguladoras independentes; h) transparência como um *plus* da publicidade na Administração Pública (JUSTEN FILHO, 2008).

em regras de funcionamento interno, a não apologia da eficiência como critério primário da viabilidade organizacional e, consequentemente, à ênfase em programas, e não em procedimentos. O desafio é, nesse contexto de mutações, pensar e conceber a transparência como um princípio coerente com os novos paradigmas e que consolide a exigência de um significado atualizado em face da evolução sociocultural que acomoda uma definição integradora manifestada por uma fusão de institutos e normas que, em seu conjunto, revelem uma atuação da Administração Pública responsável, eficaz e democrática, possibilitando o controle social[i].

Nesse contexto de uma mudança de paradigmas[ii] na própria Administração, os quais resultam na aproximação da gestão pública às reais demandas sociais, por força da evolução na ideia da governança e

---

i     Controle social é instrumento de garantia da boa Administração Pública. Serve para verificar se a atuação da Administração Pública é compatível com os vetores da boa Administração Pública. É examinar a adequação da atividade administrativa a uma boa administração, mediante análise de seus requisitos. Não basta a existência do direito fundamental à boa administração. É necessário um instrumento para ser acionado nos casos de violação à boa administração. Esse instrumento é o controle social. A efetivação do controle social imprescinde da existência da noção de boa Administração Pública, como também da existência do cidadão incumbido do exercício do controle. A boa Administração Pública impõe deveres em prol de uma atuação da Administração Pública responsável, eficaz e satisfatória. Entre os diversos deveres, destaca-se a transparência administrativa.

ii     Trata-se de uma nova maneira de pensar, de se relacionar e de agir para integração na nova realidade. Os novos paradigmas podem surgir baseados em rupturas totais ou não, sendo possível a existência simultânea e/ou interdependente entre paradigmas divergentes e, também, a continuidade de um paradigma a partir da aparição de outros novos paradigmas. Esse processo de mudança paradigmática, como um processo difícil e lento de renovação da concepção anterior de toda uma estrutura de ideias, envolve algumas análises no sentido de colaborar para a reconstrução do conhecimento sob novas perspectivas e em novas épocas históricas. A mudança de paradigmas é originada da constatação de que a teoria científica é dinâmica, traduzida em um processo de construção de novas formas de pensar e entender a realidade, superando outros modelos de racionalidade. Essas mudanças encontram-se de tal forma imbricadas nas estruturas sociais que se torna necessário considerar a atividade do cientista sob o influxo de fatores sociais, externos ao conhecimento científico, sem descurar da causalidade intrínseca do domínio interno da ciência. Pensar e escrever sobre a mudança científica

crescente generalização no uso das tecnologias de informação e comunicação conferindo maior legitimidade no agir público[i], a transparência constitui uma mutação fundamental no direito administrativo, cujo princípio não pode ser traduzido nos limites estreitos de uma obrigação quase que formal de divulgação dos atos do Poder Público.

# Referências

AARNIO, A. **The rational as reasonable**: a treatise on legal justification. Dordrecht: D. Reidel Publishing Company, 1987.

ALMEIDA, F. M. de. **Os atos administrativos na teoria dos atos jurídicos**. São Paulo: Revista dos Tribunais, 1969.

ANABITARTE, A. G. **Derecho administrativo**: programa, sistemática y guia para su estudio. Santiago de Compostela: Universidad de Santiago de Compostela, 1973.

ASH, T. G. **El expediente**. Madrid: Tusquets, 1997.

ÁVILA. H. **Sistema constitucional tributário**. São Paulo: Saraiva, 2004.

BAQUER, S. M. R. **El derecho civil en la genesis del derecho administrativo y de sus Instituciones**. Madrid: Editorial Civitas, 1996.

BAUMAN, Z. **Comunidade**: a busca por segurança no mundo atual. Tradução de Plínio Dentizien. Rio de Janeiro: Zahar, 2003.

BECK, U.; GIDDENS, A.; LASH, S. **Modernidade reflexiva**: trabalho e estética na ordem social moderna. São Paulo: Unesp, 1997.

---

    além de instigante, permite refletir sobre ideias e coisas dentro da contingência e heterogeneidade dos processos históricos, evidenciando as influências socioculturais nos conteúdos cognitivos, sendo lógico considerar na linha de entendimento de SHAPIN e SCHAFFER de que soluções para problemas de conhecimento são soluções para problemas de ordem social (VASCONCELLOS, 2002; KUHN, 1994; MORIN, 2001, p. 258-259; LEFEBVRE, 1991, p. 228-233; FRANÇA, 1994, p. 138-153; DE MASI, 2000, p. 29; ORTERMANN, 1996, p. 185; SHAPIN; SCHAFFER, 1985).

i    A Administração Pública deve adaptar-se à realidade, informada pelas novas exigências históricas, sociais, teóricas e filosóficas que a cercam nesse ambiente globalizado. A Administração Pública se insere em um processo dinâmico que envolve uma premente readequação do seu modo de ser e de atuar, de que participam os gestores na satisfação dos interesses e das necessidades da sociedade.

BINENBOJM, G. **Uma teoria do direito administrativo**: direitos fundamentais, democracia e constitucionalização. Rio de Janeiro: Renovar, 2006.

BOBBIO, N. **Locke e il diritto naturale**. Torino: Giappichelli, 1963.

BOBBIO, N. **Futuro da democracia**. 11. ed. São Paulo: Paz e Terra, 2009.

BRITTO, C. A. O regime constitucional dos Tribunais de Contas. **Revista do Tribunal de Contas do Estado do Rio de Janeiro**, Rio de Janeiro: TCE-RJ, v. 8, p. 18-20, 2º semestre 2014.

BUENO, J. P. A. **Direito público brasileiro e análise da constituição do império**. São Paulo: Editora 34, 2002.

CALLIGAN, D. J. **Due process and fair procedures**: a study of administrative procedures. Oxford: Clarendon Press, 1996.

CALVACANTI, T. B. **Tratado de direito administrativo**. Rio de Janeiro: Freitas Bastos, 1955. v. 1.

CARVALHO FILHO, J. dos S. **Manual de direito administrativo**. São Paulo: Atlas, 2015.

CASSESE, S. **La construction du droit administratif France et Royaume-une**. Paris: Montchrestien, 2000.

CHAPLIN, C. **Modern times**. Continental Filmes, 1936.

CINTRA. M. Segurança jurídica e os tributos. In: BOTTINO, M. T. (Coord.). **Segurança jurídica no Brasil**. São Paulo: RG Editores, 2012.

COSTA, J. F. da. Poder e direito penal. **Revista de Legislação e Jurisprudência**, n. 3.942, ano 136, p. 154, jan./fev. 2007.

DAHL, R. **Poliarquia**. São Paulo: Ed. da USP, 1997.

DAHL, R. A. **Sobre a democracia**. Brasília: Ed. UnB, 2001.

DALLARI, D. de A. **Segurança e direito**: o renascer do direito. São Paulo: Saraiva, 1980.

DAMIANI, E. S. **Attivitá amministrativa consensuale e accordi di programma**. Milano: Giuffré, 1992.

DELPIAZZO, C. E. La regulación legal del control social y la transparencia. **Revista de antiguos alumnos del IEEM**, Montevideo, ano 5, n. 1, 2002.

DELPIAZZO, C. e. El principio de seguridad juridica en el mundo virtual. **Revista de Derecho de la Universidad de Montevideo**, v. 6, n. 11, p. 7-16, 2007. Disponível em: <http://revistas.um.edu.uy/index.php/revistaderecho/article/view/872/1086> Acesso em: 18 out. 2022.

DE MASI, D. (Org.). **A sociedade pós-industrial**. Tradução de Anna Maria Capovilla e outros. São Paulo: Senac, 2000.

DI PIETRO, M. S. Z. Da constitucionalização do direito administrativo: reflexos sobre o princípio da legalidade e a discricionariedade administrativa. In: DI PIETRO, M. S. Z.; RIBEIRO, C. V. A. (Coords.). **Supremacia do interesse público e outros temas relevantes do direito administrativo**. São Paulo: Atlas, 2010.

DROMI, R. **El derecho público en la hipermodernidad**: novación del poder y la soberanía, competitividad y tutela del consumo, gobierno y control no estatal. Madrid: Hispania Libros, 2005.

ENTERRÍA, E. G.; FERNANDEZ, T. R. **Curso de direito administrativo**. São Paulo: Revista dos Tribunais, 2015. v. I.

ESTORNINHO, M. J. **Requiem pelo contrato administrativo**. Coimbra: Almedina, 1990.

ESTORNINHO, M. J. **A fuga para o direito privado**: contributo para o estudo da atividade de direito privado da Administração Pública. Coimbra: Almedina, 1999.

ETZIONI, A. **Organizações complexas**: estudos das organizações em face dos problemas sociais. Tradução de João Antônio de Castro Medeiros. São Paulo: Atlas, 1981.

FORJAZ, M. C. S. Globalização e crise do Estado Nacional. **Revista de Administração de Empresas**, São Paulo: FGV, v. 40 n. 2, abr./jun. 2000.

FRANÇA, V. R. V. Teorias da comunicação: busca de identidade e dos caminhos. **Revista da Escola de Biblioteconomia da UFMG**, Belo Horizonte: UFMG, v. 23, n. 2, p. 138-153; 1994.

FREITAS, J. **O controle dos atos administrativos e os princípios fundamentais**. São Paulo: Malheiros, 2009.

FUNG, A.; COHEN, J. Democracia radical. **Política & Sociedade**, n. 11, p. 221-237, out. 2007. Disponível em: <https://periodicos.ufsc.br/index.php/politica/article/download/1293/1210>. Acesso em: 10 nov. 2022.

FUNGHI, L. H. B. Da dogmática autoritária à Administração Pública democrática. **Revista de Direito Administrativo**, Rio de Janeiro, v. 257, p. 223, maio/ago. 2011.

GASTIL, J. **By popular demand**: revitalizing representative democracy through deliberative elections. Berkeley, CA: University of California Press, 2000.

GONÇALVES, P. **O contrato administrativo**: uma instituição do direito administrativo do nosso tempo. Coimbra: Almedina, 2004.

GONÇALVES, P. C. Estado de garantia e mercado. **Revista da Faculdade de Direito da Universidade do Porto**, v. VII (especial: Comunicações do I Triênio dos Encontros de Professores de Direito Público), p. 97-128, 2010.

GUERRERO, M. A. Medios de comunicación y la función de la trasparencia. **Cuadernos de transparencia**, México: IFAI, n. 11, 2006.

HABERMAS, J. **A mudança estrutural da esfera pública**: investigações quanto a uma categoria da sociedade burguesa. Rio de Janeiro: Tempo Brasileiro.

HAURIOU, A. A utilização em direito administrativo das regras e princípios do direito privado. **Revista de Direito Administrativo**, Rio de Janeiro, ano 1, n. 1, p. 466-467, abr. 1945.

HASLAM, J. **A necessidade é a maior virtude**: o pensamento realista nas relações internacionais. São Paulo: M. Fontes, 2006.

HEROLES, F. R. Corrupción: de los ángeles a los índices. **Cuadernos de Transparencia**, México: IFAI, n. 1, 2008.

HERVADA, J. **Lições propedêuticas de filosofia do direito**. São Paulo: M. Fontes, 2008.

HESPANHA, A. M. **Pluralismo jurídico e direito democrático**. São Paulo: Annablume Editora, 2013.

HOLZNER B.; HOLZNER, L. **Transparency in global change**: the vanguard of the open society. USA: University of Pittsburgh Press, 2006.

HUESO, L. C. **Teoría y realidad de la transparencia pública en Europa**. Disponível em: <http://www.cotino.net/web/cotino_org/publicaciones/DEFINITIVO.PDF.> Acesso em: 15 ago. 2015.

JUSTEN FILHO, M. **Curso de direito administrativo**. São Paulo: Saraiva, 2008.

KELSEN, H. **A democracia**. São Paulo: M. Fontes, 2000.

KUHN, T. S. **A estrutura das revoluções científicas**. São Paulo: Perspectiva, 1994.

LAMARQUE, J. **Reserches sur l'application du droit privé aux services publics administratifs**. Paris: Librarie Generale di Droit et Jurisprudence, 1960.

LARENZ, K. **Derecho justo**: fundamentos da ética jurídica. Madri: Civitas, 1985.

LEFEBVRE, H. Lógica concreta (dialética): a superação. In: LEFEBVRE, H. **Lógica formal/lógica dialética**. Tradução de Carlos Nelson Coutinho. Rio de Janeiro: Civilização brasileira, 1991.

LERBINGER, O. **The crisis manager**: facing risk and responsability. Mahwah, New Jersey: Lawrence Erlbaum Associates Publishers, 1997

LOUREIRO, M. D. **A política de segurança interna**. Lisboa: Ministério da Administração Interna, 1995.

LUCHAIRE, F. **La sécurité juridique en droit constitutionnel français**. Disponível em: <http://www.conseil-constitutionnel.fr/conseil.../secjur.pdf.> Acesso em: 15 set. 2013.

LUENGO, J. G. **El principio de protección de la confianza en el derecho administrativo**. Madri: Civitas, 2002.

LUÑO, A. E. P. **La seguridad juridica**. Barcelona: Ariel, 1994.

MAFFINI, R. Administração Pública dialógica (proteção procedimental da confiança). Em torno da Súmula Vinculante n. 3, do Supremo Tribunal Federal. **Revista de Direito Administrativo**, Rio de Janeiro, v. 253, p. 161, jan./abr. 2010.

MARÇAL FILHO, J. **Curso de direito administrativo**. São Paulo: Saraiva, 2009.

MARTINS, E. P. Segurança jurídica e certeza do direito em matéria disciplinar: aspectos atuais. **Revista de Direito Administrativo**, Rio de Janeiro: Renovar, v. 230, p. 142, out./dez. 2002.

MEDAUAR, O. **Direito administrativo moderno**. São Paulo: Revista dos Tribunais, 2015.

MELLO, C. A. B. de. **Curso de direito administrativo**. São Paulo: Malheiros, 2010.

MELLO, C. **Ação direta de inconstitucionalização n. 2461**. Brasília, 16 dez. 2010. p. 1-5. Disponível em: <http://www.espacovital.com.br/arquivos/1_30253_52ae fa2c793a7.pdf> Acesso em: 10 set. 2016.

MEIRELLES, H. L. **Direito administrativo brasileiro**. São Paulo: Malheiros, 2002.

MOREIRA NETO, D. de F. **Legitimidade e discricionariedade**: novas reflexões sobre os limites e controle da discricionariedade. Rio de Janeiro: Forense, 1998.

MOREIRA NETO, D. de F. **Curso de direito administrativo**: parte introdutória, parte geral, parte especial. Rio de Janeiro: Forense, 2005.

MORIN, E. **Ciência com consciência**. Tradução de Maria D. Alexandre e Maria Alice Sampaio Dória. Rio de Janeiro: Bertrand Brasil, 2001.

NASCIMENTO, K. T. Implicações do moderno conceito de administração para a formulação de uma estratégia de reforma administrativa. **Revista de Administração Pública**, Rio de Janeiro, v. 6, n. 1, jan./mar. 1972.

NÓBREGA, J. F. da. **Introdução ao direito**. São Paulo: Sugestões Literárias, 1981.

NOVAIS, J. R. **Os princípios constitucionais estruturantes da República Portuguesa**. Coimbra: Coimbra Editora, 2011

ORTERMANN, F. A epistemologia de Kuhn. **Caderno Catarinense de Ensino de Física**, v. 13, n. 3, p. 185, 1996.

PAIM, I; NEHMY, M. R. Q.; GUIMARÃES, C. G. Problematização do conceito de "qualidade" de informação. **Perspectivas da Ciência da Informação**, Belo Horizonte, v. 1, n. 1, p. 111-119, jan./jun. 1996. Disponível em: <http://portalde periodicos.eci.ufmg.br/index.php/pci/article/view/8.> Acesso em: 20 jan. 2013.

PATEMAN, C. **Participação e teoria democrática**. Rio de Janeiro: Paz e Terra, 1992.

PEARSON, C. M.; CLAIR, J. A. Reframing crises management. **Academy of Management Review**, v. 23, n. 1, p. 59- 76, 1998.

PÉREZ, J. G.; NAVARRO, F. G. **Comentarios a la ley de régimen jurídico de las administraciones públicas y procedimiento administrativo común** (Ley 30/1992, de 26 de noviembre, T. I). 3. ed. Madrid: Civitas, 2003.

PRATAS, S. **Transparência do Estado, administração aberta e internet**. Coimbra: INA Editora, 2011.

PRUDENTE, A. S. Medida provisória e segurança jurídica. **Revista de Informação Legislativa**, n 138, p. 237-248, abr./jun. 1998.

RODRÍGUEZ-ARANA, J. M. El marco constitucional del derecho administrativo: el derecho administrativo constitucional. **Anuario da Faculdade de Direito da Universidade da Coruña**, Coruña, n. 15, p. 87-102, 2011.

RUSSEL, B. **A autoridade e o indivíduo**. Rio de Janeiro: Zahar, 1977.

SANTOS, B. de S. **Pela mão de Alice**: o social e o político na pós-modernidade. São Paulo: Cortez, 1999.

SARTORI, G. **A teoria da democracia revisitada**. São Paulo: Ática, 1994. v. 1.

SCHONBERG, S. J. **Legitimate expectations in administrative law**. Oxford: Oxford Press, 2000.

SCHUMPETER, J, A. **Capitalismo, socialismo e democracia**. Tradução de Ruy Jungmann. Rio de Janeiro: Fundo de Cultura, 1961.

SCHWARTZ, B. **French administrative law and the common-law world**. New York: New York University Press, 1954.

SECLAENDER, A. C. L. O direito de ser informado: base do paradigma moderno do direito de informação. **Revista de Direito Público**, v. 25, n. 99, p. 147-159, 1991.

SHAPIN, S.; SCHAFFER, S. **Leviathan and the air-pump**: Hobbes, Boyle and the experimental life. Princeton: Princeton University Press, 1985.

SICHES, L. R. **Tratado de sociologia**. Porto Alegre: Globo, 1970.

SILVA, A. do C. e. Os indivíduos e o estado na realização de tarefas públicas. **Revista de Direito Administrativo**, v. 209, p. 43-70, 1997.

SILVA, J. A. da. Democracia, segurança e garantismo. **Notícia do Direito Brasileiro**, Brasília, n. 7, p. 163-174, 2000.

SILVA, J. A. da. **Poder constituinte e poder popular**: estudos sobre constituição. São Paulo: Malheiros, 2002.

SINGLY, F. de. O nascimento do indivíduo individualizado e seus efeitos na vida conjugal e familiar. In: PEIXOTO, F. de S.; CICCHELLI, V. (Orgs.). **Família e individualização**. Rio de Janeiro: FGV, 2000.

SLOMSKI, V. **Contabilidade pública**: um enfoque na contabilidade municipal. São Paulo: Atlas, 2003.

SOUSA, M. R. de. **Direito constitucional**. Policopiado: Lisboa: Faculdade de Direito, 1979. v. I.

SOUZA, C. A. M. de. **Segurança jurídica e jurisprudência**: um enfoque filosófico-jurídico. São Paulo: Editora LTR, 1996.

STEIN, T. A segurança jurídica na ordem legal da República Federal da Alemanha. **Cadernos Adenauer**, Rio de Janeiro, n. 3, 2000. (Acesso à Justiça e Cidadania. Fundação Konrad Adenauer Stiftung).

STRONG, D. M.; LEE, Y. W.; WANG, R. Y. 10 potholes in the road to information quality. **IEEE Computer**, v. 18, n. 162, p. 38-46, 1997.

TÁCITO, C. **Temas de direito público** (Estudos e Pareceres). Rio de Janeiro: Renovar, 1997. v. 1: Ato e fato administrativo.

TARDE, G. **Les transformations du droit**. Paris: Berg, 1994.

TAVARES, A. R. **Curso de direito constitucional**. São Paulo: Saraiva, 2007.

THOMPSON, J. B. **Political scandal**: power and visibility in the media age. London: Polity Press, 2000.

TOQUEVILLE, A. de. **A democracia na América**: leis e costumes – de certas leis e certos costumes políticos que foram naturalmente sugeridos aos americanos por seu estado social democrático. Tradução de Eduardo Brandão; prefácio, bibliografia e cronologia de François Furet. 2.ed. São Paulo: M. Fontes, 2005. v. I.

TORNERO, J. M. P. **Los nuevos procesos de mediación**: del texto al hipermedia, en comunicación y educación en la sociedad de la información. Barcelona: Paidós, 2000.

TORRES, J. C. de O. **Natureza e fins da sociedade política**: visão cristã do estado. Petrópolis: Vozes, 1968.

URBINATI, N. **O que torna a representação democrática**. São Paulo: Lua Nova, 2006. v. 67.

VALEMBOIS, A.-L. **La constitutionnalisation de l'exigence de sécurité juridique em droit français**. Paris: Editore LGDJ, 2004.

VALLE, V. L. do. Transparência e governança: novas vertentes legitimadoras do agir do poder. **Direito Administrativo em Debate**, abr. 2010. Disponível em: <https://direitoadministrativoemdebate.wordpress.com/2010/04/20/transparencia-e-governanca-novas-vertentes-legitimadoras-do-agir-do-poder/>. Acesso em: 25 nov. 2022.

VALIM, R. **O princípio da segurança jurídica no direito administrativo brasileiro**. São Paulo: Malheiros, 2010

VASCONCELLOS, M. J. E. **Pensamento sistêmico**: novo paradigma da ciência. Campinas: Papirus, 2002.

VEDEL, G.; DELVOLVÉ, P. **Droit admnistratif**. Paris: PUF, 1992, 2t.

ZANOBI, G. **Corso di diritto ammnistrative**. Milão: Giuffrè, 1947. v. I.

*Filosofando o direito*

*Filosofía en el derecho*

*Ives Gandra da Silva Martins*[i]

Professor emérito das Universidades Mackenzie, UNIP, UNIFIEO, UNIFMU, do CIEE/O Estado de São Paulo, das Escolas de Comando e Estado-Maior do Exército – ECEME, Superior de Guerra – ESG e da Magistratura do Tribunal Regional Federal – 1ª Região. Professor honorário das Universidades Austral (Argentina), San Martin de Porres (Peru) e Vasili Goldis (Romênia). Doutor *honoris causa* das Universidades de Craiova (Romênia), da PUCPR e da PUCRS e Catedrático da Universidade do Minho (Portugal). Presidente do Conselho Superior de Direito da FECOMERCIO/SP. E-mail: igm@gandramartins.adv.br.

---

i Agradeço a contribuição de minha Assistente Ana Regina Campos de Sica, que resgatou textos meus, auxiliando-me na elaboração do presente artigo.

**Sumário**: 1. Introdução. 2. A filosofia e o direito. 3. Os direitos constitucional e internacional. 4. A jurisdição. 5. Conclusão.

**Resumo**: Este texto científico primeiramente correlaciona as temáticas da filosofia e do direito. Em seguida, traça as aproximações e os distanciamentos entre o direito constitucional e o direito internacional público. O próximo e derradeiro passo foi a análise da jusridição. No miolo do artigo, verifica-se o estudo da filosofia geral de pensadores como Platão, Aristóteles e Santo Tomás de Aquino, entre outros, bem como investigações vocacionadas à filosofia do direito a partir de jusfilósofos como Kelsen, Miguel Reale e Jorge Miranda. Na parte das aproximações e dos distanciamentos entre os direitos nacional e internacional, ênfase se imprime nas organizações internacionais, e até a atual invasão da Ucânia pela Rússia merece espaço. Por fim, a jurisdição é sobretudo investigada a partir da tripartição dos poderes de Montesquieu e da Carta Magna brasileira de 1988. O ponto de convergência de tudo é a filosofia.

**Paravras-chave**: Filosofia. Direitos constitucional e internacional. Jurisdição.


**Sumilla**: 1. Introducción. 2. Filosofía y derecho. 3. Derecho constitucional e internacional. 4. Jurisdicción. 5. Conclusión.

**Resumen**: Este texto científico correlaciona principalmente los temas de la filosofía y el derecho. Luego traza las aproximaciones y distancias entre el derecho constitucional y el derecho internacional público. El siguiente y último paso fue el análisis de jurisdicción. En el corazón del artículo se encuentra el estudio de la filosofía general de pensadores como Platón, Aristóteles y Santo Tomás de Aquino, entre otros, así como investigaciones centradas en la filosofía del derecho de filósofos como Kelsen, Miguel Reale y Jorge Miranda. En cuanto a las aproximaciones y distancias entre los derechos nacionales e internacionales, se hace énfasis en los organismos internacionales, e incluso la actual invasión de Ucrania por parte de Rusia merece espacio. Finalmente, la jurisdicción es investigada principalmente a partir del poder tripartito de Montesquieu y de la Constitución brasileña de 1988. El punto de convergencia de todo es la filosofía.

**Palavras clave**: Filosofía. Derecho constitucional e internacional. Jurisdicción.

# 1
# Introdução

Foi com grande entusiasmo que recebi o convite para participar deste livro. Sempre me interessei pela essência do direito, especialmente sob a ótica da interdisciplinaridade com a filosofia e, também, com a história, pois, embora se trate de campos de indagação diferentes, são indissociáveis.

Nessa esteira, o estudo de direito constitucional não é possível apenas à luz singela do direito posto, mas sim sob o prisma de uma concepção incomensuravelmente mais ampla, que passa, necessariamente, por uma visualização do homem em seu evoluir histórico, assim como em suas angústias, seus problemas, suas dificuldades, seus crimes, seus esforços de superação, suas ambições, suas desonras e suas grandezas, que tornam tão apaixonante sua experiência de vida[i].

---

i    Em uma bela página, Barão Homem de Mello retrata um pouco deste quadro, ao relatar, após a dissolução da Constituinte em 1823, o resultado final dos desmandos do primeiro imperador e as mesquinharias e grandezas que o levaram à renúncia:
"Nesta grande crise do nosso passado, há para o historiador um desenlace consolador.
A força não venceu o Direito.
Consumada a violência contra os mártires da Pátria, o triunfo ficou à causa da liberdade constitucional.
Após a vaga inquietação que acompanha sempre todos os atos de força material, o Imperador inclinou-se perante a soberania nacional; e o dia 23 de março veio realizar os votos da Constituinte.
Na carreira política do fundador do Império, há mais de um título legítimo de glória, que o recomenda à posteridade e à gratidão dos brasileiros. O ano de 1822 honra a sua memória.
O ato violento da dissolução da Constituinte foi um gravíssimo erro político, filho da mais imprudente precipitação, que repercutiu dolorosamente em todo o seu reinado.
As prisões e degredo, as devassas, a comoção da Bahia, o sangue derramado em Pernambuco e no Ceará em 1824, a consternação geral que assaltou a Nação em presença da ditadura imperial podiam ter sido poupados à nossa história. Nunca mais se atou o laço rompido da confiança nacional.
As violências dos governos produzem nos ânimos a apatia do terror, lançam nos espíritos suspeitas sombrias, que só dissipam com a sua queda.
7 de abril é o resultado de 12 de novembro.
Nesse dia, na hora suprema do infortúnio, Pedro I está abraçado com José Bonifácio.

Ora, a filosofia é a ciência das ciências; aquela que busca as razões últimas do homem, de sua existência, de sua ação e relações e, à evidência, insere-se como elemento estrutural na conformação do direito.

Diria, sem receio de errar, que os maiores juristas foram jusfilósofos, como Miguel Reale, Hans Kelsen, L. H. Hart, Messner, Aquino, Helmut Kuhl e Cossio. Os próprios grandes constitucionalistas não deixaram, pela relevância do direito constitucional, de conformar suas técnicas à luz de um enfoque filosófico, como Vedel, Lowenstein, Konrad Hesse, Canotilho, Jorge Miranda, Manoel Gonçalves Ferreira Filho, Celso Bastos e muitos outros. Sem falar nos jusnaturalistas Grotius, Vitoria, Izquierdo, Hervada, Puiz, Cassin e outros.

Essa é a razão pela qual, neste breve artigo, busco fornecer uma visão amplificada dessa aventura humana, considerando que a configuração do direito é estruturada na filosofia e tem por palco a própria história.

## 2
## A filosofia e o direito

Normalmente, os cursos jurídicos são iniciados com a matéria "Introdução à Ciência do Direito" – que é examinada à luz da filosofia – e terminam com "Filosofia do Direito", dando aos estudantes o perfil definitivo da ciência que escolheram e cuja prática exercerão como advogados, magistrados, delegados, membros do Ministério Público ou da Administração[i].

---

    Era a reconciliação, pública e solene, com o seu glorioso passado de 1822.
    A geração da independência estava reabilitada.
    Há na história lugar para todos os grandes homens, sem caluniar a ninguém.
    A glória não é inimiga da verdade.
    É tempo que o sol da posteridade desponte para esses manes sacrossantos da Pátria, que, há quase meio século, aguardam sob a campa a tardia justiça de seus ingratos netos." (BARÃO HOMEM DE MELLO. **As Constituições de 1824 a 1946**. Ed. PrND – Programa Nacional de Desburocratização/Fundação Projeto Rondon-MINTER, 1985, p. 13-14. v. 1).

i    Guillermo Fraile ensina: "A primera vista parece que la noción de Filosofia debía ser de una claridad meridiana. Nadie puede dudar de su existencia, pues hace veinticinco siglos por lo menos que está presente

É que não há direito que não tenha seu alicerce na filosofia, e esta, por buscar a dimensão maior do homem, influencia necessariamente a conformação do direito[i]. Significa dizer que em nível de universa-

---

en la historia de la cultura. Pero también es indudable que en realidad lleva otros tantos sobre el tapete de las discusiones, sin que hasta ahora hayan conseguido ponerse de acuerdo sus cultivadores ni en cuanto a su noción ni menos todavia en cuanto a su división y a la función que corresponde en concreto a cada una de sus partes.
Y no es, ciertamente, porque no abunden, en sintomática proliferación, libros, artículos y estudios en que reiteradamente aparece el tema: Qué es Filosofía? Lo malo es que ese interrogante se sigue contestando de las maneras más diversas. Sería sumamente difícil extraer un concepto claro de tantas opiniones discordantes. Pero quizá contribuirá a esclarecerlo un poco el fijarnos en las nociones de realidad y de ciencia, tal como hace muchos siglos fueron elaboradas por Aristóteles y Santo Tomás.
Un concepto realista del saber se apoya en dos postulados fundamentales: Primero, existe una realidad. Segundo, podemos conocerla. La ciencia es el resultado, la victoria en la gran batalla que mantiene la inteligencia humana para la conquista de la verdad, que es lo mismo que decir del conocirniento y el dominio de la realidad. En esa magna batalla, que durará tanto como la existencia de la Humanidad sobre la tierra, los objetivos son tan numerosos y variados como la infinita diversidad de los seres" (FRAILE, G. **Historia de la filosofia**. Grécia y Roma: Biblioteca de Autores Cristianos, Madrid, Espanha, 1990, p. 20. v. I).

i  Hobbes, todavia, em *Leviatã*, oferece explicação para a essência do direito ao Estado – como absoluto, mesmo quando injusto –, ao dizer: "De onde podemos concluir que a propriedade que um súdito tem em suas terras consiste no Direito de excluir todos os outros súditos do uso dessas terras, mas não de excluir o soberano, quer este seja uma assembléia ou um monarca. Dado que o soberano, quer dizer, o Estado (cuja pessoa ele representa), se entende que nada faz que não seja em vista da paz e segurança comuns, essa distribuição das terras deve ser entendida como realizada em vista do mesmo. Em consequência, qualquer distribuição que ela faça em prejuízo dessa paz e dessa segurança é contrária à vontade de todos os súditos, que confiaram a paz e a segurança de suas vidas à discrição e consciência do soberano, e assim essa distribuição deve, pela vontade de cada um deles, ser considerada nula. É certo que um monarca soberano, ou a maioria de uma assembléia soberana, pode ordenar a realização de muitas coisas seguindo os ditames de suas paixões e contrariamente a sua consciência, e isso constitui uma quebra da confiança e da lei da natureza. Mas isto não é suficiente para autorizar qualquer súdito a pegar em armas contra seu soberano, ou mesmo a acusá-lo de injustiça, ou a de qualquer modo falar mal dele. Porque os súditos autorizaram todas as suas ações, e ao atribuírem-lhe o poder

lização, ambas são ciências sociais mais abrangentes. A primeira por não ter limites na especulação humana da razão de ser das coisas, e o segundo porque, regrando todos os acontecimentos sociais, está interpenetrado pelos princípios que dão o perfil às demais ciências.

Quando Hegel afirmou que havia uma Filosofia da História, abriu campo para que todas as manifestações humanas conformáveis em ciência pudessem estar refletidas na filosofia. Entendo, pois, que, de todas elas, o direito é a que mais atrelada está.

Até mesmo os filósofos que tiveram nítida preocupação com o direito (Hobbes, Locke, More, Campanella, Maquiavel, Montesquieu, Aquino) atuam no campo das ideias, cabendo a outros cientistas do direito a sua assimilação pela ciência jurídica[i]. Montesquieu, por exemplo, ao idealizar a tripartição dos poderes, à luz da lição de Locke, foi muito claro ao dizer que é necessário que o poder controle o poder, porque o homem não é confiável quando está no poder.

Aristóteles, em *Ética a Nicômaco* e em *Política*, cuidou da convivência entre os homens e o direito, e idealistas como Platão (*República*), Thomas Moore (*Utopia*) e Campanella (*A cidade do Sol*) conformaram sociedades utópicas à luz da filosofia aplicada ao direito de convivência.

Ocorre que, na filosofia, a busca dos fins últimos do homem e de sua vivência em sociedade leva, necessariamente, à sua forma de regulação. Esta transcende uma relação objetiva entre o ser que conhece e o objeto conhecido, em busca do que ultrapassa a própria razão, embora dela se utilize. Tendo o homem por seu objeto de indagação, sua convivência social só pode ser estudada pela filosofia a partir dessa regulação, que, de modo mais ou menos intenso, desde os primitivos tempos, é realizada pelo direito.

---

soberano fizeram-nas suas. Mas em que casos as ordens do soberano são contrárias à equidade e à lei da natureza é coisa que será examinada adiante, em outro lugar" (HOBBES, T. **Leviatã**. São Paulo: Abril Cultural, 1974. p. 155-156. (Coleção Os Pensadores). v. XIV).

i   Hobbes, *Leviatã*; Locke, *A sociedade civil*; More, *Utopia*; Campanella, *A cidade do Sol*; Maquiavel, *O príncipe*; Montesquieu, *Do espírito das leis*; Aquino, *Suma Teológica*.

No campo da ética e da moral, a influência da filosofia no direito fez-se maior à luz não da norma pura de Kelsen, mas de um ideal de Justiça[i]. Miguel Reale, em seu livro *Lições preliminares de direito*, reitera, inclusive, que, por pior que seja a concreção do direito, há um campo da moral filosófica que necessariamente ganha força impositiva, por ser adotado pelo direito posto.

Em outras palavras, o direito posto tem sempre fundamento em uma busca de justiça, mais ou menos conformada, de acordo com o regime, que é tirado da filosofia, em suas diversas vertentes de pensamento, desde que o homem passou a desenvolver essa ciência.

Nessa esteira, o grande momento de realização da abrangência universal da filosofia, ao semear o futuro de um direito mais estável, encontra-se nas sólidas contribuições ofertadas pelos gregos, em especial Sócrates, Platão e Aristóteles.

É que Sócrates desvendou o homem para si mesmo na célebre afirmação *"Nosce te ipsum"*[ii], com a certeza de que nada conhecia do mundo; Platão exteriorizou grande parte das lições socráticas; e Aristóteles ofertou a mais abrangente visão científica do mundo concebido por um homem só, gerando o grande e definitivo avanço da Filosofia.

Depois dos gregos, pouca coisa foi acrescentada ao pensamento filosófico, não obstante uma legião de grandes nomes terem aparecido desde então, tais como Políbio, Kant, Montesquieu, Montaigne, Spinoza, Newton, Leibnitz, Maquiavel, Vico, Locke, Hume, Descartes, Hart e Hegel. Todos trouxeram uma pequena contribuição pessoal se comparada à genial concepção dos três filósofos supracitados.

Assim, embora com uma preocupação global voltada para a filosofia e apenas decorrencialmente para o direito e para história enquanto partes dela, eles avançaram por terrenos nunca antes veiculados de maneira tão harmônica.

---

i     Com maior ou menor intensidade, Tales Anaximandro, Anaxímenes de Mileto, Pitágoras e Melisso de Samos, Xenófanes de Colofar, Heráclito de Éfeso, Parmênides e Zenão de Eleia, Empédocles de Agrigento, Filolau de Crotona, Arquitas de Tarento, Anaxágoras de Clazômenas, Leucipo de Mileto e Demócrito de Abdera procuraram explicar o universo a partir de uma concepção naturalista, cujo ordenamento social, explícita ou implicitamente, nos textos preservados, a acompanhou por via de consequência.

ii     Que significa "Conheça a si mesmo".

Nesse sentido, entendo que o grande momento de concepção entre os gregos encontra-se nos diálogos de Platão, quando retrata a discussão entre Cálicles e Sócrates sobre o direito natural e a natureza das coisas. Nesse texto, estabelece-se a regra a justificar a convivência entre o direito positivo e o direito natural, assim como a razão de ser da participação equilibradora do Estado, desde que não voltada para o exagero, o arbítrio e o confisco[i].

Na discussão, Cálicles alega ser o Estado elemento perturbador das relações humanas por ir contra a natureza das coisas. Segundo ele, o forte tem naturalmente direito à sua fortaleza, e o fraco, direito à sua fraqueza. Dessa forma, o fraco nasceu para obedecer, e o forte, para comandar. Por tal raciocínio, o Estado, quando protege o fraco contra o forte, turva a evolução da humanidade, na medida em que tira poder dos fortes, que sabem o que fazer com ele, e o dá aos fracos, que não sabem o que fazer, provocando, com tal intervenção indevida, um descompasso entre o direito e a realidade das coisas.

Sócrates responde que o raciocínio é equivocado. É que a natureza das coisas está em igualar os desiguais para que a evolução se faça mais rapidamente. Se poucos os fortes e muitos os fracos, sem a proteção do Estado, os fracos tendem a desaparecer, e os fortes não têm como exercer sua fortaleza. O Estado é, portanto, o elemento regulador que permite aos fortes continuarem naturalmente fortes, e aos fracos, naturalmente fortalecidos, para que a harmonia se faça em projeção de maiores potencialidades para uns e outros.

De rigor, o diálogo entre Cálicles e Sócrates estabelece o grande sentido do princípio da igualdade, em uma visão que a Revolução Francesa nunca conseguiu perceber, visto que a nivelação dos desiguais permite o fortalecimento da igualdade. Todos têm de ser tratados igualmente na medida de suas desigualdades[ii].

Como grande parte da minha reflexão jurídica recaiu sobre o choque permanente entre o indivíduo e o Estado[iii], destaco, ainda, a excelência dos quatro diálogos sequenciais, em que Sócrates prevê o próprio

---

i     O diálogo tem o título "Górgias".

ii     Hervada e Izquierdo realçam a importância do referido diálogo na formulação da correta teoria da igualdade em seu livro *Compendio de derecho natural* (Ed. Eunsa, 2 v.).

iii     O que fica evidenciado tanto na minha primeira trilogia (*O Estado de direito e o direito do Estado*; *O poder*; e *A nova classe ociosa*) quanto na segunda (*Uma visão do mundo contemporâneo*; *A era das contradições*; e *A queda dos mitos econômicos*).

julgamento, ao aconselhar o amigo a não escapar do seu, aceitando-o (Etifron). Defende-se com argumentos irrefutáveis, mas que não foram considerados, tendo sido condenado (Apologia), nega-se a fugir, quando instado a fazê-lo por seus discípulos, mesmo sendo sua fuga desejada por seus injustos julgadores (Crito), e faz considerações sobre sua morte, na prisão, definindo-a como uma abertura para a eternidade e libertação da prisão humana (Fédon).

O choque entre o indivíduo pleno (consciente de seus direitos e de sua razão) e o Estado – cujo poder, na maior parte das vezes, é conquistado por oportunistas despreparados, que o ambicionam para utilizá-lo em proveito próprio, e não para servir ao povo – fica nitidamente retratado por Sócrates nesses diálogos eternizados por Platão, deixando, assim, uma lição futura para ser apreendida por políticos e governantes, no dia em que se dispuserem a servir, mais do que a serem servidos.

Aristóteles, por sua vez, delineou as regras matrizes do comportamento político ético. Para tanto, dividiu os governos não em função de suas formas de governo, mas do caráter dos governantes, ao enumerar as três formas boas: monarquia, aristocracia e politeia (governo de uma, poucas ou muitas pessoas); e as três formas por ele consideradas más: democracia, plutocracia e tirania (de muitas, poucas e uma só pessoa).

Fato é que a influência da filosofia grega foi de tal ordem que, após seu aparecimento, passa a ser impossível governar o mundo sem adaptar o direito à nova visão do homem em sociedade. Sem a filosofia grega, não haveria o direito romano, que não deixa de conhecer a descoberta das potencialidades do homem em sociedade e das regras a partir de uma concepção pragmática e útil[i]. Ora, o império romano é

---

i     Em meu livro *Teoria da imposição tributária* escrevi: "É interessante notar que o grego não conseguiu a instrumentalização do Direito, apesar de as leis mais sábias de Sólon ou a legislação mais severa de Drácon terem representado momentos de real consciencialização jurídica.
O saber, todavia, superava a concepção legal necessária. O amor àquele, às viagens, à história, ao belo, ao forte, ao nobre, ao heróico tinha densidade maior que a própria realização comum da sociedade, por meio das normas jurídicas.
O justo poderia ceder lugar ao belo, ao forte, por concepção filosófica, e a própria mitologia grega retrata, em concepção projetada para os deuses, esta maneira de pensar, em que a divindade representada pela Justiça não possuía lugar preponderante no Olimpo e em que os próprios deuses superiores a abandonavam quando ela se opunha a alguns de seus caprichos.

fruto de seu direito, e seu direito é fruto de uma longa reflexão filosófica que foi promovida pelos gregos, a partir da história dos povos e civilizações até aquela época.

Assim, o Império Romano foi formatado pela cultura grega, inclusive quanto aos seus deuses, mas em algo superou o povo da outra península: na utilização do direito com intuito de conquista e de pacificação das nações conquistadas.

Sempre que a proteção do direito romano era estendida a qualquer povo ou terra invadida, a certeza e a segurança que essa sociedade adquiria em relação às demais e sua nivelação aos próprios cidadãos romanos tornavam esse povo aliado mais confiável. Não sem razão, Antonino Caracala, ao estender a cidadania romana em 212 d.C. a todo império, retardou uma queda iminente, detectada já no século III, pela falta de confiabilidade dos imperadores e Cesares que se sucederam em grande número, principalmente na segunda metade daquele século, por 265 anos. Significa dizer que o direito romano garantia mais o povo do que os governantes, no período [i].

Apesar da manutenção do Império Romano Oriental (também conhecido como Império Bizantino) até 1453, a queda ocidental levou a Europa ao domínio bárbaro, em que os povos, as guerras e as conquistas se sucediam. A Idade Média, do caos reinante, após a queda Império Romano Ocidental, só foi salva culturalmente graças à Igreja Católica, que preservou a cultura do Ocidente, da mesma forma que os grandes filósofos árabes (Avicena, Averroes, Alfarabi e outros) preservaram-na para o Oriente.

---

> Por esta razão, as próprias cidades-estados, de cultura mais ou menos brilhante, albergaram tal concepção, não sendo despiciendo lembrar que a decantada democracia ateniense era uma democracia elitista, criada para uma população restrita aos cidadãos atenienses e servida por uma legião incomparavelmente superior de escravos.
> As ditaduras esporádicas, como, por exemplo, a de Pisístrato, não significaram mal definitivo, na medida em que encarnavam os próprios valores defendidos pelos gregos e até pelos espartanos respeitados, não obstante a sua formação mais rígida que as dos habitantes das demais cidades."
> (MARTINS, I. G. da S. **Teoria da imposição tributária**. São Paulo: Saraiva, 1983, p. 15-16).

[i] "CARACALLA 3:810, nickname of MARCUS AURELIUS ANTONINUS (b. April 4, AD 188, Lugdunum, now Lyon, Fr. – d. April 8, 217, Carrhae, Mesopotamia), Roman emperor from 211 to 217, an able soldier, noted both for his brutality and for his liberal extension of the rights of citizenship" (*Encyclopaedia Britannica in 30 volumes*, University of Chicago, 1980, p. 545. v. II).

*Filosofando o direito*

Significa dizer que a vitória dos bárbaros em 476 d.C., derrubando o Império já decadente, inclusive em seus costumes, como mostra Daniel Rops no 2º volume de sua *História da Igreja (A Igreja dos tempos bárbaros)*, abriu um espaço de fragmentação europeia com a formação de inúmeros pequenos reinos e, com o evoluir do tempo, de reinos mais estáveis, mas de dimensões limitadas. A Igreja Cristã foi o grande ponto de conexão entre os costumes bárbaros e a cultura ocidental promovida por Roma, já embebida nos valores cristãos lá colocados.

Assim, também o direito processual foi aperfeiçoado, e a Igreja eliminou as provas das ordálias, dos bárbaros, substituindo-as por provas materiais, dando início ao maior bem que a civilização, em todos os tempos, recebeu, ou seja, a criação da universidade, que se tornou, a partir de então, o centro da cultura universal.

O fato é que a Idade Média é caracterizada, fundamentalmente, por um direito de feudos e de reinos, e dois diplomas conformaram uma nova era. O primeiro, a *Magna Carta Baronorum* – a meu ver, a primeira Constituição moderna –, de um lado, impõe um regime fiscal à coroa (João Sem Terra) e de respeito aos barões, que se autointitulavam *defensores do povo*, e, de outro lado, as *Ordenações Afonsinas*, que resgataram as lições do direito romano para organizar o direito do reino lusitano[i].

Nessa esteira, a Europa, do fim da Idade Média até o século XVIII, transforma-se no centro do mundo e, graças às conquistas dos portugueses e espanhóis e ao domínio posterior de ingleses e franceses, passa a controlar todos os continentes, desde o americano até o das velhas civilizações asiáticas, impondo seu Direito e estilo, além de lançar as bases para o Código Napoleônico e os sistemas constitucionais dos dois últimos séculos, principalmente com o nascimento das duas Constituições: a americana de 1787 e a francesa de 1791.

3
## Os direitos constitucional e internacional

Se as sementes do direito constitucional encontram-se na origem da formação das primeiras comunidades, é no direito romano que se percebe a ampla conformação daquelas regras, cuja repetição histórica

---

i   Os três diplomas maiores destes primeiros séculos da história de Portugal são as *Ordenações Afonsinas*, as *Manuelinas* e as *Filipinas*, já sob o domínio espanhol (1580-1640).

permitiu, de um lado, após a Revolução Francesa, sua corporificação em complexos legislativos e, de outro, nos Estados Unidos, o surgimento do direito constitucional moderno.

O direito constitucional, portanto, encontrado em forma embrionária nas primeiras comunidades, amadurecido em Roma, conformado em princípios, na *Magna Carta Baronorum*, em 1215 (Revolução dos barões), há pouco mais de duzentos anos, com a Constituição americana, ganhou seus contornos definitivos com que hoje é estudado[i].

O controle europeu sobre os continentes é caracterizado pela evolução econômica, que, a meu ver, é o elemento mais denso a justificar o surgimento do direito constitucional como hoje é conhecido, objetivando dar a segurança às relações entre os cidadãos e o Estado, que o direito ordinário não ofertava.

Sua base, todavia, como disse, encontra-se no modelo inglês (*Magna Carta Baronorum*), em que há equilíbrio entre sociedade e poder (1215); no modelo americano (Constituição de 1787), em que o conceito de pátria sobrepõe ao dos governantes e governados; e no modelo francês (Constituição de 1791), em que o cidadão é o destinatário maior da Lei Suprema.

Há de se considerar, ainda, que a evolução técnica passa a influenciar decisivamente o Estado Contemporâneo, o que permite a abolição do trabalho escravo, sem grandes problemas econômicos, assim como a internacionalização da economia, fenômeno que, nos dias atuais, é característica dominante.

Paralelamente, o sucesso dos acordos econômicos regionais, binacionais, setoriais ou mundiais demonstra que o direito regulador da economia internacional interdependente é mais estável que o direito regulador das ambições políticas dos governantes no plano internacional.

---

i     "A distinção entre leis constitucionais e leis ordinárias já tinha sido notada desde a antiguidade, como comprova o estudo empírico das Constituições de cento e cinquenta e oito cidades gregas, realizado por Aristóteles, do qual nos resta apenas o trabalho dedicado à Constituição de Atenas. Não havia, contudo, uma noção formal de Constituição, como corpo de leis reunidas em documento escrito, com autoridade superior às leis ordinárias. Isto só se deu a partir dos fins do século XVIII, na América do Norte e na Europa Continental, como resultado do movimento constitucionalista" (BASTOS, C. R. **Curso de direito constitucional**. 7. ed. São Paulo: Saraiva, p. 10).

Depois da Segunda Guerra Mundial e após o período da Guerra Fria por espaços de dominação política, no final do século XX, passa o mundo a reconhecer sua interdependência e a necessidade de equacionar seus ciclópicos problemas por meio de maior diálogo, a exemplo de suas duas maiores nações nesse período (Estados Unidos e União Soviética).

Restam, todavia, problemas decorrenciais que necessitam ser equacionados, também de modo supranacional, qual seja, o estágio desesperador de subdesenvolvimento da maior parte das nações do terceiro mundo, os problemas postergados em sua solução da economia americana, em que o déficit público, a dívida interna, a dívida do terceiro mundo e o déficit permanente da balança comercial não são os únicos.

Inicia-se para o mundo, neste começo de século, uma fase fascinante de sua história, em que a era dos computadores convive com o trabalho manual mais elementar e em que as nações se interligam trocando problemas e buscando soluções.

É interessante notar como o direito internacional privado é mais estável que o público, e o sucesso da internacionalização da economia regida por leis supranacionais corresponde à decadência das respectivas leis, na área política, que terminam por afetar a própria estabilidade entre os países[i].

As duas grandes guerras mundiais, as de colonização no século XIX e as guerras regionais do século XX ofertam um penoso retrato do direito internacional público, cuja impossibilidade, no aspecto político, mede-se pelo fracasso das organizações internacionais em solucionar pendências (Liga das Nações, depois ONU, OEA etc.).

O terrorismo, o narcotráfico, a instabilidade dos regimes políticos do mundo árabe e mulçumano fora do Médio Oriente, a incapacidade das nações mais poderosas, inclusive em armas, de produzirem paz e os movimentos sociais cada vez mais intensos, tornando o exercício do poder difícil por administrar a escassez de meios para atendê-los, tornam imponderáveis soluções clássicas neste mundo em ebulição.

---

i    Em livro coordenado com Celso Bastos (*Aspectos jurídicos do plano de estabilização da economia*, Ed. Cejup/IASP, 1987), procuramos, com Amauri Mascaro Nascimento, Rubens Approbato Machado, Roberto Durço e Marco Antonio Zanellato, demonstrar que as políticas econômicas fechadas, disciplinadas juridicamente por um direito de restrições, criam mais problemas do que soluções, como a história internacional e os dois Planos Cruzados demonstraram.

À evidência, o direito do século XXI deveria adaptar-se a essa nova realidade, não sendo leviano pensar na preparação de um direito supraconstitucional que levaria à gênese de um Estado Universal, em face da crescente interdependência entre os povos[i].

Infelizmente, entretanto, a busca de uma solução jurídica universal na tentativa de equalizar os problemas globais, que deveria ser a tônica dominante dos governos na atualidade, de longe perde espaço para as ideologias de variada natureza, que geram conflitos, misérias, e não soluções.

Não podemos, todavia, nos desesperar. No relógio do tempo, os 800 anos do constitucionalismo moderno são irrelevantes. Muito pouco. A longo prazo, estou convencido de que, por uma questão de sobrevivência espacial, o Estado Universal será a solução.

## 4
## A jurisdição

A reflexão de filósofos como Aristóteles e Platão, Agostinho e Aquino, Hobbes e Locke, Hegel, Kant e Montesquieu, além de muitos outros, projetou a importância da lei como fator de redução do exercício do absolutismo, próprio das monarquias dos séculos XVII e XVIII.

O próprio constitucionalismo moderno decorreu dessa visão de que à lei suprema cabe definir o direito da sociedade e de que forma a sociedade deveria eleger e controlar os que detêm o poder, estando a seu serviço, e não o contrário.

Nessa esteira, Montesquieu introduz, de maneira didática, o estudo da tripartição dos poderes, acrescentando à observação da experiência inglesa (parlamentarismo) e aos ensinamentos de Locke o Poder Judiciário como poder independente. Esse grande filósofo francês intuiu a importância de tal independência, na medida em que a natureza humana é fraca, e a fraqueza, a serviço da força no poder, provoca, decorrencialmente, a prática de uma justiça injusta.

---

i   Arthur Lall, falecido em 1998, pensando nessa realidade, pretende criar, com o apoio da ONU, uma Universidade Supranacional, que prepararia cidadãos do mundo para administrar um eventual Estado Universal (LALL, A. Toward a World University. In: **The Great Ideas Today**. Ed. Britannica, 1971. p. 40-52).

A necessidade, portanto, de o poder controlar o poder conduz à separação do exercício de elaboração das leis (Poder Legislativo), de execução das normas (Poder Executivo) e de interpretação oficial do direito e aplicação da Justiça (Poder Judiciário). Esse é, pois, o modelo adotado no Brasil.

Assim, considerando que, entre nós, a função jurisdicional pertence quase que exclusivamente ao Poder Judiciário, há de se compreender por que a Constituição Federal consagra, no art. 5º, inciso XXXV[i], o princípio da universalidade da jurisdição, segundo o qual nenhuma questão pode ser subtraída à apreciação do Poder Judiciário.

Convém destacar, desde logo, que o termo *jurisdição* comporta mais de uma acepção. Tanto se pode utilizá-lo em sentido amplo, como porção de um conjunto maior de poderes representado pelo conceito de *soberania*, quanto em sentido técnico-processual mais restrito, que corresponde ao conteúdo da função jurisdicional, atinente a dizer e realizar o direito objetivo. Nos países sujeitos à *common law*, predomina a primeira acepção.

Embora nos países da *civil law*, como o Brasil, esse conceito não esteja de todo afastado – emprega-se o termo *jurisdição* para aludir, por exemplo, à delimitação de um espaço em que as funções estatais são exercidas: "jurisdição administrativa", "jurisdição legislativa" e "jurisdição judiciária"[ii] –, via de regra, é utilizado no sentido técnico-processual como sinônimo de "função jurisdicional", ou seja, do poder de aplicar concretamente as normas genéricas e abstratas previstas na lei.

Como diferente não poderia ser, diversas teorias foram formuladas, no decorrer do tempo, para definir o alcance da jurisdição na condição de função jurisdicional.

---

i     Reza o inciso XXXV do art. 5º da CF: "XXXV – a lei não excluirá da apreciação do Poder Judiciário lesão ou ameaça a Direito".

ii    É importante distinguir *jurisdição* do termo *competência*, que indica o resultado da repartição interna da jurisdição entre os órgãos judiciários do Estado. Vale dizer, é a distribuição da função jurisdicional entre esses órgãos, segundo critérios estabelecidos na Constituição e na lei.

À posição filosófica de que, sendo expressão da soberania do Estado, a jurisdição não encontraria limites, sobrepôs-se a que limitava a atividade jurisdicional ao território do Estado, surgindo à doutrina da territorialidade da jurisdição, entre nós, por Pontes de Miranda[i] e outros autores.

Essa teoria não resistiu, entretanto, à constatação de que o Estado pode ter – e tem, muitas vezes – um especial interesse em dirimir conflitos, que, embora estabelecidos fora de seu território e apresentando uma dimensão internacional, tenham reflexos sobre interesses ou pessoas por ele protegidos, justificando-se, nesses casos, a extensão de sua jurisdição para além de suas fronteiras geográficas e políticas, ainda que para aplicar a legislação estrangeira.

À evidência, a liberdade para promover essa extensão não é ilimitada. Ela esbarra na soberania e no interesse jurisdicional concorrente de outros Estados. Ora, o século XXI está conhecendo uma profunda revolução nos clássicos conceitos jurídicos, não só a partir de uma visão do direito constitucional à luz da soberania das nações, mas também do Direito supranacional, que vai se universalizando pelo prisma da formação dos blocos regionais.

Basta ter em vista o denominado *direito de ingerência*, que as nações mais desenvolvidas, em nome de um pretendido consenso de representatividade do concerto das nações, outorgam-se para intervir pontualmente em outros países – como ocorreu, na década passada e na atual, no Iraque, no Afeganistão, em Kosovo e no Haiti, intervenções estas de maior visibilidade e repercussão.

A invasão da Ucrânia pela Rússia, entretanto, não corresponde ao direito de ingerência, mas a uma tentativa megalomaníaca de Putin de alargar novamente o território russo.

Por outro lado, tendo em vista que o propósito da atividade jurisdicional é a pacificação da convivência social, pode o Estado limitar seu poder de estender sua jurisdição quando os conflitos ocorridos fora de seus domínios territoriais sejam irrelevantes em relação ao mencionado propósito ou possam ser bem solucionados por outro Estado.

---

i  PONTES DE MIRANDA. **Comentários ao Código de Processo Civil**, p. 171. tomo II.

O tratamento que essa matéria recebe nos países que adotam a *common law* é, entretanto, substancialmente diverso e mais flexível do que aquele que dispensado nos países sob o regime da lei civil[i].

A doutrina do *forum non conveniens* traduz, portanto, manifestação do poder discricionário que, por exemplo, tem a Corte americana de declinar da jurisdição quando se mostrar mais conveniente às partes e ao interesse da justiça do que a causa ser julgada em outro fórum, considerados a facilidade de acesso aos meios de prova e outros problemas práticos que possam tornar o julgamento mais fácil, rápido e menos dispendioso se nele realizado. Vale dizer, evidenciado que a parte não faz jus à outra jurisdição, o processo é reaberto perante a autoridade judicial americana.

Portanto, no direito positivo, a extensão e a limitação da atividade jurisdicional segundo as conveniências do Estado compõem as regras de jurisdição internacional, que informam ao Poder Judiciário as causas passíveis de serem submetidas ao seu julgamento.

Já no direito costumeiro, o cerne do poder discricionário, que a doutrina do *fórum non conveniens* confere ao julgador, é o equilíbrio entre o interesse do Estado do foro e o das partes litigantes.

# 5
# Conclusão

Após a leitura destas páginas, creio ter ficado claro o que afirmei inicialmente sobre estar a filosofia e o direito – bem como a história – em estreita relação para explicar a aventura humana sobre a terra.

Filosofia e direito, a meu ver, são dois irmãos siameses, que não se podem separar, nada obstante a linguagem e o campo próprio de suas indagações, técnicas de abordagem e âmbitos de atuação.

---

i    Antenor Pereira Madruga Filho: "Nos países de colonização britânica, as limitações e extensões da jurisdição também são definidas abstratamente na common law (conjunto de regras baseado na autoridade dos precedentes judiciais) ou na statutory law (leis determinadas pelos parlamentos). Entretanto, permite-se que o juiz aprecie, casuisticamente, a conveniência de julgar conflitos com elementos de estrangeridade. Nesses sistemas, o juiz chega a ter o poder discricionário de afastar causas inconvenientes ao foro. Nos Estados Unidos, é a chamada teoria do forum non conveniens".

Enquanto o direito necessita de regulação pragmática para que a convivência flua, sendo sempre voltado para a organização social a partir do homem, a filosofia parte do homem para a especulação última, sendo suas concepções teóricas o campo maior da busca de verdades transcendentais, ainda desconhecidas pelo fraco instrumento de que dispomos, que é a razão.

Os primeiros ordenamentos jurídicos foram a semente dos grandes ordenamentos da atualidade, razão pela qual é impossível o estudo do direito de hoje, principalmente do direito constitucional, sem conhecer aquelas primeiras formulações legais, que deram no passado a estabilidade necessária às sociedades, principalmente aos povos, que ganharam consciência de sua força individual, propiciando o evoluir de características fundamentais, que orientam todos os ordenamentos da atualidade.

O direito evolui no mundo inteiro. Doutrinadores, autoridades e tradições derrubaram os sistemas jurídicos anteriormente vigentes; a história é uma inequívoca demonstração de tal evolução, perfilando o constitucionalismo moderno e a sistematização de inúmeros ramos do direito inexistentes no passado, especialmente o direito internacional.

Essa evolução, todavia, aconteceu com avanços e retrocessos, em face de as lições passadas quase sempre serem desconhecidas pelos governantes presentes, que, muitas vezes, conformam a lei "à sua imagem e semelhança", e não à luz do interesse do povo e da experiência histórica.

Para o profissional do direito, contudo, não se pode estudar o direito sem conhecer o impacto da filosofia e da história em sua conformação, sendo os sistemas mais estáveis aqueles que apreenderam as lições do passado, sempre tão permeadas pelas construções da filosofia.

*Entre a teoria e a prática: a relação entre o direito
e a moral e o limite da discricionariedade judicial*

*Entre la teoría y la práctica: la relación
entre el derecho y la moral y el límite
de la discrecionalidad judicial*

*Janaína Soares Schorr*

Doutoranda em Direito Público pela Universidade do Vale do Rio dos Sinos (Unisinos). Mestra em Direitos Humanos pela Universidade do Noroeste do Estado do Rio Grande do Sul (Unijuí). Professora de graduação e pós-graduação na Faculdade de Direito de Santa Maria (Fadisma). Advogada OAB/RS. Pesquisadora do Grupo de Pesquisa em Direito Constitucional Comparado da Unisinos. E-mail: janinhas chorr@gmail.com.

*Nathalie Kuczura Nedel*

Pós-doutorado em Direito pela Universidade do Rio dos Sinos (Unisinos). Doutora em Direito pela Unisinos. Professora da Faculdade de Direito de Santa Maria (Fadisma). Mestre em Direito pelo Programa de Pós-graduação em Direito da Universidade Federal de Santa Maria (UFSM). Pesquisadora do Grupo de Pesquisa em Propriedade Intelectual na Contemporaneidade. Graduada em Direito pela UFSM. E-mail: nkuczura@gmail.com.

**Sumário**: 1. Introdução. 2. Direito e moral: uma análise a partir das principais teorias sobre sua cisão ou incindibilidade. 3. O julgador, suas vontades e a discricionariedade: limites possíveis e necessários ao *decisium*. 4. Conclusão. Referências.

**Resumo**: As decisões judiciais são alvo de diferentes análises, sob vários aspectos e ângulos. Entre esses diversos campos, a questão atinente à relação entre direito e moral e a discricionariedade judicial ganham destaque e são pautas recorrentes. Assim, partindo da relação entre direito e moral, bem como das limitações atinentes à discricionariedade daquele que julga, cumpre questionar: Quais são os limites que deve o julgador atentar ao julgar o caso concreto, a fim de não proferir julgamentos discricionários? Para responder ao problema de pesquisa em questão, utiliza-se o "método" fenomenológico-hermenêutico e, como técnica de pesquisa, a bibliográfica. Ademais, para melhor compreensão da temática, o artigo foi dividido em duas seções. A primeira visa apresentar a relação entre direito e moral. A segunda objetiva estudar a discricionariedade enquanto elemento a ser rechaçado no âmbito das decisões jurídicas, bem como o caminho que é constitucionalmente adequado para se obter "a" resposta para o caso concreto. Por fim, concluiu-se que não pode o julgador, ao decidir, pautar-se na moral, enquanto tal, bem como deve afastar-se da discricionariedade, buscando sempre "a" resposta constitucionalmente adequada para o caso concreto.

**Palavras-chave**: Crítica hermenêutica do direito. Direito. Discricionariedade judicial. Limites. Moral.

**Sumilla**: 1. Introducción. 2. Derecho y moral: un análisis a partir de las principales teorías sobre su escisión o inquebrantabilidad. 3. El juez, su voluntad y discreción: límites posibles y necesarios a la decisión. 4. Conclusión. Referencias.

**Resumen**: Las decisiones judiciales son objeto de diferentes análisis, desde varios aspectos y ángulos. Entre estos diversos campos, el tema relacionado con la relación entre el derecho y la moral y la discrecionalidad judicial se destacan y son pautas recurrentes. Así, partiendo de la relación entre derecho y moral, así como de las limitaciones en cuanto a la discrecionalidad del juez, es necesario preguntarse: ¿Cuáles son los límites a los que debe prestar atención el juez al juzgar el caso concreto, para no hacer juicios discrecionales? Para dar respuesta al problema de investigación en cuestión se utiliza el "método" fenomenológico-hermenéutico y se emplea la técnica de investigación bibliográfica. Además, para una mejor comprensión del tema, el artículo se dividió en dos secciones. La primera sección tiene como objetivo presentar la relación entre el derecho y la moral. La segunda pretende estudiar la discrecionalidad, como elemento a rechazar en el ámbito de las decisiones judiciales, así como la vía constitucionalmente adecuada para llegar a "la" respuesta para el caso concreto. Finalmente, se concluyó que el juez no puede, al decidir, guiarse por la moral, como tal, así como debe alejarse de la discrecionalidad, buscando siempre "la" respuesta constitucionalmente adecuada para el caso concreto.

**Palabras clave**: Crítica hermenéutica del derecho. Derecho. Discrecionalidad judicial. Límites. Moral.

# 1
# Introdução

Temas como a relação entre direito e moral e os limites da discricionariedade judicial são prementes no âmbito da jurisprudência, bem como da doutrina brasileira. Trata-se de temáticas discutidas desde o início da sociedade, e o consenso está longe de ser uma realidade.

Justamente por isso o presente ensaio busca delinear linhas a respeito das nuances apresentadas pela teoria e pela prática jurídica quando se trata a respeito desses temas, discutindo a necessidade de haver um limite respeitado pelo jurista ao, atuando em nome da jurisdição, decidir um caso concreto. Assim, partindo da relação entre direito e moral, bem como das limitações atinentes à discricionariedade daquele que julga, cumpre questionar: Quais são os limites que deve o julgador atentar ao julgar o caso concreto, a fim de não proferir julgamentos discricionários, bem como pautados no direito?

Para responder ao problema de pesquisa e cumprir o objetivo proposto, emprega-se o método de abordagem fenomenológico-hermenêutico, que deve ser compreendido como superação das metodologias tradicionais destinadas ao conhecimento, por ser este o que melhor se adapta às discussões ora delineadas e à necessidade de se estabelecer limites à atuação do julgador, em razão da conjuntura social e das consequências trazidas pelo uso da discricionariedade e da filosofia da consciência nas decisões judiciais, que afetam, de maneira direta, a vida dos cidadãos. Ao lado disso, a utilização do método em questão parte da premissa de que não há uma formulação de significado único ou uma regra definitiva de formulação, assim, considera-se que há, a cada novo caso concreto, novas variantes e modelos.

Ademais, a pesquisa está calcada em referências bibliográficas compostas por doutrinas, artigos e publicações que têm pertinência com o assunto abordado e auxiliam no alcance da resposta às angústias trazidas com a discussão das temáticas. Assim, como técnica de pesquisa utiliza-se a pesquisa bibliográfica.

E, para uma melhor compreensão do tema, o estudo está dividido em duas seções. A primeira direcionada ao estudo da relação existente entre direito e moral. E a segunda voltada a estudar a discricionariedade enquanto elemento a ser rechaçado no âmbito das decisões jurídicas, bem como o caminho que é constitucionalmente adequado para se chegar "a" resposta para o caso concreto.

## 2
# Direito e moral: uma análise a partir das principais teorias sobre sua cisão ou incindibilidade

A discussão referente à relação entre direito e moral é tão antiga quanto a referente à lei e ao direito, bem como ao direito e à ética. Ela está presente desde Antígona[i], quando Sófocles apresenta a primeira objeção de consciência. Na obra, a personagem Antígona desrespeita uma lei que considera injusta e arbitrária, no intuito de sepultar seu irmão.

Tal ato extremo de Antígona ocorre em razão de antiga crença de que os rituais de passagens eram importantes para que a alma não ficasse eternamente vagando sem destino. Além disso, ela também acreditava que a negativa de sepultamento, oriunda de determinação do então rei, seu Tio Creonte, era arbitrária porque não respeitava as leis naturais mais antigas, que determinavam que todo homem devia ter seu devido sepultamento[ii].

Assim, ela descumpre a lei, e Creonte, nesse fato, observa um duplo desrespeito: à ordem imposta e ao fato de que quem descumpriu a ordem foi uma mulher. Ao questioná-la sobre os motivos que a levaram a descumprir sua determinação, responde Antígona:

---

i     STRECK, 2015.
ii    SÓFOCLES, [s.d.].

> Sim, porque não foi Júpiter que a promulgou; e a Justiça, a deusa que habita com as divindades subterrâneas jamais estabeleceu tal decreto entre os humanos; nem eu creio que teu édito tenha força bastante para conferir a um mortal o poder de infringir as leis divinas, que nunca foram escritas, mas são irrevogáveis; não existem a partir de ontem, ou de hoje; são eternas, sim! e ninguém sabe desde quando vigoram! – Tais decretos, eu, que não temo o poder de homem algum, posso violar sem que por isso me venham a punir os deuses! Que vou morrer, eu bem sei; é inevitável; e morreria mesmo sem a tua proclamação. E, se morrer antes do meu tempo, isso será, para mim, uma vantagem, devo dizê-lo! Quem vive, como eu, no meio de tão lutuosas desgraças, que perde com a morte? Assim, a sorte que me reservas é um mal que não se deve levar em conta; muito mais grave teria sido admitir que o filho de minha mãe jazesse sem sepultura; tudo o mais me é indiferente! Se te parece que cometi um ato de demência, talvez mais louco seja quem me acusa de loucura![i]

Em outra passagem, quando fala com o filho sobre a sentença de pena de morte proferida em relação à Antígona, Creonte refere:

> Tudo nos deve provir da vontade paterna. [...] Visto que eu a prendi, quando, ostensivamente, transgredia a uma de minhas ordens, – e foi a única pessoa, em toda a cidade, a proceder assim! – eu não quererei passar por mentiroso e fraco diante do povo, e ordenarei sua morte. Que ela implore Júpiter, o deus da família! Se eu tolero a rebeldia daqueles que pertencem à minha estirpe, com mais forte razão transigirei com a de estranhos! Quem é rigoroso na decisão de seus casos domésticos, será também justo no governo do Estado. Quem, por orgulho e arrogância, queira violar a lei, e sobrepor-se aos que governam, nunca merecerá meus encômios. O homem que a cidade escolheu para chefe deve ser obedecido em tudo, quer seus atos pareçam justos, quer não. Quem assim obedece, estou certo, saberá tão bem executar as ordens que lhe forem dadas, como comandar, por sua vez; e será, na guerra, um aliado valoroso e fiel. Não há calamidade pior do que a rebeldia; ela é que arruina os povos, perturba as famílias, e causa a derrota dos aliados em campanha. Ao contrário, o que garante os povos, quando bem governados, é a voluntária obediência. Cumpre, pois, atender

---

i   SÓFOCLES, [s.d.].

*Entre a teoria e a prática: a relação entre o direito e a moral e o limite
da discricionariedade judicial*

> *à ordem geral, e não ceder por causa de uma mulher. Melhor
> fora, em caso tal, ser derribado do poder por um homem; nin-
> guém diria, então, que as mulheres nos venceram!*[i]

Da análise de tais falas, é possível que se discuta a respeito de qual das posturas devem prevalecer: a que se origina da lei divina, da moral incutida em cada indivíduo, ou a que deriva da lei positiva, do direito posto através do soberano e, a partir da modernidade, do Estado?

A relação entre direito e moral, além disso, apresenta imbricada ligação com a dualidade razão prática e razão teórica. Isso porque os positivistas passaram a apostar em um "'acentuado grau de discricionariedade' para dar conta dessa (para eles incontornável) questão: a razão prática tem guarida no domínio da moral, e é impossível cindi-la do 'mundo epistêmico' da pureza de intenções!"[ii].

Para os positivistas exegéticos, por sua vez, havia total cisão entre direito e moral, não cabendo aos juízes praticar qualquer atividade interpretativa. Estes eram, pois, considerados "bocas da lei"[iii]. O direito é reduzido à lei, e a multiplicação das codificações permite que se elimine as lacunas legislativas. Além disso, tem-se a possibilidade de se utilizar da analogia para descobrir a norma oculta e a interpretação mecânica e baseada no silogismo, fundada na evidência do sentido literal do texto, utilizando outros métodos interpretativos apenas com a função de tornar clara a vontade do legislador, legitimação única da autoridade da lei na medida em que é, esta vontade, legitimada pela vontade geral do povo.

Nesse sentido, cumpre referir que os Códigos visavam conferir segurança jurídica. Isso porque surgem com a pretensão de assegurar, de maneira antecipada e com total precisão, a solução para os casos concretos por meio tão somente da norma jurídica[iv]. Pairava, assim, a crença da existência de um sistema fechado e perfeito, que conferiria resposta a todas as conflituosidades jurídicas. Nesse norte, "acreditava-se que a perfeição da construção conceitual e o encadeamento lógico-dedutivo dos conceitos bastaria para a total apreensão da realidade nos lindes do *corpus* codificado"[v].

---

i     SÓFOCLES, [s.d.].

ii    STRECK, 2017c, p. 497.

iii   MORAIS, 2013, p. 22.

iv   CARDOSO, 2007, p. 6.

v     MARTINS-COSTA, 2002, p. 115.

Essa visão foi superada pelo positivismo jurídico de Kelsen (normativista), que merece destaque quando se trata da relação entre direito e moral[i]. Segundo a teoria kelseniana, imbuída na obra Teoria Pura do Direito, as normas sociais podem ser morais ou jurídicas. Aquelas serão estudadas pela ética, e estas, por meio da ciência do direito. As normas morais seriam, pois, aquelas que prescrevem uma conduta do indivíduo em relação a ele mesmo. A diferença entre normas morais e normas jurídicas reside, segundo ele, no fato de que aquelas não prescrevem sanção para sua inobservância, enquanto estas o fazem[ii].

No que tange à relação entre direito e moral, Kelsen aduz que o direito pode coincidir com a moral, porém isso não é necessário. A relação que existe entre ambos é apenas relativa à forma, e não ao conteúdo, visto que se verifica que o direito é norma, assim como a moral, mas o autor reconhece a dificuldade em se estabelecer o que seria a moral quando se analisa a conduta dos indivíduos, uma vez que não é possível verificar uma única moral, pois esta varia de acordo com o tempo e o local[iii]. Ainda, tendo em vista que Kelsen centra a análise do direito enquanto conteúdo científico, a interpretação é tida como um ato de vontade do julgador.

Dessa forma, ao mesmo tempo que separa teoria e prática, conferindo ao direito apenas uma perspectiva teórica, o positivismo jurídico reconhece que o ato de julgar é um ato de vontade. Em razão disso, enquadra-se como uma manifestação da razão prática, porque, ao aplicar o direito, o julgador deverá observar a chamada "moldura da norma"[iv].

---

i   STRECK, 2017c.
ii  KELSEN, 2006.
iii KELSEN, 2006.
iv  "No fundo, Kelsen estava convicto de que não era possível fazer ciência sobre uma casuística razão prática. Desse modo, todas as questões que exsurgem dos problemas práticos que envolvem a cotidianidade do Direito são menosprezados por sua teoria na perspectiva de extrair da produção desse manancial jurídico algo que possa ser cientificamente analisado. Aqui reside o ponto fulcral, cujas consequências podem ser sentidas mesmo em 'tempos pós-positivistas': um dos fenômenos relegados a esta espécie de 'segundo nível' foi exatamente o problema da aplicação judicial do Direito. Com efeito, não é sem razão que a interpretação judicial é tratada como um apêndice em sua Teoria Pura do Direito e apenas apresenta interesse para auxiliar a diferenciação entre a interpretação que o cientista do Direito realiza e aquela que os órgãos

Robert Alexy, igualmente, trata da relação entre direito e moral. Para ele, onde há textura aberta no âmbito do direito, ou seja, nos casos difíceis, deve-se aplicar a moral para solucionar as questões apresentadas.

> Ou seja, o intérprete deve pautar-se a partir de diferentes razões que não propriamente aquelas extraídas do direito, especialmente as considerações de justiça... E como as considerações de justiça pertencem ao conjunto de razões morais, e tais considerações são consideradas prioritárias (entre todas as possíveis razões – jurídicas, morais e, inclusive, amorais), a moral prevaleceria para a tomada de tal decisão; o que faria emergir, segundo o autor, uma concepção não positivista do direito.[i]

Herbert Hart, por sua vez, em sua obra *Conceito de direito*, reconhece que o direito pode ser influenciado pela moral, entretanto, ressalta que isso não ocorre necessariamente. Ou seja, ele não nega a possibilidade de ligação entre direito e moral, mas apenas afirma que dessa relação não depende a validade das regras jurídicas. O positivismo jurídico a partir de Hart, portanto, apresenta uma tese diferenciada, em razão de que ele defende uma inevitável sobreposição entre o direito e a moral[ii].

Para o autor, tanto a moral quanto o direito compartilham de um conteúdo mínimo de direito natural, existindo um mínimo naturalmente necessário para que haja estabilidade social. E isso ocorre porque, para ele, o sistema jurídico é um sistema composto por regras primárias e secundárias, ambas regras sociais, e que, portanto, devem sua origem e existência exclusivamente às práticas sociais humanas,

---

jurídicos proferem em suas decisões. Daí as conclusões de todos conhecidas: a interpretação dos órgãos jurídicos (dos tribunais, por exemplo) é um problema de vontade (interpretação como ato de vontade), no qual o intérprete sempre possui um espaço que poderá preencher no momento da aplicação da norma (é a chamada 'moldura da norma', que, no limite, pode até ser ultrapassada); enquanto a interpretação que o cientista do Direito realiza é um ato de conhecimento que pergunta – logicamente – pela validade dos enunciados jurídicos. É nesse segundo nível que reside o cerne do paradigma da filosofia da consciência. É também nesse nível que faz morada a discricionariedade positivista" (STRECK, 2017c, p. 493).

i    STRECK, 2014a, p. 51.
ii    HART, 2009.

que seu cumprimento não se traduz em uma exigência de obediência moral. Inclusive, respondendo à crítica feita por Dworkin, Hart afirma que "a norma [regra] de reconhecimento pode incorporar, como critério de validade jurídica, a obediência a princípios morais ou valores substantivos"[i].

Inclusive, Hart se questiona se o desenvolvimento do direito teria sido influenciado pela Moral e conclui que "a resposta a esta pergunta é, obviamente, sim, o que não implica, de modo algum, que uma resposta também afirmativa não possa ser dada à pergunta inversa"[ii].

Tanto a cisão quanto a vinculação entre direito e moral foram superadas por meio da denominada *institucionalização da moral no direito*, que advém da teoria habermasiana[iii], a qual verifica que os problemas do direito e da moral são os mesmos, justificando-se, portanto, a cooriginariedade ou origem comum.[iv]

Ademais, a cooriginariedade dá ensejo a uma complementariedade. Assim, segundo Habermas, "o processo legislativo permite que razões morais fluam para o direito. E a política e o direito têm que estar afinados com a moral – numa base de fundamentação pós-metafísica"[v]. A partir disso não é mais possível cindir moral e direito e tampouco vinculá-los, como ocorria em Gunther, por exemplo[vi].

> *Numa palavra, Direito e moral possuem esse "ponto de estofo" (para usar uma expressão de Lacan) – que pode ser chamado de "cooriginariedade", "complementariedade" ou "razão hermenêutica-estruturante-que-impede-a-cisão-entre-o-Direito-e--a-moral" – porque o Direito do Estado Democrático de Direito, sustentado nos princípios que traduzem o mundo prático, origina-se de um lugar que não (mais) "sobrevive" como "território da convencionalidade jurídica" sem compromisso com a faticidade e a historicidade. A moral não é (mais) uma instância*

---

i  HART, 2009.

ii  HART, H. L. A., 1987, p. 31.

iii  HART, H. L. A., 1987, p. 31.

iv  HART, H. L. A., 1987, p. 31.

v  HABERMAS, 1997, p. 313.

vi  "Assim, diferentemente de Habermas, para quem moral e direito são cooriginários, em Günther, há uma dependência normativa do direito em relação à moral, problemática que exsurge a todo momento em sua obra" (STRECK, 2017c, p. 191).

> *paramétrico-corretiva, pela simples razão de que a fundamentação moral já está nesse "ponto de estofo" referida "ao Direito gerado democraticamente" e juridicamente institucionalizado. Expulsa pelo positivismo, ela retorna – agora como uma necessidade –, não mais como corretiva/autônoma, e, sim, traduzindo as insuficiências do Direito que o positivismo pretendia que fossem dar "conta do mundo" a partir do "mundo de regras". Efetivamente, é por ela que o Direito se abre ao déficit social representado pelo superado modelo liberal-individualista de Direito.*[i]

Assim, tendo em vista a cooriginariedade entre direito e moral, vislumbra-se que o argumento jurídico é, radicalmente, moral. Porém, quando o jurista fundamenta não se vale de sua moralidade privada – aquela que determina suas escolhas pessoais –, mas sim da moralidade pública e política, a qual diz respeito ao sistema de direitos. Assim, o juiz tem reponsabilidade política, devendo não escolher, mas sim decidir[ii].

A partir disso, portanto, a moral não é mais vislumbrada como uma maneira de corrigir o direito.[iii] Ou seja, o direito sofre influxos da moral e da política no âmbito de sua formação. Após estar posto, não se revela possível corrigi-lo por meio de aludidos elementos. Essa incindibilidade verificada na teoria habermasiana também resta cristalina na teoria de Heidegger, quando este trata da diferença ontológica. Em outras palavras e pautando-se na hermenêutica filosófica – que se abeberou da filosofia hermenêutica –, como não se pode falar em cisão entre aplicação e interpretação, tampouco há ruptura estrutural entre moral e direito[iv].

Nesse aspecto, importante lembrar de Dworkin[v], segundo o qual embora o direito receba influências das análises políticas e sociais, ele não é moral. Assim, o direito não ignora a moral, pois o conteúdo de seus princípios depende dessa informação. No entanto, uma vez posto

---

i     STRECK, 2017c, p. 191; 264.

ii    STRECK, 2014b.

iii   STRECK, 2017c.

iv   STRECK, 2017c.

v     Consigne-se que a tese dworkiana combate discricionariedades, visto que acredita ser improvável que algum caso específico não tenha nenhuma resposta correta, já que sempre haveria uma história institucional a ser reconstruída (DWORKIN, 2005, p. 213-215).

o direito, a moral não irá corrigi-lo[i]. E as decisões judiciais deveriam, então, alicerçar-se no direito, e não na moral, ou mesmo no exceder da discricionariedade, tema a ser tratado a seguir.

# 3
# O julgador, suas vontades e a discricionariedade: limites possíveis e necessários ao *decisium*

O conceito de discricionariedade[ii] judicial emergiu no momento em que se estabeleceu que o direito se revela como indeterminado. Surgiu, portanto, no contexto das teorias positivistas[iii] e pós-positivistas, visto que, no século XX, ao julgar não mais se recorria às racionais leis da lógica, mas sim à vontade daquele que julgava. Dessa forma, compreende-se discricionariedade como vontade.[iv] Ao "decidir", o julgador, segundo essas correntes, sempre expõe sua vontade em determinado grau, que poderá ser mais ou menos aparente.

Nesse viés, discricionariedade judicial pode ser conceituada como "o poder arbitrário 'delegado' em favor do juiz para 'preencher' os espaços da 'zona de penumbra' do modelo de regras"[v]. Assim, caberia ao julgador "decidir" os casos concretos de acordo com sua consciência, isto é, levando em consideração estados de experiência interiores e pessoais. A decisão, da mesma forma que todas as demais coisas do mundo, ficavam à disposição do julgador, que poderia proceder de acordo com sua vontade.

---

i   STRECK, 2014a, p. 64-65.

ii  Lenio Luiz Streck, reconhece que entre discricionariedade e arbitrariedade existe uma diferença, contudo, esta não se revela claramente. Diante disso, aduz que "Tanto uma como outra são frutos de "consensos artificiais", de "conceitos sem coisas", somente possíveis a partir do descolamento entre lei e realidade." O jurista complementa que a discricionariedade tratada pela maior parte daqueles que se debruçam sobre a teoria do direito é a que se revela como sinônimo de arbitrariedade (STRECK, 2012b, p. 66).

iii A aposta na discricionariedade opera-se, historicamente, com as teorias de Kelsen e Hart (STRECK, 2012b).

iv  STRECK, 2012b.

v   STRECK, 2012b, p. 70-71.

Sendo assim, ela está diretamente vinculada ao paradigma da subjetividade, ou seja, ao esquema sujeito-objeto[i]. Isso porque, partindo desse paradigma, ao sujeito cabe assujeitar o objeto, sendo o senhor dos sentidos[ii], caracterizando-se pelo solipsismo.[iii] Esse paradigma é o que veio a substituir as correntes objetivistas, no sentido de que não há mais de se falar no sujeito assujeitado à lei[iv]. E, por sua vez, que foi substituída, teoricamente, pelo círculo hermenêutico[v].

Frise-se que uma leitura equivocada e apressada de Gadamer "dá a falsa impressão de que Hércules representa o portador de uma 'subjetividade assujeitadora'"[vi]. Ocorre que

> Dworkin e Gadamer, cada um ao seu modo, procuram controlar esse subjetivismo e essa subjetividade solipsista a partir da tradição, do não relativismo, do círculo hermenêutico, da diferença ontológica, do respeito à integridade e da coerência do direito, de maneira que, fundamentalmente, ambas as teorias são antimetafísicas, porque rejeitam, peremptoriamente, os diversos dualismos que a tradição (metafísica) nos legou desde Platão (a principal delas é a incindibilidade entre interpretação e aplicação, pregadas tanto por Dworkin como por Gadamer).

---

i  "Conforme insisto em todo o transcurso deste livro – na linha de outros escritos, há um ponto que marca definitivamente o equívoco cometido por todo o positivismo ao apostar em certo arbítrio (eufemisticamente epitetado como 'discricionariedade') do julgador no momento de determinar sua decisão: sendo o ato jurisdicional um ato de vontade ele representa uma manifestação da razão prática, ficando fora das possibilidades do conhecimento teórico. Isso ainda não foi devidamente entendido pela(s) teoria(s) do Direito. É claro que as teorias positivistas contemporâneas negarão a circunstância de o ato praticado pelo juiz ser um ato de vontade. O problema, de todo modo, é saber: como controlar esse ato judicial ao qual o Direito não vincula, não obriga, mormente se levarmos em conta o positivismo exclusivo?" (STRECK, 2017c, p. 493).

ii  STRECK, 2012a.

iii  A figura de Pórcia, em o Mercador de Veneza, escrito por Shakespeare, ilustra bem a figura de uma juíza solipsista, que "decide" discricionariamente, de acordo com suas vontades/interesses. Sobre o tema ver: TRINDADE, 2015, p. 163-185.

iv  STRECK, 2012b.

v  STRECK, 2012b.

vi  STRECK, 2012b, p. 107.

Parece, assim, que o equívoco recorrente acerca da compreensão das teses de Gadamer e de Dworkin – em especial, seu antirrelativismo e a aversão de ambos à discricionariedade – reside no fato de se pensar que a derrocada do esquema sujeito-objeto significou a "eliminação" do sujeito (presente em qualquer relação de objeto), cuja consequência seria um "livre atribuir de sentidos"[i].

Verifica-se, pois, que, com a hermenêutica filosófica, o sentido das coisas não deve mais ser buscado na consciência do sujeito, visto que não existe mais uma subjetividade assujeitadora. O sujeito não desaparece, uma vez que está presente em todo o ser humano e nas relações com os objetos. O que se verifica é que o sentido está na linguagem, que é produzida pelos sujeitos e é a condição de estes estarem no mundo[ii].

Nesse norte, deve-se considerar a linguagem. Tal é condição de possibilidade para que se opere a compreensão. Há indissociabilidade entre a compreensão e a linguagem. Nesse sentido, Gadamer determina que "o ser que pode ser compreendido é linguagem"[iii]. Na mesma linha, refere que "a linguagem é o médium universal em que se realiza a própria compreensão"[iv]. Dessa forma, tudo aquilo que é objeto de conhecimento e de enunciados já se encontra no horizonte global da linguagem[v]. A linguagem é, portanto, o meio pelo qual se realiza o entendimento sobre a coisa mesma[vi].

Nesse cenário situa-se a decisão, a qual se opera

> *não a partir de uma escolha, mas, sim, a partir do comprometimento com algo que se antecipa. No caso da decisão jurídica, esse algo que se antecipa é a compreensão daquilo que a comunidade política constrói como direito (ressalte-se, por relevante, que essa construção não é a soma de diversas partes, mas, sim, um todo que se apresenta como a melhor interpretação – mais adequada – do direito).*[vii]

---

i STRECK, 2012b, p. 107.
ii STRECK, 2012b, p.16.
iii GADAMER, 2015, p. 612.
iv GADAMER, 2015, p. 503.
v GADAMER, 2015, p. 581.
vi GADAMER, 2015, p. 497.
vii STRECK, 2012b, p. 106.

Rechaça-se a discricionariedade, o que se opera pela própria acepção de *compreensão*. Isso porque esta "deve ser pensada menos como uma ação da subjetividade e mais como um retroceder que penetra num acontecimento da tradição, onde se intermedeiam constantemente passado e presente"[i].

Nesse sentido, Dworkin propõe uma interpretação construtiva, uma vez que a justificação tem por função atender aos princípios da moralidade política, o que proíbe, por si só, que os juízes incorram em decisionismo. Diz ele:

> *O direito é um conceito interpretativo. Juízes devem decidir o que é o direito interpretando o modo usual como os outros juízes decidiram o que é o direito. Rejeitamos o convencionalismo, que considera a melhor interpretação a de que os juízes descobrem e aplicam convenções legais especiais, e o pragmatismo, que encontra na história dos juízes vistos como arquitetos de um futuro melhor, livres da exigência inibidora de que, em princípio, devem agir coerentemente com os outros.*[ii]

A teoria de Dworkin é a de que o direito deve ser entendido como uma prática social, interpretativa, ou seja, voltada para a solução de casos concretos. Nessa teoria, tem-se o direito como integridade. Assim, defende que "os juízes admitam, na medida do possível, que o direito é estruturado por um conjunto coerente de princípios sobre a justiça, a equidade e o devido processo legal adjetivo"[iii] e que, ao aplicar o direito, cada pessoa seja julgada de forma justa e equitativa, valendo as mesmas normas para todos.[iv]

---

i     GADAMER, 2015, p. 385.

ii    DWORKIN, 2010, p. 488-489.

iii   DWORKIN, 2010, p. 291.

iv   "para a possibilidade de uma hermenêutica jurídica é essencial que a lei vincule por igual a todos os membros da comunidade jurídica. [...] A tarefa da interpretação consiste em concretizar a lei em cada caso, ou seja, é tarefa da aplicação, lócus onde se manifestam os sentidos jurídicos. O intérprete não constrói o texto a coisa; mas também não será um mero reprodutor. A *applicatio* é esse espaço que o intérprete terá para atribuir o sentido. É o espaço de manifestação do sentido" (STRECK, 2017a, p. 22).

Em outro sentido, para Hart, a discricionariedade é o preço que se paga para se evitar o inconveniente de reenviar para o legislativo casos que não possam ser resolvidos a partir da letra da lei. Ele tem, em verdade, o que pode ser denominado *pensamento médio*[i]. Em outras palavras, há a possibilidade de uso da discricionariedade, mas ela deve ser limitada, intersticial.

Por sua vez, a *Crítica hermenêutica do direito*, oriunda dos estudos de Lenio Luiz Streck, é tida como "como uma Teoria da Decisão, construída a partir de uma imbricação entre Gadamer e Dworkin". A proposta inclui-se no contexto do constitucionalismo contemporâneo, que reconstruiu todo o fenômeno jurídico e redefiniu o direito público, a partir do direito constitucional. Dessa forma, a busca é por estabelecer o horizonte teórico adequado, a fim de propiciar decisões judiciais que tragam, em si mesmas, respostas constitucionalmente adequadas, direito fundamental do cidadão, uma vez que a própria Constituição traz expressamente, em art. 93, inciso IX, o dever de fundamentação[ii].

Nesse norte, deve-se ter presente que todos aqueles que defendem o uso da discricionariedade e a possibilidade de múltiplas respostas acabam embasando seu raciocínio no uso do "semanticismo jurídico" e de pragmatismos para resolver o caso concreto[iii].

> *Ora, toda interpretação é um ato produtivo; sabemos que o intérprete atribui sentido a um texto e não reproduz sentidos nele já existentes. Tem sido muito comum aproximar – embora de forma equivocada – aquilo que se menciona como discricionariedade judicial daquilo que a doutrina administrativa chama de ato administrativo discricionário. Nota-se, de plano, que há aqui uma nítida diferença de situações: no âmbito judicial, o termo "discricionariedade" refere-se a um espaço a partir do qual o julgador estaria legitimado a criar a solução adequada para o caso que lhe foi apresentado a julgamento. No caso do administrador, tem-se por referência a prática de um ato autorizado pela lei e que, por esse motivo, mantém-se adstrito ao princípio da legalidade. Ou seja, o ato discricionário no âmbito da administração somente será tido como legítimo se estiver de*

---

i Lenio Luiz Streck é um dos que defende que Hart se trata de um positivista moderado. Além disso, o próprio Hart denomina sua proposta como um "positivismo moderado".

ii TRINDADE, 2017, p. 322.

iii STRECK, 2010.

> *acordo com a estrutura de legalidade vigente (aliás, o contexto atual do Direito administrativo aponta para uma circunstância em que o próprio conceito de ato discricionário vem perdendo terreno, mormente em países que possuem, em sua estrutura judicial, um tribunal especificamente administrativo).*[i,ii]

Evidente, portanto, que não devem ser tidas como respostas constitucionalmente adequadas ou respostas legítimas, aquelas imbuídas de discricionariedade ou pautadas única e exclusivamente na moral. Ao julgar, deverá o julgador pautar-se, diante da análise do caso concreto, no direito, buscando "a" resposta. Assim, reconhece-se que não há uma nem várias respostas corretas, existe "apenas 'a' resposta, que se dá na coisa mesma"[iii].

O direito é "aquilo que emana pelas instituições jurídicas, sendo que as questões a ele relativas encontram, necessariamente respostas nas leis, nos princípios constitucionais, nos regulamentos e nos precedentes que tenham DNA constitucional"[iv]. O direito é, portanto, autônomo.

Em síntese,

> *em muitos casos, uma mixagem entre posturas "formalistas" e "realistas", isto é, por vezes, a "vontade da lei" e a "essência da lei" devem ser buscadas com todo o vigor; em outras (e, às vezes, ao mesmo tempo), há uma ferrenha procura pela solipsista "vontade do legislador"; finalmente, quando nenhuma das duas orientações é "suficiente", põe-se no topo a "vontade do intérprete", colocando-se em segundo plano (até mesmo) os limites semânticos do texto, fazendo soçobrar (até mesmo) a*

---

i   STRECK, 2017c, p. 71.

ii  Streck faz um alerta: "possuímos uma Constituição compromissória que também impõe obrigações ao administrador. Se no ato administrativo discricionário é certo que o administrador está livre de uma aderência absoluta à lei, nem por isso seu poder de escolha pode desconsiderar o conteúdo principiológico da Constituição. Portanto, o ato administrativo escapa de um controle de legalidade, porém permanece indispensável que ele seja controlado em sua constitucionalidade. De qualquer forma, no poder discricionário da administração sempre está em jogo uma deferência do legislador em favor do administrador. Vale dizer, o ato discricionário é autorizado legislativamente" (STRECK, 2017c, p. 73).

iii STRECK, 2017c, p. 118.

iv  STRECK, 2014c, p. 176.

> *Constituição [...]. Vontade da lei, vontade do intérprete, discricionariedade e vontade de poder (no sentido filosófico da expressão): eis os ingredientes pragmatistas para o enfraquecimento da autonomia do direito*[i].

Em *terrae brasilis*, infelizmente, a discricionariedade ultrapassa aquela permitida por Hart ou criticada por Dworkin. O jurista, ao se utilizar das vaguezas, das ambiguidades ou mesmo das cláusulas abertas, dá asas à imaginação e cria direitos não previstos no ordenamento jurídico ou retira direitos a partir de supostas autorizações legislativas, gerando um claro protagonismo judicial, que deve ser rechaçado, uma vez que existem limites que devem ser observados, não sendo legítimo dizer qualquer coisa sobre qualquer coisa.

Nesse sentido, explica Streck:

> *Hoje, se se fala em "filosofia da consciência", não se faz porque esta seria um "fantasma do passado", mas porque ela está constantemente as nossas voltas. Nesse sentido, Eduardo Luft é contundente para denunciar as aporias de uma pretensa facilidade de se transpor da filosofia da consciência para a intersubjetividade, como se pudesse conciliar "o melhor dos dois mundos". E isso se vê claramente naquilo que na doutrina jurídica se chama "livre convencimento motivado": uma postura que no seu discurso quer ser intersubjetiva, mas, na prática, apenas apresenta um adorno para tentar camuflar a arbitrariedade anterior que verdadeiramente decidiu o caso. Ou então aceitar a subjetividade dos conteúdos e apostar numa objetividade das formas, como pretendem as teorias do discurso, que, por isso, não conseguem romper (totalmente) com o positivismo.*[ii]

É nesse momento que emerge a importância da hermenêutica, uma vez que ela não impede ou proíbe que se aja a partir de um modo lógico ou argumentativo, entretanto, a partir dela é possível atentar que "há uma dimensão interpretativa ou existencial (se quisermos chamar assim) que antecede e que é condição de possibilidade de qualquer discurso"[iii].

---

i   STRECK, 2017c, p. 499-500.
ii  STRECK, 2017c, p. 60-61.
iii STRECK, 2017b, p. 26.

A resposta adequada deverá sempre ser confirmada na própria Carta Constitucional, não podendo ela depender da consciência do juiz, de seu livre convencimento ou da busca da verdade real, em um combate pleno à discricionariedade, ao ativismo e ao positivismo fático. Portanto, ela é um compromisso com a Constituição Federal e com a legislação infraconstitucional, que foi democraticamente elaborada e publicizada[i].

Assim, resta evidente que as decisões não podem continuar reproduzindo sentido, basear-se na moral ou na vontade pessoal do decisor. Não devem, ainda, valer-se das teorias subjetivistas ou objetivistas. O julgador deve, sim, buscar "a" resposta correta, a qual não se configura como qualquer resposta, mas como aquela hermeneuticamente adequada à Constituição. Para essa modificação da forma como se decide, deve-se observar a virada hermenêutica, e o neoconstitucionalismo é imprescindível.

Evidente, pois, que tal deveria ser a forma de decidir dos juízes, desembargadores e ministros, porém a realidade demonstra que as decisões proferidas, muitas vezes, são construídas a partir de elementos ilegítimos, como a moral e a discricionariedade. Nesse particular, a observância desses elementos, em alguns casos, é latente e, em outros, sua identificação não é tão visível. O próprio controle ou métrica amplos tornam-se difíceis quando se busca realizar uma análise jurisprudencial. Isso porque, para a identificação desses elementos, são imprescindíveis a leitura e a análise de todos os julgados proferidos pelo Tribunal ou Vara que é objeto de estudo. Por essa razão, este artigo não se detém à análise de um ou outro caso concreto, exatamente para não ser uma escolha arbitrária ou discricionária das pesquisadoras.

Nesse escopo, Lenio Luiz Streck Streck, ao analisar estudo realizado pelo Ministro Lewandowski, afirma que:

> *como mostrou o Min. Lewandowski, entre mais de três mil habeas corpus, não mais do que três tiveram a afetação ao Plenário. Por que, então, um HC vai e o outro não? De novo: poder discricionário – que já por si é problemático na democracia – acaba sendo um poder arbitrário, de pura escolha subjetiva.*[ii]

---

i   STRECK, 2017a.
ii  STRECK; CARVALHO, 2021.

Portanto, a construção teórica demonstra a imprescindibilidade de decisões que se afastem de elementos que não compõem o direito, que é autônomo. Porém, na prática, os julgadores, ainda têm um grande caminho a trilhar, a fim de que possam, de fato, observar os limites ao "poder" de decidir e profiram decisões que contemplem "a" resposta constitucionalmente adequada.

# 4
# Conclusão

Moral e direito. Discricionariedade e filosofia da consciência. Temas que permeiam as decisões e o universo jurídico. Até onde vai o limite do juiz ao julgar um caso? A imparcialidade que deve permear a decisão, deixando de lado os interesses e as convicções pessoais, reflete-se nos julgamentos espalhados pelo país.

Infelizmente, em âmbito brasileiro, a tradição de "a" resposta para os casos concretos, a partir daquilo que defende Dworkin, não é o que ocorre em todas as decisões, uma vez que ainda se utiliza da moral e da discricionariedade nas decisões como parte integrante do direito.

Ao julgador, no exercício de sua função constitucional, cumpre compreender, interpretar e aplicar, eventos que ocorrem em um só momento e no interior do círculo hermenêutico. E, para tanto, vai pautar-se em suas pré-compreensões do mundo, não partindo de um grau zero de sentido. Em outras palavras, não existe espaço para o julgador escolher, imprimir na decisão suas opiniões pessoais, sua moral, seu modo de ver a vida.

Ele tem a função de decidir e jamais escolher. Ele não será neutro, mas os pré-juízos inautênticos serão suspensos no momento em que, representando a jurisdição, diga o direito e decida o caso concreto. O direito não é, nem pode ser, aquilo que seu intérprete quer que seja, e sim deve representar "a" resposta constitucionalmente correta, o que conduz a uma segurança jurídica.

O "juiz não gosta ou desgosta da lei", e sim deve aplicar a lei, independentemente de sua concordância ou não com aquele ordenamento, independentemente de seus "achismos" ou de sua opinião pessoal. A filosofia da consciência e a discricionariedade e, com elas, a arbitrariedade não podem estar presentes nas decisões dos tribunais, onde, cada vez mais, acontecem juízos de valor e ponderações à brasileira.

# Referências

CARDOSO, S. T. **Modernidade, ambiguidade e direito civil-constitucional**: da miragem da segurança à incerteza como imanência. 2007. Dissertação (Mestrado em Direito) – Pontifícia Universidade Católica do Rio Grande do Sul, Porto Alegre, 2007.

DWORKIN, R. **O império do direito**. São Paulo: M. Fontes, 2010.

GADAMER, H.-G. **Verdade e método I**: traços fundamentais de uma hermenêutica filosófica. Petrópolis: Vozes; Bragança Paulista: Editora Universitária São Francisco, 2015.

HABERMAS, J. **Direito e democracia**: entre facticidade e validade. Rio de Janeiro: Tempo Brasileiro, 1997. v. 2.

HART, H. L. A. **Direito, liberdade, moralidade**. Tradução de Gérson Pereira dos Santos. Porto Alegre: Sergio Antonio Fabris Editor, 1987.

HART, H. L. A. **O conceito de direito**. Tradução de Antônio de Oliveira Sette-Câmara. São Paulo: M. Fontes, 2009.

KELSEN, H. **Teoria pura do direito**. Tradução de João Batista Machado. São Paulo: M. Fontes, 2006.

MARTINS-COSTA, J. O Novo Código Civil brasileiro: em busca da "Ética da Situação". In: MARTINS-COSTA, J.; BRANCO, G. L. C. **Diretrizes teóricas do Novo Código Civil brasileiro**. São Paulo: Saraiva, 2002.

MORAIS, F. S. **Hermenêutica e pretensão de correção**: uma revisão crítica da aplicação do princípio da proporcionalidade pelo Supremo Tribunal Federal. 2013. Tese (Doutorado em Direito) – Universidade do Vale do Rio dos Sinos, São Leopoldo, 2013.

SÓFOCLES. **Antígona**. Tradução de Donaldo Schüler. Porto Alegre: L&PM, [s.d.]. (Livro digital).

STRECK, L. L. **Dicionário de hermenêutica**: quarenta temas fundamentais da teoria do direito à luz da crítica hermenêutica do direito. Belo Horizonte: Letramento (Casa do Direito), 2017a.

STRECK, L. L. E o professor me disse: "Isso é assim mesmo!" **Consultor Jurídico**, 30 ago. 2012a. Disponível em: <http://www.conjur.com.br/2012-ago-30/senso-incomum-professor-me-disse-isso-assim-mesmo>. Acesso em: 11 jul. 2022.

STRECK, L. L. **Hermenêutica**. São Leopoldo: Edição do Autor, 2017b. (Coleção Livro-Carta n. 1).

STRECK, L. L. **Lições de crítica hermenêutica do direito**. Porto Alegre: Livraria do Advogado, 2014a.

STRECK, L. L. Matar o gordinho ou não? O que as escolhas morais têm a ver com o Direito? In: **Consultor Jurídico**, 28 ago 2014b. Disponível em: <http://www.conjur.com.br/2014-ago-28/senso-incomum-matar-gordinho-ou-nao-escolha-moral-ver-direito>. Acesso em: 12 set. 2022.

STRECK, L. L. O direito como conceito interpretativo. **Pensar**, Fortaleza, v. 15, n. 2, p. 500-513, jul./dez. 2010.

STRECK, L. L. **O que é isto** – decido conforme minha consciência? 3. ed. Porto Alegre: Livraria do Advogado, 2012b.

STRECK, L. L. O Supremo não é o guardião da moral da nação. In: STRECK, L. L. **Compreender direito**: como o senso comum pode nos enganar. São Paulo: Revista dos Tribunais, 2014c. v. 2.

STRECK, L. L. Os modelos de juízes e a literatura. In: STRECK, L. L.; TRINDADE, A. K. **Os modelos de juiz**: ensaios de direito e literatura. São Paulo: Atlas, 2015.

STRECK, L. L. **Verdade e consenso**: Constituição, hermenêutica e teorias discursivas. 6. ed. São Paulo: Saraiva, 2017c.

STRECK, L. L.; CARVALHO, M. A. de; SANTOS, F. S. STF equipara discricionariedade a escolha arbitrária no seu regimento. **Consultor Jurídico**, 15 abr. 2021. Disponível em: <https://www.conjur.com.br/2021-abr-15/opiniao-stf-equipara-discricionariedade-escolha-arbitraria>. Acesso em: 11 out. 2022.

TRINDADE, A. K. Entre pequenas injustiças e grandes justiças: O mercador de Veneza e a representação do juiz. In: STRECK, L. L.; TRINDADE, A. K. **Os modelos de juiz**: ensaios de direito e literatura. São Paulo: Atlas, 2015. p. 163-185.

TRINDADE, A. K.; OLIVEIRA, R. T. de. Crítica hermenêutica do direito: do quadro referencial teórico à articulação de uma posição filosófica sobre o direito. **Revista de Estudos Constitucionais, Hermenêutica e Teoria do Direito (RECHTD)**, v. 9, n. 3, p. 311-326, set./dez. 2017, Disponível em: <http://revistas.unisinos.br/index.php/RECHTD/article/view/rechtd.2017.93.09/6434>. Acesso em: 25 jul. 2022.

*Violência política de gênero:*
*a inconvencionalidade parcial por omissão da*
*lei brasileira frente ao direito internacional*

*Violencia política de género:*
*inconvencionalidad parcial por omisión del*
*derecho brasileño contra el derecho internacional*

*Marina Faraco Lacerda Gama*

Doutora em Direito do Estado pela PUC/SP. Mestre em Direito do Estado pela PUC/SP. Professora da Faculdade de Direito da PUC/SP. Coordenadora Adjunta do Programa de Mestrado em Direito Constitucional Econômico da Unialfa/GO.

*Gabriela Shizue Soares de Araujo*

Doutora em Direito Constitucional pela PUC/SP. Mestra em Direito Constitucional pela PUC/SP. Professora da Faculdade de Direito da PUC/SP.

**Sumário**: 1. Introdução. 2. Violência política contra a mulher no Brasil. 3. Diretrizes normativas da OEA contra a violência política de gênero vinculantes ao Estado brasileiro. 4. A inconvencionalidade parcial por omissão da nova Lei brasileira de combate à violência política contra a mulher frente ao direto internacional. 5. Conclusões. Referências.

**Resumo**: Este artigo tem por objetivo demonstrar a inconvencionalidade parcial por omissão da Lei Federal n. 14.192, de 4 de agosto de 2021, no que concerne ao enfrentamento do problema da desigualdade, discriminação e violência política de gênero no Brasil frente às diretrizes internacionais, especialmente as constantes da Convenção de Belém do Pará, da Declaração sobre Assédio Político e Violência contra as Mulheres e da Lei e do Protocolo Modelos da Comissão Interamericana de Mulheres para Prevenir, Punir e Erradicar a Violência contra as Mulheres na Vida Política. Trata-se de acordos regionais adotados no âmbito da Organização dos Estados Americanos e da Comissão Interamericana de Mulheres, seu organismo especializado, entidades das quais o Brasil é parte, do que decorre o compromisso de adequar seu ordenamento doméstico a essa normativa convencional. A insuficiência das medidas previstas na lei brasileira, diante das diretrizes internacionais em questão, caracteriza sua inconvencionalidade parcial por omissão, como será demonstrado neste artigo.

**Palavras-chave**: Violência política contra a mulher. Organização dos Estados Americanos. Tratados Internacionais. Lei Federal n. 14.192/2021. Inconvencionalidade parcial por omissão.

**Sumilla**: 1. Introducción. 2. Violencia política contra las mujeres en Brasil. 3. Directrices normativas de la OEA contra la violencia política de género vinculantes para el Estado brasileño. 4. La inconvencionalidad parcial por omisión de la nueva Ley brasileña para combatir la violencia política contra las mujeres en relación con el Derecho Internacional. 5. Conclusiones. Referencias.

**Resumen**: Este artículo pretende demostrar la inconvencionalidad parcial por omisión de la Ley Federal No. la Convención de Belém do Pará, la Declaración sobre Acoso Político y Violencia contra la Mujer, y la Ley Modelo y Protocolo de la Comisión Interamericana de Mujeres para Prevenir, Sancionar y Erradicar la Violencia contra la Mujer en la Vida Política. Se trata de acuerdos regionales adoptados en el ámbito de la Organización de los Estados Americanos y de la Comisión Interamericana de Mujeres, su órgano especializado, entidades de las que Brasil es parte, de las que deriva el compromiso de adecuar su sistema interno a esta regulación convencional. La insuficiencia de las medidas previstas en la ley brasileña, frente a las directrices internacionales en cuestión, caracteriza su inconvencionalidad parcial por omisión, como se demostrará en este artículo.

**Palabras clave**: Violencia política contra las mujeres. Organización de los Estados Americanos. Tratados Internacionales. Ley Federal n. 14.192/2021. No convencionalidad parcial por omisión.

# 1
# Introdução

"Violência política de gênero", "violência política sexista" e "violência política contra as mulheres" são os termos que vêm sendo utilizados nos últimos anos pela Academia para delimitar o campo de pesquisa e a coleta de dados sobre um fenômeno que, infelizmente, malgrado tenha sempre existido, vem ganhando cada vez maior intensidade e gravidade, na mesma proporção com que as mulheres têm aumentado – ainda que timidamente e de modo insuficiente – sua participação nos espaços públicos de poder e decisão.

Em verdade, a violência política é apenas uma das muitas facetas pelas quais se manifesta a violência contra a mulher, compreendida como qualquer forma de discriminação baseada no gênero, cuja conduta cause dano ou sofrimento físico, sexual, econômico, simbólico ou psicológico à mulher tanto no âmbito privado quanto no público.

A desigualdade, a discriminação e a violência contra a mulher formam uma doença social global cujas origens remontam a séculos e séculos de negação jurídico-legal de direitos civis e políticos às mulheres, em benefício da dominação masculina e da subalternidade feminina a uma esfera doméstica e privada permeada por estereótipos abusivamente misóginos, sob os quais foram construídos uma injusta divisão sexual do trabalho e padrões artificiais dos papeis ideologizados de gênero.

Basta lembrar que, na esmagadora maioria dos países ditos *democráticos* do Ocidente, as mulheres apenas conquistaram seus direitos políticos na primeira metade do século XX, a exemplo do Brasil (1932) e da França (1945), ainda assim convivendo por longas décadas com legislações misóginas em outras searas, como o Código Penal Brasileiro de 1940, cujo texto, alterado somente no início deste século, tratava dos "crimes contra os costumes" e dava peculiar proteção apenas à "mulher honesta".

Se a própria democracia moderna foi fundada sob os princípios do patriarcado, não é por um acaso que, ainda nos tempos atuais, as mulheres permanecem em uma luta abissalmente desigual para romper com os estereótipos de gênero que lhes foram arbitrariamente impostos no decorrer de séculos, buscando ocupar espaços públicos de poder e liderança quase hegemonicamente dominados pelos homens, o que acaba colocando em maior evidência, e invariavelmente como alvos, as que se propõem a disputar cargos eletivos e, em especial, aquelas que sucedem em eleger-se.

Em agosto de 2022, de acordo com a União Interparlamentar, a média mundial de participação feminina nos parlamentos era de 26,4%, enquanto a média das Américas era de 34,4%[i]. No Brasil, em que 52,8% do eleitorado apto a votar é composto por mulheres, foi somente em 2018 que se chegou aos 15% de representação feminina na Câmara dos Deputados, e isso em razão de políticas afirmativas potencializadas por decisões advindas do Poder Judiciário. Até então, e mesmo com a promulgação da Constituição de 1988, os percentuais de mulheres na Câmara dos Deputados nunca chegavam sequer a 10% dos assentos.

Essa medida da desigualdade política de gênero é um reflexo direto da discriminação e violência política sofridas pelas mulheres brasileiras, que ganha contornos ainda maiores ao se adicionar diversas outras opressões interseccionais, como raça, classe, escolaridade, orientação sexual e identidade de gênero.

Para combater essa violência, foram adotados, no âmbito da Organização dos Estados Americanos (OAS) e da Comissão Interamericana de Mulheres, seu organismo especializado, convenções internacionais que veiculam diversas diretrizes aos seus países-membros. Na qualidade de integrante de tais organizações, o Brasil compromete-se não apenas a cumprir tais comandos normativos, mas também, especialmente, a adequar sua legislação interna a essas diretrizes regionais.

Contudo, apesar da inegável relevância da edição de uma norma contendo regras para reprimir a violência política contra mulher, as medidas previstas pela Lei Federal n. 14.192, de 4 de agosto de 2021, mostram-se insuficientes diante desse arcabouço legislativo internacional obrigatório para o Estado brasileiro.

---

i    Dados fornecidos pela União Interparlamentar, organização global dos parlamentos nacionais, com 179 países membros (IPU: Gender Equality. Disponível em: <https://www.ipu.org/our-impact/gender-equality>. Acesso em: 12 set. 2022).

Nesse sentido, este artigo busca demonstrar a inconvencionalidade parcial por omissão da Lei Federal n. 14.192/2021 no que diz respeito ao enfrentamento do problema da desigualdade, da discriminação e da violência política de gênero no Brasil frente ao direito internacional, diante da insuficiência de seus comandos para dar efetivo cumprimento às diretrizes emergentes da Convenção de Belém do Pará, da Declaração sobre Assédio Político e Violência contra as Mulheres e da Lei e do Protocolo Modelos da Comissão Interamericana de Mulheres para Prevenir, Punir e Erradicar a Violência contra as Mulheres na Vida Política, acordos regionais vinculantes ao Estado brasileiro, na condição de membro da Organização dos Estados Americanos e da Comissão Interamericana de Mulheres, seu organismo especializado.

Para tanto, no primeiro item, será apresentado o quadro atual sobre a violência política de gênero no Brasil, a partir de dados e pesquisas disponíveis sobre a temática, muito embora tenha sido objeto de específica investigação tardiamente no país, em comparação com outros países, especialmente impulsionada pelo processo que culminou no *impeachment* da primeira e única mulher eleita presidente no país, Dilma Rousseff (PT), em 2016, e posteriormente pelo feminicídio político cometido contra a vereadora Marielle Franco (PSOL), no Rio de Janeiro, em 2018.

No segundo item, será apresentado o conteúdo da normativa internacional já existente quanto à prevenção e repressão da violência política contra a mulher, para, então, no terceiro tópico, procedermos à análise específica da Lei Federal n. 14.192/2021, demonstrando sua insuficiência para o enfrentamento do problema da desigualdade, discriminação e violência política de gênero no Brasil frente as diretrizes convencionais obrigatórias para o Estado brasileiro.

## 2
## Violência política contra a mulher no Brasil

A trajetória política da ex-presidente Dilma Rousseff, única mulher da história a ocupar o maior cargo eletivo do país, pode ser utilizada como um exemplo de como se expressa a violência política contra as poucas mulheres que conseguem alçar postos de poder no Brasil.

Marlise Matos[i] lembra que, a partir do momento em que se elegeu, Dilma sofreu – inclusive com a participação de boa parte da imprensa – diversas formas de violência política sexista, como, por exemplo, (i) sendo frequentemente diminuída como subserviente e dependente do apadrinhamento e da influência política de uma figura masculina (no caso, o ex-presidente Luiz Inácio Lula da Silva, seu antecessor) ou de alguns de seus Ministros homens; (ii) quando os poucos elogios que lhe eram feitos se submetiam à sua estereotipagem de figura maternal, reforçando o papel doméstico e a injusta divisão sexual do trabalho que discrimina as mulheres ("Dilmãe", "mãe do PAC"); e, por fim, (iii) a extrema misoginia que a qualificou direta ou tacitamente, inclusive pelos veículos de comunicação, com adjetivos estigmatizadores em razão de seu gênero, como confusa, burra, bruxa, histérica e/ou louca, adicionados de críticas com relação à sua aparência e feminilidade, ou a padrões comportamentais dissonantes do que o patriarcado entende como autorizáveis a uma mulher.

Com efeito, em artigo publicado em coletânea organizada por Manuela D'Avila, que reúne relatos da violência política de gênero no Brasil, Dilma Rousseff denuncia a participação direta da mídia nos ataques misóginos por ela sofridos, apresentando um depoimento pessoal sobre as opressões e violências sofridas enquanto exercia seu mandato na Presidência da República:

> *Vou enfatizar, neste texto, uma das formas empregadas pelo aparato midiático dos grandes grupos de comunicação com objetivo de influenciar, controlar, distorcer e, enfim, dominar a visão da sociedade sobre mim e o meu governo, propiciando a ruptura institucional do golpe de 2016, com o suporte específico da misoginia.*[ii]

Ao descrever a foto oficial do Ministério nomeado pelo então vice-presidente que a substituiu, Michel Temer, Rousseff conta que viu um "retrato da ordem misógina" em "um pódio da vitória do patriarcado neoliberal":

> *um numeroso grupo de homens exclusivamente homens, não por acaso, também, todos brancos e nenhum deles jovem, sucedendo o governo de uma mulher, num período em que houvera*

---

i  MATOS, 2019, *passim*.
ii ROUSSEFF, 2021, p. 49.

*crescido a participação feminina na política, em postos de poder e em direitos.*[i]

O retrocesso, porém, não foi momentâneo, como bem observado por Marlise Matos: as prolongadas e multidirecionadas violências sexistas sofridas pela ex-presidente Dilma Rousseff, além de terem colaborado para o processo de seu *impeachment* e de seu afastamento temporário do cenário político, também facilitaram "o acesso de novas candidaturas masculinas ao cargo, reforçando o estereótipo do fracasso das mulheres políticas"[ii], o que, em nossa avaliação, pode contribuir para que ainda fiquemos por um bom período sem conseguir viabilizar uma nova candidatura feminina com chances reais de vitória para a Presidência do Brasil.

Aliás, o efeito dominó já pode ser constatado pelo percentual de mulheres à frente do Poder Executivo no país: em 2018, somente o Estado do Rio Grande do Norte elegeu uma mulher como governadora, Fátima Bezerra (PT), entre todas as 27 unidades federativas do Brasil; sendo que, dos 5.570 municípios espalhados pelo território nacional, apenas 12,04% são administrados por mulheres prefeitas[iii].

A arraigada resistência sexista, colonialista e racista à inclusão de vozes dissonantes do homem cis heteronormativo nos espaços que secularmente vêm sendo privilégio exclusivo dessa minoria social, que contribuiu para usurpar o mandato de uma mulher legitimamente eleita pelo voto de milhões de brasileiras e brasileiros, não raro – e, na verdade, com cada vez maior intensidade – vem eclodindo em variadas formas de violência física, como ocorreu no emblemático feminicídio político cometido contra a vereadora Marielle Franco (PSOL/RJ), em pleno centro da cidade do Rio de Janeiro.

O intuito final de toda forma de violência contra a mulher na política é afastá-la desse espaço, como forma de manutenção do privilégio masculino, seja pressionando-a a desistir, seja usurpando seu mandato ou posição alcançada, seja, em última instância, tirando-lhe a própria vida.

Quando se acrescentam outros fatores interseccionais, como raça, classe, orientação sexual e identidade de gênero, a violência se acirra, tal como aconteceu com Marielle: negra, nascida e criada na comunidade,

---

i     Idem, p. 57.

ii    MATOS, 2019, p. 208.

iii   JUSTIÇA ELEITORAL. **Participa Mulher**. Disponível em: <https://www.justicaeleitoral.jus.br/participa-mulher/>. Acesso em: 10 set. 2022.

assumidamente lésbica, defensora dos direitos humanos e das pautas da diversidade e inclusão, acumulava diversas identidades que destoavam do padrão hegemônico de correlação de forças que habita a esfera pública de poder e decisão. Foi vítima da violência política de gênero, racista e LGBTfóbica.

Sob essa perspectiva, o Instituto Marielle Franco, em pesquisa intitulada "A Violência Política contra as Mulheres Negras: Eleições 2020"[i], analisou o cenário de violência política eleitoral vivido pelas candidatas negras nas Eleições Municipais de 2020, tendo constatado oito tipos de violência política de gênero e raça sofridos pelas entrevistadas: violência virtual (78%), violência moral e psicológica (62%), violência institucional (55%), violência racial (44%), violência física (42%), violência sexual (32%) e violência de gênero e/ou LGBTQIA+ (28%).

A violência política eleitoral, isto é, aquela cometida durante a campanha contra as mulheres candidatas, que foi o enfoque da pesquisa, é apenas uma das formas como a violência política contra a mulher pode se manifestar, vsito que ela pode ocorrer até mesmo antes das mulheres conseguirem se validar como candidatas – com as mais diversas barreiras que são impostas pelos partidos políticos à paridade de gênero em suas estruturas –, acirrando-se especialmente contra as detentoras de mandato.

Nesse sentido, vale apresentar alguns dados da pesquisa "Perfil das Prefeitas no Brasil (2017-2020)"[ii], conduzida pelo Instituto Alziras, que entrevistou 45% das 649 prefeitas eleitas em 2016:

> Ao indicarem até três principais violências e/ou assédios sofridos, a maior parte das prefeitas (43%) afirmou já ter sido vítima de ataques verbais insinuados ou diretos diante de pronunciamentos, pautas ou relações estabelecidas por elas e 42% declararam ter sido alvo de ataques que as tenham ridicularizado, menosprezado ou reduzido sua capacidade, a partir de sua identidade como mulher (misoginia). É digno de nota que 1 em cada 4 prefeitas (25%) tenha sofrido agressões físicas ou verbais, enquanto 10% possuem familiares alvos de ameaças físicas ou de morte e outros 7% afirmam ter sido elas mesmas vítimas de ameaça de silenciamento ou morte com uso de força física.

---

i   INSTITUTO MARIELLE FRANCO, 2020.
ii  INSTITUTO ALZIRAS, 2018.

Em qualquer situação, seja antes ou depois de eleitas, as mulheres sofrem um tipo de violência que muito diz respeito aos estereótipos de gênero e da dominação masculina a elas impostos.

Conforme estudo da entidade Terra de Direitos e Justiça Global, denominado "Violência Política e Eleitoral no Brasil – Panorama das violações de direitos humanos de 2016 a 2020"[i], a violência política dirigida contra as mulheres está concentrada em ataques direcionados à sua dignidade e a um não reconhecimento de seu pertencimento no ambiente político, sobressaindo-se ao domínio das relações de poder heteropatriarcais, ao serem escolhidas, ao lado das pessoas LGBT-QIA+, como "vítimas preferenciais, de múltiplas maneiras, dos atos de violência envolvendo enfrentamentos na esfera política institucional e institucionalizada":

> *Das situações de violência mapeadas pela pesquisa, a vitimização de mulheres apresenta características bem específicas. Vítimas preferenciais das ofensas, as mulheres políticas enfrentam formas específicas de agressões, como as violências físicas infligidas por seus pares ou por terceiros ou ameaças massivas virtuais. Nos casos em que foi possível identificar o sexo do autor da violência, os homens aparecem como autores em 100% dos casos de assassinatos, atentados e agressões e em mais de 90% dos casos de ameaças e ofensas*[ii].

De acordo com essa pesquisa, embora se tenha buscado analisar todos os casos de violência política, independentemente de sexo, gênero, raça ou orientação sexual, "os atos ofensivos e discriminatórios mapeados têm como fundamento principal questões envolvendo misoginia, racismo, intolerância/racismo religioso e LGBTQIA+ fobia", sendo as mulheres políticas negras as mais afetadas. Ou seja, homens brancos cis heteronormativos, em regra, podem ser colocados no lugar do agressor, mas raramente no lugar da vítima desse tipo de violência.

Entre os episódios de violência política de gênero institucional cometidos pelos próprios agentes políticos contra as mulheres que "ousam" dividir os mesmos espaços que eles, um dos mais escandalosos foi praticado pelo então deputado federal Jair Bolsonaro, quando, ainda em novembro de 2003, disse à deputada Maria do Rosário, diante

---

i  LAURIS; CARVALHO; MARINHO; FRIGO, 2020.
ii  Idem.

das câmeras da RedeTV![i], nos corredores do Congresso Nacional, que não a estupraria porque ela "não merecia". Onze anos depois, em 9 de dezembro de 2014, o mesmo deputado foi reincidente nas ofensas, dessa vez no Plenário da Câmara dos Deputados[ii].

Posteriormente, em entrevista ao jornal *Zero Hora*, Jair Bolsonaro justificou suas ofensas misóginas pelos atributos físicos da deputada, inclusive reforçando a visão de que os homens disporiam sistematicamente dos corpos femininos, em óbvia incitação à violência sexual contra as mulheres: "Ela não merece porque ela é muito ruim, porque ela é muito feia, não faz meu gênero, jamais a estupraria. Eu não sou estuprador, mas, se fosse, não iria estuprar, porque não merece"[iii].

A não aplicação de qualquer punição pelo Conselho de Ética e Decoro da Câmara dos Deputados, majoritariamente masculino, bem como a lentidão para que as medidas jurisdicionais penais tramitassem, permitiu que tais atos de violência permanecessem até hoje impunes e que a carreira política do agressor se mantivesse intocada, até que se elegesse Presidente da República, em 2018, o que passou à coletividade a imagem de que o machismo e a misoginia são até mesmo premiados pelo *status quo*.

Episódio mais recente levou a Assembleia Legislativa do Estado de São Paulo, em 1º de abril de 2021, após intensa pressão midiática e da opinião pública, a suspender, pela primeira vez em toda a sua história,

---

i      REDE TV NEWS. **Veja discussão entre Bolsonaro e Maria do Rosário em 2003**. Disponível em: <https://www.redetv.uol.com.br/jornalismo/redetvnews/videos/outros-videos/exclusivo-veja-discussao-entre-bolsonaro-e-maria-do-rosario-em-2003>. Acesso em: 12 set. 2022.

ii      TV CÂMARA. **Bolsonaro repete ofensa à deputada Maria do Rosário**. 9 dez. 2014. Disponível em: <https://www.youtube.com/watch?v=-vzNva866hiw>. Acesso em: 12 set. 2022.

iii     FOSTER, G. Bolsonaro diz que não teme processos e faz nova ofensa: "Não merece ser estuprada porque é muito feia". **GZH Política**, 10 dez. 2014. Disponível em: <https://gauchazh.clicrbs.com.br/politica/noticia/2014/12/bolsonaro-diz-que-nao-teme-processos-e-faz-nova-ofensa-nao-merece-ser-estuprada-porque-e-muito-feia-cjkf8rj3x00cc01pi3kz6nu2e.html>. Acesso em: 12 set. 2022.

um deputado[i] após as câmeras do circuito interno da referida Casa de Leis flagrarem o momento em que, em meio a uma sessão do Plenário, a deputada estadual Isa Penna (PSOL) teve seus seios tocados pelo deputado Fernando Cury (Cidadania).

Apesar da punição, vale notar que o próprio Conselho de Ética e Decoro Parlamentar da Casa, composto apenas por uma mulher como titular, havia aplicado anteriormente uma penalidade muito mais branda, reformada em sessão Plenária, e que, pela gravidade dos fatos, de acordo com a legislação internacional que trata da repreensão à violência política contra a mulher, o caso seria de perda do mandato, como será demonstrado no item a seguir.

Um ano depois, em sessão plenária realizada no dia 17 de maio de 2022[ii], a mesma Casa de Leis, sob grande pressão popular, acabou por decretar a perda do mandato do deputado Arthur do Val, por quebra de decoro parlamentar, após a divulgação de áudios em que o então parlamentar se referia, de maneira misógina, sexista e objetificante, a mulheres ucranianas vítimas da guerra com a Rússia.

Percebe-se que, em poucos anos, a opinião pública e a consciência coletiva sobre as questões de gênero sofreram transformações importantes, e, aos poucos, a violência política de gênero passa a ser rechaçada de modo mais veemente como algo inadmissível, muito por conta do trabalho que vem sendo desenvolvido pela Academia, pelas organizações internacionais e pelas ativistas de direitos das mulheres para levantar dados e classificar esse tipo de violência como algo tão direcionado quanto corriqueiro.

---

i   REIS, V. **Caso Isa Penna: em decisão inédita, Alesp suspende deputado Fernando Cury por seis meses por passar a mão na colega**. G1 São Paulo, 1 abr. 2021. Disponível em: <https://g1.globo.com/sp/sao-paulo/noticia/2021/04/01/caso-isa-penna-em-decisao-inedita-alesp-suspende-por-6-meses-mandato-do-deputado-fernando-cury-que-passou-a-mao-em-colega.ghtml>. Acesso em: 12 set. 2022.

ii  BATISTA, M. **Assembleia Legislativa do Estado de São Paulo aprova cassação de mandato do ex-deputado Arthur do Val**. 17 maio 2022. Disponível em: <https://www.al.sp.gov.br/noticia/?17/05/2022/assembleia-legislativa-do-estado-de-sao-paulo-aprova-cassacao-de-mandato-do-ex-deputado-arthur-do-val>. Acesso em: 28 set. 2022.

## 3
# Diretrizes normativas da OEA contra a violência política de gênero vinculantes ao Estado brasileiro

Infelizmente, foi em razão de um gravíssimo episódio de feminicídio político ocorrido em março de 2012 que a Bolívia entrou para a história como o país pioneiro no mundo a adotar, em sua legislação interna, mecanismos específicos de prevenção, atenção e sanção contra atos de assédio e ou violência política contra as mulheres.

A morte violenta de Juana Quispe Apaza, primeira mulher a ocupar a posição de conselheira (o equivalente a vereadora), no município de Ancoraimes de La Paz, foi o ápice de uma série de outras manifestações de violências institucionais por ela sofridas desde que fora eleita, reiteradamente sendo impedida por seus pares, inclusive com assédio judicial, de exercer plenamente seu mandato, o que causou grande comoção social e mobilização dos movimentos feministas, viabilizando a aprovação da Lei n. 243, de 28 de maio de 2012[i], que tipificou como crime o assédio e a violência política contra as mulheres, com a previsão de penas de prisão para os autores.

Em tradução livre, vale transcrever o art. 7º da lei, que contém as definições legais que diferenciam o assédio político da violência política naquele país:

> *Artigo 7. (DEFINIÇÕES). Para efeitos de aplicação e interpretação desta Lei, são adotadas as seguintes definições:*
>
> *a. Assédio político. Por assédio político entende-se o ato ou conjunto de atos de pressão, perseguição, assédio ou ameaças, cometidos por pessoa ou grupo de pessoas, diretamente ou por meio de terceiros, contra candidatas, eleitas, nomeadas ou em exercício de função política – pública, ou contra seus familiares, com a finalidade de encurtar, suspender, prevenir ou restringir as funções inerentes ao cargo, para induzi-las ou obrigá-las a realizar, contra sua vontade, ação ou omissão, no desempenho de suas funções ou no exercício de seus direitos.*

---

i    BOLÍVIA, 2012.

> b. *Violência política. Entende-se por violência política as ações, comportamentos e/ou agressões físicas, psicológicas, sexuais cometidas por pessoa ou grupo de pessoas, diretamente ou por meio de terceiros, contra candidatas, eleitas, nomeadas ou em exercício de função política – pública, ou contra sua família, para encurtar, suspender, impedir ou restringir o exercício de seu cargo ou para induzi-la ou forçá-la a realizar, contra sua vontade, uma ação ou incorrer em uma omissão, no cumprimento de suas funções ou no exercício dos seus direitos.*

A lei boliviana serviu como inspiração para que, em fevereiro de 2015, a Organização dos Estados Americanos (OEA) adotasse a Declaração sobre Assédio Político e Violência Contra as mulheres[i], primeiro acordo regional sobre a matéria que reconheceu a importância de definir o que é o assédio político e a violência contra a mulher para que se possa impor aos Estados-parte a obrigatoriedade de combatê-los e aplicar sanções aos infratores:

> *Que tanto o assédio político quanto a violência contra as mulheres podem incluir qualquer ação, conduta ou omissão, entre outros, com base em seu gênero, individual ou coletivamente, que tenha o propósito ou resultado de minar, anular, impedir ou restringir seus direitos políticos, violar os direitos das mulheres a uma vida livre de violência e a participar de assuntos políticos e públicos em condições de igualdade com os homens; Que a violência política e o assédio contra as mulheres as impeçam de serem reconhecidas como sujeitos políticos e, assim, desencorajam muitas mulheres a entrar para ou a continuar suas carreiras políticas.* (tradução nossa)[ii]

Referido documento, na prática, apenas aperfeiçoou algo que já estava previsto de uma forma mais genérica, desde 1994, pela Convenção Interamericana para Prevenir, Punir e Erradicar a Violência contra

---

i  OAS, 2022a.

ii  Do original: "That both political harassment and violence against women may include any action, conduct, or omission among others, based on their gender, individually or collectively, that has the purpose or result of undermining, annulling, impeding, or restricting their political rights, violating the rights of women to a life free of violence and to participate in political and public affairs on an equal footing with men; That political violence and harassment against women prevent them from being recognized as political subjects and thus discourage many women from entering or continuing political careers".

a Mulher (Convenção de Belém do Pará)[i], na qual consta que a violência contra a mulher deve ser entendida como "qualquer ato ou conduta baseada no gênero, que cause morte, dano ou sofrimento físico, sexual ou psicológico à mulher, tanto na esfera pública como na esfera privada".

Além de afirmar que o uso da violência simbólica como um instrumento de discussão política afeta gravemente os direitos políticos das mulheres, a Declaração sobre Assédio Político e Violência contra as Mulheres estatui que o assédio político e a violência política contra a mulher assumem maior gravidade quando perpetrados por autoridades ou agentes públicos, muito embora reconheça que tais violências podem ocorrer em qualquer área da vida pública e política, incluindo-se na lista de possíveis agressores as instituições governamentais, os partidos políticos, as organizações sociais e os veículos de comunicação, entre outros.

Em 2017, também no âmbito da Organização dos Estados Americanos (OEA), a Comissão Interamericana de Mulheres (CIM), igualmente inspirada na lei boliviana, e como consecução do Mecanismo de Seguimento da Convenção de Belém do Pará, adotou a Lei Modelo Interamericana para Prevenir, Sancionar e Erradicar a Violência contra as Mulheres na Vida Política[ii], reconhecendo que a violência que se exerce contra as mulheres[iii] na vida política constitui uma grave

---

i   CIDH. **Convenção Interamericana para Prevenir, Punir e Erradicar a Violência contra a Mulher, "Convenção de Belém do Pará"**. Adotada em Belém do Pará, Brasil, em 9 de junho de 1994, no Vigésimo Quarto Período Ordinário de Sessões da Assembleia Geral. Disponível em: <http://www.cidh.org/basicos/portugues/m.belem.do.para.htm>. Acesso em: 29 set. 2022.

ii  OAS, 2022b.

iii O art. 6º da referida Lei Modelo descreve as inúmeras ações, condutas e omissões que podem ser consideradas como violência contra a mulher na vida política, da seguinte maneira: "Artículo 6. Manifestaciones de la violencia contra las mujeres en la vida política Son "actos de violencia contra las mujeres en la vida política", entre otras, aquellas acciones, conductas u omisiones en contra de las mujeres que, basadas en su género: a) (Femicidio/feminicidio) Causen, o puedan causar, la muerte violenta de mujeres en razón de su participación o actividad política; b) Agredan físicamente a una o varias mujeres con objeto o resultado de menoscabar o anular sus derechos políticos; c) Agredan sexualmente a una o varias mujeres o produzcan el aborto, con objeto o resultado de menoscabar o anular sus derechos políticos; d) Realicen proposiciones, tocamientos, acercamientos o invitaciones no deseadas, de naturaleza sexual, que influyan en las aspiraciones políticas de la mujer y/o en las

violação aos direitos humanos das mulheres e uma ameaça à própria subsistência da democracia, impondo aos Estados-parte que adotem todas as medidas necessárias à sua erradicação, nos seguintes termos:

---

condiciones o el ambiente donde la mujer desarrolla su actividad política y pública; e) Amenacen, asusten o intimiden en cualquier forma a una o varias mujeres y/o a sus familias, y que tengan por objeto o resultado anular sus derechos políticos, incluyendo la renuncia al cargo o función que ejercen o postulan; f) Restrinjan o anulen el derecho al voto libre y secreto de las mujeres; g) Difamen, calumnien, injurien o realicen cualquier expresión o acción que desacredite a las mujeres en ejercicio de sus funciones políticas, con base en estereotipos de género, con el objetivo o el resultado de menoscabar su imagen pública y/o limitar o anular sus derechos políticos; h) Amenacen, asusten o intimiden en cualquier forma a una o varias mujeres y/o a sus familias, y que tengan por objeto o por resultado menoscabar sus derechos políticos; i) Amenacen, agredan o inciten a la violencia contra las defensoras de los derechos humanos por razones de género, o contra aquellas defensoras que defienden los derechos de las mujeres; j) Usen indebidamente el derecho penal sin fundamento con el objeto de criminalizar la labor de las defensoras de los derechos humanos y/o de paralizar o deslegitimar las causas que persiguen; k) Discriminen a la mujer en el ejercicio de sus derechos políticos, por encontrarse en estado de embarazo, parto, puerperio, licencia por maternidad o de cualquier otra licencia justificada, de acuerdo a la normativa aplicable; l) Dañen en cualquier forma elementos de la campaña electoral de la mujer, impidiendo que la competencia electoral se desarrolle en condiciones de igualdad; m) Proporcionen a los institutos electorales datos falsos o información incompleta de la identidad o sexo de la persona candidata y designada con objeto de impedir el ejercicio de los derechos políticos de las mujeres; n) Restrinjan los derechos políticos de las mujeres debido a la aplicación de tradiciones, costumbres o sistemas jurídicos internos violatorios de la normativa vigente de derechos humanos; o) Divulguen imágenes, mensajes o revelen información de las mujeres en ejercicio de sus derechos políticos, por cualquier medio físico o virtual, en la propaganda político-electoral o en cualquier otra que, basadas en estereotipos de género transmitan y/o reproduzcanrelaciones de dominación, desigualdad y discriminación contra las mujeres, con el objetivo de menoscabar su imagen pública y/o limitar sus derechos políticos; p) Obstaculicen o impidan el acceso a la justicia de las mujeres para proteger sus derechos políticos; q) Impongan sanciones injustificadas y/o abusivas, impidiendo o restringiendo el ejercicio de sus derechos políticos en condiciones de igualdad; r) Limiten o nieguen arbitrariamente el uso de cualquier recurso y/o atribución inherente al cargo político que ocupa la mujer, impidiendo el

*Violência política de gênero: a inconvencionalidade parcial por omissão
da lei brasileira frente ao direito internacional*

> *De acordo com as obrigações estabelecidas na Convenção Interamericana sobre prevenção, punição e erradicação da violência contra as mulheres e a Convenção sobre a Eliminação de Todas as Formas de Discriminação contra as Mulheres, tendo em conta o arcabouço jurídico internacional, interamericano e nacional sobre os direitos políticos das mulheres, a Declaração sobre Violência Política e Assédio, e os mandatos que lhe são próprios, a Comissão de Especialistas (CEVI) do Mecanismo de Acompanhamento da Aplicação da Convenção de Belém do Pará (MESECVI) adota a Lei Modelo Interamericana de Prevenção, Punição e Erradicação da Violência contra a Mulher na Vida Política, através da qual a violência contra a mulher na vida política é considerada uma forma de violência a nível internacional. O objetivo desta Lei Modelo é servir de base jurídica e fornecer aos Estados o arcabouço legal necessário para garantir o direito da mulher a uma vida política livre de violência e, assim, avançar no processo de harmonização dos sistemas jurídicos nacionais com as disposições estabelecidas na Convenção. (tradução nossa)* [i]

---

ejercicio del cargo en condiciones de igualdad; s) Obliguen a la mujer a conciliar o a desistir cuando se encuentre en un proceso administrativo o judicial en defensa de sus derechos políticos; t) Eviten por cualquier medio que las mujeres en ejercicio de sus derechos políticos asistan a cualquier actividad que implique la toma de decisiones, en igualdad de condiciones; u) Proporcionen a la mujer en el ejercicio de sus derechos políticos, información falsa, errada o imprecisa y/u omitan información a la mujer, que induzca al inadecuado ejercicio de sus derechos políticos en condiciones de igualdad; v) Restrinjan el uso de la palabra de las mujeres en ejercicio de sus derechos políticos, impidiendo el derecho a voz, de acuerdo a la normativa aplicable y en condiciones de igualdad; w) Impongan por estereotipos de género la realización de actividades y tareas ajenas a las funciones y atribuciones de su cargo o posición o que tengan como resultado la limitación del ejercicio de la función política".

i  Do original: "De acuerdo a las obligaciones establecidas en la Convención Interamericana para la Prevención, Sanción y Erradicación de la Violencia contra las Mujeres y la Convención para la Eliminación de Todas las Formas de Discriminación hacia la Mujer, teniendo en cuenta el marco jurídico internacional, interamericano y nacional referente a los derechos políticos de las mujeres, la Declaración sobre la Violencia y el Acoso Políticos, y los mandatos que le son propios, el Comité de Expertas (CEVI) del Mecanismo de Seguimiento a la Aplicación de la Convención de Belém do Pará (MESECVI) adopta la Ley Modelo Interamericana para Prevenir, Sancionar y Erradicar la Violencia contra

A Lei Modelo Interamericana estabelece sanções que envolvem, aos agentes políticos, desde a suspensão ou a inabilitação para futuras candidaturas, como a expulsão de seus partidos, até a perda de mandatos, a depender da gravidade dos fatos, recomendando aos Estados-parte que as adotem em suas legislações internas contra aqueles que cometam violência política de gênero.

Penalidades semelhantes também foram previstas pela mesma Comissão Interamericana de Mulheres (CIM), em 2019, quando adotou o Protocolo Modelo para Partidos Políticos: Prevenir, Atender, Punir e Erradicar a Violência contra Mulheres na Vida Política[i]:

> *Em função da gravidade dos atos cometidos e de acordo com as disposições do regimento interno do partido político, as sanções podem incluir: a) admoestação privada, por escrito e/ou verbalmente; b) admoestação pública, por escrito e/ou verbalmente; c) destituição do cargo nos órgãos de representação e direção do partido político; d) inabilitação para participar nos órgãos de direção e representação do partido político; e) suspensão temporária de direitos partidários; f) recusa ou cancelamento de seu registro como pré-candidato; g) cancelamento da filiação do partido político.* (tradução nossa)[ii]

---

las Mujeres en la Vida Política, mediante la cual, la violencia contra las mujeres en la vida política pasa a ser considerada una forma de violencia a nivel internacional. La presente Ley Modelo tiene como finalidad servir de fundamento jurídico y proporcionar a los Estados el marco legal necesario para asegurar el derecho de las mujeres a una vida política libre de violencia, y con ello, avanzar en el proceso de armonización de los ordenamientos jurídicos nacionales con las disposiciones establecidas en la Convención".

i     OAS, 2022c.

ii    Do original: "En función de la gravedad de los actos cometidos y de acuerdo a lo establecido en la normativa interna del partido político, las sanciones pueden incluir: a) Amonestación privada, por escrito y/o verbal; b) Amonestación pública, por escrito y/o verbal; c) Destitución del cargo en los órganos de representación y dirección del partido político; d) Inhabilitación para participar en los órganos de dirección y representación del partido político; e) Suspensión temporal de los derechos partidarios; f) La negativa o cancelación de su registro como precandidato; g) Cancelación de la membresía del partido político".

Considerando que o Brasil é membro da OEA[i] e da Comissão Interamericana de Mulheres (CIM)[ii], deve, em âmbito nacional, observar todas essas diretrizes normativas aprovadas no âmbito dessa organização regional e de seu organismo especializado, nos termos do Artigo 2º da Carta da OEA e do Artigo 3º, "i", do Estatuto da CIM[iii].

Disto decorre a necessidade de plena compatibilização do ordenamento jurídico doméstico aos compromissos internacionalmente assumidos pelo Estado brasileiro[iv], além de o dever de os próprios partidos políticos estabelecerem, em seus regimentos internos, medidas sancionatórias aplicáveis aos membros que comentam violência política de gênero, de modo a coibir e punir sua prática, na forma do Protocolo e das demais diretrizes convencionais em questão.

# 4
# A inconvencionalidade parcial por omissão da nova lei brasileira de combate à violência política contra a mulher frente ao direto internacional

A primeira lei brasileira a tratar especificamente sobre a violência política contra a mulher foi publicada em 5 de agosto de 2021. Trata-se da Lei Federal n. 14.192/2021[v], que estabelece normas para prevenir, reprimir e combater a violência política contra a mulher.

---

i   Nos termos do Decreto n. 30.544, de 14 de fevereiro de 1952, que promulga a Carta da Organização dos Estados Americanos, firmada em Bogotá, a 30 de abril de 1948 (Disponível em: <https://www2.camara.leg.br/legin/fed/decret/1950-1959/decreto-30544-14-fevereiro-1952-340000-publicacaooriginal-1-pe.html>. Acesso em: 1 out. 2022).

ii  Vide: <http://www.oas.org/es/cim/miembros.asp>. Acesso em: 29 set. 2022.

iii "Artículo 3. Son funciones de la CIM: [...] i) Promover la adopción o adecuación de medidas de carácter legislativo necesarias para eliminar toda forma de discriminación contra las mujeres." (Disponível em: <http://www.oas.org/es/CIM/docs/CIMStatute-2016-ES.pdf>. Acesso em: 29 set. 2022).

iv  Nesse sentido, vide: CONCI; FARACO, 2020, p. 98.

v   Disponível em: <http://www.planalto.gov.br/ccivil_03/_ato2019-2022/2021/lei/L14192.htm>. Acesso em: 29 set. 2022.

Em seus primeiros artigos, a norma em questão dedica-se à delimitação do conceito de violência política contra a mulher e das garantias para prevenir, reprimir e combater esse tipo de conduta, da seguinte maneira:

> Art. 1º Esta Lei estabelece normas para prevenir, reprimir e combater a violência política contra a mulher, nos espaços e atividades relacionados ao exercício de seus direitos políticos e de suas funções públicas, e para assegurar a participação de mulheres em debates eleitorais e dispõe sobre os crimes de divulgação de fato ou vídeo com conteúdo inverídico no período de campanha eleitoral.
>
> Art. 2º Serão garantidos os direitos de participação política da mulher, vedadas a discriminação e a desigualdade de tratamento em virtude de sexo ou de raça no acesso às instâncias de representação política e no exercício de funções públicas.
>
> Parágrafo único. As autoridades competentes priorizarão o imediato exercício do direito violado, conferindo especial importância às declarações da vítima e aos elementos indiciários.
>
> Art. 3º Considera-se violência política contra a mulher toda ação, conduta ou omissão com a finalidade de impedir, obstaculizar ou restringir os direitos políticos da mulher.
>
> Parágrafo único. Constituem igualmente atos de violência política contra a mulher qualquer distinção, exclusão ou restrição no reconhecimento, gozo ou exercício de seus direitos e de suas liberdades políticas fundamentais, em virtude do sexo.

É de se notar a vaguidade com que a proteção à mulher vítima de violência política é tratada pela lei brasileira, já que, ao contrário da Lei e do Protocolo Modelos da Comissão Interamericana de Mulheres, não se exemplifica, aqui, as múltiplas formas de violência, inclusive simbólicas, psicológicas e econômicas que podem ser utilizadas para afastar uma mulher da política, tampouco se estabelecem as formas como serão garantidos os direitos políticos das mulheres.

Igualmente, as sanções previstas, em complemento às leis preexistentes, também não solucionam essa sensação de vaguidade, além de se mostrarem insuficientes, como se pode extrair de inúmeros de seus dispositivos, entre os quais merece destaque seu art. 4º, que altera o Código Eleitoral da seguinte forma:

> Art. 4º. A Lei nº 4.737, de 15 de julho de 1965 (Código Eleitoral), passa a vigorar com as seguintes alterações:
>
> Art. 243. Não será tolerada propaganda: [...]
>
> X – **que deprecie a condição de mulher** ou estimule sua discriminação em razão do sexo feminino, ou em relação à sua cor, raça ou etnia.
>
> Art. 323. Divulgar, na propaganda eleitoral ou durante período de campanha eleitoral, fatos que sabe inverídicos em relação a partidos ou a candidatos e capazes de exercer influência perante o eleitorado: [...]
>
> § 2º Aumenta-se a pena de 1/3 (um terço) até metade se o crime: [...]
>
> II – envolve **menosprezo ou discriminação à condição de mulher** ou à sua cor, raça ou etnia.
>
> Art. 326-B. Assediar, constranger, humilhar, perseguir ou ameaçar, por qualquer meio, candidata a cargo eletivo ou detentora de mandato eletivo, utilizando-se de **menosprezo ou discriminação à condição de mulher** ou à sua cor, raça ou etnia, com a finalidade de impedir ou de dificultar a sua campanha eleitoral ou o desempenho de seu mandato eletivo. [...]
>
> Art. 327. As penas cominadas nos arts. 324, 325 e 326 aumentam-se de 1/3 (um terço) até metade, se qualquer dos crimes é cometido: [...]
>
> IV – **com menosprezo ou discriminação à condição de mulher ou à sua cor, raça ou etnia**; [...] (grifo nosso)

Também os arts. 5º e 6º da norma federal em questão, ao alterarem a Lei dos Partidos Políticos e a Lei das Eleições para determinar, respectivamente, que o Estatuto de cada partido contenha normas específicas para combater a violência política contra a mulher e exigir a presença proporcional de homens e mulheres nos debates, adotam diretrizes genéricas, dificultando a efetiva aplicação de tais comandos:

> Art. 5º O caput do art. 15 da Lei nº 9.096, de 19 de setembro de 1995 (Lei dos Partidos Políticos), passa a vigorar acrescido do seguinte inciso X:
>
> Art. 15. O Estatuto do partido deve conter, entre outras, normas sobre: [...]

*X – prevenção, repressão e combate à violência política contra a mulher.*

Art. 6º. O inciso II do caput do art. 46 da Lei nº 9.504, de 30 de setembro de 1997(Lei das Eleições), passa a vigorar com a seguinte redação:

Art. 46. [...]

*II – nas eleições proporcionais, os debates poderão desdobrar-se em mais de um dia e deverão ser organizados de modo que assegurem a presença de número equivalente de candidatos de todos os partidos que concorrem a um mesmo cargo eletivo, **respeitada a proporção de homens e mulheres estabelecida no § 3º do art. 10 desta Lei**; [...]. (grifo nosso)*

Inobstante seja louvável e extremamente necessária a aprovação de uma lei que tipifique a violência política de gênero como crime, impondo inclusive pena de reclusão aos seus infratores, a norma em questão não contempla os meios efetivamente possíveis e já contemplados na normativa convencional obrigatória e vinculante ao Estado brasileiro para de fato prevenir e punir qualquer forma de violência política contra as mulheres, como, por exemplo, a perda de mandato e a inelegibilidade quando os agressores sejam agentes políticos.

Ainda quando estabelece aos partidos políticos a obrigatoriedade de adequação de seus estatutos, a norma não indica as sanções a serem aplicadas aos filiados eventualmente condenados por atos criminosos contra mulheres ou por condutas éticas envolvendo a prática da misoginia, tais como a suspensão ou a expulsão do partido e a inabilitação para o registro de candidatura, mecanismos já consagrados na Lei e no Protocolo Modelos da Comissão Interamericana de Mulheres, da qual o Brasil é membro.

A lei brasileira também nada trata a respeito da exigibilidade de que os órgãos públicos, incluindo Executivo, Legislativo e Judiciário, e em especial a Justiça Eleitoral, estabeleçam punições adequadas que afastem eventuais agentes políticos de seus cargos em tais hipóteses, como recomendam as diretrizes da CIM, o que fragiliza a efetiva punição e a devida repressão à violência política de gênero, necessárias para promover uma verdadeira mudança na cultura interna dos partidos, capaz de repercutir em toda a sociedade[i].

---

i     Nesse sentido: ARAUJO, 2022, p. 225.

*Violência política de gênero: a inconvencionalidade parcial por omissão
da lei brasileira frente ao direito internacional*

Tomando como base as diretrizes da Lei Modelo da Comissão Interamericana de Mulheres, que prevê o afastamento de imunidades parlamentares em caso de violência política contra a mulher, também seria possível estabelecer a obrigatoriedade das casas legislativas adequarem seus regimentos internos para acrescentar esse tipo de crime como causa específica de quebra de decoro parlamentar, complementando a exigência de que os partidos políticos estatuam sanções aos seus filiados violadores de direitos políticos das mulheres, o que a norma não previu.

Com efeito, a lei brasileira falha ao não concretizar todas as normativas regionais que são vinculantes ao Estado brasileiro, deixando de estabelecer às instituições públicas e aos atores sociais a efetiva obrigatoriedade de implementarem "em seus regulamentos internos condutas de boas práticas relacionadas à inclusão e não discriminação de gênero, além da paridade em órgãos colegiados e alternância/rotatividade de poder nos cargos diretivos"[i].

A insuficiência da legislação brasileira em dar efetivo cumprimento às diretrizes convencionais em questão acarreta sua *inconvencionalidade parcial por omissão*, na medida em que esta não é capaz, de maneira plena, de garantir efetivo cumprimento de tais comandos internacionais.

Luiz Guilherme Arcaro Conci e Bruno Barbosa Borges esclarecem que, em um sentido estrito, a omissão inconvencional será observada quando:

> *se detecta normas convencionais que demandam normas internas para sua efetividade e o Estado-parte se omite, não criando tais leis em seu ordenamento jurídico doméstico, impossibilitando o cumprimento do tratado. Desse modo, o tratado internacional permanece como uma norma poética, sem vida, sem sentido, sem alcance e sem finalidade, pois não é integrado ao ordenamento que soberanamente o admitiu.*[ii]

Assim, a inconvencionalidade por omissão se caracteriza justamente pela ausência de norma interna capaz de regular suficientemente os direitos consagrados na legislação convencional a que o Estado esteja vinculado, dando-lhe efetivo e integral cumprimento. Nas palavras de

---

i   Idem, p. 230.
ii  CONCI; BORGES, 2018, p. 156.

Víctor Bázan[i], a omissão em estabelecer disposições que tornem possível o cumprimento de um tratado internacional significa uma inconvencional agressão por omissão às suas normas, permitindo seu controle jurisdicional.

No caso da Lei Federal n. 14.192/2021, essa insuficiência se caracteriza de modo parcial, como já demonstrado, na medida em que seus ditames não são capazes de atender plenamente àqueles comandos convencionais.

Com efeito, o dever de adequar o ordenamento nacional a essas diretrizes, "seja de forma negativa, invalidando as normas que lhe sejam contrárias, seja de forma positiva, produzindo regras aptas a garantir sua plena execução"[ii], decorre do fato de o Brasil ser membro da OEA e da CIM, comprometendo-se internacionalmente a observar as normas convencionais aprovadas no âmbito desses organismos.

Sem dúvida, somente por meio de "previsões claras em seus Códigos de Ética internos" e de uma legislação ampla que efetivamente regulamente a violência política de gênero e permita uma "real aplicação de sanções duras a filiados, dirigentes e representantes eleitos (parlamentares e chefes do Executivo) que comprovadamente cometerem violência política de gênero, ou qualquer tipo de discriminação em razão de gênero"[iii] é que será possível a mudança da dura realidade das mulheres políticas no Brasil, o que a Lei Federal n. 14.192/2021, infelizmente, não contemplou.

---

i "Una mirada más actualizada de la cuestión, a la luz de la creciente interacción del derecho interno y el derecho internacional de los derechos humanos, el significativo incremento jurídico y axiológico de la circulación de reglas internacionales en el ámbito doméstico y la obligación de la magistratura (y de las demás autoridades públicas competentes) de llevar adelante un control de convencionalidad, autorizaría también a predicar de dicho fallo una embrionaria declaración de *inconvencionalidad o anticonvencionalidad por omisión*. Otra premisa contenida en el pronunciamiento, relativa a la 'omisión de establecer disposiciones que hagan posible' el cumplimiento del tratado internacional, *supondría la agresión constitucional (y convencional) por omisión y habilitaría el control jurisdiccional a su respecto*" (BAZÁN, 2014, p. 446).

ii FARACO, 2021, p. 342.

iii ARAUJO, 2022, p. 232.

# 5
# Conclusões

O que se percebe é que o Brasil ainda carece de mecanismos de proteção capazes de promover a efetiva paridade e concretização dos direitos políticos das mulheres, diante da abissal desigualdade de gênero constatada nos espaços de representação, como demonstram as pesquisas que, embora ainda esparsas, dão conta do frequente assédio político e da violência política de gênero vivenciados pelas mulheres brasileiras que se propõem, de alguma forma, a participar da vida pública e política do país.

No *ranking* mundial de participação feminina nos parlamentos, atualizado mensalmente pela União Interparlamentar com a contribuição de 179 Estados-membros, em agosto de 2022, o Brasil ocupava a 146ª posição, atrás de todos os países da América Latina e, inclusive, de países de tradições mais conservadoras, como Etiópia, Arábia Saudita e Iraque, por exemplo.

As nações que ocupam o topo do *ranking*, em sua maioria, são aquelas que implementaram cotas de gênero e políticas afirmativas mais efetivas que as previstas atualmente no Brasil, como a reserva de assentos, por exemplo, além de reformas administrativas institucionais que garantiram a participação feminina em todos os espaços de poder, no Executivo, no Legislativo e no Judiciário.

Nossa cultura política, tão resistente à democracia paritária, acaba retroalimentando também a violência de gênero. Sofremos com a sub-representação feminina em todas as instituições e com a resistência violenta das elites masculinas brancas hegemônicas em abdicar de seus privilégios historicamente construídos.

A solução somente virá com a instituição de cotas de gênero, de políticas afirmativas e de sanções eficazes e proporcionais à gravidade daquilo que deve ser denominado como *ato criminoso*: a violência política de gênero, a violência política sexista e a violência contra as mulheres na política.

Para tanto, basta simplesmente que o Brasil passe a adotar de maneira universalista a incorporação e a interpretação dos direitos humanos das mulheres, seguindo o exemplo de outros países, dando eficácia à normativa internacional cuja observância se comprometeu.

Os instrumentos internacionais citados neste artigo, tais como a Lei Modelo Interamericana para Prevenir, Sancionar e Erradicar a Violência contra as Mulheres na Política e o Protocolo Modelo para Partidos Políticos: Prevenir, Atender, Punir e Erradicar a Violência contra Mulheres na Vida Política, são apenas alguns dos diversos acordos internacionais que trazem diretrizes imprescindíveis para a implementação e a universalização da democracia paritária.

Mais do que a falta de vontade política, sofremos também pela ausência de um efetivo controle de convencionalidade em matéria de direitos humanos, para que avancemos em pautas tão importantes para o resto do mundo, que também deveriam ser prioritárias para o Brasil.

A igualdade de gênero é apenas uma dessas pautas, que, por si só, já expressa o tamanho de nosso atraso, se considerarmos que a maioria da população brasileira é composta de mulheres e pessoas negras, e, ainda assim, continuamos, em pleno século XXI, sendo governados e conduzidos pela minoria de homens brancos.

## Referências

ARAUJO, G. S. S. de. **Mulheres na política brasileira**: desafios rumo à democracia paritária participativa. Belo Horizonte: Arraes Editora, 2022.

BAZÁN, Víctor. **Control de omisiones inconstitucionales e inconvencionales**. Recorrido por el derecho y la jurisprudencia americanos y europeos. Bogotá: Konrad Adenauer, 2014.

BOLÍVIA. Ley n. 243, de 28 de maio de 2012. **Gaceta Oficial del Estado Plurinacional de Bolivia**, Bolívia, 2012. Disponível em: https://oig.cepal.org/sites/default/files/2012_bol_ley243.pdf. Acesso em: 12 set. 2022.

CONCI, L. G. A.; FARACO, M. O bloco de constitucionalidade convencionalizado como paradigma contemporâneo da jurisdição constitucional brasileira. In: CLÈVE, C. M.; SCHIER, P. R.; LORENZETTO B. M. (Org.). **Jurisdição constitucional em perspectiva**. São Paulo: Revista dos Tribunais, 2020. v. 1. p. 93-111.

CONCI, L. G. A.; BORGES, B. B. O dever convencional de harmonização e as omissões inconvencionais. In: TAVARES, A. R.; GAMA, M. F. L. (Orgs). **Omissão inconstitucional**. São Paulo: Max Limonad, 2018. p 144-160.

FARACO, M. Pluralismos jurídicos sob a perspectiva de um Código de Processo Constitucional: a necessária regulamentação processual do controle de convencionalidade das leis no Brasil. In: TAVARES, A. R.; GAMA, M. F. L. (Orgs). **Um Código de Processo Constitucional para o Brasil**. Belo Horizonte: Arraes Editores, 2021. p. 337-354.

INSTITUTO MARIELLE FRANCO. **A violência política contra as mulheres negras**. 2020. Disponível em: <https://www.violenciapolitica.org/2020>. Acesso em: 12 set. 2022.

INSTITUTO ALZIRAS (Org.). **Perfil das prefeitas no Brasil (2017-2020)**. Rio de Janeiro: Instituto Alziras, 2018. Disponível em: <http://prefeitas.institutoalziras.org.br/>. Acesso em: 12 set. 2022.

IPU PARLINE. **Global and regional averages of women in national parliaments**. Disponível em: <https://data.ipu.org/women-averages>. Acesso em: 12 set. 2022.

LAURIS, É.; CARVALHO, S.; MARINHO, G.; FRIGO, D. F. (Coord.). **Terra de direitos e justiça global**. Violência política e eleitoral no Brasil: panorama das violações de direitos humanos de 2016 a 2020. Curitiba: Terra de Direitos e Justiça Global, 2020. Disponível em: <https://terradedireitos.org.br/acervo/publicacoes/livros/37/violencia-politica-e-eleitoral-no-brasil/23478>. Acesso em: 12 set. 2022.

MATOS, M. A violência política sexista no Brasil: o caso da presidenta Dilma Rousseff. In: ROSA, R. A. et al. **Observando as desigualdades de gênero e raça nas dinâmicas sociais de Minas Gerais**. Belo Horizonte: Instituto Cultural Boa Esperança, 2019.

ROUSSEFF, D. A misoginia e a manipulação da mídia. In: D´AVILA, M. **Sempre foi sobre nós**: relatos da violência política de gênero no Brasil. Porto Alegre: Instituto E Se Fosse Você, 2021.

OAS – Organization of American States. **Declaration on Political Harassment and Violence Against Women**. Disponível em: <https://www.oas.org/es/mesecvi/docs/DeclaracionViolenciaPolitica-EN.pdf>. Acesso em: 12 set. 2022a.

OAS – Organization of American States. Comisión Interamericana de Mujeres. Mecanismo de Seguimiento de la Convención de Belém do Pará (MESECVI). **Ley Modelo Interamericana para Prevenir, Sancionar y Erradicar la Violencia contra las Mujeres en la Vida Política**. Disponível em: <https://www.oas.org/es/mesecvi/docs/LeyModeloViolenciaPolitica-ES.pdf>. Acesso em: 12 set. 2022b.

OAS – Organization of American States. Inter-American Commission of Women. **Protocolo modelo para partidos políticos**: prevenir, atender, sancionar y erradicar la violencia contra las mujeres en la vida política. Disponível em: <https://www.oas.org/en/cim/docs/ViolenciaPolitica-ProtocoloPartidos-ES.pdf>. Acesso em: 12 set. 2022c.

*Algumas técnicas decisórias praticadas no direito comparado e possível harmonização com o quadro jurídico nacional brasileiro*

*Algunas técnicas de toma de decisiones practicadas en derecho comparado y posible armonización con el marco legal nacional brasileño*

*Tiago Gagliano Pinto Alberto*

Pós-doutorando em Filosofia (Ontologia e Epistemologia) na Pontifícia Universidade Católica do Paraná (PUC-PR). Pós-doutorado em Psicologia Cognitiva na Pontifícia Universidade Católica do Rio Grande do Sul (PUC-RS). Pós-doutorado em Direito pela Universidad de León/ Espanha. Pós-doutorado em Direito pela PUC/PR. Doutor em Direito pela Universidade Federal do Paraná (UFPR). Mestre em Direito pela Pontifícia Universidade Católica do Paraná. Professor da PUC/PR, da Escola da Magistratura do Estado do Paraná (Emap), da Escola da Magistratura Federal em Curitiba (Esmafe), da Academia Judicial de Santa Catarina, da Escola Superior da Magistratura Tocantinense (Esmat) e da Escola da Magistratura do Estado do Ceará (Esmec). Instrutor da Escola Nacional de Formação e Aperfeiçoamento de Magistrados (Enfam). Professor da Escola Judicial do Tribunal de Justiça do Acre, da Escola Judicial do Tribunal de Justiça de Pernambuco e da Escola Judicial do Tribunal de Justiça do Maranhão. Pesquisador estrangeiro do grupo de pesquisa "Discrecionalidad judicial y debido proceso", liderado pelo Professor Doutor Juan Antonio García Amado. Líder do grupo de Pesquisa Neurolaw (estudos interdisciplinares entre Direito e Neurociências). Juiz de Direito Titular da 4ª Turma Recursal do Poder Judiciário do Estado do Paraná.

**Sumário**: 1. Introdução. 2. Metodologias decisórias comparadas. 2.1. Teoria da sana crítica. 2.2. Teoria da margem de apreciação. 3. O âmbito doméstico. 3.1. Teoria da sana crítica. 3.2. Teoria da margem de apreciação. 4. Conclusão. Referências.

**Resumo**: O artigo objetiva, genericamente, a análise da aplicação de técnicas decisórias praticadas no direito comparado no âmbito doméstico brasileiro, testando esta hipótese a partir de duas teorias: a sana crítica e a margem de apreciação. Em um primeiro momento, de conteúdo expositivo-revisional, são definidas as teorias em exame e expostos o quadro evolutivo histórico de cada qual para, em seguimento, aferir se já utilizadas no direito brasileiro, em especial em decisões judiciais. Na segunda parte do trabalho, já de natureza propositiva, são identificadas eventuais lacunas metodológicas no sistema jurídico e judicial brasileiro que, em tese, poderiam ser supridas pela aplicação das teorias trabalhadas. Uma vez definidas as lacunas e a possibilidade de aplicação do apanágio teórico, é, então, analisada a maneira pela qual tal ocorreria. Ao final, conclui-se, em caráter geral, que os aportes teóricos oriundos do direito comparado podem sugerir interessante metodologia de harmonização do direito pátrio, por intermédio de técnicas decisórias que encontrem espaço no dia a dia judicante; e, em específico em relação à sana crítica e à margem de apreciação, que podem encontrar ressonância no direito brasileiro. O artigo adota metodologia expositivo-revisional e propositiva.

**Palavra-chave**: Direito comparado. Técnicas decisórias. Argumentação jurídica.

**Sumilla**: 1. Introducción. 2. Metodologías comparativas de toma de decisiones. 2.1. Teoría de la cordura crítica. 2.2. La teoría del margen de apreciación. 3. El ámbito doméstico. 3.1. Teoría de la cordura crítica. 3.2. Teoría del margen de apreciación. 4. Conclusión. Referencias.

**Resumen.** El artículo tiene como objetivo, genéricamente, analizar la aplicación de técnicas de decisión practicadas en derecho comparado en el contexto doméstico brasileño, contrastando esta hipótesis a partir de dos teorías: la sana crítica y el margen de apreciación. En un primer momento, con contenido expositivo-revisional, se definen las teorías en examen y se expone el marco histórico evolutivo de cada una, para, en seguimiento, evaluar si ya han sido utilizadas en el derecho brasileño, especialmente en decisiones judiciales. En la segunda parte del trabajo, ya de carácter propositivo, se identifican posibles vacíos metodológicos en el sistema jurídico y judicial brasileño que, en teoría, podrían ser llenados por la aplicación de las teorías trabajadas. Una vez definidos los vacíos y la posibilidad de aplicar la prerrogativa teórica, se analiza la forma en que ésta se daría. Al final, se concluye, en general, que los aportes teóricos del derecho comparado pueden sugerir una metodología interesante para armonizar el derecho nacional, através de técnicas de toma de decisiones que encuentren espacio en el juicio cotidiano; y, específicamente, en relación a la sana crítica y al margen de apreciación, que pueden encontrar resonancia en el derecho brasileño. El artículo adopta la metodología expositiva-revisional y propositiva.

**Palabras clave**: Derecho comparado. Técnicas de decisión. Argumentación jurídica.

# 1
# Introdução

Recentemente, a Corte Constitucional sul-africana decidiu caso denominado *Olivia Road*, em que se debatia a efetivação de ordem de desocupação direcionada a mais de 400 (quatrocentos) ocupantes de prédios na Cidade de Johanesburgo. Conquanto em primeiro momento possa ter sido esperada uma decisão que se limitasse a garantir a efetivação do comando anteriormente proferido, assim não agiu a Corte, que, ao revés, determinou que a cidade e os ocupantes se comprometessem *significativamente* a: (i) resolver suas diferenças e dificuldades à luz dos valores da Constituição; (ii) aliviar a condição dos que viviam nos edifícios, tornando-os seguros e saudáveis; e (iii) reportar os resultados do compromisso.[i]

Esse manejo do problema ficou conhecido como "teoria do compromisso significativo" (*meaningful engagement*) e representou, na esfera de atuação da Corte, importante evolução da solução definitiva do caso posto à análise do Poder Judiciário. A técnica incrementou a observância de direitos fundamentais, ao invés de simplesmente proscrevê-los como decorrência de posicionamento já revelado por decisão que adjudicara o direito outrora postulado. Ademais disso, a maneira de lidar com o conflito demonstrou que a lógica binária, tão cara à ideia positivista metodológica de agir, não representa a única saída para o acertamento do sistema jurídico. Afinal, mesmo os perdedores devem ter

---

i  VIEIRA JÚNIOR, 2015. Também podem ser consultados os seguintes trabalhos: PARDO, 2015, p. 9, e PARDO, 2013. Há também uma interessante dissertação de mestrado sobre a temática: SOUZA NETO, 2018.

seus direitos respeitados, sobretudo se a eficácia do comando inserto na decisão judicial puder prejudicar o reconhecimento da pessoa enquanto tal, titular de direitos por simplesmente *ser* humano[i].

E, ainda, a decisão apresentou importante conteúdo pedagógico, que se espraia do sistema sul-africano, principalmente de defesa dos direitos humanos, para os demais em todo o mundo, pontuando que representam coisas diversas a solução do processo e a resolução do caso inserido no contexto do caderno processual. Para efetivação daquele, talvez baste uma decisão que insira um ponto final na controvérsia, ao passo que, para este, mesmo a decisão final pode ser alvo de debate e reformulações, acaso demonstrada que sua efetivação, na maneira como lançada, pode vir a representar risco de lesão, ou ameaça de lesão, à diferentes esferas dos direitos envolvidos na testilha.

Especificamente nesta última linha, a pedagógica, encontram-se o problema e a hipótese de trabalho lançadas neste artigo. Enquanto problema, questiono se e em qual medida algumas técnicas decisórias utilizadas pelos mais diversos sistemas podem ser utilizadas no ambiente pátrio, brasileiro. E, a título de hipótese, pretendo sustentar que há espaço para utilização no cenário doméstico de técnicas adotadas em outros sistemas jurídicos, sem perda de legitimidade democrática, por intermédio da harmonização das técnicas às estruturas argumentativas praticadas na seara brasileira.

O artigo, então, está estruturado em duas partes bem delineadas. A primeira, de conteúdo expositivo-revisional, objetiva apresentar algumas técnicas decisórias praticadas em diversos ambientes judiciais no direito comparado. Não há, com isso, qualquer pretensão de esgotamento e, desde logo se adverte, tampouco de verticalização das técnicas destacadas. Em seguida, na segunda parte, de fundo propositivo, defenderei a possibilidade de harmonização das técnicas com o sistema jurídico pátrio. Se a hipótese ao final se revelar correta, então ao cabo deste trabalho se poderá sustentar que os aportes decisórios, materializados por técnicas de ampla utilização por diversas Cortes alienígenas, podem, e quiçá devem ser utilizadas também pelo aparato judicial brasileiro, sem qualquer perda de legitimidade democrática, comprovando, assim, a harmonização dos sistemas.

---

i     Para uma análise filosófico-existencialista da pessoa enquanto ser valorada como tal, entre muitos e interessantes trabalhos: LÉVINAS, 2016.

A metodologia utilizada para este artigo é a exploratória, com desenvolvimento dedutivo. Quanto às fontes de pesquisa, foram utilizadas referências bibliográficas nacionais e estrangeiras, ademais de material obtido diretamente da rede mundial de computadores.

2
## Metodologias decisórias comparadas

### 2.1 Teoria da sana crítica

A teoria da sana crítica, pouco abordada no ambiente judicial brasileiro, não é exatamente recente. Em verdade, talvez sua primeira menção tenha sido em Lei espanhola de 1893, que dispunha, no inciso III do art. 5°, que "será admisible en ellos toda clase de pruebas i los jueces deberán apreciarlas con sujeción a las reglas de la sana crítica para declarar si han o no incurrido en la pérdida del derecho a esta pensión". Posteriormente, recebeu, ainda no direito positivo espanhol, previsão no "Reglamento sobre el modo de proceder el Consejo Real en los negocios contenciosos de la Administración, de 1846", prevendo, no art. 148, "que los testigos podían ser examinados y calificados sus dichos por el referido Consejo conforme a las reglas de la sana crítica". Em seguida, migrou para a Ley de Enjuiciamiento Civil de 1855, que, no art. 317, dispôs que "los jueces y tribunales apreciarán, según las reglas de la sana crítica, la fuerza probatoria de las declaraciones de los testigos.", seguindo, no art. 659 da "nueva Ley de Enjuiciamiento Civil española de 1881", redação segundo a qual: "los jueces y tribunales apreciarán la fuerza probatoria de las declaraciones de los testigos conforme a las reglas de la sana crítica, teniendo en consideración la razón de la ciencia que hubieren dado y las circunstancias que en ellos concurran"[i].

Ao que se pode perceber do pequeno escorço realizado, a teoria da sana crítica não é tão próxima em lapso temporal quanto se poderia imaginar em uma leitura inicial, embora continue sendo tomada como novidade. De fato, já ostenta um terreno bem considerável e evolução no ambiente jurídico-positivo espanhol. A doutrina espanhola apontou, desde a primeira aparição legislativa do instituto, duas questões fundamentais: o que seria considerado sana crítica e como objetivá-la racionalmente? Esses dois interrogantes permearam toda a apreciação

---

i   Para análise das origens da teoria da sana crítica: BENFELD, 2013.

dogmática do tema no direito espanhol dos séculos XIX e XX e até hoje, no século XXI, não se encontra definitivamente resolvido[i].

Quanto à maneira de compreender a sana crítica, inicialmente esteve fortemente vinculada a uma concepção mais formal, relacionada ao controle do número de testemunhas que viria a depor. Era como se a sana crítica fosse ligada ao desenvolvimento da linha argumentativa em juízo, e não propriamente ao conteúdo do discurso levado a cabo pelas testemunhas[ii].

A evolução do instituto e, ainda, sua aplicação também no terreno pericial demandaram uma alteração de rumo, seguindo do aspecto meramente formal do número de testemunhas a outro, material, da apreciação da prova. No campo substancial, primeiro houve um direcionamento da aplicação da teoria à testemunha, de modo que ao juiz cabia, como se fosse preparado tecnicamente para tanto e com tempo suficiente para isso, aferir as faculdades psicológicas da testemunha[iii]. Essa tentativa resultou no mais retumbante fracasso e não demorou muito para que o foco da aplicação da teoria fosse o juiz, e não a testemunha. Neste ponto, jurisprudência e doutrina consideraram ser adequado correlacionar sana crítica com íntima convicção, de maneira que seu eixo de aplicação girou em torno de uma convicção intimista do juiz, nem sempre fundamentada, acerca do conteúdo da matéria probante, fosse ela oriunda da prova oral, fosse técnico-pericial.

Obviamente, essa abordagem consagrava grande indeterminação do conteúdo dos provimentos judiciais decisórios, já que a íntima convicção, em voga naquele momento, tampouco permitia o contraste entre

---

i   BENFELD, 2013.

ii  Johann Belfeld assim descreve a prefacial aplicação da teoria em voga: "En realidad se trataba de um conjunto de reglas de determinación del número en razón de la materia a probar, estableciendo un límite máximo (doce testigos por juicio) y uno mínimo (más de uno, pues un solo testigo no basta para probar un hecho, salvo que el testigo sea el rey)" (BENFELD, 2013).

iii Assim relata FENOLL, 2010, p. 89. Aqui, não posso deixar de fazer menção à obra *La democracia sentimental. Políticas e emociones en el siglo XXI*, de autoria de Manuel Arias Maldonado, sustentando o que denomina "virada psicológica do sujeito pós-soberano", que consistiria na introdução de elementos emotivos e, portanto, aferidos principalmente pela psicologia, ao ambiente jurídico, econômico e social como um todo. Essa situação fica clara ao momento da valoração da prova (MALDONADO, 2016).

os caminhos percorridos pelo juiz para chegar às suas conclusões e a conclusão em si. E a questão ainda se revelava pior no que toca à prova pericial, porque acreditar na conclusão do perito seria quase como uma consequência necessária da designação de alguém que fosse da confiança do decisor. Aliás, padecemos no direito brasileiro, ainda atualmente, da mesma problemática, como na segunda parte do trabalho será mencionado.

Por tal motivo, iniciou-se debate no direito espanhol acerca do conteúdo da sana crítica. Qual seria, enfim, a forma de materializá-la? Um primeiro posicionamento sustentou a existência de critérios tido como objetivos sedimentados por *princípios lógicos + máximas da experiênciai*. Bem se pode perceber que esses critérios, conquanto imaginados como sendo objetivos, não dizem muita coisa em termos de racionalização do instituto.

Assim, em um segundo momento se imaginou, com base na Ley de Enjuiciamiento Civil de 1855, que os seguintes critérios poderiam ser considerados, ao menos no tocante à prova de natureza oral:

> *i) no creer los dichos de un solo testigo, aunque éste sea imparcial y de buena fama, pues es fácil que uno solo se equivoque;*
>
> *ii) vale más el testimonio de dos o más testigos contestes, de buena fama y sin interés, que el testimonio de dos o más que no reúnes los antedichos requisitos;*
>
> *iii) el testimonio de dos o más testigos imparciales hará plena prueba cuando no se haya desvirtuado por otros medios probatorios;*
>
> *iv) si entre los testigos hay contradicción ha de estarse a los dichos de aquellos testigos que hayan sido coherentes y consistentes con sus dichos;*
>
> *v) si todos los testigos gozan de las mismas buenas cualidades, el juez ha de descartar la testimonial para ambas partes.*[ii]

Em que pese mais objetivo do que fazer alusão a critérios gerais para tentar compor o conteúdo de um conceito indeterminado, ainda assim as regras aventadas pela doutrina não satisfizeram a ideia de

---

i   A Corte Suprema Chilena ainda adota, nos dias atuais, essa forma de definição da sana crítica, como relata AMPUERO, 2012.

ii  MANRESA; NAVARRO, 1856, p. 386-387.

objetividade e racionalidade que se esperava da definição da sana crítica e, por outro lado, tampouco disciplinavam sua atuação no terreno pericial. Por isso, uma terceira vertente passou a ser adotada: a de entregar à Corte a definição de critérios, com amparo na ponderação dos testemunhos colhidos e da conclusão resultante do trabalho pericial.

Atualmente, alguns setores da doutrina vêm estudando aplicar a teoria da sana crítica com aportes oriundos da lógica não monotônica. Sem verticalizar em demasia esse tema, sabe-se que a lógica com consequências monotônicas, ou simplesmente lógica monotônica, caracteriza-se pelo fato de que a adição de teorias ou fórmulas em seu conjunto de premissas não é capaz de alterar o resultado final, que deve ser sempre consistente, sem ser trivial. A lógica monotônica, por ser mais atrelada ao ambiente lógico clássico, não admite variações, como, por exemplo, a inferência por abdução, por padrão, ou a revisão de crenças aplicáveis às premissas. Em termos de teoria do direito, a lógica monotônica apresenta grandes dificuldades de sustentar a derrotabilidade.

A não monotonicidade, no entanto, ou seja, a lógica compreendida como *default* trabalha com outra compreensão, reputando que a lógica das premissas deve ser dialética e procedimental, de maneira que a alteração das premissas não obsta a alteração final do conjunto conclusivo. Essa lógica *default*, em termos de argumentação, opera com o correspondente raciocínio *default*, ou "por defecto", segundo o qual não há óbice em considerar como provado algo em face da ausência de informação em contrário. Argumenta-se ser essa a lógica mais utilizada no raciocínio do dia a dia e, com base nela, não haveria problema em considerar a relação inferencial baseada não em algo existente, senão em algo que não ostenta comprovação em contrário até o momento.

A lógica *default* suporta a derrotabilidade, por razões óbvias e, por isso, também sustenta poder atribuir consistência na conclusão decorrente de premissas não exatamente comprovadas, ou melhor, cuja comprovação ocorre pela ausência de razões *pro tanto* contrárias. Isso, claro, debilita o raciocínio inferencial em sua origem, porque a conclusão não é tão lastreada nas premissas que lhe antecedem. Aqui entra a teoria da sana crítica.

O que se considera, pois, é que a lógica *default* e o raciocínio *por defecto* que a suporta poderiam considerar como critério objetivo da sana crítica não exatamente alguma coisa comprovada, mas a ausência de razões para desconfiar de sua equivocidade. Exemplifico: se ouço o depoimento de uma testemunha que apresenta ostentar credenciais éticas, morais e de antecedentes para me convencer que não está mentindo, não haverá óbice algum em considerar como comprovado o que ela disser que ocorreu, sendo essa a premissa fática. Se a situação política de um país parece demonstrar que violações aos direitos humanos é uma constante, não haverá óbice em considerar verídico um relato em que agressões aos direitos humanos possam ter conduzido ao desaparecimento suspeito de um ativista. Essas serão a premissas fáticas, balizadas pela sana crítica, com base em um raciocínio inferencial não monotônico[i]. É um esforço dialético, em realidade, que tempera a lógica clássica em prol de uma verdade de aceitação quase pragmática.

Ocorre que, ademais de tornar a premissa fática determinável não pelo que é (ou parece ser), senão pelo que *provavelmente não é*[ii], essa vertente de trabalho também parece sustentar a possibilidade de que determinado contexto possa suprir elementos probatórios clássicos, como parece estar compreendendo a Corte Interamericana de Direitos Humanos, ao mesclar a teoria da sana crítica com outras matrizes teóricas.

Com efeito, a Corte Interamericana de Direitos Humanos desenvolveu auspiciosa compreensão da sana crítica, que, ao meu ver, piorou em muito sua aplicação no dia a dia de conflitos jurisdicionalizados.

No caso Velasquez Rodriguez Vs. Honduras, sentença de 29 de julio de 1988, par. 132[iii], seguido dos casos dos 19 comerciantes Vs. Colombia, Sentença de 12 de junio de 2002[iv], caso Gangaram Panday Vs. Surinam, Sentença de 4 de diciembre de 1991[v], caso Gonzalez y otras ("Campo Algodonero") Vs. México, Sentença de 16 de

---

i   Para esclarecimento acerca do tema, vide: CORDERO, 2009. Indicando os mesmos critérios: GONZÁLEZ, 2003.

ii  Aliás, advirta-se que a premissa fática já é problemática quanto à sua definição. Basta, para ter uma ideia disso, ler, ainda que perfunctoriamente, qualquer literatura correlacionada com a filosofia da ciência, em especial no tocante aos critérios de definição de verdade. Esta, contudo, é outra questão, que não será abordada nesta oportunidade.

iii Íntegra disponível em: <http://webcache.googleusercontent.com/search?q=cache:fzuLsVcdNPUJ:www.corteidh.or.cr/docs/casos/articulos/seriec_04_por.doc+&cd=2&hl=pt-BR&ct=clnk&gl=br>. Acesso em: 23 jul. 2019.

iv  Íntegra disponível em: <http://www.corteidh.or.cr/docs/casos/articulos/seriec_109_esp.pdf>. Acesso em: 23 jul. 2019.

v   Íntegra disponível em: http://www.corteidh.or.cr/docs/casos/articulos/seriec_16_esp.pdf. Acesso em: 23 jul. 2019.

noviembre de 2009[i], Caso Ríos y otros Vs. Venezuela, Sentença de 28 de enero de 2009[ii] e caso Penal Miguel Castro Castro Vs. Perú, Sentença de 25 de noviembre de 2006[iii], a CIDH reputou de que o contexto tem valor probatório e, desde a perspectiva da teorias das "pruebas para mejor resolver" e da "sana crítica", passou a se posicionar no sentido da possibilidade de reexaminar o acervo probatório definido e utilizado no caso posto ao seu exame.

Assim agindo, ou seja, conglobando a já pouco segura ideia de sana crítica à teoria das "pruebas para mejor resolver", o que é certo é que a CIDH soma aos casos, com sua própria apreciação das provas, uma ideia subjetiva acerca do material probatório aceitável; e isso desde a perspectiva de sua interpretação das regras da Convenção Americana de Direitos Humanos, o que não deixa de ser um controle de convencionalidade sobre a decisão do Tribunal em que a atividade probatória se desenvolveu.

Agora bem, se a opinião da CIDH a respeito do material probatório é, nada mais que sua interpretação acerca do contexto pela lente da "sana crítica" ou das provas para melhor resolver e, com isso, desenvolve um controle de convencionalidade, não seria disparatado compreender, de outro lado, que sua interpretação é somente uma a mais a respeito do material probatório, tão válida como a que fora levada a cabo pela Corte que decidiu anteriormente.

Dessa maneira, o que ocorre não é propriamente um controle – de convencionalidade ou não –, mas, em realidade, uma questão de opinião subjetiva da Corte, que pode ou não ser a mesma daquele manifestada pela Corte do país signatário. E, como se sabe, no que diz respeito às opiniões, não há controle, mas apenas concordância, total ou parcial, e discordância.

Se, portanto, a sana crítica já variou desde a necessidade de pesquisar as faculdades psicológicas da testemunha até sua correlação com a técnica da ponderação, não há como descurar a imprescindibilidade de controle em nível de justificação argumentativa, necessariamente

---

i   Íntegra disponível em: <http://www.corteidh.or.cr/cf/Jurisprudencia2/ficha_tecnica.cfm?nId_Ficha=347&lang=en>. Acesso em: 23 jul. 2019.

ii  Íntegra disponível em: <http://corteidh.or.cr/docs/casos/articulos/seriec_234_esp.pdf>. Acesso em: 23 jul. 2019.

iii Íntegra disponível em: <https://nidh.com.br/o-caso-do-presidio-miguel-castro-castro-vs-peru-da-corte-idh-2006-violencia-de-genero-as-pessoas-privadas-de-liberdade/>. Acesso em: 23 jul. 2019.

atrelado à percepção de vieses inerentes à compreensão da realidade[i]. No fim do dia, a justificação a ser exposta para definição da sana crítica, terá sido definida pelo contexto da descoberta e, acaso esse véu não seja levantado, conclusões enviesadas poderão resultar em conclusões nefastas ou falso-positivas.

Seria esta a mesma situação acaso aplicada referida teoria no sistema jurídico e, em especial, o judicial brasileiro?

## 2.2 Teoria da margem de apreciação

A teoria da margem de apreciação, ou margem nacional de apreciação, não é específica aos tribunais que lidam com questões afetas aos direitos humanos. Ao contrário, por representar uma leitura interpretativa dos dispositivos normativos em confronto com a realidade fática trazida à baila pelas peculiaridades domésticas de cada nação, a teoria em foco vem sendo aplicada e desenvolvida por vários países que praticam a cultura jurídica ocidental. Na França, é conhecida como "marged'appréciation"; na Itália, como "marge de discrizionalità"; e na Alemanha, como "Ermessensspielraum", só para ficar com alguns exemplos em que encontra trânsito[ii].

Jânia Maria Lopes Saldanha e Márcio Morais Brum assim descrevem o "nascimento" da teoria da margem de apreciação:

> *Quando, então, a noção de margem foi evocada pela primeira vez? Foi evocada pela primeira vez pela Comissão Europeia dos Direitos do Homem e, em seguida, introduzida pela Corte Europeia de Direitos Humanos (CEDH), no caso Lawless c. Irlanda, de 1961, quando deixou ao Estado irlandês margem para decidir acerca da derrogação do artigo 15° da Convenção Europeia de Direitos Humanos. Em tal caso, a CEDH reconheceu aos Estados uma margem nacional de apreciação. Todavia, somente no caso linguístico belga, de 1968, foi que a Corte de Estrasburgo precisou os fundamentos de sua doutrina, destacando:*

---

i    A ideia de justificação argumentativa, envolvendo, sobretudo, contextos da justificação e descoberta, não será desenvolvida neste ensaio. Por esse motivo, remeto o leitor às leituras especializadas na argumentação jurídica. A fim de que tome como referência para possíveis estudos e pesquisas, indico: ATIENZA, 2016.

ii    SALDANHA; BRUM, 2015.

> 'A Corte não deseja substituir as autoridades nacionais competentes, se assim o fizer, perderá a característica de mecanismo internacional de garantia coletiva instaurado pela convenção[i].

Razões de ordens *técnicas*, relacionadas com imprecisões e desconhecimento de peculiaridades domésticas aos juízes internacionais e *políticas*, pertinentes à discricionariedade de os Estados deliberarem acerca da própria agenda temática[ii], ensejaram o exercício de autocontenção por parte das Cortes que deliberam sobre matérias internacionais em relação à apreciação doméstica dos países signatários de Convenções, o que ficou conhecido como *deferência judicial*. Por isso, a margem de apreciação costuma ser identificada como tendo uma dupla configuração: (i) **substancial**, correlacionada com as liberdades individuais e interesses coletivos; e (ii) **estrutural**, atinente ao grau de interferência das Cortes Internacionais[iii].

No cenário internacional, foi com o Tribunal Europeu de Direitos Humanos (TEDH) o ambiente em que encontrou seu desenvolvimento mais preponderante, principalmente, nos casos Lawless c. Irlanda, de 7 de abril e 1 de julho de 1961[iv], Lingüístico Belga c. Bélgica, de 23 de julho de 1968[v], De Wilde, Ooms y Versyp c. Bélgica, de 18 de junho de 1971[vi], Engel y otros c. Países Bajos, de 8 de junho de 1976[vii], Handyside c. Reino Unido, de 7 de dezembro de 1976[viii], o Irlanda c. Reino Unido, de 18 de janeiro de 1978[ix].

A Corte Interamericana de Direitos Humanos também já decidiu a respeito. Exemplificativamente, nos casos Opinión consultiva OC-4/84, de 19 de janeiro de 1984[x], Herrera Ulloa c. Costa Rica, de 2 de julho de 2004[xi] y caso Barreto Leiva c. Venezuela, de 17 de novembro de

---

i   Idem, p. 203-204.

ii  Idem, p. 205.

iii Ibidem, p. 203.

iv  IRLANDA, 1961.

v   PROTECCIÓN EUROPEA DE DERECHOS HUMANOS, 1968.

vi  BÉLGICA, 1971.

vii HOLANDA, 1976.

viii REINO UNIDO, 1976.

ix  REINO UNIDO, 1978.

x   COSTA RICA, 1984.

xi  COSTA RICA, 2004.

2009[i], deliberou quanto ao tema, deixando clara alguma discricionariedade aos países signatários a respeito do reconhecimento da violação aos direitos humanos.

Paloma Morais Corrêa, em artigo intitulado "Corte interamericana de direitos humanos: opinião consultiva 4/84 – a margem de apreciação chega à América", publicado no periódico *Revista de Direito Internacional UNICEUB*, relembra que, em 1983, ocorreu a primeira manifestação da CIDH a respeito da utilização da teoria da margem de apreciação[ii]. Tratava-se, segundo mencionado pela autora, de solicitação de Opinião Consultiva relativa à proposta de emenda a dispositivos constitucionais feita pelo Governo da Costa Rica, em que fora recrudescido o tratamento constitucional para a concessão de naturalização naquele país, o que, em tese, poderia vir a consubstanciar violação à Convenção Americana de Direitos Humanos. A resposta da Corte girou em torno da compreensão de nacionalidade enquanto "elo político e legal que liga uma pessoa a um determinado Estado com o qual se conecta através de laços de lealdade e fidelidade, proporcionando-lhe proteção diplomática por parte daquele Estado."[iii] Em assim se posicionando, a CIDH externou preocupação no sentido de que o direito internacional e a soberania deveriam ser conciliados para que, ao final, não se eliminasse a discricionariedade do Estado quanto ao exercício de seus poderes. *In casu*, referendou-se o tratamento dado à naturalização de cidadãos Costa-riquenhos e, em abstrato, estava aceita a teoria da margem de apreciação no âmbito da jurisprudência da CIDH.

Como destaca Paloma, a margem de apreciação está fortemente ligada ao princípio da especialidade, na medida em que as autoridades de determinado país, por estarem mais próximas à realidade do conflito, podem melhor aquilatar as razões, motivos e consequências de determinada celeuma, estando, por consequência, mais capacitadas a agir. Também o princípio da subsidiariedade da jurisdição internacional encontra aplicação nesta sede, considerando que caberá ao país – e não à jurisdição internacional –, ao menos em um primeiro momento, verificar se e na medida em que os direitos humanos se encontram harmônicos com a solução conferida a determinada testilha, ou se, ao contrário, violadas as convenções e tratados de natureza internacional[iv].

---

i   MÉXICO, 2009.
ii  CORRÊA, 2013.
iii Idem p. 266.
iv  Idem, p. 268.

A crítica ao ponto de vista materializado pela margem de apreciação é manifesta. Trata-se de obnubilar a possibilidade de fiscalização e efetividade dos direitos humanos, materializados ou não como direitos fundamentais, por intermédio de uma solução doméstica por vezes entregue a situações episódicas e conjunturais de manifestações políticas, culturais e econômicas de cada povo. Se, de um lado, a pauta relativista da observância das peculiaridades de cada sociedade decerto encontra ressonância também nos próprios direitos humanos, na medida em que capazes de conferir nota de pertencimento aos indivíduos que se encontram inseridos no contexto comunitário, de outro lado não se pode olvidar que essas mesmas manifestações podem malferir, direta ou indiretamente, agendas de direitos consagrados internacionalmente como essenciais para a vida em comum de todas as comunidades, o que legitimaria o contraste entre o que fora decidido em ambiente doméstico e as decisões hauridas de Cortes internacionais, e não o simples endosso do que foi decidido na jurisdição de cada nação.

Essa talvez seja a maior tensão a ser deslindada quando em foco o direito internacional e o doméstico e, no específico caso, a sana crítica e a teoria da margem de apreciação. Quiçá a visão de ambas enquanto técnicas decisórias possa de alguma forma auxiliar metodologicamente na busca por alguma conciliação e/ou solução da problemática.

Passemos, então, a verificação da utilização dessas teorias no ambiente nacional brasileiro.

# 3
# O âmbito doméstico

## 3.1 Teoria da sana crítica

A sana crítica não ostenta aplicação nos tribunais superiores pátrios. Essa constatação, contudo, não permite concluir que exista qualquer tipo de metodologia de valoração subjetiva para análises probatórias recomendada pelo ordenamento jurídico brasileiro e praticada em seara judicial. Ao contrário, infelizmente não há qualquer tipo de sugestão metodológica para aferição dos meios de prova utilizados em seara pátria.

O exame particularizado de alguns dos meios de prova demonstra essa assertiva.

As provas científicas, no direito norte-americano, contam com o precedente Daubert v. Merrell Dow Pharmaceuticals, Inc. para oferta de critérios para aferição de (i) falseabilidade; (ii) determinação de porcentagem de erros; (iii) existência de *peer review* e controle em relação à comunidade científica de referência; e (iv) sua relevância[i]. O direito brasileiro, no entanto, não ostenta qualquer precedente e/ou regramento que defina a maneira pela qual provas dessa natureza devam ser examinadas.

Quanto à prova oral, tem-se, entre diversas opções teóricas, a teoria *story telling*, a teoria holística *story telling*[ii], a redução do módulo probatório[iii], entre outras. Novamente, no direito brasileiro nada há a respeito, limitando-se o Código de Processo Civil a inovar com a mudança do critério presidencialista de inquirição para o *cross examination* e, ainda, com a alteração da ordem para questionamento da testemunha pelo magistrado[iv].

Seria, então, de se questionar se, diante da ausência de critérios metodológicos não para a produção da prova, senão para sua valoração, a teoria da sana crítica, com sua evolução já em estágio avançado, poderia contribuir com algum aporte significativo.

Retomo, então, de maneira articulada, os passos percorridos para compreensão do objeto da prova e sua valoração, por intermédio da sana crítica:

| 1ª versão | Princípios lógicos + máximas da experiência |
|---|---|
| 2ª versão | Critérios objetivos fixados pela lei |
| 3ª versão | Definição pela Corte |
| 4ª versão | Lógica não monotônica |
| 5ª versão | CIDH: pruebas para mejor resolver + sana crítica |

Em primeiro lugar, forçoso convir que a admissibilidade, em si, da teoria da sana crítica poderia ser refutada no ambiente judicial pátrio sob o argumento de que se não dispomos de metodologia para

---

i Íntegra disponível em: <https://pt.qwerty.wiki/wiki/Daubert_v._Merrell_Dow_Pharmaceuticals,_Inc.>. Acesso em: 23 jul. 2019.

ii TARUFFO, 2012, p. 223-278.

iii WALTER, 1985, p. 169.

iv DIDIER JUNIOR, 2016.

valoração do material probatório, a sana crítica não seria a resposta para a dificuldade, nomeadamente considerando tal ideário teórico tampouco se apresenta a salvo de críticas, nuances e dificuldades.

De fato, adotar uma vertente teórica é, ao fim e a cabo, uma opção, principalmente considerando a inexistência de disciplina legal a respeito. Ocorre que, diante da ausência de parâmetros teóricos definidos, talvez possa se apresentar vantajoso optar por instituto já há algum tempo em desenvolvimento e que já tenha sido visualizado e testado em sua anatomia interna. Por isso, parto do pressuposto de sua possível adoção para suprir a lacuna metodológica existente no cenário jurídico brasileiro quanto à valoração probatória.

Em seguimento, então, deverão ser analisadas as versões já praticadas na utilização da sana crítica para, na sequência, verificar se há alguma que possa ser mais bem adequada aos contornos processuais brasileiros.

Ao que parece e repisando os argumentos na primeira parte do texto apresentados, as versões 1, 2 e 4 apresentam problemas cuja superação se revelam inviáveis. Com efeito, na 1ª versão, a definição de *máximas da experiência* é algo que se tenta, sem sucesso, desde Friedrich Stein, no século XIX, de maneira que atrelar a definição de princípios lógicos, formais e atrelados à validade, a critérios eminentemente subjetivos como a experiência, não podem trazer bom proveito. A 2ª versão, de igual modo, padece da problemática da eventual desconformidade dos parâmetros legais com realidades sociais atuais, o que pode conduzir a um déficit de eficácia e efetividade do regramento. A 4ª versão pode parecer escudada em ambiente de certeza, porque sugere a aplicação da lógica para auxiliar na metodologia da análise probatória. Ocorre, no entanto, que o fato de se introduzir critérios não monotônicos do ambiente decisório pode atrelar indevidamente critérios indutivos, que buscam probabilidade, e dedutivos, que têm na certeza o seu foco principal. Essa imbricação afetaria a legitimidade do resultado final, que poderia, ao revés de ser sólido, resultar em um entimema indevido.

Por fim, restam os critérios de (i) definição pela Corte e (ii) sugerido pela CIDH. Talvez na correlação entre ambos se possa visualizar a possibilidade de aplicação da sana crítica na seara nacional, porque, não sendo o tema afeto à lei, tampouco entregue à mera subjetividade do decisor, sua definição por meio de critérios jurisprudenciais ao final materializados por precedentes possa se revelar útil.

A CIDH, ao que parece, já iniciou esse procedimento ao vincular a sana crítica à ideia de provas para melhor resolver. Embora a correlação de fundo a que optou a CIDH possa ser objeto de críticas das mais diversas[i], a metodologia a que fez uso, de definição de critérios para a sana crítica, pode ser aproveitado, já que a eventual fixação destes por precedente de caráter vinculante poderia fomentar a estabilização decisória do sistema.

A mera opção por alguma metodologia probatória de base, como a sana crítica, já permitirá o debate acerca de sua viabilidade, requisitos, critérios, detalhes e procedimentos, todos atualmente inexistentes no quadro jurídico brasileiro, o que consubstanciará alguma evolução no trato da questão.

## 3.2 Teoria da margem de apreciação

No âmbito doméstico, o Tribunal Superior Eleitoral brasileiro (TSE), no conhecido caso em que se discutia a possibilidade de impugnação da candidatura do ex-presidente Luiz Inácio Lula da Silva às eleições gerais de 2018, decidiu, no voto condutor do Relator Min. Luis Roberto Barroso, pela aplicação da teoria da margem de apreciação para fins de afastamento da recomendação proferida por 2 (dois) dos 18 (dezoito) membros do Comitê de Direitos Humanos da Organização das Nações Unidas (ONU) no sentido de admitir a candidatura.

Observe-se o seguinte excerto do voto do Relator:

> *43. Portanto, consigno que a Justiça Eleitoral não está obrigada a dar cumprimento à orientação do Comitê de Direitos Humanos da ONU. No entanto, em atenção aos compromissos assumidos pelo Brasil na ordem internacional e à necessidade de se instaurar um diálogo com os órgãos internacionais de proteção de direitos humanos para garantir a proteção de direitos fundamentais, entendo que o Tribunal Superior Eleitoral tem o dever de considerar os argumentos expostos pelo Comitê de Direitos Humanos da ONU, embora não esteja vinculado à determinação emitida.*

---

i   Podendo ser pensadas, por exemplo, na impossibilidade de agregar dois critérios subjetivos e esperar que algo de objetivo surja, ou, ainda, na falta de definição de um aporte teórico (a sana crítica) e outro (as provas para melhor resolver), entre outras, que não serão exploradas neste momento.

*44. É possível aplicar a denominada doutrina da "margem de apreciação estatal", criada pela Corte Europeia de Direitos Humanos. Segundo essa doutrina, ao enfrentar uma medida estatal que alegadamente viola tratado internacional, deve-se atribuir aos Estados certa margem de apreciação na concretização das medidas que interfiram sobre sua ordem interna, de modo a preservar um espaço de liberdade para que os Estados integrem e concretizem as normas internacionais. Ao exercer o dever de consideração do mérito da decisão dos tribunais e órgão internacionais de proteção de direitos humanos, os tribunais internos devem estar atentos não apenas à Constituição, manifestação mais plena da soberania popular, mas também às suas especificidades culturais e às inclinações da vontade política do seu povo que componham a cultura constitucional local.*

*45. Pois bem. No caso, a medida cautelar emitida pelo Comitê tem como fundamento o risco de violação ao art. 25, b, do Pacto Internacional sobre os Direitos Civis e Políticos (PIDCP), que prevê que "todo cidadão terá o direito e a possibilidade, sem qualquer das formas de discriminação mencionadas no artigo 2 e sem restrições infundadas: (...) b) de votar e de ser eleito em eleições periódicas, autênticas, realizadas por sufrágio universal e igualitário e por voto secreto, que garantam a manifestação da vontade dos eleitores" (grifou-se). Entendo, porém, que não podem ser consideradas restrições infundadas ao direito de se eleger a incidência da causa de inelegibilidade instituída pelo art. 1º, I, alínea e, itens 1 e 6, da LC nº 64/1990, com redação dada pela Lei da Ficha Limpa.*[i]

O Supremo Tribunal Federal brasileiro registra, no julgamento do Agravo regimental no Habeas Corpus n. 143.968/RJ, a aplicação da teoria da margem de apreciação. Na espécie, tratava-se de exame quanto à incompatibilidade da tipificação do crime de desacato com os direitos previstos na Declaração Interamericana de Direitos Humanos. A Segunda Turma da Excelsa Corte, tendo como Relator o Min. Ricardo Lewandowski, compreendeu, com ressalva do Min. Edson Fachin, que o próprio STF já havia manifestado anteriormente, por ocasião do julgamento do HC n. 141.949/DF, Rel. Min. Gilmar Mendes,

---

i    Íntegra das discussões e votos pode ser visualizada em: <file:///D:/2019/LIVROS/LIVRO%20-%20TOMADA%20DE%20DECIS%C3%83O/acord%C3%A3o%20candidatura%20lula%20TSE.pdf>. Acesso em: 7 fev. 2019.

que a criminalização do desacato se mostra compatível com o Estado democrático de direito.

Na decisão monocrática acatada pelo Agravo Regimental, o Relator, Min. Lewandowski, consignou expressamente que:

> 14. Para que a produção normativa doméstica possa ter validade e, por conseguinte, eficácia, exige-se uma dupla compatibilidade vertical material. 15. Ainda que existisse decisão da Corte (IDH) sobre a preservação dos direitos humanos, essa circunstância, por si só, não seria suficiente a elidir a deliberação do Brasil acerca da aplicação de eventual julgado no seu âmbito doméstico, tudo isso por força da soberania que é inerente ao Estado. Aplicação da Teoria da Margem de Apreciação Nacional (margin of appreciation)[i].

O Superior Tribunal de Justiça já havia, anteriormente, seguido essa mesma compreensão (o que foi, curiosamente, utilizado como fundamento pelo STF, que acabou buscando em uma Corte de pacificação da jurisprudência infraconstitucional elemento para definir a aplicação constitucional de determinado tipo penal incriminador) por oportunidade do julgamento do Habeas Corpus n. 270.269/MS, pela Terceira Seção. Esse julgado foi corretamente apelidado por Gustavo Rabay Guerra e Henrique Jerônimo Bezerra Marcos de "drible continental", porque, ao invocar a teoria da margem de apreciação, a Corte simplesmente refutou a inconvencionalidade declarada pela Corte Interamericana de Direitos Humanos quanto ao crime de desacato, ignorando, segundo os autores, que a teoria da margem de apreciação não pode ser aplicada em cenário interno, senão apenas por Cortes Internacionais; que existem precedentes vinculantes emanados da Corte Interamericana de Direitos Humanos sobre a temática, bem como sua (*reduzida*) amplitude; que a internacionalização dos direitos humanos é um fenômeno que deve ser observado; que não se está diante do denominado "duplo debate", em que se afere tanto a constitucionalidade, como a convencionalidade de determinado dispositivo, optando-se por compreender que o Brasil é soberano para deliberar quanto às matérias examinadas em âmbito internacional, pela CIDH, ainda quando em tela de juízo os direitos humanos[ii].

---

i     Íntegra do voto pode ser visualizada em: <http://redir.stf.jus.br/paginadorpub/paginador.jsp?docTP=TP&docID=747859216>. Acesso em: 7 fev. 2019.

ii    GUERRA; MARCOS, 2018.

Concordo em parte com os autores em seus apontamentos[i], acrescendo, de toda forma, que a decisão optou por aplicar a mencionada teoria sem fazer qualquer tipo de valoração argumentativo-justificatória acerca de suas razões de aplicação, elementos, características, limites, requisitos, conformação semântica ou sintática, simplesmente refutando a inconvencionalidade declarada pela Corte Interamericana de Direitos Humanos quanto ao crime de desacato. Em realidade, o apanágio teórico foi utilizado como opção supostamente legitimadora do direcionamento a ser seguido ao final.

Ocorre que a utilização da margem de apreciação sem a necessária justificação argumentativa não se presta a desenvolver o sistema decisório, mas, em realidade, torná-lo míope, subjetivo e episódico, de maneira que a Corte performe da maneira que entender adequada, proferindo decisões *ad hoc* conforme fatores alheios ao ambiente jurídico.

A situação se complica ainda mais quando a teoria da margem de apreciação é confrontada com o controle de convencionalidade. Imagine-se, por exemplo, que um país signatário postule que sua resposta final ao caso levado à apreciação da CIDH está baseada na teoria da margem de apreciação, ao passo que a CIDH, posicionando-se em trilha distinta, advogue, exercendo controle de convencionalidade, que não está. Tendo em conta que essa é uma situação de choque teórico, não há propriamente uma resposta que se possa dizer correta no sentido cognoscitiva. Cada qual sustentará o que lhe parece adequado, tendo base teórica para tanto.

## 4
# Conclusão

O presente artigo teve como base a hipótese segundo a qual há espaço para utilização no cenário doméstico de técnicas adotadas em outros sistemas jurídicos, sem perda de legitimidade democrática, por intermédio

---

i   Não acredito que a teoria da margem de apreciação possa ser aplicada somente em cenário internacional. Aliás, como mencionado no início deste tópico, encontra precedentes de aplicação doméstica em diversos países. Sua aplicação, contudo, não é ilimitada e, decerto, sempre deverá ser justificada sob o ponto de vista argumentativo, sob pena de se tornar argumento falacioso. Há outras considerações a respeito do posicionamento dos autores, mas este não é o espaço apropriado para tanto, motivo pelo qual me limito à observação antecedente.

da harmonização das técnicas às estruturas argumentativas praticadas na seara brasileira. Foram analisadas especificamente duas técnicas decisórias: as teorias da sana crítica e da margem de apreciação, utilizadas, principal e respectivamente, pela Corte Interamericana e Tribunal Europeu de Direitos Humanos.

Ultimado o exame das teorias de amplo curso no direito comparado, na primeira parte do artigo, e sua possibilidade de aplicação no direito brasileiro, as seguintes conclusões puderam ser extraídas: (i) a teoria da sana crítica constitui válida metodologia de análise probatória a suprir lacuna existente no direito brasileiro quanto ao tema; sua utilização deve ser definida, quanto aos critérios, pela Suprema Corte, ou pelo Superior Tribunal de Justiça, por intermédio de precedentes vinculantes; e (ii) a teoria da margem de apreciação somente encontra espaço de aplicação na seara doméstica brasileira se e na medida em que seja corroborada por critérios de justificação argumentativo-racionais, a fim de que não se convole em mera opinião quanto aos direitos em disputa.

Essas são as conclusões primárias quanto à aplicação dessas teorias no direito brasileiro. Genericamente, há espaço para assentar que os aportes metodológico-teóricos praticados pelo direito comparado encontram aplicação no sistema jurídico brasileiro, após prévia harmonização quanto às realidades pátrias.

O assunto demanda, obviamente, maiores digressões quanto aos diversos temas abordados. Entretanto, por momento já se afigura interessante observar a possibilidade de diálogo produtivo entre os sistemas comparado e nacional, objeto central deste estudo.

# Referências

AMPUERO, I. H. Control judicial de las reglas de la sana crítica (Corte Suprema). **Revista de Derecho (valdivia)**, v. 25, n. 1, p. 243-251, jul. 2012. Disponível em: <http://dx.doi.org/10.4067/S0718-09502012000100012>. Acesso em: 6 fev. 2019.

ATIENZA, M. **Curso de argumentación jurídica**. 4. ed. Madrid: Trotta, 2016.

BÉLGICA. European Court Of Human Rights. Sentença. **Cases of De Wilde, Ooms and Versyp ("Vagrancy") v. Belgium (Merits)**. Bélgica, Humphrey Waldock, 18 jun. 1971. Disponível em: <https://hudoc.echr.coe.int/eng#{%22dmdocnumber%22:[%22695483%22],%22itemid%22:[%22001-57606%22]}>. Acesso em: 23 jul. 2019.

BENFELD, J. Los orígenes del concepto de sana crítica. **Revista de Estudios Histórico-jurídicos**, Valparaíso, n. 35, p. 569-858, nov. 2013. Disponível em: <http://www.rehj.cl/index.php/rehj/article/view/643/606>. Acesso em: 6 fev. 2019.

BRASIL. Supremo Tribunal Federal. Ag. Reg. no Habeas Corpus 143.968, Rio de Janeiro, Girleu Oliveira de Asevedo v. Superior Tribunal Militar. Relator: Min. Ricardo Lewandowski. **Diário de Justiça**, Brasília, DF, 26 jun. 2018. Disponível em: <http://redir.stf.jus.br/paginadorpub/paginador.jsp?docTP=TP&docID=747859216>. Acesso em: 7 fev. 2019.

COLOMBIA. Corte Interamericana de Derechos Humanos. Sentença. **Caso 19 Comerciantes**. Presidente Sergio Garcia Ramírez; Vice-Presidente Alirio Abreu Burelli; Juiz Oliver Jackman; Juiz Antônio Cançado Trindade; Juiza Cecilia Medina Quiroga; Juiz Manuel Ventura Robles; Juiz ad hoc Ernesto Rey Cantor. Disponível em: <http://www.corteidh.or.cr/docs/casos/articulos/serie c109esp.pdf>. Acesso em: 23 jul. 2019.

CORDERO, J. L. Lógica y Sana Crítica. **Revista Chilena de Derecho**, [s.l.], v. 36, n. 1, p. 143-164, abr. 2009. Disponível em: <http://dx.doi.org/10.4067/S0718-34372009000100007>. Acesso em: 6 fev. 2019.

CORRÊA, P. M. Corte Interamericana de Direitos Humanos: opinião consultiva 4/84 – a margem e apreciação chega à América. **Revista de Direito Internacional Uniceub**, v. 10, n. 2, p. 263-280, 2013.

COSTA RICA. Corte Interamericana de Derechos Humanos. Opinión Consultiva Oc-4/84. **Propuesta de modificación a la Constitución Política de Costa Rica relacionada con la naturalización**. Presidente Pedro Nikken; Vice-Presidente Thomas Buergenthal; Juiz Máximo Cisneros; Juiz Carlos Roberto Reina; Juiz Rodolfo E. Piza; Juiz Eduardo Vio Grossi, Juez Rafael Nieto. 19 jan. 1984. Disponível em: <http://www.corteidh.or.cr/docs/opiniones%20/seriea_04_esp.pdf>. Acesso em: 23 jul. 2019.

COSTA RICA. Corte Interamericana de Derechos Humanos. Sentença n. 0011. **Caso Herrera Ulloa v. Costa Rica**. Presidente Sergio García Ramírez; Vice-Presidente Alirio Abreu Burelli; Juiz Oliver Jackman; Juiz Antônio A. Cançado Trindade; Juiza Cecilia Medina Quiroga; Juiz Diego García-Sayán; Juiz ad hoc Marco Antonio Mata Coto. 2 jul. 2004. Disponível em: <http://www.corteidh.or.cr/docs/casos/articulos/seriec_107_esp.pdf>. Acesso em: 23 jul. 2019.

DIDIER JUNIOR, F. **Provas**. 2. ed. Salvador: Juspodivm, 2016.

FENOLL, J. N. **La valoración de la prueba**. Madrid: Marcial Pons, 2010.

GONZÁLEZ, B. B. Teoría de la sana crítica. **Revista Opinión Jurídica**, Panamá, v. 2, n. 3, p. 99-132, 2003.

GUERRA, G. R.; MARCOS, H. J. B. O drible continental: a margem de apreciação nacional na decisão de convencionalidade do crime de desacato pelo Superior Tribunal de Justiça. **Revista da Faculdade de Direito UFPR**, v. 63, n. 2, p. 169-189, 31 ago. 2018. Disponível em: <http://dx.doi.org/10.5380/rfdufpr.v63i2.59194>. Acesso em: 23 jul. 2019.

HOLANDA. European Court Of Human Rights. Sentença. **Case of Engel and Others v. Holanda**. Relator: H. Mosler. 8 jun. 1976. Disponível em: <https://hudoc.echr.coe.int/eng#{%22dmdocnumber%22:[%22695356%22],%22itemid%22:[%22001-57479%22]}>. Acesso em: 23 jul. 2019.

HONDURAS. Corte Interamericana de Direitos Humanos. Sentença. **Caso Velásquez Rodríguez v Honduras**. Presidente Rafael Nieto Navia; Vice-Presidente Héctor Gros Espiell; Juiz Rodolfo E. Piza E.; Juiz Thomas Buergenthal; Juiz Pedro Nikken; Juiz Héctor Fix-Zamudio; Juiz ad hoc Rigoberto Espinal Irías. 29 jul. 1988. Disponível em: <http://webcache.googleusercontent.com/search?q=cache:fzuLsVcdNPUJ:www.corteidh.or.cr/docs/casos/articulos/seriec_04_por.doc+&cd=2&hl=pt-BR&ct=clnk&gl=br>. Acesso em: 23 jul. 2019.

IRLANDA. European Court Of Human Rights. Sentença n. 332/57. **Case of Lawless**. Presidente R. Cassian, Juiz K. Arik, 1 jul. 1961. Disponível em: <https://hudoc.echr.coe.int/eng#{%22dmdocnumber%22:[%22695395%22],%22itemid%22:[%22001-57518%22]}>. Acesso em: 23 jul. 2019.

LEGALE, S. O caso do Presídio Miguel Castro Castro v Peru da Corte IDH (2006): violência de gênero às pessoas privadas de liberdade. **Núcleo Interamericano de Direitos Humanos**, Rio de Janeiro, 22 mar. 2018. Disponível em: <https://nidh.com.br/o-caso-do-presidio-miguel-castro-castro-vs-peru-da-corte-idh-2006-violencia-de-genero-as-pessoas-privadas-de-liberdade/>. Acesso em: 23 jul. 2019.

LÉVINAS, E. **Totalidade e infinito**. Tradução de José Pinto Ribeiro. Lisboa: Edições 70, 2016. (Coleção Biblioteca de Filosofia Contemporânea).

MALDONADO, M. A. **La democracia sentimental**. Políticas e emociones en el siglo XXI. Barcelona, 2016.

MANRESA, J. M; NAVARRO, M. I. **Ley de Enjuiciamiento Civil Comentada y Explicada**. Madrid: Imprenta de la Revista de Legislación, 1856. v. II.

MÉXICO. Corte Interamericana de Derechos Humanos. Sentença. **Caso González y otras ("Campo Algodonero") v México**. Presidente Cecilia Medina Quiroga; Vice-Presidete Diego García-Sayán, Juiz Manuel E. Ventura Robles; Juiza Margarette May Macaulay; Juiza Rhadys Abreu Blondet; Juiza ad hoc Rosa María Álvarez González. 16 nov. 2009. Disponível em: <http://www.corteidh.or.cr/docs/casos/articulos/seriec_205_esp.pdf>. Acesso em: 23 jul. 2019.

PARDO, D. Compromisso significativo. **Correio Braziliense**, p. 9, 14 set. 2015.

PARDO, D. Judiciário e políticas públicas ambientais: uma proposta de atuação baseada no "compromisso significativo". **Revista de Direito Ambiental**, n. 72, out./dez. 2013.

PROTECCIÓN EUROPEA DE DERECHOS HUMANOS. Tribunal Europeo de Derechos Humanos. Sentença. Demanda núms. 1677/1962, 1691/1962 e 1474/1962. **Caso Lingüístico Belga**, 23 jul. 1968. Disponível em: <https://madalen.files.wordpress.com/2008/03/tedh_caso_lingc3bcc3adstico_belga.pdf>. Acesso em: 23 jul. 2019.

QWERTY. **Daubert v Merrell Dow Pharmaceuticals, Inc.** Disponível em: <https://pt.qwerty.wiki/wiki/Daubert_v._Merrell_Dow_Pharmaceuticals,_Inc.>. Acesso em: 23 jul. 2019.

REINO UNIDO. Tribunal Europeo de Derecho Humanos. Sentença. **Case Handyside and Others v Reino Unido**. Presidente Balladore Pallieri. 7 dez. 1976. Disponível em: <http://webpersonal.uma.es/~ANRODRIGUEZ/STEDH%20Handyside%2007%20DIC%2076.pdf>. Acesso em: 23 jul. 2019.

REINO UNIDO. Tribunal Europeo de Derecos Humanos. **Caso Irlanda v Reino Unido**. Demanda n. 5310/71. 18 jan. 1978. Disponível em: <https://www.unodc.org/tldb/es/case-law-of-the-european-court-of-human-rights-related-to-terrorism.html>. Acesso em: 23 jul. de 2019.

SALDANHA, J. M. L.; BRUM, M. M. A margem nacional de apreciação e sua (in)aplicação pela Corte Interamericana de Direitos Humanos em matéria de anistia: uma figura hermenêutica a serviço do pluralismo ordenado? **Anuario Mexicano de Derecho Internacional**, Universidad Nacional Autonoma de Mexico, v. 15, n. 1, p. 195-238, 2015. Disponível em: <http://dx.doi.org/10.1016/j.amdi.2015.06.003>. Acesso em: 23 jul. de 2019.

SOUZA NETO, G. F. de. **A força normativa da constituição, a judicialização das políticas públicas e o compromisso significativo**. 2018. 146 f. Dissertação (Mestrado em Direito Constitucional) – Instituto Brasiliense de Direito Público, Brasília, 2018. Disponível em: <http://dspace.idp.edu.br:8080/xmlui/bitstream/handle/123456789/2446/Disserta%C3%A7%C3%A3o_Gentil%20Ferreira%20de%20Souza%20Neto_DIREITO%20CONSTITUCIONAL_2018.pdf?sequence=1&isAllowed=y>. Acesso em: 3 jul. 2019.

SURINAM. Corte Interamericana de Derechos Humanos. Sentença. **Caso Gangaram Panday**. Presidente Rafael Nieto Navia; Vice-Presidete Sonia Picado Sotela, Juiz Héctor Fix-Zamudio; Juiz Alejandro Montiel Argüello; Juiz Hernán Salgado Pesantes; Juiz Asdrúbal Aguiar-Aranguren; Juiz ad hoc Antônio A. Cançado Trindade. 21 jan. 1994. Disponível em: <http://www.corteidh.or.cr/docs/casos/articulos/seriec_16_esp.pdf>. Acesso em: 23 jul. 2019.

TARUFFO, M. **Uma simples verdade**: o juiz e a construção dos fatos. Tradução Vitor de Paula Ramos. São Paulo: Marcial Pons, 2012. (Coleção Filosofia & Direito).

URUGUAY. Corte Interamericana de Derechos Humanos. Sentença. **Caso Barbani Duarte y otros**. Presidente Diego García-Sayán; Juiz Manuel E. Ventura Robles; Juiza Margarette May Macaulay; Juiza Rhadys Abreu Blondet; Juiz Eduardo Vio Grossi, Juez. 13 out. 2011. Disponível em: <http://corteidh.or.cr/docs/casos/articulos/seriec_234_esp.pdf>. Acesso em: 23 jul. 2019.

VIEIRA JUNIOR, R. J. A. **Separação de poderes, Estado de coisas inconstitucional e compromisso significativo**: novas balizas à atuação do Supremo Tribunal Federal. Brasília: Núcleo de Estudos e Pesquisas/CONLEG/Senado, dez. 2015 (Texto para Discussão nº 186). Disponível em: <www.senado.leg.br/estudos>. Acesso em: 11 jul. 2019.

WALTER, G. **Libre apreciación de la prueba**: investigación acerca del significado, las condiciones y límites del libre convencimiento judicial. Bogotá: Temis Librería, 1985.

# Seção 3

*Organizadores do livro e coautores*

*Débora Cristina Veneral e Alexandre Coutinho Pagliarini*
*Maria Elizabeth Guimarães Teixeira Rocha*

*Excertos sobre o sistema penitenciário brasileiro
e o tratamento penal previsto na legislação*

*Extractos sobre el sistema penitenciario brasileño
y el trato penal previsto en la legislación*

*Débora Cristina Veneral*

Doutora em Direito pela Universidad Católica de Santa Fe (UCSF, Argentina). Mestre em Educação e Novas Tecnologias pelo PPGENT do Centro Universitário Internacional Uninter. Diretora da Escola Superior de Gestão Pública, Política, Jurídica e Segurança do Centro Universitário Internacional Uninter. Instrutora de Cursos da Escola de Educação em Direitos Humanos (ESEDH/PR) do Governo do Estado do Paraná. Consultora em Unidades Penais Terceirizadas. Palestrante. Advogada criminalista.

*Alexandre Coutinho Pagliarini*

Pós-Doutorado em Direito pela Universidade de Lisboa. Doutor e Mestre pela PUC/SP. Professor Titular dos Cursos de Mestrado e Graduação em Direito do Centro Universitário Internacional Uninter.

**Sumário**: 1. Conceitos e fundamentação legal. 2. Perfil dos presos do Sistema Penitenciário Brasileiro. 3. Assistência a que o preso tem direito para fins de tratamento penal. 4. Direitos e deveres do preso dentro da unidade prisional. Referências.

**Resumo**: Este texto científico discorre sobre o Sistema Penitenciário Brasileiro e os direitos e deveres dos prisioneiros. Para tanto, perpassa pelos meandros da jurisdição penal brasileira e das cadeias públicas do Brasil. Termina por concluir que a pena e o encarceramento só fazem sentido se de fato ressocializarem o prisioneiro e devolverem à sociedade uma pessoa de civilizado convívio.

**Palavras-chave**: Presos. Deveres. Direitos. Jurisdição. Direito e economia.

**Sumilla**: 1. Conceptos y fundamentos jurídicos. 2. Perfil de los prisioneros en el Sistema Penitenciario Brasileño. 3. La asistencia a que tiene derecho el prisionero para los efectos del tratamiento penal. 4. Derechos y deberes del prisionero dentro de la unidad penitenciaria. Referencias.

**Resumen**: Este texto científico discute el Sistema Penitenciario Brasileño y los derechos y deberes de los presos. Para ello, atraviesa los entresijos de la jurisdicción penal brasileña y las cárceles públicas de Brasil. Termina concluyendo que el castigo y el encarcelamiento solo tienen sentido si realmente resocializan al prisionero y lo devuelven a la sociedad como una persona de vida civilizada.

**Palabras clave**: Prisioneros. Deberes. Derechos. Jurisdicción. Derecho y economía.

# 1
# Conceitos e fundamentação legal

Primeiramente, para que possamos compreender o Sistema Penitenciário Brasileiro (SPB) e sua funcionalidade, em especial quanto à atuação dos profissionais para que seja propiciada adequadamente a execução da pena do sentenciado, cumpre esclarecer alguns conceitos acerca do tema execução penal, bem como do direito penitenciário. Ao profissional atuante no sistema penitenciário é fundamental o conhecimento dos direitos e dos deveres do preso para que exerça adequadamente suas funções, com vistas ao cumprimento do teor disposto na Lei de

Execução Penal (LEP) – Lei n. 7.210/1984 – e em outros instrumentos legislativos que regem a vida dos encarcerados quando do cumprimento de sua reprimenda.

Assim, é imprescindível citar a fundamentação legal oriunda de nossa Carta Magna como pilar para o direito penitenciário. A Constituição Federal, que em seu art. 24, descreve o seguinte:

> Art. 24. Compete à União, aos Estados e ao Distrito Federal legislar concorrentemente sobre:
>
> I – direito tributário, financeiro e **penitenciário**, econômico e urbanístico. [...]
>
> § 1º No âmbito da legislação concorrente, a competência da União limitar-se- á a estabelecer normas gerais. [Lei n. 7.210/1084]
>
> § 2º A competência da União para legislar sobre normas gerais não exclui a competência suplementar dos Estados. [Estatuto Penitenciário]

Antes mesmo da Constituição de 1988, Valdes (1982, p. 33) conceituou *direito penitenciário* como o conjunto de normas jurídicas reguladoras da execução das penas e medidas privativas de liberdade.

Para Mirabete (2007, p. 101), a expressão *direito penitenciário* surgiu em razão das discussões sobre autonomia que tem sido efetivada segundo três aspectos: científico, legislativo e jurídico. Para esse autor, a

> autonomia científica realiza-se e consolida-se por meio de todas as atividades próprias para caracterizar, individualizar e desenvolver a doutrina, podendo ser feita por meio de publicações (artigos, ensaios, livros), de congressos ou reuniões análogas e do ensino de cátedra. A autonomia jurídica, decorre do reconhecimento constitucional de uma legislação penitenciária, conferindo competência para tanto à União e aos Estados. A autonomia legislativa é reconhecida pela edição de normas que regulam a relação jurídico-penal penitenciária ou de legislação codificada. (MIRABETE, 2007, p. 121)

Assim, na esfera científica, direito penitenciário é o "conjunto de norma jurídicas reguladoras da execução das penas e medidas privativas de liberdade, abrangendo, por conseguinte, o regulamento penitenciário" (MIRABETE, 2007, p. 121).

Logo, não podemos negar que a atividade de execução penal é complexa, eis que se desenvolve no âmbito jurisdicional e administrativo e dela participam o Poder Judiciário e o Poder Executivo, por intermédio, respectivamente, dos órgãos jurisdicionais e dos estabelecimentos penais (MIRABETE, 2007, p. 203).

Assim, o direito de execução penal, materializado com o advento da LEP, tem buscado colocar em práticas seus dispositivos quando o assunto é execução da pena. E o que é, então, direito de execução penal?

Para respondermos a essa pergunta, comecemos com a leitura do art. 1º da LEP, que assim preceitua: "Art.1º A execução penal tem por objetivo efetivar as disposições de sentença ou decisão criminal e proporcionar condições para a harmônica integração social do condenado e do internado".

Depreende-se do texto que o direito de execução penal vai além do direito penitenciário, pois traz consigo a proposta de integração social do condenado e internado. Para que haja o efetivo cumprimento dessas propostas,

> *resulta claro que não se trata apenas de um direito voltado à execução das penas e medidas de segurança privativas de liberdade, como também às medidas assistenciais, curativas e de reabilitação do condenado, o que leva à conclusão de ter-se adotado em nosso direito positivo o critério da autonomia de um Direito de Execução Penal em vez do restrito Direito Penitenciário.* (MIRABETE, 2007, p. 23)

Nesse sentido, o que se verifica, independentemente das nomenclaturas utilizadas, é que a LEP é o instrumento para a concretização do direito de execução penal, sendo este mais amplo que o direito penitenciário.

Desse modo, ressaltamos que a LEP deve ser aplicada igualmente ao preso provisório e ao condenado pela Justiça Eleitoral ou Militar, nos termos de seu art. 2º, que assim dispõe:

> *Art. 2º A jurisdição dos juízes ou tribunais da justiça ordinária, em todo o território nacional será exercida, no processo de execução, na conformidade desta lei e do Código de Processo Penal.*

> *Parágrafo único: Esta lei aplicar-se-á igualmente ao preso provisório e ao condenado pela Justiça Eleitoral ou Militar, quando recolhido a estabelecimento sujeito à jurisdição ordinária.* (BRASIL, 1984)

Quanto à natureza jurídica da execução da pena, ela pode ser administrativa ou jurisdicional. E, no que se refere à sua finalidade, a execução da pena visa ao cumprimento integral da sentença com caráter retributivo e preventivo, bem como à reintegração social do condenado à sociedade.

Mirabete (2007, p. 26) esclarece que "a tendência moderna é a de que a execução da pena deve estar programada de forma a corresponder à ideia de humanizar, e não somente punir". É preciso afastar a pretensão de reduzir o cumprimento da pena a um processo de transformação científica do criminoso em não criminoso. Por fim, ressalta o autor que não mais se deve visar à educação do condenado, mas sim criar condições por meio das quais este possa, em liberdade, resolver os conflitos próprios da vida social sem recorrer ao caminho do delito.

## 2
## Perfil dos presos do Sistema Penitenciário Brasileiro

Os presos que compõem o SPB têm perfis diversos, o que nos conduz a refletir sobre a importância de servidores capacitados para lidar cotidianamente com situações e comportamentos inusitados dentro das unidades prisionais. Nosso sistema carcerário é composto tanto por presos primários, que, condenados, ingressaram na prisão para o cumpirmento de sua reprimenda, quanto por presos reincidentes com longos e incontáveis anos de pena a cumprir, somados aos integrantes de facções criminosas e presos sujeitos ao regime disciplinar diferenciado (RDD).

Todavia, previamente ao ingresso desses presos na unidade prisional, há de se passar pelo processo de individualização da pena do sentenciado. Nesse caso, em se tratando da individualização da pena e da classificação dos condenados, muito se tem questionado na sociedade sobre quais critérios devem ser utilizados para o cumprimento dessa previsão legal, sobretudo considerando as atuais condições do sistema carcerário do país.

A LEP traz a seguinte descrição quanto à classificação dos condenados para fins de execução da pena: "Art. 5º Os condenados serão classificados, segundo os seus antecedentes e personalidade, para orientar a individualização da execução penal".

A Constituição Federal, em seu art. 5º, inc. XLVI, 1ª parte, preceitua que "a lei regulará a individualização da pena". Em se tratando das garantias da individualização da pena, Mirabete (2007, p. 48) elucida:

> *A individualização é uma das chamadas garantias repressivas, constituindo postulado básico da justiça. Pode ser ela determinada no plano legislativo, quando se estabelecem e disciplinam-se as sanções cabíveis nas várias espécies delituosas (individualização in abstracto), no plano judicial, consagrada no emprego do prudente arbítrio e discrição do juiz, e no momento executório, processada no período de cumprimento da pena e que abrange medidas judiciais e administrativas, ligadas o regime penitenciário, à suspensão da pena, ao livramento condicional etc.*

A descrição pelo legislador sobre a individualização da pena ocorre justamente em razão das diferenças entre os apenados, considerando seu histórico, seus antecedentes e outros fatores a serem observados para o cumprimento da reprimenda, bem como, simples e primordialmente, em virtude de não haver execução de pena homogênea. E isso interfere também no tratamento penal que é dado ao preso pelos servidores, a depender, especialmente, do grau de cuidado no atendimento a esse preso ao conduzi-lo de seu cubículo para setores e áreas comuns da unidade penal.

Quando falamos em individualizar a pena para seu cumprimento, não aludimos a privilégios para o condenado; ao contrário, a ideia é mapear as oportunidades e os elementos necessários para que este possa frequentar os programas mais adequados à sua ressocialização, bem como visando preservar os demais em caso de preso de alta periculosidade.

Desse modo, de acordo com Mirabete (2007, p. 48), a individualização deve aflorar de forma técnica e científica, nunca improvisada, iniciando-se com a indispensável classificação dos condenados, a fim de destiná-los aos programas de execução mais adequados, conforme as condições pessoais de cada um.

Sobre a classificação dos condenados, a literatura é farta em conceitos. Contudo, a LEP contempla, em seu art. 5º, as expressões *antecedentes* e *personalidade*, para as quais daremos atenção.

A personalidade, segundo Mirabette (2007, p. 51),

> *representa ela uma estrutura ou determinada organização psicológica da qual resultam as formas de comportamento da pessoa, podendo ser objeto de estudos pelos especialistas. Por isso, desde os primórdios da Criminologia prega-se um exame médico-psicológioco-social, hoje conhecido como exame da personalidade, a fim de reunir o maior número de dados possíveis a respeito da "pessoa estudada" no caso, o delinquente, reclamos atendidos com a Lei de Execução Penal.*

Aliado ao estudo da personalidade do apenado, há os antecedentes, que também compõem a análise da individualização da pena. Além dos antecedentes, ganham relevância a reincidência e os eventuais inquéritos em andamento. O exame minucioso da vida pregressa do condenado vai corroborar a fixação do tipo de tratamento penitenciário a ser dado ao cumpridor da pena. Essa, ao menos, foi a intenção do legislador ao descrever o texto da lei.

Cumpre ressaltar que as informações ora mencionadas são de extrema relevância para análise da equipe multidisciplinar, que atua no tratamento penal do sentenciado.

## 3
## Assistência a que o preso tem direito para fins de tratamento penal

Para melhor compreensão do cenário da execução penal, precisamos imaginar o estabelecimento prisional como se fosse uma empresa, na qual tudo precisa estar setorizado e com processos eficazes e sedimentados, de modo a proporcionar condições para dar o necessário atendimento à execução da pena do preso.

Nesse contexto, a assistência ao preso e ao internado é dever do Estado, que deve atuar na prevenção do crime e na orientação do retorno à convivência em sociedade, conforme previsto no art. 10 da LEP. Esse dever do Estado pode ser, ainda que parcialmente, objeto de delegação às empresas privadas, por intermédio de contrato licitatório, com a devida fiscalização.

A respeito da assistência ao preso, a LEP prevê os seguintes atendimentos:

*Art. 11. A assistência será:*

*I – material;*

*II – à saúde;*

*III – jurídica;*

*IV – educacional;*

*V – social;*

*VI – religiosa.*

**Da assistência material**

*Art. 12. A assistência material ao preso e ao internado consistirá no fornecimento de alimentação, vestuário e instalações higiênicas.*

*Art. 13. O estabelecimento disporá de instalações e serviços que atendam aos presos nas suas necessidades pessoais, além de locais destinados à venda de produtos e objetos permitidos e não fornecidos pela Administração.*

**Da assistência à saúde**

*Art. 14. A assistência à saúde do preso e do internado de caráter preventivo e curativo, compreenderá atendimento médico, farmacêutico e odontológico.*

*§ 1º (Vetado).*

*§ 2º Quando o estabelecimento penal não estiver aparelhado para prover a assistência médica necessária, esta será prestada em outro local, mediante autorização da direção do estabelecimento.*

*§ 3º Será assegurado acompanhamento médico à mulher, principalmente no pré-natal e no pós-parto, extensivo ao recém-nascido.*

**Da assistência jurídica**

*Art. 15. A assistência jurídica é destinada aos presos e aos internados sem recursos financeiros para constituir advogado.*

*Art. 16. As Unidades da Federação deverão ter serviços de assistência jurídica, integral e gratuita, pela Defensoria Pública, dentro e fora dos estabelecimentos penais.*

*§ 1º As Unidades da Federação deverão prestar auxílio estrutural, pessoal e material à Defensoria Pública, no exercício de suas funções, dentro e fora dos estabelecimentos penais.*

*§ 2º Em todos os estabelecimentos penais, haverá local apropriado destinado ao atendimento pelo Defensor Público.*

*§ 3º Fora dos estabelecimentos penais, serão implementados Núcleos Especializados da Defensoria Pública para a prestação de assistência jurídica integral e gratuita aos réus, sentenciados em liberdade, egressos e seus familiares, sem recursos financeiros para constituir advogado.*

**Da assistência educacional**

*Art. 17. A assistência educacional compreenderá a instrução escolar e a formação profissional do preso e do internado.*

*Art. 18. O ensino de 1º grau será obrigatório, integrando-se no sistema escolar da Unidade Federativa.*

*Art. 18-A. O ensino médio, regular ou supletivo, com formação geral ou educação profissional de nível médio, será implantado nos presídios, em obediência ao preceito constitucional de sua universalização.*

*§ 1º O ensino ministrado aos presos e presas integrar-se-á ao sistema estadual e municipal de ensino e será mantido, administrativa e financeiramente, com o apoio da União, não só com os recursos destinados à educação, mas pelo sistema estadual de justiça ou administração penitenciária.*

*§ 2º Os sistemas de ensino oferecerão aos presos e às presas cursos supletivos de educação de jovens e adultos.*

*§ 3º A União, os Estados, os Municípios e o Distrito Federal incluirão em seus programas de educação à distância e de utilização de novas tecnologias de ensino, o atendimento aos presos e às presas.*

*Art. 19. O ensino profissional será ministrado em nível de iniciação ou de aperfeiçoamento técnico.*

*Parágrafo único. A mulher condenada terá ensino profissional adequado à sua condição.*

*Art. 20. As atividades educacionais podem ser objeto de convênio com entidades públicas ou particulares, que instalem escolas ou ofereçam cursos especializados.*

*Art. 21. Em atendimento às condições locais, dotar-se-á cada estabelecimento de uma biblioteca, para uso de todas as categorias de reclusos, provida de livros instrutivos, recreativos e didáticos.*

*Art. 21-A. O censo penitenciário deverá apurar:*

*I – o nível de escolaridade dos presos e das presas;*

*II – a existência de cursos nos níveis fundamental e médio e o número de presos e presas atendidos;*

*III – a implementação de cursos profissionais em nível de iniciação ou aperfeiçoamento técnico e o número de presos e presas atendidos;*

*IV – a existência de bibliotecas e as condições de seu acervo;*

*V – outros dados relevantes para o aprimoramento educacional de presos e presas.*

**Da assistência social**

*Art. 22. A assistência social tem por finalidade amparar o preso e o internado e prepará-los para o retorno à liberdade.*

*Art. 23. Incumbe ao serviço de assistência social:*

*I – conhecer os resultados dos diagnósticos ou exames;*

*II – relatar, por escrito, ao Diretor do estabelecimento, os problemas e as dificuldades enfrentadas pelo assistido;*

*III – acompanhar o resultado das permissões de saídas e das saídas temporárias;*

*IV – promover, no estabelecimento, pelos meios disponíveis, a recreação;*

*V – promover a orientação do assistido, na fase final do cumprimento da pena, e do liberando, de modo a facilitar o seu retorno à liberdade;*

*VI – providenciar a obtenção de documentos, dos benefícios da Previdência Social e do seguro por acidente no trabalho;*

*VII – orientar e amparar, quando necessário, a família do preso, do internado e da vítima.*

**Da assistência religiosa**

*Art. 24. A assistência religiosa, com liberdade de culto, será prestada aos presos e aos internados, permitindo-se lhes a participação nos serviços organizados no estabelecimento penal, bem como a posse de livros de instrução religiosa.*

*§ 1º No estabelecimento haverá local apropriado para os cultos religiosos.*

*§ 2º Nenhum preso ou internado poderá ser obrigado a participar de atividade religiosa.*

Diante de tais institutos trazidos pela LEP, muito se questiona sobre a eficácia desse tratamento penal, uma vez que a reincidência aumenta cada vez mais em nosso país. Sobre a questão, Mirabete (2007, p. 63) aponta:

> *é manifesta a importância de se promover e facilitar a reinserção social do condenado, respeitadas suas particularidades de personalidade, não só com a remoção dos obstáculos criados pela privação da liberdade, como também com a utilização, tanto quanto seja possível, de todos os meios que possam auxiliar nessa tarefa.*

Percebemos, da leitura dos dispositivos legais, que a LEP tem vasta abrangência e cuidou de detalhes, mas colocá-la em prática em sua totalidade é que tem sido o grande desafio dos estados da Federação brasileira.

Diante desse cenário, não basta a previsão legal do tratamento penal, pois, como podemos observar, o rol de atividades que compõem o tratamento penal é extenso e intenso. Todavia, é imprescindível implementá-los por intermédio de servidores capacitados que estejam engajados no processo de ressocialização do preso à luz dos direitos humanos.

# 4
# Direitos e deveres do preso dentro da unidade prisional

Já de início, tenha-se em mente o conceito de direitos fundamentais como "aqueles, individuais ou coletivos, que protegem a sociedade principalmente em face da atuação estatal" (PAGLIARINI, 2022, p. 42).

É muito comum a sociedade, em regra, comentar sobre o demasiado rol de direito dos apenados, sobretudo porque, em sua maioria, os presos no Brasil não desenvolvem atividades laborativas dentro das unidades prisionais, o que traz à tona o ócio a que são submetidos e, em contrapartida, o ônus causado ao Estado. No entanto, isso não pode servir de razão para o desrespeito aos direitos e aos deveres do condenado, pois, independentemente do cenário, os direitos devem ser preservados, e os deveres, cumpridos.

Quanto aos deveres dos presos, os quais, inclusive devem ser fiscalizados pelos agentes penitenciários ou de disciplina que exercem atividade no sistema prisional, eles estão descritos na Lei n. 7.210/1984, a qual elencou não apenas os deveres, mas também os direitos e a disciplina do preso enquanto este cumprir sua sentença condenatória.

Conforme ensina Mirabete (2007, p. 112),

> *O status de condenado, que deriva da especial relação de sujeição criada com a sentença condenatória transitada em julgado, configura complexa relação jurídica entre o Estado e o condenado, em que há direitos e deveres de ambas as partes a serem exercidos e cumpridos.*

A LEP explicitou os deveres, em seus arts. 38 e 39, que assim os descreve:

> *Art. 38. Cumpre ao condenado, além das obrigações legais inerentes ao seu estado, submeter-se às normas de execução da pena.*
>
> *Art. 39. Constituem deveres do condenado:*
>
> *I – comportamento disciplinado e cumprimento fiel da sentença;*
>
> *II – obediência ao servidor e respeito a qualquer pessoa com quem deva relacionar-se;*

> *III – urbanidade e respeito no trato com os demais condenados;*
>
> *IV – conduta oposta aos movimentos individuais ou coletivos de fuga ou de subversão à ordem ou à disciplina;*
>
> *V – execução do trabalho, das tarefas e das ordens recebidas;*
>
> *VI – submissão à sanção disciplinar imposta;*
>
> *VII – indenização à vítima ou aos seus sucessores;*
>
> *VIII – indenização ao Estado, quando possível, das despesas realizadas com a sua manutenção, mediante desconto proporcional da remuneração do trabalho;*
>
> *IX – higiene pessoal e asseio da cela ou alojamento;*
>
> *X – conservação dos objetos de uso pessoal.*
>
> *Parágrafo único. Aplica-se ao preso provisório, no que couber, o disposto neste artigo.*

Em se tratando dos deveres, notadamente, de um lado está o Estado, em seu direito de executar a pena; de outro, o dever do condenado de sujeitar-se às regras impostas em razão da condenação.

Assim, de acordo com Mirabete (2017, p. 53), a execução é devida ao Estado ou, então, o reverso: o Estado é que tem o direito de executar a sentença. Portanto, tendo em vista que apenas o Estado – e ninguém mais – tem esse direito, na sentença penal condenatória não há a indicação (como, ao contrário, é necessário na sentença civil) de a quem favorece o direito de promover a execução, pois o Estado é o sujeito ativo necessário, ao qual compete a execução penal.

Quando o assunto são os direitos do preso, inicialmente, eles são extraídos dos principais direitos previstos na Constituição Federal, em especial, os estabelecidos no art. 5º, que trata dos direitos e das garantias fundamentais. São alguns deles:

- direito à vida;
- direito à integridade física e moral;
- direito à propriedade;
- direito à liberdade de crença;
- direito à instrução e acesso à cultura;
- direito ao sigilo de correspondência e de comunicações telegráficas e telefônicas;

- direito à representação e petição aos poderes públicos, em defesa de direito ou contra abusos de autoridades;

- direito à expedição de certidões requeridas às repartições administrativas, para defesa de direitos e esclarecimentos de situações de interesse pessoal;

- direito à assistência judiciária;

- direito às atividades relativas às ciências, às letras, às artes e à tecnologia;

- direito à indenização por erro judiciário ou por prisão além do tempo fixado na sentença.

Do mesmo modo, contrapondo-se aos deveres, a LEP, em seu art. 41 e seguintes, contempla os direitos do apenado quando do cumprimento de sua sentença, quais sejam:

> *Art. 40. Impõe-se a todas as autoridades o respeito à integridade física e moral dos condenados e dos presos provisórios.*
>
> *Art. 41. Constituem direitos do preso:*
>
> *I – alimentação suficiente e vestuário;*
>
> *II – atribuição de trabalho e sua remuneração;*
>
> *III – previdência Social;*
>
> *IV – constituição de pecúlio;*
>
> *V – proporcionalidade na distribuição do tempo para o trabalho, o descanso e a recreação;*
>
> *VI – exercício das atividades profissionais, intelectuais, artísticas e desportivas anteriores, desde que compatíveis com a execução da pena;*
>
> *VII – assistência material, à saúde, jurídica, educacional, social e religiosa;*
>
> *VIII – proteção contra qualquer forma de sensacionalismo;*
>
> *IX – entrevista pessoal e reservada com o advogado;*
>
> *X – visita do cônjuge, da companheira, de parentes e amigos em dias determinados;*
>
> *XI – chamamento nominal;*

*XII – igualdade de tratamento salvo quanto às exigências da individualização da pena;*

*XIII – audiência especial com o diretor do estabelecimento;*

*XIV – representação e petição a qualquer autoridade, em defesa de direito;*

*XV – contato com o mundo exterior por meio de correspondência escrita, da leitura e de outros meios de informação que não comprometam a moral e os bons costumes.*

*XVI – atestado de pena a cumprir, emitido anualmente, sob pena da responsabilidade da autoridade judiciária competente.*

*Parágrafo único. Os direitos previstos nos incisos V, X e XV poderão ser suspensos ou restringidos mediante ato motivado do diretor do estabelecimento.*

*Art. 42. Aplica-se ao preso provisório e ao submetido à medida de segurança, no que couber, o disposto nesta Seção.*

*Art. 43. É garantida a liberdade de contratar médico de confiança pessoal do internado ou do submetido a tratamento ambulatorial, por seus familiares ou dependentes, a fim de orientar e acompanhar o tratamento.*

*Parágrafo único. As divergências entre o médico oficial e o particular serão resolvidas pelo Juiz da execução.*

Ainda quanto aos direitos dos encarcerados, acrescente-se a estes, quanto às mulheres presas, o previsto no art. 5º, inc. L, da Constituição Federal, que assim preceitua: "às presidiárias serão asseguradas condições para que possam permanecer com seus filhos durante o período de amamentação".

Verifica-se, portanto, que compete ao Estado providenciar tais condições para que esse direito constitucional relativo às mulheres seja cumprido. Para Maria Elizabeth Teixeira Rocha (2018, p. 352, grifo nosso), Ministra do Superior Tribunal Militar e defensora dos direitos das mulheres:

> *a luta exitosa do movimento feminino se evidenciou na vigente Constituição de 1988 que garante a isonomia jurídica entre homens e mulheres especificamente no âmbito familiar; que proíbe a discriminação no mercado de trabalho por motivo de sexo protegendo a mulher com regras especiais de acesso;* **que**

> *resguarda o direito das presidiárias de amamentarem seus filhos; que protege a maternidade como um direito social;* que reconhece o planejamento familiar como uma livre decisão do casal e, principalmente, que institui ser dever do Estado coibir a violência no âmbito das relações familiares, dentre outras conquistas.

Diante desse contexto, podemos afirmar que o assunto *direito do preso* é, de certa forma,

> um reflexo do movimento geral de defesa dos direitos da pessoa humana. Ninguém ignora que os presos, em todos os tempos e lugares, sempre foram vítimas de excessos e discriminações quando submetidos aos cuidados de guardas e carcereiros de presídios, violando-se assim aqueles direitos englobados na rubrica de Direitos Humanos. (MIRABETE, 2017, p. 118)

Impende ressaltar que esses direitos são fundamentais e correspondem a qualquer um apenas pela condição de ser humano, considerando a dignidade que cada um deve ter quanto às condições de liberdade de ir e vir, à segurança, à propriedade e aos demais direitos que lhes são atribuídos pela condição de cidadão.

Nesse sentido, Ferrajoli (2001, *apud* DIAS, 2005, p. 125) preceitua:

> *Podemos dizer que são direitos fundamentais todos aqueles direitos subjetivos que competem universalmente a todos os seres humanos enquanto dotados do status de pessoa, ou de cidadãos ou de pessoas capazes de agir; entendido por direito subjetivo qualquer expectativa positiva – a prestações – ou negativa – a não lesões – adscrita a um sujeito por uma norma jurídica, e por status a condição de um sujeito prevista ela também por uma norma jurídica positiva como pressuposto da sua idoneidade a ser titular de situações jurídicas e ou ator dos actos que são o seu exercício.*

Ainda em se tratando dos direitos fundamentais, Miranda (2017, p. 12), em artigo publicado na obra *O alcance dos direitos humanos nos Estados lusófonos*, afirma o seguinte:

> *Por certo, os direitos fundamentais, ou pelo menos os imediatamente conexos com a dignidade da pessoa humana, radicam no Direito natural (ou, se se preferir, consoante as visões que se*

*adotem, em valores éticos superiores, no desenvolvimento histórico da humanidade ou na consciência jurídica geral), de tal sorte que devem ser tidos como limites transcendentes do próprio constituinte e como princípios axiológicos fundamentais. Nem isso se esgota no Direito natural.*

Com relação ao aspecto temporal da condenação, para a doutrina, o preso, mesmo após a sentença condenatória, continua titular de todos os direitos que não foram atingidos pelo internamento prisional decorrente da sentença condenatória que impôs uma pena privativa de liberdade (MIRABETE, 2007). Por fim, registramos que tanto os direitos do preso quanto os do cidadão comum são invioláveis, imprescritíveis e irrenunciáveis.

Neste artigo científico, abordamos o fundamento legal da execução penal e os principais direitos e deveres dos presos que ingressam no sistema penitenciário, assim como os diversos perfis dos sentenciados. Diante dessas informações, é possível compreender a importância de uma adequada formação dos profissionais que atuam nas unidades prisionais, em especial na segurança interna, bem como no tratamento penal, que deve ser realizado por técnicos especializados, devidamente capacitados e conhecedores do perfil, das limitações e das possibilidades que cada sentenciado apresenta, a fim de proporcionar o melhor e mais adequado tratamento penal com vistas à concretização da tão almejada ressocialização do apenado.

## Referências

DIAS, J. F. de A. **Direitos humanos**: fundamentação ontoteleológica dos direitos humanos. Maringá, PR: Unicorpore, 2005.

FERRAJOLI, L. **Diritti fundamentali**. Um dibattio teórico, a cura de E. Vitalle. Roma: Bari, 2001.

MIRABETE, J. F. **Execução penal**: comentários à Lei n. 7.210, de 11-7-1984. 11. ed. São Paulo: Atlas, 2007.

MIRANDA, J. Os direitos fundamentais e os Estados de língua portuguesa. In: ROCHA, M. E; COSTA, M. M. M; HERMANY, R. (Orgs.). **O alcance dos direitos humanos nos Estados lusófonos**. Santa Cruz do Sul: EDUNISC, 2017. p. 11-29. Disponível em: <https://www.stm.jus.br/images/STM/eventos/lusofonia/E- book_Lusofonia.pdf>. Acesso em: 25 ago. 2020.

PAGLIARINI, A. C. **Direito constitucional**: primeiras linhas. Curitiba: InterSaberes, 2022.

ROCHA, M. E. G. T. Os direitos da mulher nos 30 anos da Constituição Federal brasileira. **Justiça & Cidadania**, 11 out. 2018. Disponível em: <https://www.editorajc.com.br/os-direitos-da-mulher-nos-30-anos-da-constituicao-federal-brasileira/>. Acesso em: 25 out. 2020.

VALDES, C. G. **Comentários a la legislación penitenciaria**. 2. ed. Madrid: Civitas, 1982.

*Princípio do* in dubio pro reo *na justiça criminal das comunidades de língua portuguesa*

*Principio de* in dubio pro reo *en la justicia penal de las comunidades de lengua portuguesa*

*Maria Elizabeth Guimarães*
*Teixeira Rocha*

Ministra e ex-Presidente do Superior Tribunal Militar do Brasil. Doutora em Direito Constitucional pela Universidade Federal de Minas Gerais, Brasil. Doutora *honoris causa* pela Universidade Inca Garcilaso de la Veja, Lima, Peru. Mestra em Ciências Jurídico-Políticas pela Universidade Católica de Lisboa, Portugal. Professora Universitária. Autora de diversos livros e artigos jurídicos no Brasil e no exterior.

**Sumário**: 1. Enunciado. 2. Breve escorço histórico. 3. As Constituições de língua portuguesa e o princípio garantidor. 4. O favor rei e o *in dubio pro reo*. 5. Conclusão. Referências.

**Resumo**: A culpabilidade já foi regra nos sistemas jurídicos pretéritos, e essa característica também marcou a justiça criminal de países lusófonos durante os períodos de exceção democrática por eles enfrentados. Nos dias atuais, a culpabilidade é a exceção e deve ser minuciosamente comprovada. A situação atual das constituições democráticas privilegia a presunção de inocência e o princípio latino *in dubio pro reo*.

**Palavras-chave**: *In dubio pro reo*. Presunção de inocência. Justiça criminal. Países lusófonos.

**Sumilla**: 1. Enunciado. 2. Breve escorzo histórico. 3. Las Constituciones de lengua portuguesa y el principio garante. 4. Favor rei e *in dubio pro reo*. 5. Conclusión. 6. Referencias.

**Resumen**: La culpa fue una vez una regla en los sistemas legales del pasado, y esta característica también marcó la justicia penal de los países de habla portuguesa durante los períodos de excepción democrática que enfrentaron. Hoy en día, la culpabilidad es la excepción y debe probarse exhaustivamente. La situación actual de las constituciones democráticas privilegia la presunción de inocencia y el principio latino *in dubio pro reo*.

**Palabras clave**: *In dubio pro reo*. Presunción de inocencia. Justicia penal. Países lusófonos.

# 1
# Enunciado

Uma das responsabilidades primárias do Estado é a apreensão, a acusação e a condenação de infratores. Nesse processo, o acusado enfrenta o poderoso aparato repressivo estatal, que deve manter-se equilibrado e imparcial, em homenagem ao *due process of law*.

Para manter o balanceamento entre a busca pela verdade real e a justiça, o direito utiliza diversas ferramentas visando proporcionar ao indivíduo certas proteções e impor vários encargos legais ao *iter* persecutório. Uma dessas ferramentas é *in dubio pro* reo, consectário da presunção de inocência.

É assertivo afirmar que o posicionamento das Constituições Nacionais como autoritárias ou democráticas espelha seu processo penal. Isso porque existe uma intrínseca relação entre ele e as Cartas Magnas, que atuam como limitadores negativos estabelecendo parâmetros à *persecutio criminis*.

A comprová-lo o postulado da dúvida sempre beneficiar o réu no momento da condenação, nunca o contrário. Mas do que trata esse princípio? Perfunctoriamente, ele assegura ao acusado de prática delitiva presumir-se inocente até a condenação judicial definitiva.

Se antes a culpabilidade era regra, hoje é a exceção e necessita ser cabalmente provada.[i] E é sobre esse relevante tema que o presente artigo tratará.

## 2
## Breve escorço histórico

A presunção de inocência ou de não culpabilidade, de significados equivalentes a despeito da variável semântica, remonta ao Direito Romano, que, em razão da influência do cristianismo, determinava a valoração das provas em caso de dúvidas.[ii] Com o declínio do Império, houve um relativo abandono, sendo retomado, no decorrer do processo histórico, no início da Idade Média, nomeadamente, durante a Inquisição, que manteve uma estrutura inquisitória partindo de um ponto reverso: o da responsabilidade do agente imputado, bastando para tanto, leve suspeita. Por decorrência a comprovação da inocência se fazia mister, ao largo de um procedimento que desconhecia o contraditório e a ampla defesa.

---

i     "Conceitualmente a culpabilidade possui sentidos diversos. As análises podem variar: a) segundo a categoria dogmática, integrando o próprio conceito de delito, de acordo com a teoria a ser adotada; b) como elemento de graduação da pena; e c) a culpabilidade como princípio, "compreendida [...] como uma garantia contra os excessos da responsabilidade objetiva e [...] como uma exigência que se soma à relação de causalidade para reconhecer a possibilidade de impor a pena", cujo princípio, tradicionalmente denominado princípio da culpabilidade, atualmente se identifica com funções que incluem a de limitar o direito de punir do Estado, incluindo ou pressupondo, dentre outros princípios, o princípio da presunção de inocência." (BUSATO, 2020, posição 2632-2647).

ii     CANOTILHO, 2013, p. 440-441.

O modelo inquisitorial vigorou entre o século XII e estertores do século XVIII no Continente europeu de origem romano-canônica, no qual vigorava a acumulação das funções de acusação, instrução e julgamento pelo juiz.[i] A tortura era autorizada para obtenção de confissões, inexistia o contraditório e algo que se assemelhasse ao trânsito em julgado.[ii]

Será Cesare de Beccaria, em 1764, na obra clássica *Dos delitos e das penas*, que se contraporá a esse sistema, humanizando o direito penal, pautado no ideário iluminista. Ele já advertia que "um homem não pode ser chamado réu antes da sentença do Juiz, e a sociedade só lhe pode retirar a proteção pública após ter decidido que ele violou os pactos por meio dos quais ela lhe foi outorgada"[iii].

O relevante axioma adquirirá destaque e relevância no apogeu da Revolução Francesa ao ser inscrito na Declaração dos Direitos do Homem e do Cidadão, que o inseriu em seu art. 9°, *litteris:*

---

i   BENTO, 2007, p. 31.

ii  FOUCALT, 2002, p. 37.

iii BECCARIA, 2015, p. 41. Informa Vilela que a "primeira edição remonta ao ano de 1764 e foi a que Voltaire chamaria de o Código da Humanidade. Segundo explica, a obra de Beccaria surge em um momento em que se reclamava por reformas no sistema processual penal, em que humanistas anteriores a Beccaria, como Voltaire e Montesquieu, já haviam escrito acerca da necessidade de se operar uma mudança na mentalidade vigente à época. Não apenas os excessos e arbítrios contribuíram para essa justificativa, mas também a atenção que juristas e pensadores da época conferiram ao modelo britânico de processo penal, que revelava resultados mais humanos, já que detinha uma estrutura acusatória, possuía o tribunal do júri e previa o método de livre convicção." (VILELA, 2000, p. 30-31). "A obra conquistou enorme sucesso na Itália, difundindo-se especialmente na França, quando, então, foi votada a Declaração dos Direitos do Homem e do Cidadão em 1789 – que, além de ter se constituído, dois anos depois, no preâmbulo da Constituição de 03 de setembro de 1791, é considerada o marco do primeiro contexto histórico no processo evolutivo do princípio da presunção de inocência." (JAHNEL, 2020, p. 70-83).

> *Todo acusado é considerado inocente até ser declarado culpado e, caso seja indispensável prendê-lo, todo o rigor desnecessário à guarda da sua pessoa deverá ser severamente reprimido pela lei.*[i]

A *posteriori*, o postulado seria incluído na Declaração Universal dos Direitos Humanos, de 10 de dezembro de 1948, que estabeleceu no Artigo 11, § 1º:

> 1. O arguido de ato criminoso presume-se inocente até que a sua culpa seja legalmente apurada em julgamento público, em que tenham sido asseguradas todas as garantias necessárias à sua defesa.[ii]

Consoante o escopo protetivo do enunciado depreende-se que todo o acusado se encontra resguardado de duas maneiras: pela presunção de inocência até que o Estado comprove sua culpa para além de qualquer dúvida razoável e pelo devido processo legal que deve revelar-se justo.[iii]

---

i  "Tout homme étant présumé innocent jusqu'à ce qu'il ait été déclaré coupable; s'il est jugé indispensable de l'arrêter, toute rigueur qui ne serait nécessaire pour s'assurer de sa personne, doit être sévèrement réprimée par la loi." (DECLARAÇÃO DE DIREITOS DO HOMEM E DO CIDADÃO, 1789).

ii  DECLARAÇÃO UNIVERSAL DOS DIREITOS HUMANOS, 1948. Em termos históricos, a presunção de inocência se descortina em três contextos diferenciados: o primeiro, a partir da Declaração dos Direitos do Homem e do Cidadão (1789); o segundo que se firmou a partir dos debates das escolas penais italianas, culminando com a previsão da presunção de inocência nos termos da redação do art. 27.2 da Constituição Italiana; e o terceiro, que se consolidou pós-Segunda Guerra Mundial, ou seja, notadamente a partir da Declaração Universal dos Direitos Humanos, a qual foi aprovada pela Assembleia Geral das Nações Unidas, em 1948, subscrita por inúmeros países e seguida por outros textos internacionais (VARALDA, 2007, p. 17).

iii  Dois foram os documentos legais que abarcaram as primeiras positivações do princípio da presunção de inocência, consoante esclarece Jahnel. O primeiro, a Declaração de Direitos do Bom Povo da Virgínia (que era uma das treze colônias inglesas na América) – de 12 de janeiro de 1776 –, e o segundo, a Declaração dos Direitos do Homem e do Cidadão de 1789. "A Declaração de Virgínia – anterior, portanto, à Declaração de Independência dos Estados Unidos –, foi inspirada principalmente nas teorias de Locke, Rousseau e Montesquieu, e, além de ter inovado para assegurar garantias de defesa

A presunção de inocência, por igual, está assegurada na Convenção Americana de Direitos Humanos (Pacto de São José da Costa Rica), internalizada na positividade doméstica brasileira por meio do Decreto n. 678, de 6 de novembro de 1992, cujo art. 8º, n. 2, assim dispõe: "Toda pessoa acusada de delito tem direito a que se presuma sua inocência enquanto não se comprove legalmente sua culpa"[i].

Nesse cenário, o *in dubio pro reo* passou a constituir um paradigma no direito penal das sociedades civilizadas, ao prever o benefício da dúvida em favor do imputado em processo criminal. Ele estatui, *a prima facie,* que havendo questionamentos ou incertezas quanto à culpabilidade, milita a seu favor a inocência presumida, devendo o agir criminoso restar cabalmente provado.

# 3
# As Constituições de língua portuguesa e o princípio garantidor

Nessa toada, impende definir a dúvida razoável como o fator incerto quanto a culpa ou dolo do sujeito ativo. Em apertada síntese, é o preenchimento indubitável das condições plenas para se imputar a outrem responsabilidade pelo cometimento de ato tipificado na lei penal. O fator incerto, portanto, que suscita indagações quanto à existência do ato infracional elide a responsabilização judicial do infrator.

---

no processo penal e o julgamento por um júri imparcial, abrandou a presunção de culpabilidade do acusado para a possibilidade de se partir da presunção de inocência do cidadão [...]". (JAHNEL, 2020, p. 70-83).

i   Disponível em: <http://www.planalto.gov.br/ccivil_03/decreto/d0678.htm>. Acesso em: 23/09/2021. "Dentre esses critérios, estão in dubio pro reo, in dubio pro operario, in dubio pro societate, in dubio pro homine. Eles operam em caso de 'dúvida', em geral para dar solução a situações em que os fatos sejam controvertidos e o direito aplicável se abra a múltiplas interpretações: a incerteza leva a que se opte por um dos lados da relação jurídica. Nessa linha, sendo dúbio o material probatório produzido no processo penal, deve ser proferida sentença, e.g., em favor do réu (in dubio pro reo). Da mesma forma, quando uma disposição de direitos humanos admite várias leituras, cabe ao intérprete adotar aquela que dê maior efetividade ao direito subjetivo pertinente (in dubio pro homine)." (SÃO JOSÉ DA COSTA RICA, 2010, § 38).

Efetivamente, a presunção de culpa ou dolo criminal refutada pelo postulado do *in dubio pro reo* e a presunção de inocência, encontra guarida em todas as Constituições dos Países de Língua Portuguesa[i].

---

i     Leia-se: **Constituição de Angola**:
"**Artigo 67:** (Garantias do processo criminal)
1. Ninguém pode ser detido, preso ou submetido a julgamento senão nos termos da lei, sendo garantido a todos os arguidos ou presos o direito de defesa, de recurso e de patrocínio judiciário.
**2. Presume-se inocente todo o cidadão até ao trânsito em julgado da sentença de condenação.**
3. O arguido tem direito a escolher defensor e a ser por ele assistido em todos os actos do processo, especificando a lei os casos e as fases em que a assistência por advogado é obrigatória.
4. Os arguidos presos têm o direito de receber visitas do seu advogado, de familiares, amigos e assistente religioso e de com eles se corresponder, sem prejuízo do disposto na alínea e) do artigo 63.º e o disposto no n.º 3 do artigo 194.º.
5. Aos arguidos ou presos que não possam constituir advogado por razões de ordem económica deve ser assegurada, nos termos da lei, a adequada assistência judiciária.
6. Qualquer pessoa condenada tem o direito de interpor recurso ordinário ou extraordinário no tribunal competente da decisão contra si proferida em matéria penal, nos termos da lei."
**Constituição da República Federativa do Brasil: artigo 5º, inciso LV e LVII:**
"Art. 5. Todos são iguais perante a lei, sem distinção de qualquer natureza, garantindo-se aos brasileiros e aos estrangeiros residentes no país a inviolabilidade do direito à vida, à liberdade, à igualdade, à segurança e à propriedade, nos termos seguintes. [...]
LV – aos litigantes, em processo judicial ou administrativo, e aos acusados em geral são assegurados o contraditório e ampla defesa, com os meios e recursos a ela inerentes [...]
**LVII – ninguém será culpado até o trânsito em julgado de sentença penal condenatória.**"
Na mesma linha, é o **art. 283 do Código de Processo Penal Brasileiro:**
"Art. 283. Ninguém poderá ser preso senão em flagrante delito ou por ordem escrita e fundamentada da autoridade judiciária competente, em decorrência de sentença condenatória transitada em julgado ou, no curso da investigação ou do processo, em virtude de prisão temporária ou prisão preventiva."
**Constituição de Cabo Verde: Artigo 34:** (Princípios do processo penal)
"**1. Todo o arguido presume-se inocente até ao trânsito em julgado de sentença condenatória, devendo ser julgado no mais curto prazo compatível com as garantias de defesa.**
2. O arguido tem o direito de escolher livremente o seu defensor para o assistir em todos os actos do processo.

De eficácia plena e aplicabilidade material imediata, a garantia insculpida nas Leis Maiores em comento desautoriza a inculpação de responsabilidade a quem, pelo simples fato de ter-lhe sido ofertada uma denúncia, ser automaticamente declarado culpado antes da *res judicata,* sem o crivo do contraditório, da ampla defesa e da fartura probatória indene de questionamentos.

---

3. Aos arguidos que por razões de ordem económica não possam constituir advogado será assegurada, através de institutos próprios, adequada assistência judiciária.
4. O processo criminal subordina-se ao princípio do contraditório.
5. O direito de audiência e de defesa em processo criminal é inviolável e será assegurado a todo o arguido.
6. São nulas todas as provas obtidas por meio de tortura, coacção, ofensa à integridade física ou moral, abusiva intromissão na correspondência, nas telecomunicações, no domicílio ou na vida privada ou por outros meios ilícitos.
7. As audiências em processo criminal são públicas, salvo quando a defesa da intimidade pessoal, familiar ou social determinar a exclusão ou a restrição da publicidade.
8. Nenhuma causa pode ser subtraída ao tribunal cuja competência esteja fixada em lei anterior."
**Constituição da Guiné-Bissau: Artigo 42:**
"1 – O processo criminal assegurará todas as garantias de defesa.
**2 – Todo o arguido se presume inocente até ao trânsito em julgado da sentença de condenação, devendo ser julgado no mais curto prazo compatível com as garantias de defesa.**
3 – O arguido tem direito a escolher defensor e a ser por ele assistido em todos os actos do processo, especificando a lei os casos e as fases em que essa assistência é obrigatória.
4 – A instrução é da competência do juiz, o qual pode, nos termos da lei, delegar noutras entidades a prática dos actos de instrução que não se prendam directamente com os direitos fundamentais.
5 – O processo criminal tem estrutura acusatória, estando a audiência de julgamento e os actos de instrução que a lei determina subordinados ao princípio contraditório."
**Constituição da República da Guiné-Equatorial:**
"**Artículo 13:**
"Todo ciudadano goza de los siguientes derechos y libertades:
El respeto a su persona, su vida, su integridad personal, su dignidad y su pleno desarrollo material y moral. La pena de muerte sólo puede imponerse por delito contemplado por la Ley.
A la libre de expresión de pensamiento, ideas y opiniones.

# 4
## O *favor rei* e o *in dubio pro reo*

Tal como explanado, a dúvida é inerente ao processo que já nasce contendo, em seu bojo, dito benefício. Efetivamente, o *in dubio pro reo*, decorrência do *favor rei*, apresenta-se no momento da prolação da sentença ou acórdão, quando penderem interrogações e dubiedades na

---

> A la igualdad ante la Ley. La mujer, cualquiera que sea su estado civil, tiene iguales derechos y oportunidades que el hombre en todos los órdenes de la vida pública, privada y familiar, en lo civil, político, económico, social y cultural.
> Al libre circulación y residencia.
> Al honor a la buena reputación.
> A la libertad de religión y culto.
> A la inviolabilidad del domicilio y al secreto de las comunicaciones.
> A presentar quejas y peticiones a las autoridades.
> Al derecho de corpus y de amparo.
> A la defensa ante los tribunales y a un proceso contradictorio dentro del marco de respeto de la Ley.
> A la libre asociación, reunión y manifestación.
> A la libertad de trabajo.
> A no ser privado de su libertad sino en virtud de orden judicial, salvo en los casos previstos por la Ley y los de delito flagrante.
> A ser informado de la causa o razones de su detención.
> A presumirse inocente mientras no se haya demostrado legalmente su culpabilidad.
> A no ser declarado en juicio contra sí mismo, o sus parientes dentro del cuarto grado de consanguineidad o segundo de afinidad, o compelido a declarar con juramento en contra de sí mimos en asuntos que pueden ocasionarle responsabilidad penal.
> A no ser juzgado ni condenado dos veces por los mismos hechos.
> A no ser condenado sin juicio previo, ni privado del derecho de defensa en cualquier estado o grado del proceso.
> A no ser castigado por un acto o omisión que en el momento de cometerse no estuviese tipificado ni castigado como infracción penal; ni puede ampliársele una pena no prevista en la Ley. **En caso de duda, la Ley penal se aplica en el sentido más favorable al reo.**
> Las disposiciones legislativas definirán las condiciones del ejercicio de estos derechos y libertades.
> **Artículo 14:** La enumeración de los derechos fundamentales reconocidos en este capítulo no excluye los demás que la Ley Fundamental garantiza, ni otros de naturaleza análoga y que se derivan de la dignidad del hombre, del principio de soberanía del pueblo o del Estado social y democrático de derecho y de la forma republicana del Estado".

convicção do julgador acerca da culpabilidade do agente. Seu escopo é resguardar à liberdade diante da dubiez processual, pelo que deverá o magistrado pronunciar-se *favor inocentiae.*

---

**Constituição de Moçambique: Artigo 59:** (Direito à liberdade e à segurança)
"1. Na República de Moçambique, todos têm direito à segurança, e ninguém pode ser preso e submetido a julgamento senão nos termos da lei.
**2. Os arguidos gozam da presunção de inocência até decisão judicial definitiva.**
3. Nenhum cidadão pode ser julgado mais do que uma vez pela prática do mesmo crime, nem ser punido com pena não prevista na lei ou com pena mais grave do que a estabelecida na lei no momento da prática da infracção criminal."
**Constituição de Portugal: Artigo 27:** (Direito à liberdade e à segurança)
"Todos têm direito à liberdade e à segurança.
Ninguém pode ser total ou parcialmente privado da liberdade, a não ser em consequência de sentença judicial condenatória pela prática de acto punido por lei com pena de prisão ou de aplicação judicial de medida de segurança.
Exceptua-se deste princípio a privação da liberdade, pelo tempo e nas condições que a lei determinar, nos casos seguintes:
a) Detenção em flagrante delito;
b) Detenção ou prisão preventiva por fortes indícios de prática de crime doloso a que corresponda pena de prisão cujo limite máximo seja superior a três anos;
c) Prisão, detenção ou outra medida coactiva sujeita a controlo judicial, de pessoa que tenha penetrado ou permaneça irregularmente no território nacional ou contra a qual esteja em curso processo de extradição ou de expulsão;
d) Prisão disciplinar imposta a militares, com garantia de recurso para o tribunal competente;
e) Sujeição de um menor a medidas de protecção, assistência ou educação em estabelecimento adequado, decretadas pelo tribunal judicial competente;
f) Detenção por decisão judicial em virtude de desobediência a decisão tomada por um tribunal ou para assegurar a comparência perante autoridade judiciária competente;
g) Detenção de suspeitos, para efeitos de identificação, nos casos e pelo tempo estritamente necessários;
h) Internamento de portador de anomalia psíquica em estabelecimento terapêutico adequado, decretado ou confirmado por autoridade judicial competente.
Toda a pessoa privada da liberdade deve ser informada imediatamente e de forma compreensível das razões da sua prisão ou detenção e dos seus direitos.

Acresça-se dever o preceito ser aplicado na fase processual da persecução criminal, quando surgirem imprecisões relativas ao enquadramento do fato à norma, assim como quanto ao elemento subjetivo do tipo não sanados na produção probatória, privilegiando-se, por conseguinte, o *status libertatis* do indivíduo.

---

A privação da liberdade contra o disposto na Constituição e na lei constitui o Estado no dever de indemnizar o lesado nos termos que a lei estabelecer.
**Artigo 32.º**(Garantias de processo criminal)
O processo criminal assegura todas as garantias de defesa, incluindo o recurso.
**Todo o arguido se presume inocente até ao trânsito em julgado da sentença de condenação, devendo ser julgado no mais curto prazo compatível com as garantias de defesa.**
O arguido tem direito a escolher defensor e a ser por ele assistido em todos os actos do processo, especificando a lei os casos e as fases em que a assistência por advogado é obrigatória.
Toda a instrução é da competência de um juiz, o qual pode, nos termos da lei, delegar noutras entidades a prática dos actos instrutórios que se não prendam directamente com os direitos fundamentais.
O processo criminal tem estrutura acusatória, estando a audiência de julgamento e os actos instrutórios que a lei determinar subordinados ao princípio do contraditório.
A lei define os casos em que, assegurados os direitos de defesa, pode ser dispensada a presença do arguido ou acusado em actos processuais, incluindo a audiência de julgamento.
O ofendido tem o direito de intervir no processo, nos termos da lei.
São nulas todas as provas obtidas mediante tortura, coacção, ofensa da integridade física ou moral da pessoa, abusiva intromissão na vida privada, no domicílio, na correspondência ou nas telecomunicações.
Nenhuma causa pode ser subtraída ao tribunal cuja competência esteja fixada em lei anterior.
Nos processos de contra-ordenação, bem como em quaisquer processos sancionatórios, são assegurados ao arguido os direitos de audiência e defesa."
**RAE de Macau – Lei Básica da Região Administrativa Especial de Macau da República Popular da China: Artigo 29.º**
"Nenhum residente de Macau pode ser punido criminalmente senão em virtude de lei em vigor que, no momento da correspondente conduta, declare expressamente criminosa e punível a sua acção.
Quando um residente de Macau for acusado da prática de crime, tem o direito de ser julgado no mais curto prazo possível pelo tribunal judicial, **devendo presumir-se inocente até ao trânsito em julgado da sentença de condenação pelo tribunal.**"

Nesse sentido, na hipótese de incerteza, inexiste escolha a não ser a prolação judicial favorável ao autor. Por sua vez, o *favor rei* é calcado, não na dúvida, mas na dignidade humana e na proteção da liberdade alcançado por meio do devido processo legal. Assim, o Poder Judiciário há de preservar os princípios acima nomeados e clausulados como pétreos pelas Cartas Políticas em sua maioria, fazendo escolhas em observância aos valores magnos[i].

---

    **Constituição de São Tomé e Príncipe: Artigo 40:** (Garantias do Processo Criminal)
    "1. O processo criminal assegurará todas as garantias de defesa.
    **2. Todo o arguido se presume inocente até ao trânsito em julgado da sentença de condenação, devendo ser julgado no mais curto prazo compatível com as garantias de defesa.**
    3. O arguido tem direito a escolher defensor e a ser por ele assistido em todos os actos do processo, especificando a lei os casos e as fases em que essa assistência é obrigatória.
    4. Toda a instrução é da competência de um magistrado, o qual pode, nos termos da lei, delegar noutras entidades a prática dos actos instrutórios que se não prendam directamente com os direitos fundamentais.
    5. O processo criminal tem estrutura acusatória, estando a audiência de julgamento e os actos instrutórios que a lei determinar subordinados ao princípio do contraditório.
    6. São nulas todas as provas obtidas mediante tortura, coacção, ofensa da integridade física ou moral da pessoa, abusiva intromissão na vida privada, no domicílio, na correspondência ou nas telecomunicações.
    7. Nenhuma causa pode ser subtraída ao tribunal cuja competência esteja fixada em lei anterior."
    **Constituição do Timor-Leste: Artigo 34:** (Garantias de Processo Criminal)
    "1. **Todo o arguido se presume inocente até à condenação judicial definitiva.**
    2. O arguido tem o direito de escolher defensor e a ser assistido por ele em todos os actos do processo, determinando a lei os casos em que a sua presença é obrigatória.
    3. É assegurado a qualquer indivíduo o direito inviolável de audiência e defesa em processo criminal.
    4. São nulas e de nenhum efeito todas as provas obtidas mediante tortura, coacção, ofensa à integridade física ou moral e intromissão abusiva na vida privada, no domicílio, na correspondência ou em outras formas de comunicação."

i   Nos dizeres de Renato Brasileiro de Lima: "a parte acusadora tem o ônus de demonstrar a culpabilidade do acusado além de qualquer dúvida razoável, e não este de provar sua inocência. Em outras palavras, recai exclusivamente sobre a acusação o ônus da prova, incumbindo-lhe demonstrar que o acusado praticou o fato delituoso que lhe foi

Frágil a instrução na qual restam inconclusas as provas aptas a ensejar um édito condenatório, pelo que, diante de um acervo vacilante há de incidir a dúvida com a consequente absolvição. Está-se diante de premissa hermenêutica inafastável do Direito Penal a configurar norte axiológico de interpretação e de valoração da prova no campo processual[i].

---

imputado na peça acusatória. Como consectários da regra probatória, Antônio Magalhães Gomes Filho destaca: a) a incumbência do acusador de demonstrar a culpabilidade do acusado (pertence-lhe com exclusividade o ônus dessa prova); b) a necessidade de comprovar a existência dos fatos imputados, não de demonstrar a inconsistência das desculpas do acusado; c) tal comprovação deve ser feita legalmente (conforme o devido processo legal); d) impossibilidade de se obrigar o acusado a colaborar na apuração dos fatos (daí o seu direito ao silêncio).

Essa regra probatória deve ser utilizada sempre que houver dúvida sobre fato relevante para a decisão do processo. Na dicção de Badaró, cuida-se de uma disciplina do acertamento penal, uma exigência segundo a qual, para a imposição de uma sentença condenatória, é necessário provar, eliminando qualquer dúvida razoável, o contrário do que é garantido pela presunção de inocência, impondo a necessidade de certeza.

Nesta acepção, presunção de inocência confunde-se com o in dubio pro reo. Não havendo certeza, mas dúvida sobre os fatos em discussão em juízo, inegavelmente é preferível a absolvição de um culpado à condenação de um inocente, pois, em um juízo de ponderação, o primeiro erro acaba sendo menos grave que o segundo.

O in dubio pro reo não é, portanto, uma simples regra de apreciação das provas. Na verdade, deve ser utilizado no momento da valoração das provas: na dúvida, a decisão tem de favorecer o imputado, pois o imputado não tem a obrigação de provar que não praticou o delito. Antes, cabe à parte acusadora (Ministério Público ou querelante) afastar a presunção de não culpabilidade que recai sobre o imputado, provando além de uma dúvida razoável que o acusado praticou a conduta delituosa cuja prática lhe é atribuída.

Como já se pronunciou o Supremo Tribunal Federal do Brasil, não se justifica, sem base probatória idônea, a formulação possível de qualquer juízo condenatório, que deve sempre assentar-se – para que se qualifique como ato revestido de validade ético-jurídica – em elementos de certeza, os quais, ao dissiparem ambiguidades, ao esclarecerem situações equívocas e ao desfazerem dados eivados de obscuridade, revelam-se capazes de informar, com objetividade, o órgão judiciário competente, afastando, desse modo, dúvidas razoáveis, sérias e fundadas que poderiam conduzir qualquer magistrado ou Tribunal a pronunciar o non liquet" (DE LIMA, 2014, p. 49-51).

i     LOPES JUNIOR, 2016, p. 628.

Mais, "trata-se de regra do processo penal que impõe ao juiz seguir tese mais favorável ao acusado sempre que a acusação não tenha carreado prova suficiente para obter condenação. Nesse aspecto, **o princípio do favor rei** se enlaça com a presunção de inocência que, [...], inverte o ônus da prova. O órgão que acusa é quem tem de apresentar a prova da culpa e demonstrar a culpabilidade do cidadão presumido inocente"[i].

Para Edilson Mougenot Bonfim, o *favor rei* e o *in dubio pro reo* são idênticos e, ao falar sobre o primeiro, dita o doutrinador: "Esse princípio tem por fundamento a presunção de inocência. Em um Estado de Direito, deve-se privilegiar a liberdade em detrimento da pretensão punitiva. Somente a certeza da culpa surgida no espírito do juiz poderá fundamentar uma condenação (art. 386, VII, do CPP). Havendo dúvida quanto à culpa do acusado ou quanto à ocorrência do fato criminoso, deve ele ser absolvido"[ii].

Posições doutrinárias a parte, o certo é ser inolvidável as benesses em prol do processado criminalmente, por configurar postulado basilar prevalecente nos modelos constitucionais que consagram o democratismo estatal; consequentemente a não culpabilidade das pessoas sujeitas à procedimentos persecutórios configura guia exegético[iii].

Seu domínio de incidência mais expressivo é o da disciplina da prova, a obstar que se atribuam à denúncia penal as consequências jurídicas compatíveis com decretos judiciais de apenação definitiva. O escopo é tutelar a liberdade individual e repudiar presunções

---

i    RANGEL, 2011, p. 36. A título de exemplificação, veja-se a decisão do Supremo Tribunal Federal, quando do julgamento da AP n. 858/DF, proferida pelo Ministro Gilmar Mendes – VOTO DO MINISTRO CELSO DE MELLO: "A absoluta insuficiência da prova penal existente nos autos não pode legitimar a formulação de um juízo de certeza quanto à culpabilidade do réu." (BRASIL, 2014).

ii    BONFIM, 2014, p. 91. Gomes Canotilho defende a classificação do princípio do *in dubio pro reo* como um princípio-garantia, sobre o qual incidem "outros princípios que visam instituir directa e imediatamente uma garantia dos cidadãos. É lhes atribuída uma densidade de autêntica norma jurídica e uma força determinante, positiva e negativa. Refiram-se, a título de exemplo, o princípio de nullum crimen sine lege e de nulla poena sine lege (cfr. Art. 29.º), o princípio do juiz natural (cfr. Art. 32.º/7), os princípios de non bis in idem e in dubio pro reo (cfr. Arts. 29. º/4, 32.º/2)26" (CANOTILHO, 2002, p. 1.151).

iii    DALLARI, 1981, p. 34.

contrárias ao imputado, que não deverá sofrer punições antecipadas nem ser reduzido, em pessoal dimensão jurídica, à *conditio poenalis* de condenado. De outro lado, faz recair sobre o órgão acusatório, de modo mais intenso, o ônus *probandi* substancial, fixando diretrizes a serem indeclinavelmente observadas pelo magistrado e pelo legislador.

Dito de outro modo, milita em favor do denunciado presunção relativa ou *juris tantum* – de inocência, de tal modo que a garantia constitucional remete ao acusador o ônus probante. Quer isso significar que o *favor rei* estabelece-se diante do conflito entre o *jus puniendi* estatal e o *jus libertatis*, em que prevalecerá a interpretação mais benéfica ao agente se houver possibilidades contrapostas.

Nesse diapasão, descabe a ele provar a inocência. Antes, cabe ao Ministério Público ou o órgão competente, na condição de *dominus litis*, demonstrar, de maneira inequívoca, a culpabilidade do autor. Hodiernamente não mais predomina "a regra hedionda que, em dado momento histórico, determinou, com a falta de pudor que caracteriza os regimes autoritários, a obrigação de o acusado provar não ter perpetrado ato delitivo."[i]

O fato indiscutivelmente relevante no marco processual penal é que em sociedades políticas organizadas, edificadas sob a égide da legalidade e legitimidade, não se justifica, sem base probatória idônea, a valoração apenatória que deve sempre assentar-se – para que se qualifique como ato revestido de validade ético-jurídica – em elementos de certeza, sobre os quais, restam dissipadas ambiguidades, situações equívocas e dados eivados de obscuridades, capazes de informar

---

i FEITOZA, 2008, p. 134. "Como ensinou Bettiol, ele supõe que quando não se pode ter uma interpretação unívoca, mas uma situação de contraste entre duas interpretações de uma norma penal (antinomia interpretativa), o juiz terá que eleger a interpretação mais favorável às posições do imputado. Em verdade, o juiz não pode ser agnóstico a respeito da escolha interpretativa, pois "Egli vive in un determinado clima politico--constituzionale nell'ambito del qual il valore supremo è la persona umana; ed è la posizione di questa che il giudice deve sposare quando è chiamato a scegliere tra due interpretazioni contrastanti di una norma di legge". Acolhida a lição do mestre italiano, enquanto o princípio in dubio pro reo orienta a decisão do juiz diante de prova insegura ou não convincente a respeito de qualquer das versões existentes nos autos, o princípio do favor rei indica a adequada interpretação da regra jurídica, na vertente mais compatível com a presunção de inocência." (BETTIOL, citado por MARCÃO, 2016).

e subsidiar, com objetividade, o órgão judiciário competente, afastando, desse modo, questionamentos e meros indícios.

Não se atribuem, por decorrência, relevo e eficácia a juízos meramente conjecturais, para, com fundamento neles, apoiar a sanção do sujeito ativo.

Não custa enfatizar que, nos sistemas jurídicos aqui mencionados, inexiste qualquer possibilidade de o Poder Judiciário, por simples presunção ou baseado em meras desconfianças ou conjecturas, reconhecer, em sede penal, a responsabilidade de alguém.

É sempre importante advertir, em respeito aos princípios estruturantes do regime democrático, que, "por exclusão, suspeita ou presunção, ninguém pode ser condenado no sistema jurídico-penal" (RT 165/596, Rel. Des. Vicente de Azevedo).

Na realidade, o ideário que informa os modelos constitucionais legítimos, repelem qualquer ato estatal que transgrida o dogma da exclusão da culpa penal por presunção e da responsabilidade criminal fulcrada em suposições.

Mister pontuar que os óbices às atividades persecutórias de viés penal estão impregnadas pelas insuprimíveis fianças que a ordem jurídica confere ao suspeito, ao indiciado e ao acusado, com a finalidade de fazer prevalecer seu estado de liberdade em razão do direito humano fundamental – que assiste a qualquer um – de ser presumido inocente.

Cumpre ter presente, bem por isso, a advertência feita por Rui Barbosa, eminente constitucionalista do passado brasileiro, no sentido de que "quanto mais abominável é o crime, tanto mais imperiosa, para os guardas da ordem social, a obrigação de não aventurar inferências, de não revelar prevenções, de não se extraviar em conjecturas [...]"[i].

Ademais, não se desconhece representar o processo penal, uma estrutura formal de cooperação, regida pelo princípio da contraposição dialética, que, para além de inadmitir condenações judiciais baseadas em prova alguma, igualmente deslegitima decisões desse jaez apoiadas em elementos de informação unilateralmente produzidos pelos órgãos persecutórios. A condenação do agente pela prática de qualquer delito – até mesmo pela prática de uma simples contravenção penal – somente se justifica quando presentes no bojo processual elementos de convicção que, colhidos sob a égide do contraditório, projetam o *"beyond all reasonable doubt"*. Assim,

---

i  BARBOSA, 1933, p. 75.

*para que o Juiz possa proferir um decreto condenatório é preciso que haja prova da materialidade delitiva e da autoria. Na dúvida, a absolvição se impõe. Evidente que a prova deve ser séria, ao menos sensata. [...] prova séria é aquela colhida sob o crivo do contraditório. Na hipótese de, na instrução, não ter sido feita nenhuma prova a respeito da autoria, não pode o Juiz louvar-se no apurado na fase inquisitorial presidida pela Autoridade Policial. Não que o inquérito não apresente valor probatório; este, contudo, somente poderá ser levado em conta se, na instrução, surgir alguma prova, quando, então, é lícito ao Juiz considerar tanto as provas do inquérito quanto aquelas por ele colhidas, mesmo porque, não fosse assim, estaria proferindo um decreto condenatório sem permitir ao réu o direito constitucional do contraditório.*[i]

O princípio desdobra-se de modo tripartite; a saber: (i) no momento da instrução processual, como presunção legal relativa de não culpabilidade, invertendo-se o ônus da prova; (ii) no momento da avaliação da prova, valorando-a em favor do acusado quando houver dúvida; e (iii) no curso do processo penal, como paradigma de tratamento do imputado, mormente no que concerne à análise da necessidade da prisão processual.

A regra geral é dever o sujeito ativo ser conduzido ao cárcere para cumprimento da sanção, tão só, após o transcurso de todo o trâmite processual penal, cujo derradeiro provimento tenha sido uma sentença com imposição de pena privativa de liberdade transitada em julgado[ii].

---

i   TOURINHO FILHO, 1999, p. 655, item n. VI. Idêntico entendimento encontra apoio em autorizado magistério doutrinário de ESPÍNOLA FILHO, 1955, item n. 765; MIRABETE, 2003, p. 1.004, item n. 386.3; NUCCI, 2006, p. 679, item n. 48.

ii  CAPEZ, 2016, p. 109. Saliente-se que nem a legislação penal e processual penal brasileira nem, tampouco, o Código de Processo Civil Pátrio conceituam a decisão transitada em julgada. Todavia, consoante a doutrina, ela se refere ao marco temporal processual que preclui a possibilidade de retratabilidade da parte dispositiva da sentença ou acórdão. A consequência da *res judicata* é a imutabilidade e a imediata execução do *decisum* prolatado, que não mais se sujeita a qualquer recurso. A propósito do trânsito em julgado e a execução da sentença penal, o Supremo Tribunal Federal em sede de controle abstrato, na Ação Declaratória de Constitucionalidade n. 43/2020, revendo posição anterior que entendia que a prisão poderia ocorrer já na 2ª instância, assentou que ela só pode ser decretada após esgotadas todas as possibilidades recursais. Esse

Está-se em face a normas jurídicas fundamentalizadas, encartadas no rol dos direitos e garantias da pessoa humana, que deferem, no decorrer do *iter* persecutório, ao denunciado, ser tratado como inocente, cabendo ao legislador editar regras para garantir a incidência normativa e aos operadores do direito, aplicá-las após promulgadas[i].

À evidência, a presunção de inocência vincula-se claramente ao democratismo estatal de cuja identidade e origem emana uma visão justa, igualitária e humanista das ordenações jurídicas[ii].

Para Luigi Ferrajoli, importa elastecê-la por ser

> *un principio fundamental de civilidad, fruto de una opción garantista a favor de la tutela de la inmunidad de los inocentes, aunque para ello se tenga que pagar el precio de la impunidad de algún culpable. Esto porque, al cuerpo social, le basta que los culpables sean generalmente castigados, pues el mayor interés es que todos los inocentes, sin excepción, estén protegidos.*[iii]

---

entendimento é o que decorre da opção expressa do legislador constituinte e infraconstitucional e que se revela compatível com o postulado da presunção de inocência. Leia-se a ementa: "**PENA – EXECUÇÃO PROVISÓRIA – IMPOSSIBILIDADE – PRINCÍPIO DA NÃO CULPABILIDADE.** Surge constitucional o artigo 283 do Código de Processo Penal, a condicionar o início do cumprimento da pena ao trânsito em julgado da sentença penal condenatória, considerado o alcance da garantia versada no artigo 5º, inciso LVII, da Constituição Federal, no que direciona a apurar para, selada a culpa em virtude de título precluso na via da recorribilidade, prender, em execução da sanção, a qual não admite forma provisória." (BRASIL, 2020, grifo nosso).

i  Com acerto arremata o magistério de Márcia Dometila Lima de Carvalho: "A profusão de princípios processuais penais elevados à categoria de constitucionais pela nova Carta Magna, por força da sua repetição naquele texto, vem ao encontro do anseio de um novo sistema processual penal, adequado ao novo Estado de Direito democrático." (CARVALHO, 1992, p. 80).

ii  MORAES, 2010, p. 368.

iii  "é um princípio fundamental de civilidade, fruto de uma opção garantista a favor da tutela da imunidade dos inocentes, ainda que para isso tenha-se que pagar o preço da impunidade de algum culpável. Isso porque, ao corpo social, lhe basta que os culpados sejam geralmente punidos, pois o maior interesse é que todos os inocentes, sem exceção, estejam protegidos." (FERRAJOLI, 2002, p. 121).
"Sob este aspecto existe um nexo profundo entre garantismo e racionalismo. Um direito penal é racional e correto à medida que suas

Daí a presunção de inocência ter caráter amplo e dever resguardar o processado durante toda a persecução, iniciada no inquérito e concluída na sentença. Fácil, então, denotar que *o favor rei* atuará de maneira distinta a depender da fase processual[i].

> intervenções são pre-visíveis e são previsíveis; apenas aquelas motivadas por argumentos cognitivos de que resultem como determinável a "verdade formal", inclusive nos limites acima expostos. Uma norma de limitação do modelo de direito penal mínimo informada pela certeza e pela razão é o critério do favor rei, que não apenas permite, mas exige intervenções potestativas e valorativas de exclusão ou de atenuação da responsabilidade cada vez que subsista incerteza quanto aos pressupostos cognitivos da pena. A este critério estão referenciadas instituições como a presunção de inocência do acusado até a sentença definitiva, o ônus da prova a cargo da acusação, o princípio in dubio pro reo, a absolvição em caso de incerteza acerca da verdade fática e, por outro lado, a analogia in bonam partem, a interpretação restritiva dos tipos penais e a extensão das circunstâncias eximentes ou atenuantes em caso de dúvida acerca da verdade jurídica. Em todos estes casos teremos certamente discricionariedade, mas se trata de uma discricionariedade dirigida não para estender, mas para excluir ou reduzir a intervenção penal quando não motivada por argumentos cognitivos seguros. [...]
> A certeza do direito penal mínimo no sentido de que nenhum inocente seja punido é garantida pelo princípio in dubio pro reo. É o fim perseguido nos processos regulares e suas garantias. Expressa o sentido da presunção de não culpabilidade do acusado até prova em contrário: é necessária a prova – quer dizer, a certeza, ainda que seja subjetiva – não da inocência, mas da culpabilidade, não se tolerando a condenação, mas exigindo-se a absolvição em caso de incerteza. A incerteza é, na realidade, resolvida por uma presunção legal de inocência em favor do acusado, precisamente porque a única certeza que se pretende do processo afeta os pressupostos das condenações e das penas e não das absolvições e da ausência de penas. Ademais, esta é a forma lógica de todos os princípios garantistas antes formalizados, os quais, como se tem observado, estabelecem as condições necessárias, em cuja ausência não é lícito punir, e nem aquelas suficientes, em cuja presença não é lícito deixar de punir." (FERRAJOLI, 2002, p. 84-85).
> E complementa o autor: "Quando não são refutadas nem a hipótese acusatória nem as hipóteses em conflito com ela, a dúvida é resolvida, conforme o princípio in dubio pro reo, contra a primeira. Este princípio equivale a uma norma de conclusão sobre a decisão da verdade processual fática, que não permite a condenação enquanto junto à hipótese acusatória permaneçam outras hipóteses não refutadas em conflito com ela." (FERRAJOLI, 2002, p. 122).

i     Mais, trata-se de "um princípio fundante, em torno do qual é construído todo o processo penal liberal, estabelecendo essencialmente garantias

Corroborando tal entendimento, preleciona Alexandra Vilela:

> *São dois princípios que se revelam em momentos processuais diferentes, manifestando-se o princípio da presunção de inocência ao longo de todo o processo, desde o inquérito até à audiência preliminar de julgamento, prolongando-se ainda até o trânsito em julgado da sentença de condenação. Por sua vez, o in dubio pro reo tem os seus momentos principais de atuação em sede de acusação e de julgamento.*[i]

Concretizando-o em sede infraconstitucional, dita o art. 156 do Código de Processo Penal brasileiro que a prova da alegação incumbe a quem a fizer, ou seja, é da acusação o ônus probante, cabendo-lhe arcar com o peso das provas suficientes que ensejem uma apenação. O magistrado, para prolatá-la, deve sopesar as provas concretas dos autos e estar absolutamente convencido da culpabilidade.

Afinal, a *persecutio criminis* traz em si um grande fardo ao indivíduo, de maneira que a absolvição pela incerteza é a constatação de que o processo pode ser falho. Nesse diapasão, pontifica Carnelutti:

> *A declaração negativa de certeza, ainda que se chame absolvição, não é outra coisa, na verdade, que o descobrimento e a declaração de um erro judicial. Ainda que esta fórmula possa surpreender, porque estamos habituados a pensar que com a absolvição, pelo contrário, o erro judicial é evitado, tão logo que se medite um pouco sobre ela a surpresa desaparece; mesmo quando a absolvição seja pronunciada nas primeiras fases do juízo, ela vem depois de um início de processo contra quem mais tarde se reconhece inocente; mais precisamente porque,*

---

para o imputado frente à atuação punitiva estatal; b) É um postulado que está diretamente relacionado ao tratamento do imputado durante o processo penal, segundo o qual haveria de partir-se da ideia de que ele é inocente e, portanto, deve reduzir-se ao máximo as medidas que restrinjam seus direitos durante o processo (incluindo-se, é claro, a fase pré-processual); c) Finalmente, a presunção de inocência é uma regra diretamente referida ao juízo do fato que a sentença penal faz. É sua incidência no âmbito probatório, vinculando à exigência de que a prova completa da culpabilidade do fato é uma carga da acusação, impondo-se a absolvição do imputado se a culpabilidade não ficar suficientemente demonstrada." (LOPES JUNIOR, 2013, p. 228-229).

i   VILELA, 2000, p 79.

> *grande ou pequeno, o processo é uma pena, [...] Tudo o que se pode admitir é que, sem a absolvição, o erro judicial teria sido mais grave; portanto não para excluir o erro judicial, mas para diminuir-lhe o alcance serve a absolvição. Em outras palavras, a declaração negativa de certeza do delito é a constatação oficial da falibilidade do processo penal e por isso da diferença entre seu resultado e sua finalidade. O que é válido, entenda-se bem, mesmo para o caso em que a absolvição em si seja um erro, que consista, assim, não em haver iniciado o processo, mas em havê-lo encerrado com a declaração negativa de certeza; em todo caso, com efeito, quando o juízo se conclua assim, não responde à sua finalidade; se a absolvição é justa, porque foi iniciado contra um inocente; se é injusta, porque não prosseguiu contra um culpado.*[i]

Nesse contexto, a dúvida em favor do réu exsurge como verdadeira bússola, pois "mesmo que o direito à prova tenha sido plenamente exercido – não só pelo acusado, mas também pelo Ministério Público ou pelo querelante – é possível que, ao final do processo, haja dúvida sobre os fatos relevantes. Eis o momento em que o ônus objetivo da prova no processo penal irá efetivar a garantia da presunção de inocência, impondo a absolvição, como decorrência do in dubio pro reo"[ii].

Ao fim e ao cabo, trata-se de regra de julgamento a ser obedecida pelo poder judicante e que norteia a persecução criminal, sabido que as normas processuais só podem ser tidas como válidas se respeitarem os parâmetros impostos pela Constituição Federal. Eventualmente – como todo princípio – poderá a presunção de inocência ser flexibilizada, mas apenas em casos extremos, pois, como visto, ela assegura a aplicação de garantias ligadas aos direitos humanos. A dúvida em favor do réu atua como garante diante do poderoso arsenal acusatório[iii].

---

i   CARNELUTTI, 2004, p. 145-146.

ii  BADARÓ, 2003, p. 301.

iii "A acusação normalmente está afeta a órgão oficial. Tem este todo o aparelhamento estatal montado para ampará-lo. O acusado tem de contar somente com as suas próprias forças e o auxílio de um advogado. Essa situação de desvantagem justifica tratamento diferenciado no processo penal entre acusação e defesa, em favor desta, e a consagração dos princípios do *in dubio pro reo* e do favor rei. Ademais, o direito em jogo no processo penal é a própria liberdade do indivíduo, só restringível por condenação quando o juiz adquira pleno convencimento de que ficaram inteiramente evidenciadas a prática do crime e a sua autoria. Por isso

Não há, então, que se falar em ausência de proporcionalidade na incidência do postulado diante da desigualdade substancial entre acusação e acusado. Em face do incerto, a absolvição é medida que se impõe[i]. No atual Estado democrático de direito, o *in dubio* representa a certeza de que é mais custoso culpar um possível inocente a absolver um possível culpado[ii].

---

tudo, a Carta Magna não se limitou a assegurar ao acusado o exercício da defesa, mas no art. 5º, LV, garantiu-lhe mais – a ampla defesa –, ou seja, defesa sem restrições, não sujeita a eventuais limitações impostas ao órgão acusatório." (FERNANDES, 2010, p. 49).

[i] "O princípio in dubio pro reo pretende responder ao problema da dúvida na apreciação judicial dos casos criminais. Não da dúvida interpretativa, na aferição do sentido da norma (que aliás pode surgir e surge independentemente da atividade jurisdicional), mas da dúvida sobre o facto tipicamente forense." (MONTEIRO, 2019, p. 48).

[ii] O Supremo Tribunal Federal brasileiro, em voto prolatado pelo Ministro Celso de Mello no Habeas Corpus n. 126.292, ponderou que a presunção de inocência é uma notável conquista histórica do povo na luta contra a opressão do Estado. Leia-se excerto do voto: "A consagração da presunção de inocência como direito fundamental de qualquer pessoa – independente da gravidade ou da hediondez do delito que lhe haja sido imputado – há de viabilizar, sob a perspectiva da liberdade, uma hermenêutica essencialmente emancipatória dos direitos básicos da pessoa humana, cuja prerrogativa de ser sempre considerada inocente, para todos e quaisquer efeitos, deve prevalecer até o superveniente trânsito em julgado da condenação criminal, como uma cláusula de insuperável bloqueio à imposição prematura de quaisquer medidas que afetem ou restrinjam a esfera jurídica das pessoas em geral." (BRASIL, 2016). Nessa toda, em assentada monocrática da lavra do Ministro Ricardo Lewandowski na concessão do HC n. 137.063, a Corte pronunciou-se de maneira mais veemente: "O texto constitucional é expresso em afirmar que apenas depois do trânsito em julgado da sentença penal condenatória alguém poderá ser considerado culpado. Trata-se do princípio, hoje universal, da presunção de inocência das pessoas. Como se sabe, a nossa Constituição não é uma mera folha de papel, que pode ser rasgada sempre que contrarie as forças políticas do momento. Não se mostra possível ultrapassar a taxatividade dessa garantia prevista no inciso LVII do artigo 5º da Constituição Federal, pois se mostra um comando constitucional absolutamente imperativo." (BRASIL, 2017).
De igual modo, a jurisprudência lusa assentou não competir ao Supremo Tribunal Português apreciar a regra/princípio do *in dubio pro reo*, por se encontrar no plano da valoração/apreciação da prova, leia-se: "Área Temática: CÓDIGO DE PROCESSO PENAL (CPP): ACTOS PROCESSUAIS – RECURSOS / RECURSOS ORDINÁRIOS /

*Nessa linha de considerações, o risco de condenação de um inocente há de merecer muitos e maiores cuidados que o risco da absolvição de um culpado. Não porque os danos levados ao réu pela pena sejam maiores que aqueles causados à vítima no*

---

TRAMITAÇÃO. DIREITO PENAL – CONSEQUÊNCIAS JURÍDICAS DO FACTO / ESCOLHA E MEDIDA DA PENA – CRIMES EM ESPECIAL / CRIMES CONTRA O PATRIMÓNIO / CRIMES CONTRA A PROPRIEDADE.
Descritores: IN DUBIO PRO REO LIVRE APRECIAÇÃO DA PROVA HOMICÍDIO MEDIDA CONCRETA DA PENA ÚNICA.
Sumário: I – Tendo as instâncias laborado a decisão de facto num conspecto de livre apreciação da prova escapa ao STJ sindicar a percepção e a compreensão dos meios de prova captados e utilizados, ou seja, o sentido e a inteligibilidade que desses meios de prova o julgador captou e razoou para obter o resultado probatório que consignou na decisão de facto.
**II – Situando-se a regra/princípio do in dubio pro reo no plano da valoração/apreciação da prova, não compete a este tribunal, salvo se se verificar uma vulneração/violação extrema e flagrante da regra que prescreve a decisão de um juízo de exculpação do arguido quando se verifique uma situação de non liquet probatório – vale dizer para além de qualquer dúvida razoável.**
III – Nos termos do art. 71.º, n.º 1, do CP a culpa (indiciador de um radical pessoal) e a prevenção (que insinua a vertente comunitária da punição) constituem os princípios regulativos em que o juiz se deve ancorar no momento em que se lhe exige que fixe um quantum concreto da pena. Fornecendo o critério, o legislador não fornece ao juiz conceitos fechados e aptos à subsunção que permita a matematização do iter formativo da pena concreta.
IV – A pena única surge no ordenamento jurídico-penal como necessidade de obter uma configuração final, genérica e de visão global de uma personalidade (tendencialmente propensa a delinquir ou pelo menos a praticar actos que se revelam contrárias à preservação e manutenção de um quadro valorativo penalmente prevalente e saliente) e de uma pluralidade de condutas e acções típicas perpetradas pelo mesmo arguido num lapso de tempo confinado por uma avaliação jurisdicional." (PORTUGAL, 2018b, grifo nosso).
"E, ainda, o Tribunal de Relação da Évora: "PRINCÍPIO IN DUBIO PRO REO JUÍZO DE PROBABILIDADE CONDENAÇÃO. Sumário: I – O princípio in dubio pro reo é habitualmente usado para nele integrar três realidades distintas, gerando alguma indeterminação de conceitos. As regras de apreciação de concretos meios de prova no âmbito do artigo 127º do C.P.P. e o standard probatório necessário à condenação são conceitos que se não confundem com aquele princípio. São três conceitos distintos.

*crime, mas porque toda e qualquer reconstrução da realidade (a prova processual) submete-se à precariedade das regras do conhecimento humano.*

*Assim, em curtíssimo recorte da síntese do pensamento garantista, em cujo bojo se encontra também ampla fundamentação jusfilosófica acerca das funções e limitações do Direito Penal e também do Processo Penal, fora dos limites de nosso trabalho, enfatiza-se aqui a dualidade saber/poder, conhecimento/ autoridade, para assinalar que, no fundo, talvez sejamos todos essencialmente garantistas, se e desde que se nos repugne a ideia de condenação (afirmação de certeza judiciária) baseada em convencimento cuja dúvida ainda remanesça no espírito do próprio julgador.*[i]

---

2 – Quando se aprecia a prova no âmbito do artigo 127º do C.P.P. usa-se a razão, os conhecimentos empíricos, os conhecimentos técnicos e científicos, as regras sociais e de experiência comum. Aqui não há método dubitativo, há métodos racionais de dedução e indução.
3 – Operar o princípio in dubio pro reo pressupõe um juízo positivo de dúvida resultante de um inultrapassável impasse probatório, mas apenas no final do processo racional de decisão sobre a matéria de facto.
4 – Quando se formula um juízo de convicção tem-se presente a existência de uma presunção de inocência e, por isso, não vale um mero juízo de maior probabilidade de que os factos terão ocorrido de determinada forma, exigindo-se um forte juízo de certeza de que os factos terão ocorrido de determinada forma, não de outra.
5 – Isto é, o juiz pode ver-se confrontado, a final quando constrói a sua convicção, com três situações:- ou tem dúvidas sobre como ocorreram os factos e usa o princípio in dubio pro reo e dá-os como não provados;- ou constrói um juízo de mera probabilidade de que os factos ocorreram de determinada forma e deve dar os factos incriminatórios como não provados;- finalmente, tem uma certeza judicial de que os factos ocorreram de determinada forma e dá os factos como provados." (PORTUGAL, 2018a).

i    PACELLI, 2021. "Afirma-se frequentemente em doutrina que o princípio da inocência, ou estado ou situação jurídica de inocência, impõe ao Poder Público a observância de duas regras específicas em relação ao acusado: uma de tratamento, segundo a qual o réu, em nenhum momento do iter persecutório, pode sofrer restrições pessoais fundadas exclusivamente na possibilidade de condenação, e outra de fundo probatório, a estabelecer que todos os ônus da prova relativa à existência do fato e à sua autoria devem recair exclusivamente sobre a acusação. À defesa restaria apenas demonstrar a eventual incidência de fato caracterizador de excludente de ilicitude e culpabilidade, cuja presença fosse por ela alegada. […] Naquele campo, como se verá, o princípio exerce função

A propósito, Denílson Feitoza Pacheco preleciona que[i], "para condenar o acusado, o juiz deve ter a convicção de que ele é responsável pelo delito, bastando, para sua absolvição, a dúvida a respeito da sua culpa". Se assim não fosse, prevaleceria a presunção da responsabilização, e não a máxima da exculpação[ii].

Na doutrina de Gomes Canotilho e Vital Moreira:

> *além de ser uma garantia subjetiva, o princípio é também uma imposição dirigida ao juiz no sentido de este se pronunciar de forma favorável, quando não tiver certeza sobre os factos decisivos para a solução da causa" [...], num estado de conservação da incerteza quanto à prova do ilícito típico, não só ao réu incumbe invocar essa garantia a seu favor; o juiz, vinculado a tomar uma decisão, deve, conquanto que a título oficioso, pronunciar-se pela absolvição do arguido. [...] os princípios da presunção da inocência e in dubio pro reo constituem a dimensão jurídico-material da culpa concreta como suporte axiológico--normativo da pena.*[iii]

Com efeito, ante a verdade material – que permite ordenar oficiosamente a produção de outros meios de prova, com vistas à formação da *opinio delicti* sobre a veracidade (ou falta dela) acerca dos fatos constitutivos do crime – e da livre apreciação – que significa que o julgador, acorde as regras da experiência comum, pode valorar o acervo *sub judice,* que lhe for apresentado –, seria irrazoável ultrapassar a dúvida[iv]

---

relevantíssima, ao exigir que toda privação da liberdade antes do trânsito em julgado deva ostentar natureza cautelar, com a imposição de ordem judicial devidamente motivada. Em outras palavras, o estado de inocência (e não a presunção) proíbe a antecipação dos resultados finais do processo, isto é, a prisão, quando não fundada em razões de extrema necessidade, ligadas à tutela da efetividade do processo e/ou da própria realização da jurisdição penal." (PACELLI, 2021, p.81-82).

i    FEITOZA, 2008, p. 134.

ii   Ao órgão acusatório cabe a integralidade do ônus probatório, porquanto "nenhuma acusação penal se presume provada. Não compete ao réu demonstrar a sua inocência. Cabe ao Ministério Público comprovar, de forma inequívoca, a culpabilidade do acusado" (RANGEL, 2011, p. 33-34).

iii  CANOTILHO; MOREIRA, 2007, p. 519.

iv  Vide o Acórdão do Tribunal da Relação de Coimbra de 09/03/2016, Proc. n. 436/14.0GBFND.C1: "II – A dúvida deve levar o tribunal a decidir

e impor o *ius puniendi* estatal[i]. Esse é o quadro normativo da "legislação processual penal de um Estado inspirado em sua vida política e em seu ordenamento jurídico por um critério superior de liberdade"[ii].

Curial à luz da doutrina majoritária, que explicita os princípios processuais penais em função de sua tipologia, delimitar esse princípio ante o da presunção da inocência. Enquanto este último é estrutural do processo, o primeiro é um corolário lógico, mas na perspectiva da prova. Não obstante tal divisão[iii] conduzir à uma visão reducionista do postulado em comento, sabido o *in dubio pro reo* não se limitar à logicidade de um "corolário lógico", antes, consubstancia em si mesmo uma dimensão conformadora do Estado de Direito e da dignidade do indivíduo. Como pontua Castanheira Neves, "não é aceitável a afirmação, generalizada na doutrina, de que o princípio *in dubio pro reo* só pode entender-se na base de uma 'presunção de inocência' que, como exigência político-jurídica, se impusesse ao processo criminal".[iv]

Nesse diapasão, intrigante a posição de Roxin e Schunemann, segundo os quais o *in dubio pro reo* não configuraria regra probatória, porquanto só entra em aplicação após a apreciação das provas contidas nos autos, tratando-se de uma regra de decisão[v]. Ora, a ideia central que o preside é a de quando há um conflito entre punir ou absolver, o Estado deve inclinar-se a favor deste, pois tal significância assenta-se na efetivação e consagração do triunfo da liberdade[vi].

---

"pro reo" tem de ser uma dúvida positiva, uma dúvida racional que ilida a certeza contrária. III – Uma dúvida como a do tribunal a quo, que se apoia na circunstância de existirem duas versões contraditórias sobre a realidade dos factos e de não existirem razões para que, de modo objetivo, se possa conferir maior credibilidade a uns depoimentos em relação a outros, é uma dúvida que não pode deixar de ser objetivada e, portanto, tem a virtualidade de, racionalmente, convencer quem quer que seja da bondade da sua justificação" (PORTUGAL, 2016).

i   DA SILVA, 2013, p. 93.
ii  BETTIOL, 1974, p. 295.
iii PINHEIRO, 2021.
iv  CASTANHEIRA NEVES, 1968, p. 56.
v   ROXIN; SCHUNEMANN, 2019, p. 572-573.
vi  "Sem embargo de se manifestar como traço elementar de qualquer democracia moderna, após décadas de luta, há autores que buscam pô-lo em causa. A questão que se levanta é se é injusto condenar um inocente será injusto absolver um culpado. Efetivamente, correntes de um direito processual penal mais autoritário têm esbatido-se contra o postulado,

A tese propugnada pelos autores acima citados, esbate-se não apenas com disposições magnas espraiadas nas Leis Fundamentais de viés liberal, mas também com o ideário democrático em tudo aquilo que lhe subjaz (art. 2º da CRP). Como bem ilustra o Acórdão do Supremo Tribunal de Justiça de Portugal, de 7 de novembro de 1990, Proc. n. 41294/3ª: "I – Não pode condenar-se um arguido com base em simples presunções, que não são meios de prova, mas simples meios lógicos ou mentais. II – As presunções de culpa têm de haver-se como banidas em processo penal, face ao art. 32º, nº. 2 da CRP". Em suma, o benefício da dúvida representa um *non liquet* (questão que não está clara) a ser valorada *pro reo*, a demandar que o tribunal, caso não logre convencer-se da autoria, materialidade ou antijuridicidade do ato arguido no processo, dê a acusação como não provada e, por consequência, decida a favor do arguido[i].

# 5
# Conclusão

*Praesumitur bonus donec probetur aliud* representa, em síntese, um baluarte dos regimes políticos que respeitam os valores éticos e individuais, inspirados pelo primado da liberdade. Quintessência do pensamento liberal, a universalização do brocardo atualizou, a seu tempo e ainda hoje, o conceito de legitimidade do contrato social, no qual se fundem a moralidade jurídica e os interesses particulares dos cidadãos, referência de uma sociedade justa. Compromisso indelével dos Estados democráticos de direito, tem por escopo evitar o perigo do uso ilimitado da força pública e a violação da justiça, bem como colmatar

---

tomando-o por uma injustificada benesse a favor do arguido. Os autores que propugnam esta tese são partidários do princípio precisamente oposto ao que aqui está a ser considerado: *in dubio contra reum*, pro societate – sobre o réu recai uma presunção de culpa e concomitantemente o ónus de carrear para os autos os factos impeditivos/extintivos da pretensão punitiva" (COSTA PIMENTA, 1989, p. 214, nota 266).

i   COSTA PIMENTA, 1989, p. 58. A propósito,"Este princípio [*in dubio pro reo*] diz-nos que, quando existem dúvidas sobre as circunstâncias de facto relevantes para a condenação ou absolvição do acusado, o juiz há de 'presumir' a situação de facto que conduza a uma decisão mais favorável. Portanto, se existem dúvidas sobre a autoria, deve presumir-se que o acusado não foi autor do facto delituoso" (ENGISCH, 2008, p. 103).

"o mais terrível problema da humanidade como ser coletivo: o medo do Poder"[i]. É o mínimo que se espera de uma ordenação coativa de convivência!

## Referências

BARBOSA, R. **Novos discursos e conferências**. São Paulo: Saraiva, 1933.

BADARÓ, G. H. I. **Ônus da prova no processo penal**. São Paulo: Revista dos Tribunais. 2003.

BATISTA, W. M. **Liberdade provisória**. Rio de Janeiro: Forense, 1981.

BECCARIA, C. **Dos delitos e das penas**. 2. ed. São Paulo: Edipro, 2015.

BENTO, R. A. **Presunção de inocência no direito processual penal**. São Paulo: Quartier, 2007.

BETTIOL, G. **Instituições de direito e processo penal**. 2. ed. Tradução de Manuel da Costa Andrade. Coimbra: Coimbra Editora, 1974.

BONFIM, E. M. **Curso de processo penal**. 9. ed. São Paulo: Saraiva. 2014.

BUSATO, P. C. **Direito penal**: parte geral. 5. ed. São Paulo: Atlas, 2020. Edição do Kindle.

CANOTILHO, J. J. G. et al. (Coord.). **Comentários à Constituição do Brasil**. São Paulo: Saraiva; Coimbra: Almedina, 2013.

CANOTILHO, J. J. G. et al. **Direito constitucional e teoria da Constituição**. 5. ed. Coimbra: Almedina, 2002.

CANOTILHO, J. J. G.; MOREIRA, V. **Constituição da República portuguesa anotada**. 4. ed. Coimbra: Coimbra Editora, 2007. v. I.

CAPEZ, F. **Curso de processo penal**. 23. ed. São Paulo: Saraiva, 2016.

CARNELUTTI, F. **Lições sobre o processo penal**. Tradução de Francisco José Galvão Bruno. Campinas: Bookseller, 2004.

CARVALHO, M. D. L. de. **Fundamentação constitucional do direito penal**. Porto Alegre: Sérgio Antonio Fabris, 1992.

CASTANHEIRA NEVES, A. **Sumários de processo criminal**. Datilografado por João Abrantes, Coimbra, 1968.

---

i   A expressão pertence à Guglielmo Ferrero, utilizada na obra *Potere,* editada por Gina Lombroso, Milão, 1959.

COSTA PIMENTA, J. da. **Introdução ao processo penal**. Coimbra: Almedina, 1989.

DA SILVA, G. M. **Direito processual penal português**. Lisboa: Universidade Católica Editora, 2013. v. 1: Noções gerais: sujeitos processuais e objeto.

DALLARI, D. de A. **O renascer do direito**. São Paulo: Bushatsky, 1976.

DE LIMA, R. B. **Manual de processo penal**. 2. ed. Salvador, BA: Juspodivm, 2014.

ENGISCH, K. **Introdução ao pensamento jurídico**. 10. ed. Tradução de João Baptista Machado, Lisboa: Fundação Calouste Gulbenkian, 2008.

ESPÍNOLA FILHO, E. **Código de Processo Penal brasileiro anotado**. 3. ed. São Paulo: Borsoi, 1955. v. IV.

FEITOZA, D. **Direito processual penal**: teoria, crítica e práxis. 5. ed. Niterói/Rio de Janeiro: Impetus, 2008.

FERNANDES, A. S. **O processo penal constitucional**. 6. ed. São Paulo: Revista dos Tribunais, 2010.

FERRAJOLI, L. **Direito e razão**: teoria do garantismo penal. São Paulo: Revista dos Tribunais, 2002.

FERRERO, G. **Potere**. Milão: Edição de Gina Lombroso,1959.

FOUCALT, M. **Vigiar e punir**. Tradução de Raquel Ramalhete. Petrópolis: Vozes, 2002.

JAHNEL, M. R. **A presunção de inocência e a execução provisória da pena em processo penal**: uma análise a partir dos direitos fundamentais. 2020, 240 f. Dissertação (Mestrado em Direito Judiciário e em Ciência Jurídica) – Universidade Do Vale Do Itajaí, Itajaí-SC, 2020. Disponível em: <https://www.univali.br/lists/trabalhosmestrado/attachments/2737/a%20presun%c3%87%c3%83o%20de%20inoc%c3%8ancia%20e%20a%20execu%c3%87%c3%83o%20provis%c3%93ria%20da%20pena%20em%20processo%20penal%20(02.02.2021).pdf>. Acesso em: 25 set. 2021.

LOPES JUNIOR, A. **Direito processual penal**. 13. ed. São Paulo: Saraiva, 2016.

MARCÃO, R. **Curso de processo penal**. 2. ed. São Paulo: Saraiva, 2016.

MIRABETE, J. F. **Código de Processo Penal interpretado**. 11. ed. São Paulo: Atlas, 2003.

MONTEIRO, C. L. **Perigosidade e in dubio pro reo**. Coimbra: Almedina, 2019.

MORAES, M. Z. de. **Presunção de inocência no processo penal brasileiro**: análise de sua estrutura normativa para a elaboração legislativa e para a decisão judicial. Rio de Janeiro: Lumen Juris, 2010.

NUCCI, G. de S. **Código de Processo Penal comentado**. 5. ed. São Paulo: RT, 2006.

PACELLI, E. **Curso de processo penal**. 25. ed. São Paulo: Atlas, 2021.

PINHEIRO, J. P. Princípio do in dubio pro reo: considerações gerais. **Julgar Online**, jan. 2021. Disponível em: <http://julgar.pt/wp-content/uploads/2021/01/20210113-JULGAR-In-Dubio-Pro-Reo-Jose-Penim-Pinheiro.pdf>. Acesso em: 20 set. 2021.

RANGEL, P. **Direito processual penal**. 19. ed. Rio de Janeiro: Lumen Juris, 2011.

ROXIN, C.; SCHUNEMANN, B. **Derecho procesal penal**. 29. ed. Tradução de Mario Amoretti e Darío Rolón. Buenos Aires: Ediciones Didot, 2019.

TOURINHO FILHO, F. da C. **Código de Processo Penal comentado**. 5. ed. São Paulo: Saraiva, 1999. v. I.

VARALDA, R. B. **Restrição ao princípio da presunção de inocência**: prisão preventiva e ordem pública. Porto Alegre: Sérgio Antônio Fabris, 2007.

VILELA, A. **Considerações acerca da presunção de inocência em direito processual penal**. Coimbra: Coimbra Editora, 2000.

**Documentos:**

CONVENÇÃO AMERICANA SOBRE DIREITOS HUMANOS. (PACTO DE SÃO JOSÉ DA COSTA RICA). Disponível em: <http://www.planalto.gov.br/ccivil_03/decreto/d0678.htm>. Acesso em: 25 set. 2021.

DECLARAÇÃO DE DIREITOS DO HOMEM E DO CIDADÃO. 1789. Disponível em: <http://www.direitoshumanos.usp.br/index.php/Documentos-anteriores-%C3%A0-cria%C3%A7%C3%A3o-daSociedade-das-Na%C3%A7%C3%B5es-at%C3%A9-1919/declaracao-de-direitos-do-homem-e-do-cidadao-1789.html>. Acesso em: 25 set. 2021.

DECLARAÇÃO DE DIREITOS DO BOM POVO DE VIRGÍNIA. 1776. Disponível em: <http://www.direitoshumanos.usp.br/index.php/Documentos-anteriores-%C3%A0-cria%C3%A7%C3%A3o-da-Sociedade-das-Na%C3%A7%C3%B5es-at%C3%A9-1919/declaracao- de-direitos-do-bom-povo-de-virginia-1776.html>. Acesso em: 25 set. 2021.

DECLARAÇÃO UNIVERSAL DOS DIREITOS HUMANOS. 1948. Disponível em: <https://nacoesunidas.org/wp-content/uploads/2018/10/DUDH.pdf>. Acesso em: 25 set. 2021.

**Legislação:**

CÓDIGO DE PROCESSO PENAL BRASILEIRO (CPP). Disponível em: <http://www.planalto.gov.br/ccivil_03/decreto-lei/del3689.htm>. Acesso em: 27 set. 2012.

CONSTITUIÇÃO DA REPÚBLICA DE ANGOLA (CRA). Disponível em: <https://lexangola.blogs.sapo.pt/842.html#:~:text=A%20Constitui%C3%A7%C3%A3o%20da%20Rep%C3%BAblica%20de,e%20seguran%C3%A7a%20interna%20(poder%20de>. Acesso em: 27 set. 2012.

CONSTITUIÇÃO DA REPÚBLICA DE CABO VERDE (CRCV). Disponível em: <http://extwprlegs1.fao.org/docs/pdf/cvi117271.pdf>. Acesso em: 27 set. 2012.

CONSTITUIÇÃO DA REPÚBLICA FEDERATIVA DO BRASIL (CRFB). Disponível em: <http://www.planalto.gov.br/ccivil_03/constituicao/constituicao.htm#:~:text=I%20%2D%20construir%20uma%20sociedade%20livre,quaisquer%20outras%20formas%20de%20discrimina%C3%A7%C3%A3o>. Acesso em: 27 set. 2012.

CONSTITUIÇÃO DA REPÚBLICA DA GUINÉ-EQUATORIAL (CRGE). Disponível em: <https://pt.wikisource.org/wiki/Constitui%C3%A7%C3%A3o_da_Rep%C3%BAblica_da_Guin%C3%A9_Equatorial/Pre%C3%A2mbulo>. Acesso em: 27 set. 2021.

CONSTITUIÇÃO DA REPÚBLICA DA GUINÉ-BISSAU (CRGB). Disponível em: <https://www.stj.pt/wp-content/uploads/2018/01/guine_constituicao.pdf>. Acesso em: 27 set. 2012.

CONSTITUIÇÃO DA REPÚBLICA DE MOÇAMBIQUE (CM). Disponível em: <https://www.stj.pt/wp-content/uploads/2018/01/mocambique_constituicao.pdf>. Acesso em: 27 set. 2012.

CONSTITUIÇÃO DA REPÚBLICA PORTUGUESA (CRP). Disponível em: <https://www.parlamento.pt/Legislacao/Paginas/ConstituicaoRepublicaPortuguesa.aspx>. Acesso em: 27 set. 2012.

CONSTITUIÇÃO DA REPÚBLICA DE SÃO TOMÉ E PRÍNCIPE (CRSTP). Disponível em: <https://www2.camara.leg.br/saotomeeprincipe/constituicao/constituicao-da-republica-democratica-de-s.tome-e>. Acesso em: 27 set. 2012.

CONSTITUIÇÃO DA REPÚBLICA DEMOCRÁTICA DE TIMOR-LESTE (CRDTL). Disponível em: <http://timor-leste.gov.tl/wp-content/uploads/2010/03/Constituicao_RDTL_PT.pdf>. Acesso em: 27 set. 2012.

LEI BÁSICA DA REGIÃO ADMINISTRATIVA ESPECIAL DE MACAU (LBRAEM). Disponível em: <https://bo.io.gov.mo/bo/i/1999/leibasica/index.asp>. Acesso em: 27 set. 2012.

**Jurisprudência:**

BRASIL. Supremo Tribunal Federal. Ação Declaratória de Constitucionalidade n. 43, Relator: Ministro Marco Aurélio. **Diário da Justiça**, 12 nov. 2020.

BRASIL. Supremo Tribunal Federal. Habeas Corpus n. 126.292, Relator: Min. Teori Zavascki, Data de julgamento: 17 fev. 2016.

BRASIL. Supremo Tribunal Federal. Habeas Corpus n. 137.063, Relator: Min. Ricardo Lewandowski, Decisão Monocrática. **Diário da Justiça**, 13 set. 2017.

BRASIL. Supremo Tribunal Federal. Ação Penal n. 858, Distrito Federal, 2ª Turma. Relator: Min. Gilmar Ferreira Mendes. **Diário da Justiça**, 26 abr. 2014.

PORTUGAL. Tribunal da Relação de Coimbra. Proc. n. 436/14.0GBFND.C1. Julgamento: 9 mar. 2016.

PORTUGAL. Tribunal da Relação de Évora. ECLI:PT:TRE:2018:1360.14.IT9STB. E1.04, Relator: Gomes de Sousa, Data do Acordão: 8 mar. 2018a.

PORTUGAL. ECLI:PT:STJ:2018:59.15.6GGODM.E1.S1.82, Relator: Gabriel Catarino. Data do Acórdão: 7 fev. 2018b.

SÃO JOSÉ DA COSTA RICA. Corte Interamericana de Direitos Humanos. **Caso Cabrera García y Montiel Flores v. México**. Sentença de 26 nov. 2010. Disponível em: <https://www.corteidh.or.cr/cf/Jurisprudencia2/ficha_tecnica.cfm?nId_Ficha=343&lang=e>. Acesso em: 20 set. 2012.

# Seção 4

*Professores da Escola Jurídica do Centro
Universitário Internacional Uninter*

*Bruna Isabelle Simioni Silva
Marcos da Cunha e Souza
Regina Paulista Fernandes Reinert
Safira Orçatto Merelles do Prado
Tatiana Lazzaretti Zempulski e Igor Fernando Ruthes*

*Precedentes e segurança jurídica no processo
penal como redução da discricionariedade
e promoção da igualdade*

*Los precedentes y la seguridad jurídica
en el proceso penal como reducción de la
discreción y promoción de la igualdad*

*Bruna Isabelle Simioni Silva*

Doutoranda e mestra em Direitos Fundamentais e Democracia pelo Centro Universitário Autônomo do Brasil (Unibrasil) (Bolsista PROSUP/CAPES). Graduada em Direito pelas Faculdades Integradas do Brasil (Unibrasil). Professora do Centro Universitário Internacional Uninter. Responsável pelo Grupo de Estudos: Direitos da Mulher do Centro Universitário Internacional Uninter. Advogada. E-mail: simioni bruna@hotmail.com.

**Sumário**: 1. Introdução. 2. A seletividade das decisões no processo penal. 3. Sistema de precedentes judiciais. 3.1. Precedentes judiciais nos sistemas do *common law* e *civil law*. 4. Decisões judiciais e os precedentes no ordenamento juridico brasileiro. 4.1. Precedentes e segurança jurídica no processo penal como redução da discricionariedade e promoção da igualdade. 5. Considerações finais.

**Resumo**: O desenvolvimento do presente artigo teve por objetivo apresentar a necessidade dos precedentes, enquanto segurança jurídica de um sistema de julgamento, no processo penal para o fim de reduzir a discricionariedade das decisões judiciais e promoção da igualdade. Com a necessidade de se evitar decisões desiguais em casos semelhantes, em vista o ilimitado poder punitivo estatal, com decisões arbitrárias, pautadas em critérios de justiça individualizados e, por vezes, realizadas a partir de critérios morais, sem qualquer respaldo em decisões anteriores, mostra-se necessário o uso dos procedentes na seara do direito e processo penal, a fim de concretizar direitos fundamentais e, sobretudo, o Estado democrático de direito.

**Palavras-chave**: Precedentes. Direito Penal. Direitos fundamentais.

**Sumilla**: 1. Introducción. 2. La selectividad de las decisiones en el proceso penal. 3. Sistema de precedentes judiciales. 3.1. Precedentes judiciales en los sistemas de *common law* y *civil law*. 4. Decisiones judiciales y precedentes en el ordenamiento jurídico brasileño. 4.1. Precedente y seguridad jurídica en procesos penales como la reducción de la discrecionalidad y la promoción de la igualdad. 5. Pensamientos finales.

**Resumen**: El desarrollo de este artículo tuvo como objetivo presentar la necesidad de los precedentes, como certeza jurídica de un sistema de enjuiciamiento, en los procesos penales con el fin de reducir la discrecionalidad de las decisiones judiciales y promover la igualdad. Con la necesidad de evitar decisiones desiguales en casos similares, ante el poder punitivo ilimitado del Estado, con decisiones arbitrarias, basadas en criterios de justicia individualizados y, en ocasiones, realizadas desde criterios morales, sin ningún sustento en decisiones anteriores, se muestra necesario utilizar las fuentes en el campo del derecho y del proceso penal, a fin de hacer realidad los derechos fundamentales y, sobre todo, el Estado democrático de derecho.

**Palabras clave**: Precedentes Derecho penal. Derechos fundamentales.

# 1
# Introdução

O presente artigo científico tem por finalidade apresentar a necessidade dos precedentes, enquanto segurança jurídica de um sistema de julgamento, no processo penal para o fim de reduzir a discricionariedade das decisões judiciais e promoção da igualdade.

O sistema penal é marcado pela invisibilidade dos indivíduos, a maior parte sendo sujeitos que estão à margem da sociedade, com ausência de igualdade de oportunidades, que têm tolhidos seus direitos fundamentais básicos como saúde e educação. Assim permanecem após o cometimento de uma infração penal, visto que não há limitação do poder punitivo estatal quando são proferidas decisões judiciais que restringem a liberdade do indivíduo e que são emanadas de forma arbitrária e sem respaldo das decisões anteriores, o que deságua em um decisionismo judicial, marcado por valores morais e critérios individuais da concepção de justiça.

Certo é que, por muito tempo, havia uma preocupação com o direito posto, necessitando as decisões judiciais seguirem, exclusivamente, o direito que havia sido criado e imposto pelo legislador, em uma tentativa de criar um direito com um único sentido, sendo o juiz, portanto, um mero aplicador de um conteúdo preexistente, não lhe cabendo realizar qualquer forma de interpretação, a não ser em casos de lacunas da lei.

A ideia tradicional elencada pelo positivismo jurídico passa a ser rompida com o constitucionalismo ao estabelecer a supremacia dos direitos humanos, havendo a necessidade de interpretação das normas jurídicas, motivo que leva à necessidade de revelar os sistemas da *common law* e *civil law*, estabelecendo, inclusive, o papel desempenhado pelos precedentes, até se chegar ao sistema brasileiro de precedentes, que foi recepcionado pelo Código de Processo Civil.

Ocorre que as discussões tomam contornos relevantes quando adentramos aos aspectos do direito processual penal, uma ciência própria, com institutos próprios, que não teve alteração em suas disposições acerca da possibilidade de uso dos precedentes em sua esfera. Assim, dadas as problemáticas existentes sobre o porquê punir e a estigmatização dos sujeitos que respondem aos processos penais, evitando as decisões discrepantes realizadas em casos iguais, surge a necessidade de trazer a necessidade do uso dos precedentes no processo penal como forma de garantir direitos fundamentais e concretizar o Estado democrático de direito.

## 2
# A seletividade das decisões
# no processo penal

O sistema penal é, por si só, identificado como um aparelho marcado pelas desigualdades e evidentes disparidades, ainda mais quando pensados na pena privativa de liberdade cujo funcionamento "se desenrola no sentido do abuso de poder"[i], motivo que leva a potencializar a preocupação com a garantia de igualdade, que há muito tempo está presente nos dispositivos do nosso ordenamento jurídico, caracterizando a igualdade formal.

Sustenta a máxima de que "não significa que os desiguais sejam tratados com igualdade"[ii], afinal o objetivo da igualdade "não consiste senão em aquinhoar desigualmente os desiguais, na medida em que se desigualam"[iii], consistindo a conceituação no que se compreende por igualdade material.

O que pretende com as disposições é demonstrar a possibilidade de somente a Constituição "criar tratamento desigual para pessoal em igualdade de condições"[iv]. Nota-se, entretanto, a possibilidade de se apontar uma contradição entre o disposto de que todos são iguais perante a lei e a necessidade de tratar os desiguais de modo desigual, que se mostra apenas aparente.

Estando a necessidade de se garantir igualdade disposta no preâmbulo da Constituição como essencial para se instituir o Estado democrático, aparece como princípio fundante e norteador da elaboração e aplicação das demais normas jurídicas[v]. Tal previsão segue amparada no art. 5º da Constituição de 1988, ao elencar a igualdade no artigo destinado aos direitos fundamentais.

Observância que se mostra relevante no sentido de que "prevê a igualdade de aptidões e de possibilidades virtuais dos cidadãos de gozar de tratamento isonômico pela lei"[vi], o que implica a impossibilidade

---

i    FOUCAULT, 2014, p. 261.
ii    SLAIBI FILHO, 2009. p. 314.
iii    Ibidem, p. 315.
iv    Idem.
v    NERI; LIMA, 2016, p. 637.
vi    BARRETO, 2010.

de realização de diferenciações arbitrárias, limitando "a atuação do legislador, do intérprete ou autoridade pública"[i].

O postulado da igualdade enseja a distinção entre a igualdade na lei, que será dirigida ao legislador, com a impossibilidade de criar qualquer forma de distinção àqueles que se correspondem, bem como a igualdade perante a lei, a qual é dirigida ao intérprete da lei, com o compromisso de solucionar os casos de acordo com as normas jurídicas vigentes de modo equânime aos casos que se assemelharem[ii].

E, ao se relacionar a igualdade, tem-se a necessidade de corroborar sua indispensável presença como forma de proporcionar a segurança jurídica que deve ser garantida pelo Estado, realizada por meio da atividade jurisdicional enquanto intervenção humana[iii] que operará o direito.

Afinal "a lei não esgota o Direito, como a partitura não exaure a música. Interpretar é recriar, pois as notas musicais, como os textos de lei, são processos técnicos de expressão, e não meios inextensíveis de exprimir"[iv].

Nesse sentido é que os postulados de igualdade e de segurança atingem um patamar elevado na seara penal, uma vez que é imprescindível no processo penal a necessidade de identificação dos limites de atuação e as consequências jurídicas atreladas à decisão judicial.

A preocupação surge ao passo que o juiz é uma pessoa inserida no mundo, em se tratando de tempo e contexto social, constatando o caráter antropológico das decisões, não partindo, portanto, as decisões do zero, sendo possível identificar a hermenêutica. O resultado dessa afirmação que se faz que inserido no coletivo passa, ao proferir a decisão judicial, a buscar valores, com a necessidade de julgar outro sujeito, e assim "diante do *sentire* [...] e o faz através da linguagem"[v].

> *A incessante busca intelectual por uma justificativa para o porquê de punir é uma questão de alta relevância e de inegável atualidade, pois envolve a legitimação e os limites do poder estatal. Deve-se ter em mente, de forma clara, com base em quais pressupostos justifica que o Estado prive a liberdade de*

---

i   Idem.
ii  NERI, 2016, p. 637.
iii CAVALIERI FILHO, 2002, p. 58.
iv  PORTO, 1996, p. 26.
v   LOPES JR., 2017, p. 867.

*algum de seus cidadãos ou intervenha de outro modo, restringindo os seus direitos, para que a atividade estatal não descambe em puro arbítrio. Dessa forma, a questão dos fins da pena é de suma importância, delimitando e convalidando a função de todo o sistema penal.*[i]

Porém, "depender da compreensão individual do critério de justiça sempre desagua em decisionismo", e deve(ria) ter uma autonomia do Direito a fim de "impedir que cada um encontrasse a Justiça que mais defesa"[ii], e mesmo que o processo de pensar envolva subjetividade, deve sempre dar "representatividade e realidade à justiça"[iii], a fim de que também possa exercer o Direito com fidelidade dentro de uma "conduta ética"[iv], impedindo o "sentimento de vingança, [...] retribuição, de castigo"[v] "por excelência"[vi], que tem por finalidade não a punição pelo crime cometido, mas a punição do homem em si[vii].

Punição esta que, em grande parte, deságua no encarceramento, que constitui "núcleo central de todos os sistemas punitivos do mundo contemporâneo"[viii], representando uma "máquina de controle dos pobres[ix] e dos resistentes"[x], já que é certo que o sistema penal é resultante de

---

i   NUNES FILHO, 2015, p. 6.

ii  ROSA, 2019, p. 770.

iii LOPES JR., 2017, p. 868.

iv  PEREIRA, 2001, p. 134.

v   SILVA, 1997, p. 223.

vi  ROSA, 2018, p. 99.

vii SILVA, 1997, p. 223.

viii ZAFFARONI, 12. ed., p. 705.

ix  Atualmente, o sistema carcerário brasileiro conta com aproximadamente 748.009 presos em unidades prisionais no Brasil, sendo que destes, 23,29% têm de 18 a 34 anos, segundo dados do Departamento Penitenciário Nacional referentes ao período de julho a dezembro de 2019 (Disponível em: <https://app.powerbi.com/view?r=eyJrIjoiZWI2MmJm MzYtODA2MC00YmZiLWI4M2ItNDU2ZmIyZjFjZGQ0IiwidCI6Im ViMDkwNDIwLTQ0NGMtNDNmNy05MWYyLTRiOGRhNmJmZ ThlMSJ9>. Acesso em: 14 out. 2021). Ainda, cabe a ressalva de que mais de 40% do percentual da população prisional tem ensino fundamental incompleto e 60,8% eram negros (BRASIL. **Mapa do encarceramento**: os jovens no Brasil. 2015. p. 32-35. Disponível em: <https://www.conjur.com.br/dl/mapa-prisao.pdf>. Acesso em: 14 out. 2021).

x   BATISTA, 2015, p. 113.

uma justiça seletiva[i], "porque por ela serão atingidos os indivíduos pertencentes aos setores sociais menos favorecidos e os de quociente intelectual mais baixo, isto é, os menos aptos para a competição que a sociedade impõe"[ii]. Isso acaba por produzir sua própria *"Kultur,* no sentido não só de uma cultura, mas de uma civilização punitiva nas suas entranhas profundas, corpo e alma"[iii].

# 3
# Sistema de precedentes judiciais

A origem do positivismo pode ser atrelada ao termo *ius positium,* que indicava que havia uma preocupação com o direito posto, sendo possível identificar que, na Europa, "a partir da terceira década do século XII"[iv], o termo *positividade* foi atrelado ao direito criado e imposto pelo legislador.

Seguir a teoria do positivismo significa ter como objeto de estudo o direito que é determinado e estabelecido por uma autoridade, o que faz com que tenha validade. Considerava-se uma superação do direito natural, com a substituição de normas impostas pela Igreja pelas do Estado[v].

O autor Jean Bodin ponderava que as leis dependem da vontade de um poder soberano, que, por sua vez, submete-se às leis naturais e divinas, de tal forma que esse pensamento foi tido como impuro. Já para Thomas Hobbes, não havia abdicação do direito natural, mas o submetia a críticas, considerando que não garante a segurança individual.

---

i "Parte-se da perspectiva de que a seletividade penal manifesta-se quando as instituições do sistema de justiça realizam constrangimentos e seleções para certos atores sociais, gerando desigualdades de tratamento no campo da segurança pública e da justiça criminal: os bem afortunados são aqueles cujas demandas por justiça transitam facilmente pelas estruturas judiciais e suas infrações atraem pouca atenção da repressão penal" (BRASIL. **Mapa do encarceramento**: os jovens no Brasil. 2015. p. 13. Disponível em: <https://www.conjur.com.br/dl/mapa-prisao.pdf>. Acesso em: 14 out. 2021)

ii ZAFFARONI, 12. ed., p. 705.

iii BATISTA, 2015, p. 113.

iv DIMOULIS, 2018, p. 24-25.

v Ibidem, p. 25.

Mutuamente afirma "a superioridade qualitativa e a primazia normativa das normas criadas e impostas coletivamente pelos detentores do poder político"[i]. Assim, poder-se-ia compreender como a vinculação do direito "a uma convenção social"[ii].

A consolidação do positivismo ocorreu "em paralelo à monopolização do poder político"[iii], no século XIX, relacionando-se com as ideias racionalistas, a partir das Constituições escritas. Nos países em que não havia uma Constituição escrita, como Alemanha e Inglaterra, o positivismo foi marco em razão da forte incidência do Estado na produção jurídica.

Os primeiros representantes do positivismo jurídico (século XIX) foram os juristas franceses e belgas da *École de l'exégèse*. Na Alemanha, os idealizadores da Escola Histórica do Direito rejeitavam o jusnaturalismo e suas pretensões ditas universais, apresentando críticas ao fato do Estado ser detentor da produção jurídica, insistindo no papel determinante desempenhado pelos costumes.

Os principais juristas do século XX foram Hans Kelsen e Herbert Hart. Nesse período, marcado pela superação do positivismo jurídico, ambos propunham uma nova forma de identificar o direito. Inicialmente, Kelsen concebeu o direito avaliando-o a partir da análise de validade, "a possibilidade de avaliação por critérios de justiça"[iv], adotado pelo Estado Moderno. Hart, por sua vez, também se pautava pelo critério de validade, entretanto, com foco na hermenêutica.

Ao desenvolver a teoria pura do direito, Hans Kelsen já manifestava preocupação metodológica, visto que, ao trazer a palavra *pura*, propõe a realização de um estudo do objeto do direito em si, afastando qualquer outro objeto que não esteja ligada à temática, com a possibilidade de descrever "o direito tal como ele é"[v], a partir do ser, e não do dever ser.

Ao se preocupar com a questão da validade, que é resultante "da interpretação de um ato de vontade segundo outra norma válida"[vi], ou seja, "a validade dessa última dependeria da validade de outro ato

---

i   Idem.
ii  Ibidem, p. 25-26.
iii Ibidem, p. 26.
iv  KOZICKI; PUGLIESE, 2016, p .70.
v   Ibidem, p .71.
vi  Idem.

de vontade, cuja validade dependeria de uma terceira norma que lhe serve de esquema de intepretação"[i], Kelsen sugere que o direito é um sistema escalonado de normas, o que foi elencado como sendo uma norma hipotética fundamental.

Kelsen mencionava a existência de uma norma fundamental, podendo se expressar de várias formas, tendo como função primordial a validade do sistema, no qual as normas inferiores buscam em normas superiores a sua validade, outorgando a "competência ao primeiro constituinte, cujo produto (a Constituição) vai validar as demais normas"[ii]. Por sua vez, Hart a indicava como regra de reconhecimento, que assim a chama para evitar a confusão com a validade determinada por Kelsen do conflito entre moral e o direito, e "se manifesta na prática dos participantes do sistema, ao identificarem o direito"[iii], tendo por função determinar quais são as normas tidas como primeiras da obrigação, identificando as normas que compõem o sistema.

A distinção mais evidente entre as duas é que, em Hart, encontra-se a definição de regra de conhecimento como "uma questão de fato, uma vez que se revela na e enquanto prática do sistema"[iv], não se tratando de uma mera hipótese, ao contrário do que propõe Kelsen ao identificá-la como hipotética, uma vez que não é posta, e sim pressuposta.

Existem alguns pontos que são identificados por Hart como distintivos de norma fundamental e regra de reconhecimento, quais sejam: critérios de validade são apresentados como forma empírica, a norma jamais é questionada e tem conteúdo distinto[v].

A semelhança entre ambas reside no fato se identificarem "um caráter de regra última"[vi], haja vista que "proporcionam validade a todas as demais regras do sistema e, assim, fazendo, colocam um 'fim' na tarefa de fundar dita validade nas normas superiores, evitando, com isso, um regresso *ad infinitum*"[vii].

---

i   Idem.
ii  Ibidem, p .72-73.
iii Idem.
iv  Ibidem, p .73.
v   Ibidem, p .74.
vi  Idem.
vii Idem.

Quando tratamos de positivismo jurídico, identificamos sua finalidade, de maneira geral, de criar um sentido único, como forma de consolidar as relações sociais em uma sociedade fragmentada em múltiplas possibilidades significativas. Há, portanto, a indicação de que as normas escritas têm um único sentido, o qual seria apresentado para todas as situações, sendo o juiz, intérprete, caracterizado apenas como aplicador do conteúdo preexistente[i]. Estão na norma escrita os limites interpretativos do Poder Judiciário, não lhe cabendo qualquer "criatividade em sua concretização"[ii], ou seja, não sendo realizada a atividade de interpretação para a aplicação, "exceto em casos de lacunas"[iii].

Essa ideia tradicional vem a ser rompida com o constitucionalismo ao estabelecer a supremacia dos direitos humanos. Assim, considera-se que as normas de conteúdo aberto e moral forneceriam a base de uma solução, porém "não sendo possível que na sua exteriorização escrita existam todos os elementos para formação do seu sentido"[iv].

### 3.1 Precedentes judiciais nos sistemas da *common law* e *civil law*

Os sistemas da *common law* e *civil law* "têm, desde a Idade Média, disputado espaço entre as nações do Ocidente"[v].

> De um lado, a common law, surgida na Inglaterra no início século XI, a partir da conquista normanda (1066); de outro, a civil law, formada a partir da doutrina romano-germânica, iniciada a partir do final do século XI na Europa Continental.[vi]

Estabelecer e definir essas tradições jurídicas e suas evoluções "é de suma importância para compreender-se o atual estágio do Direito no Ocidente e, principalmente, o papel que o precedente ocupa em cada uma delas"[vii].

---

i     BARBOZA, 2011. p. 163.
ii    BARBOZA, 2016, p. 147.
iii   Idem.
iv   BARBOZA, 2011, p. 163.
v     THAMAY, 2021, p. 32.
vi   Idem.
vii   Idem.

Para que se possa entender o sistema da *common law*[i], é necessária a análise a partir da perspectiva histórica, com vistas a desvendar a alteração de significados que teve o conceito de precedente, em virtude da profundidade desde "as suas origens medievais até a época contemporânea"[ii]. Tal evolução foi sintetizada em três expressões: ilustração, persuasão e vinculação.

Como ilustração, tem-se os tempos medievais em que o precedente aparecia "vinculado ao modo de formação do *case to case* que presidiu a formação da tradição do *Common Law*"[iii], objetivando a simples explicação do direito que fora aplicado ao caso. Nesse sentido, o direito se formava a partir do caso concreto e os precedentes tinham a finalidade de ilustrá-lo.

Em razão de sua formação ser pautada em um método dedutivo, não era considerado um critério de decisão, mas uma experiência judicial, o que "explica a razão pela qual nesse passo da história toda e qualquer decisão judicial tomada em determinado caso era tratada como precedente"[iv]. E, considerando esse papel desempenhado, começou a ser inserida em livros para consulta, os quais eram chamados de Years Books[v].

De modo a explicar a interface entre *case law* e a teoria declaratória da jurisdição, supõe-se, assim, "que o direito inglês é formado por costumes imemoriais e é evidenciado a partir do caso, cujo resultado é um precedente que apenas declara o *Common Law* preexistente"[vi].

---

i   "Chama-se *common law* à tradição jurídica em que se inserem os ordenamentos jurídicos hoje vigentes no Reino Unido da Grã-Bretanha e Irlanda do Norte, na Irlanda, nos Estados Unidos da América, no Canadá, na Austrália e na Nova Zelândia, além de ter exercido grande influência sobre diversos ordenamentos africanos e asiáticos. O seu estudo deve, necessariamente, começar pelo exame do Direito inglês, que lhe deu origem" (CÂMARA, 2018, p. 10).

ii  MITIDIERO, 2017, p. 27.

iii Ibidem, p. 28.

iv  Ibidem, p. 30.

v   "a esse registro do precedente encontra-se não só o Case Law, mas também a suposição de que o Common Law deve ser descoberto e declarado pelos juízes caso a caso a partir dos costumes imemoriais do homem", ou seja, costumes antigos (MITIDIERO, 2017, p. 30).

vi  Ibidem, p. 31.

Isso foi percebido somente nos séculos XVI e XVII, quando os precedentes passam a ser relativos ao processo de tomada de decisão, adquirindo uma função persuasiva, desde que não apresentem contrariedade ao direito.

Sendo visto como uma prova da existência da *commow law*, servia aos juízes apenas para provar o que já existia, marcada como doutrina clássica do precedente judicial inglês. Foi bem retratada por Blackstone, que definia que o precedente deveria ser seguido, "ao menos que evidentemente absurdos ou injustos"[i], o que significava que os juízes deveriam, para aplicá-los, "se convencer que o precedente não é absurdo ou injusto"[ii]. Mesmo que, em um caso anterior, tivesse sido aplicada a solução equivocada, chegava-se à verdadeira e correta solução, preexistente, que não foi antes encontrada.

Os juízes eram considerados oráculos vivos que apenas evidenciavam a *common law*, pois se considerava que a atividade judicial era uma atividade cognitiva, em que não havia valoração, bem como se apresentava de maneira lógico-dedutiva, em que, entre as premissas, haveria uma única e correta aplicação para o caso[iii]. A *common law* caracteriza-se por ser um direito jurisprudencial com a função de aplicar e destacar as regras de direito, deixando a produção do direito nas mãos dos juízes[iv].

Evidentemente que esse modo de interpretação apenas apresentava uma forma de segurança ilusória e, portanto, considerada um nobre sonho, limitado apenas ao *"law in books"*, haja vista que o precedente persuasivo não se abeirava a formar efetivamente uma norma propriamente dita.

Entretanto, ou o precedente é evidentemente uma norma jurídica, tendo força vinculante, ou será simplesmente um exemplo, em que opera "apenas nos limites em que a experiencia anterior persuade o seu destinatário"[v]. Assim, chega-se à conclusão de que essa modalidade de precedente é uma escolha livre do juiz, possibilitando um juízo de conveniência.

---

i     Ibidem, p. 33.
ii    Idem.
iii   Ibidem, p. 34.
iv   Idem.
v     Ibidem, p. 35.

"De Blackstone o óbvio passo seguinte é Bentham, cujas ideias são apontadas como uma das causas decisivas de mais uma mudança no papel do precedente"[i], passando da persuasão à vinculação, tornando-se uma norma jurídica, sendo, juntamente a Austin, fundamentais para o reconhecimento do precedente vinculante.

Como crítico da *common law*, Bentham menciona que "o direito inglês não constituiria um direito preexistente às decisões judiciais"[ii], visto sua formação pelos costumes imemoriais (antigos) e pela experiência dos juízes, já que o direito é a representação de um ato de vontade.

Sob esse pretexto, coloca-se o direito inglês como um direito judiciário, o qual é inteiramente cunhado pelos juízes, sendo inevitavelmente pertencente ao passado, plenamente comparado a *"dog law"*, em que a criação da lei seria idêntica à forma com que tratamos nossos cachorros – quando não queremos que ele faça algo e só aguardamos ele fazer para puni-lo[iii] –, o que impediria de realizar um direito por si próprio e, consequentemente, a segurança jurídica.

Por esse motivo, realiza uma movimentação para codificação do direito inglês que possibilitasse a adoção de precedentes vinculantes para alcançar a segurança jurídica e não estar perdido em ideias confusas[iv].

Além da demonstração da insegurança jurídica, havia a necessidade de que as *law reports* fossem fontes precisas e científicas, ou seja, "mais confiáveis", visto que, sem saber quais são os casos de maior relevância e a forma de encontrá-los, haveria a impossibilidade de aplicá-los. Os primeiros *Year Books*, desde o repositório pessoal (*named reports*), os autorizados (*autorized reports*) até os atuais (*law reports*), foram transformados na mesma toada da teoria dos precedentes[v].

Atualmente, os repertórios ingleses são editados com o objetivo de conceder maior certeza e precisão aos precedentes, pois exprimem a ideia da cognoscibilidade e confiabilidade. Entretanto, surge outro problema: identificar quais precedentes deveriam ser reportados, visto a ausência de "clara compreensão a respeito da competência de cada

---

i   Ibidem, p. 36.
ii  Idem.
iii PORTERO, 2018.
iv  MITIDIERO, 2017, p. 37.
v   Ibidem, p. 38.

uma das cortes e de sua respectiva posição na administração"[i]. Dessa forma, buscou-se, com base na racionalidade, organizar a estrutura do Judiciário de modo hierárquico-piramidal, surgindo a força vinculante dos precedentes.

Nessa época, fica reconhecida, a partir da decisão no caso London Street Ramways vs. London County Council, que a *House of Lords* passava a se vincular aos seus próprios precedentes, sendo acolhida a regra do *stare decisis* pelo direito inglês, "não podendo alterá-los mesmo que os considerasse equivocados"[ii].

O caráter persuasivo dos precedentes acaba sendo questionado:

> *na medida em que a possibilidade de afastamento do precedente pela discordância das suas razões por qualquer juiz tornava as razões invocadas nas decisões judiciais em simples exemplos despidos de valor normativo*[iii]

Nesse momento, há, efetivamente, uma força vinculante dos precedentes, visto que valem independentemente de adesão do julgador às razões do caso anteriormente julgado. Torna-se possível analisar sob duas vertentes: a primeira considerando que o caráter obrigatório do precedente resolvia a vinculação ao direito e gerava segurança jurídica, e a segunda, em contrapartida, a absoluta vinculação aos precedentes impedia a evolução do direito, tornando o juiz refém do passado e olhando para o futuro de forma autoritária[iv].

Por isso, a alta câmara do Parlamento Inglês (*House of Lords*), por meio do *Pratice Statement* de 1966, criou uma técnica de superação do procedente o chamado *overrruling*[v], "na medida em que o *distinguishing* já era praticado"[vi], entendendo que poderiam ser superados alguns precedentes em algumas situações, a fim de "não perpetrar soluções injustas e não frustrar a necessária abertura que o direito deve proporcionar para acolher a evolução social"[vii].

---

i    Ibidem, p. 39.
ii    CÂMARA, 2018, p. 17.
iii    MITIDIERO, 2017, p. 40.
iv    Idem.
v    CÂMARA, 2018, p. 18.
vi    THAMAY, 2021, p. 36.
vii    MITIDIERO, 2017, p. 41.

Essa evolução do direito inglês demonstra a busca contra o arbítrio e a fundamentação de sua aplicação, resultando no entendimento do precedente como tendo razão persuasiva, ou seja, resultando na ideia de que o direito "é fruto de uma prática interpretativa a partir de fontes dotadas de autoridade"[i], a partir do silogismo judiciário. Ou seja, "no *common law* a vinculação aos precedentes não decorreu da lei, mas foi construída ao longo do tempo, conforme a mudança da forma de atuação dos órgãos jurisdicionais"[ii].

Porém, a noção de interpretação também cai no nobre sonho da segurança pela atuação exclusiva dos juízes, remetendo a novas buscas em prol da segurança jurídica.

Já no sistema do *civil law,* que tem "origem romano-germânica, no qual a forma de aplicação do direito está estruturado no próprio direito escrito, positivado"[iii], "costuma-se afirmar que a tradição jurídica de *civil law* surgiu em 450 a.C., data da suposta publicação da Lei das XII Tábuas"[iv]. Desenvolvendo-se até as modernas formas a partir "da compilação mandada fazer, no século VI d.C., pelo Imperador Justiniano, o *Corpus Iuris Civilis*"[v].

> O processo histórico de formação da tradição do civil law – a família romano-germânica – seguiu trajetória em tudo diferente daquela exposta quanto à common law. Com inspiração no Renascimento, formou-se nos países da Europa Continental a percepção de que "[...] só o direito pode[ria] assegurar a ordem e a segurança necessárias ao progresso". Diferentemente do que se passou com o surgimento da common law, cuja origem decorreu da unificação do poder político na Inglaterra a partir da conquista normanda e da existência de tribunais reais centralizados, a tradição romano-germânica foi fundada "[...] sobre uma unidade de cultura", dada a inexistência de uma unidade política.[vi]

---

i   Idem.
ii  CÂMARA, 2018, p. 18.
iii THAMAY, 2021, p. 31.
iv  CÂMARA, 2018, p. 23.
v   Ibidem, p. 24.
vi  THAMAY, 2021, p. 39.

No que se refere à supremacia da lei e ao papel acessório da jurisprudência no direito francês, esta ocorre em virtude de um *"projeto cultural* de superação do *particularismo jurídico"*[i], aquela em que se pretendia justificar as razões apenas no caso concreto, e da atividade como poder próprio do juiz, bem como da segurança conferida pelo legislador. Apresenta-se como "encobrimento ideológico do caráter prático-valorativo da sua intepretação"[ii], que pode ser identificado em três marcos: *Code Louis* (1667); *Rèvolution* (1789) e *Code Napoléon* (1804). Tais marcos têm um elemento comum: seria possível acreditar na interpretação da lei e na aplicação no caso concreto por meio da atividade lógico-dedutiva.

Antes do Code Louis, havia a ideia do particularismo, em que "cada Estado europeu continental passou a construir seu próprio ordenamento jurídico"[iii], sendo ao Norte vigente o *jus commune* de origem germânica, e, ao sul, o de origem do direito romano, levando em consideração as peculiaridades e as tradições locais:

> *De um lado, a complexidade das fontes implicava fragmentação do direito e insegurança jurídica, dando-se espaço para que os juízes exercessem, muitas vezes indevidamente em proveito próprio, a interpretatio dos diferentes textos e costumes concorrentes, efetivamente decidindo a respeito do significado do direito e resolvendo os inúmeros conflitos normativos evidenciados para a solução dos casos concretos.*[iv]

Por outro, a *interpretatio* judicial era considerada decisão, evidenciando o poder nas mãos dos juízes. Nessa conjuntura é que Louis XIV busca uma tecnicização da atividade judiciária, retirando das mãos dos juízes o poder interpretativo e promulgando o *Ordonnace Civile* (1667), em que pregava, desde o título primeiro, a necessidade de observação do ordenamento, não podendo os juízes dispensar ou moderar as disposições[v].

---

i   MITIDIERO, 2017, p. 42.
ii  Idem.
iii CÂMARA, 2018, p. 27.
iv  MITIDIERO, 2017, p. 43.
v   Ibidem, p. 44.

Trazia a necessidade de submeter ao Rei consulta nos casos confusos, proibindo qualquer atividade interpretativa dos juízes, tornando, inclusive, as decisões proferidas em contrariedade ao ordenamento nulas e sem efeitos, bem como previa a possibilidade de responsabilização por parte dos juízes em perdas e danos, instituto do *prese à partie*[i].

As previsões elencadas no ordenamento alteravam o papel desempenhado pelos juízes de guardiões do direito a funcionários reais, sendo somente possível "declarar normas preexistentes mediante o exercício da jurisdição"[ii], buscando uma sistematização do direito vigente "de modo racional a partir de princípios gerais até regras especificas"[iii].

O passo seguinte foi a *Révolution*, em que foi considerado o pensamento de Montesquieu quanto à existência de três poderes: o Poder Legislativo e o Poder Executivo, que se dividia em direito das gentes e o que dependia do direito civil (poder de julgar/Poder Judiciário)[iv].

As disposições não atribuíam aos juízes um poder, evidenciando os julgamentos apenas como reprodução dos textos legais.

> A certeza do direito estaria na impossibilidade de o juiz interpretar a lei, ou, melhor dizendo, na própria lei. O ponto tem enorme relevância. Note-se que o civil law não apenas imaginou, utopicamente, que o juiz apenas atuaria a vontade da lei, como ainda supôs que, em virtude da certeza jurídica que daí decorreria, o cidadão teria segurança e previsibilidade no trato das relações sociais.
>
> Isso significa, portanto, que, nos países que não precisaram se iludir com o absurdo de que o juiz não poderia interpretar a lei, naturalmente aceitou-se que a segurança e a previsibilidade teriam que ser buscadas em outro lugar. E que lugar foi este? Ora, exatamente nos precedentes, ou, mais precisamente, no stare decisis.[v]

---

i    Ibidem, p. 45.
ii   Idem.
iii  Idem.
iv  Ibidem, p. 46.
v   MARINONI, 2009, p. 34-35.

Foi possível identificar duas teorias: (i) a separação dos poderes, que se apresentava de maneira descritiva sobre como esses poderes deveriam ser distribuídos ou funcionar; e (ii) a teoria prescritiva, que se baseava em um mito de que o juiz apenas declararia uma norma preexistente, chegando à conclusão de que, se a lei é clara, estável e irretroativa, seria segura, garantindo, portanto, liberdade e igualdade[i].

> *A segurança e a previsibilidade obviamente são valores almejados por ambos os sistemas. Mas, supôs-se no civil law que tais valores seriam realizados por meio da lei e da sua estrita aplicação pelos juízes, enquanto, no common law, por nunca ter existido dúvida de que os juízes interpretam a lei e, por isso, podem proferir decisões diferentes, enxergou-se na força vinculante dos precedentes o instrumento capaz de garantir a segurança e a previsibilidade de que a sociedade precisa para desenvolver-se. Contudo, a questão pode ser definitivamente desnudada apenas a partir da descoberta do motivo pelo qual a doutrina do civil law, mesmo após ter admitido a obviedade de que o juiz interpreta a lei, e, mais do que isso, que os juízes frequentemente divergem e proferem inúmeras decisões diferentes ao aplicarem o texto da lei, continuou aceitando que a lei seria suficiente para garantir a segurança e a previsibilidade.[ii]*

A ideia era evitar a interpretação, porque esta corresponderia à sua alteração, de modo que os julgamentos deveriam ser sempre silogísticos e mecânicos. Entretanto, não se poderia utilizar do significado de lei sem alterá-lo, pois não poderia ser compreendida como um comando do soberano nem mesmo como uma relação necessária. Seria, portanto, imperioso entendê-la como manifestação do povo, de maneira geral e abstrata, originária da pretensão geral do povo em razão de um contrato social. Só assim a decisão seria concebida como declaração da vontade geral do povo[iii].

Para prolatar suas decisões, em caso de dúvida, havia a possibilidade de consulta ao Legislativo e, caso houvesse a violação à vedação imposta aos juízes, que existia o tribunal de cassação (*Tribunal de Cassation*), que detinha a competência de julgar as contravenções expressas ao texto da lei (*contravention expresse au texte de la loi*)[iv].

---

i     MITIDIERO, 2017, p. 46-47.

ii    MARINONI, 2009, p. 35.

iii   MITIDIERO, 2017, p. 48.

iv   Ibidem, p. 49.

Em virtude do mito de juiz inanimado e da relação com o Legislativo, Napoleão Bonaparte, na qualidade de primeiro cônsul, criou uma comissão para redigir o *Code Civil*. Portalis, um dos integrantes, identificou a necessidade de estabelecer diferentes papéis para o juiz, o legislador e a doutrina. Trouxe a diferenciação entre interpretação *in abstracto,* sendo chamada de *autêntica,* realizada apenas pelo legislador, e a *in concreto,* atribuída aos juízes, em que se reconhecida o dever de interpretar na ausência de solução expressa ou quando fosse omissa, obscura ou insuficiente, na qualidade de Ministro da Justiça (*Ministre d'equité*), abolindo a referência legislativa para interpretação[i].

Após a entrada em vigor do *Code Civil*, a doutrina se opôs às ideias de Portalis, pugnando, a escola da exegese, pela vinculação do juiz à lei, bem como pelo retorno do cognitivismo e logicismo, ante a inexistência de critérios de interpretação capazes de evitar arbitrariedades por parte dos juízes. A ideia era a igualdade de tratamento pautada na legislação e promovendo a segurança jurídica. Surgiram, a partir disso, processos interpretativos para resolver a tensão de segurança corroborada pela complexidade do direito[ii].

## 4
## Decisões judiciais e os precedentes no ordenamento jurídico brasileiro

No sistema jurídico brasileiro, sempre tivemos a afirmação de que somente a lei seria uma fonte primária do direito, o que se mostra evidente a partir do positivismo jurídico.

Apresenta-se como consequência desse sistema o princípio da legalidade, estampado no art. 5º, inciso II, da Constituição Federal, tendo por finalidade a proteção do indivíduo frente a possíveis abusos e arbitrariedades praticadas pelo Estado, estabelecendo a necessidade de qualquer imposição ser derivada de lei previamente estabelecidas, bem como servir "de instrumento norteador da atividade jurisdicional"[iii].

---

i     Ibidem, p. 50-51.
ii    Ibidem, p. 52-53.
iii   THAMAY, 2021, p. 31.

Com relação a essa última finalidade do princípio da legalidade, torna-se evidente a impossibilidade de atualmente termos um sistema meramente legalista, sendo a lei a fonte exclusiva do direito[i], afinal "em uma concepção pós-positivista, não se pode mais admitir um ordenamento jurídico dissociado de qualquer interpretação jurisdicional"[ii], isso porque a dinâmica e a evolução da sociedade passam "por diversas transformações e que, por óbvio, não são acompanhadas pela lei, em decorrência da dificuldade do legislador em prever todas as situações concretas que podem ser abrangidas"[iii].

> *Até mesmo em países em que o sistema jurídico é predominante do common law, o direito jurisprudencial puro é relativamente raro, sendo necessária a análise dos casos concretos com a forma de interpretação explicativa da própria lei.*[iv]

A partir da vigência do Código de Processo Civil, foi incorporado "o sistema de precedentes judiciais, definidos pela doutrina pátria como decisões judiciais tomadas à luz do caso concreto"[v], servindo de parâmetro para o julgamento para casos análogos e "visando com isso a uma previsibilidade e estabilidade do Direito, bem como no tratamento isonômico dos jurisdicionados"[vi]. De acordo com Zanatta, Babiero e Divan (2018),

> *a aplicação de precedentes com efeito vinculante no ordenamento jurídico brasileiro surgiu da necessidade de unificação da jurisprudência, bem como da busca de celeridade processual e eficiência da prestação jurisdicional, além da igualdade de decisões e da segurança jurídica.*[vii]

---

i   Idem.
ii  NERI; LIMA, 2016, p. 642.
iii Idem.
iv  THAMAY, 2021, p. 32.
v   NERI; LIMA, 2016, p. 642.
vi  THAMAY, 2021, p. 32.
vii ZANATTA; BABIERO; DIVAN, 2018, p. 7.

Com isso, "há efetivamente a existência (ou ao menos, uma tentativa) de uma reaproximação entre os sistemas de *civil law* com o da *common law*"[i], superando o modelo "que antes era exclusivamente da aplicação pura e simples da lei ao caso concreto, para a ideia de intérprete de 'regras abertas'"[ii], em uma tentativa de "manter a coerência do sistema e a segurança jurídica aos jurisdicionados, ao determinar que casos semelhantes recebam o mesmo tratamento"[iii].

## 4.1 Precedentes e segurança jurídica no processo penal como redução da discricionariedade e promoção da igualdade

A "incorporação do sistema de precedentes pelo novo Código de Processo Civil reforça a ideia de que não é possível admitir decisões judiciais particularizadas e que conferem tratamento diferenciado a casos semelhantes"[iv], servindo a decisão anterior de modelo para as posteriores[v].

Objetiva, assim, "alcançar a exegese que forneça essa certeza aos jurisdicionados em temas polêmicos, uma vez que ninguém estará seguro de seus direitos diante de uma jurisprudência incerta"[vi], trazendo credibilidade, maior eficácia das decisões e as tornando uniformes. Torna-se incorreta qualquer manifestação no sentido de retrocesso do uso de precedentes no direito brasileiro, até porque se garante a possibilidade de modificações e superações quando forem necessárias, "baseado na máxima fundamentação das decisões, aliada ao dever legal de observação das características de cada caso concreto"[vii].

---

i THAMAY, 2021, p. 32.
ii Idem.
iii NERI; LIMA, 2016, p. 642.
iv Ibidem, p. 644.
v PUGLIESE, 2017. p. 31.
vi ZANATTA; BABIERO; DIVAN, 2018, p. 11.
vii Idem.

Há, no art. 3º do Código de Processo Penal, a possibilidade de aplicação da analogia, a qual somente é vedada na forma *in mallam partem*, possibilitando uma integração da lei nos casos de omissão legislativa sobre determinada situação fática, recorrendo-se, assim, a um preceito de regulação semelhante.

> *Ao que diz respeito à aplicabilidade da legislação processual civil ao Código de Processo Penal, entende-se pela sua aplicação de forma subsidiária e supletiva. Aquela consiste na integração da legislação subsidiária na legislação principal, de modo a preencher os claros e as lacunas da lei principal. Esta também denominada complementar dá-se quando uma lei completa a outra, atribuindo-lhe um sentido geral. Há também a aplicação residual que se refere a aplicação do CPC quanto ao respeito à lógica e princípios próprios dos demais sistemas.*[i]

A ressalva no que se refere à interpretação analógica é necessária, visto que, na esfera processual penal, não ocorreu qualquer modificação sobre a possibilidade de aplicação dos dispositivos previstos no Código de Processo Civil. Entretanto, considerando que o direito processual penal carece de uniformização e coerência nas decisões judiciais, certa é a urgência de adoção do sistema de precedentes, sendo encarada como analogia em *bonam partem*.[ii]

> *O Direito Penal, da mesma forma, não pode se libertar da política judicial, relacionando-se com o cotidiano, com a experiência e a mudança social, falando a linguagem viva, mutável e equívoca do sistema jurídico em geral. Por isso, ele também necessita de conceitos vagos. Ainda que seja importante deixá-lo claro e objetivo, o mais fechado possível como regra geral, isso nem sempre poderá acontecer, já que as relações sociais não são tão objetivas assim. Por isso, existem inúmeras normas penais incriminadoras que apresentam preceitos vagos e variáveis, além de seus naturais elementos objetivos e subjetivos. São os chamados elementos normativos do tipo, que dependem de um juízo de valor a ser exercido pelo magistrado diante de uma situação individual concreta.*[iii]

---

i    Ibidem, p. 12.

ii   NERI; LIMA, 2016, p. 646.

iii  MENDONÇA, 2018, p. 342.

Obviamente que a utilização dos precedentes "não esvazia o livre convencimento motivado do juiz previsto no artigo 155 do CPP"[i], haja vista que eles estão inseridos "no campo da interpretação da lei, que visa uniformizar o entendimento, não interferindo na forma de apreciação das provas pelo magistrado"[ii].

Ademais, certo é que o direito penal tem a necessidade de trazer mais rigor à criação judicial, tendo o legislador a incumbência de ser o mais preciso possível. Contudo, ainda assim não há como vedar por completo a atividade judicial, haja vista a impossibilidade do legislador em prever todas as situações existentes na seara penal.

> Mesmo assim, como clareza e precisão total não serão possíveis nem mesmo na lei penal, a elevação do grau de certeza, segurança e previsibilidade das decisões judiciais será alcançada justamente por meio do reconhecimento da atividade criativa do juiz, por mais contraditório que possa parecer. Em outras palavras, ao enunciar a norma, fechando mais as possibilidades de sua aplicação, o juiz também deverá segui-la no futuro, principalmente no Direito Penal, evitando julgamentos aleatórios, diante da gravidade das suas consequências. Se, de um lado, isso confere mais poderes ao Judiciário, de igual forma, limita sua liberdade, porque, uma vez fixada a norma decorrente da decisão judicial, os próprios juízes deverão segui-la, ainda que entendam que a solução não foi a melhor, ou mesmo que tenha sido equivocada. Essa é uma das razões da existência de um sistema de precedentes obrigatórios.[iii]

A ideia principal é que possam os juízes se preocupar não com a conclusão da decisão, mas com a necessidade de coerência, devendo "a preocupação deve mudar seu foco para a *ratio decidendi*, ainda que sua identificação nem sempre seja fácil de efetuar na prática, porque é dela que se extrai a norma criada pelo Poder Judiciário"[iv].

A atual realidade da prática judiciária "aceita com naturalidade a ideia de juízes e tribunais proferirem decisões diferentes em casos iguais. Não há surpresa sequer quando um mesmo órgão jurisdicional

---

i   NERI; LIMA, 2016, p. 647.
ii  Idem.
iii MENDONÇA, 2018, p. 343.
iv  Ibidem, p. 344.

decide casos iguais num curto período de tempo"[i], motivo que leva a encarar a propositura de uma ação ou defesa em um processo, este segundo especificamente referente ao processo penal, como uma "aposta lotérica"[ii], um fator que, certamente, deslegitima a justiça.

A utilização dos sistema de precedentes no processo penal torna-se possível porque não há qualquer incompatibilidade ou previsão impeditiva, o que, na esfera penal, mostra-se dentro de um modelo garantista, trazendo a segurança jurídica e atendendo precipuamente os interesses das partes no processo penal. Na maior parte dos casos, as partes sofrem diante da equidade de tratamento de uma mesma questão em decorrência da seletividade penal, permitindo, inclusive, que o Poder Judiciário utilize-se de convicções morais em seus julgamentos.

É, portanto, imperiosa a utilização do sistema de precedentes com a finalidade de realizar uma aplicação justa das normas penais e processuais penais, garantindo maior "isonomia das decisões, que, por consequência trarão uma maior segurança jurídica ao ordenamento de direito"[iii], universalizando "temas a serem vinculando e nas garantias de um Estado Democrático de Direito"[iv] e aumentando os "níveis de previsibilidade e segurança jurídica dos indivíduos"[v]. Afinal, "nada adianta a lei quando o cidadão não sabe o que esperar dos juízes"[vi].

# 5
## Considerações finais

É necessário pensar em sistema de precedentes no direito processual penal quando dos julgamentos dos casos penais, pois, não raras vezes, deparamo-nos com decisões arbitrárias, marcadas por elementos morais e desprovidos de respaldo em decisões anteriores, julgando casos semelhantes de forma desigual.

Foi superado o positivismo jurídico, em que houve a necessidade de realizar a interpretação das normas existentes como forma de buscar

---

i    MARINONI, 2019, p. 103.

ii    Idem.

iii    ZANATTA; BABIERO; DIVAN, 2018, p. 16.

iv    Idem.

v    MENDONÇA, 2018, p. 346.

vi    MARINONI, 2009, p. 35.

maior racionalidade das decisões judiciais. Entretanto, o que se percebe é que, principalmente na esfera penal, em que as preocupações passam a ser o julgamento do sujeito, e não da infração por ele cometida, mostram-se evidentes abusos quando proferidas as decisões judiciais, marcando a seletividade e a estigmatização existentes no âmbito penal.

A ideia de seguir o sistema de precedentes nas decisões processuais penais significaria preservar valores indispensáveis no Estado democrático de direito e da concretização de direitos fundamentais, viabilizando a adoção de decisões que coadunem com a dignidade da pessoa humana, de modo a aplicar o direito de modo igualitário, marcando a responsabilidade estatal para com os indivíduos.

A necessidade ainda é evidente, visto que sua adoção permite a coerência do sistema jurídico, com previsibilidade das decisões, mantendo a unidade do direito a partir de sua racionalidade e tornando a aplicação do direito sofisticada, com estabilidade e certeza da evolução das decisões que são proferidas.

Não se trata de engessamento do Poder Judiciário, até porque é possível a superação dos precedentes, mas de possibilitar o desenvolvimento do direito a partir de novos contornos interpretativos e, sobretudo, de promover a igualdade, além de fortalecimento institucional.

## Referências

BARBOZA, E. M. de Q. **Stare decisis, integridade e segurança jurídica**: reflexões críticas a partir da aproximação dos sistemas de common law e civil law. Tese (doutorado) – Pontifícia Universidade Católica do Paraná, Curitiba, 2011.

BARBOZA, E. M. de Q. Uma introdução à doutrina dos procedentes vinculantes e obrigatórios. **Revista de Teoria Jurídica Contemporânea**, UFRJ, jul. – dez. 2016, p. 147-171, abr. 2016.

BARRETO, A. C. T. **Carta de 1988 é um marco contra discriminação**. 2010. Disponível em: <https://www.conjur.com.br/2010-nov-05/constituicao-1988-marco-discriminacao-familia-contemporanea>. Acesso em: 29 out. 2021.

BATISTA, V. M. **Introdução crítica à criminologia brasileira**. 2. ed. Rio de Janeiro: Revan, 2015.

CÂMARA, A. de F. **Levando os padrões decisórios a sério**. São Paulo: Atlas, 2018.

CAVALIERI FILHO, S. Direito, justiça e sociedade. **Revista da EMERJ**, v. 5, n. 18, p. 58-65, 2002.

DIMOULIS, D. **Positivismo jurídico**: teoria da validade e da interpretação do direito. 2. ed. Porto Alegre: Livraria do Advogado, 2018.

FOUCAULT, M. **Vigiar e punir**: nascimento da prisão. Tradução de Raquel Ramalhete. 42. ed. Petrópolis, RJ: Vozes, 2014.

KOZICKI, K.; PUGLIESE, W. S. De Kelsen a Hart: as transformações do positivismo jurídico. In: LOIS, C. C.; SIQUEIRA, G. S. (Eds.). **Da teoria da norma à teoria do ordenamento**: o positivismo jurídico entre Kelsen e Bobbio. Belo Horizonte: Arraes, 2016.

LOPES JR., A. **Direito processual penal**. 14. ed. São Paulo: Saraiva Educação, 2017.

MARINONI, L. G. **A ética dos precedentes**. 4. ed. São Paulo: Thompson Reuters Brasil, 2019.

MARINONI, L. G. Aproximação crítica entre as jurisdições de civil law e de common law e a necessidade de respeito aos precedentes no Brasil. **Revista da Faculdade de Direito da UFPR**, Curitiba, n. 49, p. 11-58, 2009.

MENDONÇA, J. A. de C. O ativismo judicial em matéria penal e sua relação com o sistema brasileiro de precedentes obrigatórios. **Revista da AJURIS**, Porto Alegre, v. 45, n. 144, jun. 2018.

MITIDIERO, D. **Precedentes**: da persuasão à vinculação. 3. ed. São Paulo: Revista dos Tribunais, 2017.

NERI, B. G.; LIMA, B. G. D. de. A força dos precedentes judiciais no processo penal: uma busca pela igualdade e segurança jurídica. **Revista Direito Penal, Processo Penal e Constituição**, Brasília. v. 2, n. 1, p. 634-654, jan.-jun. 2016.

NUNES FILHO, M. S. A dignidade da pessoa humana e a revista íntima dos visitantes nas penitenciárias brasileiras. IV CONGRESSO NACIONAL DA FEPODI. Livia Gaigher Bosio Campello, Mariana Ribeiro Santiago (coords.). São Paulo: FEPODI, 2015. Disponível em: <http://conpedi.danilolr.info/publicacoes/z3071234/xzijgq71/PpGQ34Hpn2ibwAx7.pdf>. Acesso em: 14 out. 2021.

PEREIRA, Á. P. Direito, justiça, moral e ética. **Revista da EMERRJ**, v. 4, n. 13, p. 132-134, 2001.

PORTERO, D. C. A aproximação entre os grandes sistemas do direito contemporâneo. **Revista Eletrônica de Direito Processual – REDP**, Rio de Janeiro, ano 12, v. 19, n. 3, p. 172-205, set./dez. 2018. Periódico Quadrimestral da Pós-Graduação Stricto Sensu em Direito Processual da UERJ. Patrono: José Carlos Barbosa Moreira (in mem.).

PORTO, M. M. Estética do direito. **Revista do Curso de Direito da UFRN**, Natal: UFRN, v. 1, n. 1, jan./jun. 1996.

PUGLIESE, W. S. **Princípios da jurisprudência**. Belo Horizonte: Arraes, 2017.

ROSA, A. M. da. **Guia de processo penal conforme a teoria dos jogos**. 5. ed. rev., atual e amp. Florianópolis: EMais, 2019.

ROSA, A. M. da. **In dubio pro hell**: profanando o sistema penal. 3. ed. Florianópolis: EMais, 2018.

SILVA, E. L. e. **O salão dos passos perdidos**: depoimento ao CPDOC. Rio de Janeiro: Ed. da FGV, 1997.

SLAIBI FILHO, N. **Direito constitucional**. Rio de Janeiro: Forense, 2009.

THAMAY, R. **Precedentes judiciais**. São Paulo: Saraiva Educação, 2021.

ZAFFARONI, E. R. **Manual de direito penal**. 12. ed. São Paulo: Revista dos Tribunais.

ZANATTA, M. Â.; BABIERO, V. F.; DIVAN, G. A. **Da aplicação de precedentes judiciais na esfera processual penal**. 2018. Disponível em: <https://editora.pucrs.br/edipucrs/acessolivre/anais/congresso-internacional-de-ciencias-criminais/assets/edicoes/2018/arquivos/24.pdf>. Acesso em: 2 nov. 2021.

*A interpretação dos Tribunais Nacionais
como instrumento para a consolidação
da OMC: um estudo de caso*

*La interpretación de los Tribunales Nacionales
como instrumento para la consolidación
de la OMC: un estudio de caso*

*Marcos da Cunha e Souza*

Mestre e Doutor em Direito pela Pontifícia Universidade Católica do Paraná. Professor do Centro Universitário Internacional Uninter.

**Sumário**: 1. Introdução. 2. Contextualização. 3. A adaptação da legislação interna ao TRIPs. 4. A solução de controvérsias no âmbito da OMC. 5. A jurisdição e a concretização do sistema OMC. 6. Considerações finais. Referências.

**Resumo**: Este artigo científico é uma exegese sobre como atuam os tribunais domésticos para a consolidação da Organização Mundial do Comércio (OMC). Para tanto, demonstra que a sociedade internacional é primitiva e descentralizada, portanto horizontal e dependente da coordenação e do consentimento entre os Estados. Por fim, a OMC é aqui estudada a partir do tema das cultivares e do instituto da propriedade intelectual.

**Palavras-chave**: Interpretação. Tribunais Nacionais. OMC.

**Sumilla**: 1. Introducción. 2. Contextualización. 3. Adaptación de la legislación nacional a los ADPIC. 4. Solución de controversias en el ámbito de la OMC. 5. La jurisdicción e implementación del sistema de la OMC. 6. Pensamientos finales. Referencias.

**Resumen**: Este artículo científico es una exégesis sobre cómo funcionan los tribunales nacionales para la consolidación de la Organización Mundial del Comercio (OMC). Para ello, demuestra que la sociedad internacional es primitiva y descentralizada, por lo tanto horizontal y dependiente de la coordinación y el consentimiento entre Estados. Finalmente, se estudia aquí la OMC desde el tema de los cultivares y el instituto de la propiedad intelectual.

**Palabras clave**: Interpretación. Tribunales Nacionales. OMC.

# 1
# Introdução

A sociedade internacional é descentralizada, não existindo uma entidade superior a qual se subordinam os diferentes Estados. Nem a Organização das Nações Unidas (ONU) tem sequer a pretensão de ser uma autoridade capaz de dirigir a ordem interna dos Estados-membros. E mesmo a vontade da maioria dos Estados não pode, salvo pela violência ou coação, impor regras à minoria. Como assevera Rezek: "Os Estados se organizam horizontalmente, dispostos a proceder de acordo com certas regras na exata medida em que estas tenham constituído objeto de seu consentimento. A criação das normas é, assim, obra direta de seus destinatários"[i]. Ao menos, tem sido essa a estrutura que se apresentava a partir de 1648.

A Paz de Vestfália não apenas colocou fim à Guerra dos Trinta Anos (1618-1648), mas também consolidou os Estados modernos como potências soberanas. Fenômeno inicialmente europeu, serviu de modelo para a criação da sociedade internacional. Nesse contexto, "os Estados aceitaram a coexistência de várias sociedades políticas e aceitaram a possibilidade de que estas sociedades tivessem o direito de ser entidades independentes, o direito de assegurar a sua existência e, ademais, de ser tratadas em igualdade de condições"[ii].

Contudo, nas últimas décadas, o modelo de soberania adotado a partir da Paz de Vestfália tem sido contestado e vem mostrando alguns sinais de esgotamento, na linha da necessidade de maior integração em certos setores. No plano internacional, questões como meio ambiente, armas de destruição em massa, direitos de minorias étnicas e uso de tecnologia nuclear levam diferentes entidades a clamar por limites à soberania dos Estados, ainda que inconscientes quanto aos reflexos de tal mudança de paradigma[iii]. A União Europeia talvez seja o exemplo mais explícito dessa tendência. Embora muitos europeus não se deem conta, os parlamentos dos diferentes países da União Europeia não exercem mais poderes soberanos nos moldes do passado. Isso porque grande número de questões está submetido às normativas da União Europeia.

No que tange ao comércio internacional, a quase totalidade da economia mundial se desenvolve em países-membros da Organização Mundial do Comércio (OMC), que impõe a seus membros a assinatura de tratados relacionados a diferentes setores da economia, tais como agricultura, têxteis e vestuários, subsídios e medidas compensatórias, propriedade intelectual etc.

Tendo como fundo a jurisdição como um atributo dos Estados soberanos, a pergunta que estimulou a redação deste capítulo é a seguinte: De que maneira a OMC consegue impor às nações infratoras o respeito aos tratados sem afrontar a soberania dos Estados-membros? Embora se faça referência ao mecanismo de solução de controvérsias da Organização, o foco principal do presente capítulo recairá sobre o papel

---

i   REZEK, 2013, p. 23.
ii  GUERRA, 2013, p. 44.
iii Na verdade, tais novidades não são tão novas assim. Veja-se o combate ao tráfico de escravizados no século XIX. Mas tal reflexão escapa ao objeto do presente trabalho.

do Judiciário de cada Estado-membro nesse processo de garantia da higidez do sistema OMC. Como recorte deste estudo, serão adotadas como exemplo questões relativas à incidência do instituto das patentes de invenção sobre o desenvolvimento de "cultivares", isto é, de novas variedades vegetais.

O tema das cultivares revela-se útil para essa análise por diferentes motivos. Trata-se de um instituto da propriedade intelectual que era pouco considerado pelos países em desenvolvimento antes do advento da OMC e que, subitamente, passou a gozar de alto nível de proteção. Ainda assim, por conta da frouxidão do TRIPs em estabelecer o modelo de proteção eficaz, permitiu aos países em desenvolvimento buscar meios de cumprir o acordo da forma menos rigorosa possível. Em alguns desses países, como o Brasil, ficou clara a intenção de conjugar o incentivo ao desenvolvimento tecnológico com a satisfação de outros interesses nacionais, contemplados em sistemas constitucionais voltados à criação ou manutenção de um Estado de bem-estar social. Tal estratégia deu azo a questionamentos por parte dos países desenvolvidos e de suas empresas voltadas à biotecnologia agrícola, com processos judiciais em diferentes países. Muitas dessas disputas judiciais envolveram a empresa norte-americana Monsanto em sua busca por fazer incidir as normas de patente de invenção sobre as variedades vegetais. Em outras palavras, os Estados criaram suas normas internas voltadas à aplicação das regras da Organização Mundial do Comércio. Contudo, na prática, coube aos tribunais nacionais dar forma a certas questões essenciais.

Em suma, buscará o presente trabalho ressaltar a importância dos tribunais nos movimentos para se estabelecer, de fato, o sistema da OMC. Para tanto, serão mencionadas decisões judiciais do Brasil, da Argentina, da Índia, dos Países Baixos, da Grã-Bretanha e do Tribunal de Justiça da União Europeia (TJUE).

## 2
## Contextualização

No campo do direito da propriedade intelectual, ramo que servirá de fio condutor ao presente trabalho, o direito tenderá a ser ineficiente se restrito a poucos países ou se não houver, entre os diferentes Estados, algum tipo de reciprocidade. Tal qual referido por Wachowicz: "É indiscutível que no limiar do século XXI o bem intelectual esteja altamente internacionalizado, apontando para o esgotamento dos limites do tradicional Estado-Nação, incapaz de por si só regulamentá-lo, controlá-lo e protegê-lo"[i].

Já no século XIX, a intensificação do comércio exterior, com a oferta de marcas e produtos frutos de uma inesgotável revolução industrial, acabou por levar muitos países a firmar tratados de reciprocidade no campo da Propriedade Industrial. Tais acordos bilaterais, ou mesmo regionais, não poderiam resolver o problema das violações de marcas e patentes, especialmente na Europa, com tantas fronteiras terrestres entre países já razoavelmente integrados. A Convenção da União de Paris (CUP), de 1883, insere-se nessa tentativa de desenhar um sistema internacional no campo da propriedade industrial. Ainda em vigor, ela sedimentou conceitos que continuam relevantes, como soa ser o caso do princípio do "tratamento nacional", disciplinado no seu art. $2°$[ii].

Por não ter um caráter uniformizador, a CUP pôde ser adotada até mesmo por países de sistema econômico socialista. Essa flexibilidade, entretanto, deixou de cumprir sua função ante o modelo de economia internacional imposto ao mundo com o fim do bloco soviético. Houve uma maior patrimonialização da tecnologia, visível na multiplicação de novos institutos da PI e no fortalecimento dos já existentes, em paralelo à redução das barreiras ao comércio de bens materiais[iii].

O estímulo à inovação tecnológica, com o apoio de normas rigorosas a serem adotadas por todos os países, passou a ser uma das principais pautas econômicas. Tal política contou com o auxílio das corporações transnacionais, de tratados internacionais voltados ao comércio, de reformas na legislação dos países em desenvolvimento, além de sanções comerciais. O Brasil, cuja legislação não previa a concessão de patentes em certas áreas estratégicas, foi um dos alvos dessa política de sanções.

Houve pressão, por parte do governo Reagan, para a inclusão da propriedade intelectual entre os temas a serem tratados pela Rodada Uruguai do GATT. Outras nações desenvolvidas, tradicionalmente geradoras de tecnologia de ponta, também advogavam que não seria justo haver um sistema internacional de comércio sem que a propriedade intelectual fosse respeitada por todos os países-membros. Viam,

---

i   WACHOWICZ, 2007, p. 75-76.

ii  Para uma versão em inglês da CUP: <http://www.wipo.int/treaties/en/text.jsp?file_id=288514#P77_5133>.

iii BARBOSA, 2003, p. 6-8.

portanto, nas negociações do GATT, uma oportunidade para forçar as nações em desenvolvimento a aumentar seu nível de proteção.

O caso da indústria farmacêutica no Brasil é eloquente. O antigo Código de Propriedade Industrial brasileiro (Lei n. 5.772/1971) vedava o patenteamento de processos e produtos farmacêuticos movido por uma "motivação essencialmente política, dentro de um modelo de industrialização autárquica: a de proporcionar, via apropriação de conhecimento alheio, o desenvolvimento brasileiro nesses setores tecnológicos"[i].

Essa estratégia brasileira remonta, justamente, ao período pré-TRIPs, onde muitos países ainda podiam graduar a intensidade de suas normas internas de PI. Também no campo da proteção das novas variedades vegetais ("cultivares"), o Estado brasileiro não viu utilidade em oferecer proteção aos melhoristas[ii] e obtentores[iii], embora a Embrapa já viesse desenvolvendo cultivares de qualidade excepcional.

Ao final, os países desenvolvidos obtiveram sucesso ao incluírem, entre os tratados formadores da Organização Mundial do Comércio, o Acordo TRIPs (Agreement on Trade-Related Aspects of Intellectual Property Rights)[iv].

Os tratados criados no âmbito da OMC são atos internacionais plurilaterais, que geram relações complexas e formam um ramo do direito internacional público[v]. Por princípio, os destinatários das normas do TRIPs são os Estados-membros da OMC, a quem cabe incorporar ao direito interno as regras de direito internacional ali previstas. Desse modo, para Denis Barbosa, "nenhum direito subjetivo resulta para a parte privada, da vigência e aplicação do TRIPs"[vi].

---

i    IACOMINI, 2007, p. 21.

ii    O melhorista é aquele que desenvolve a variedade, é seu autor. A Lei n. 9.456/97 o define como "a pessoa física que obtiver cultivar e estabelecer descritores que a diferenciem das demais" (art. 3º, I).

iii    O obtentor é aquele que financia o desenvolvimento da variedade, o cessionário ou titular dos direitos patrimoniais.

iv    Em português, também conhecido como ADPIC (Acordo sobre Aspectos dos Direitos de Propriedade Intelectual Relacionados ao Comércio).

v    PAUWELYN, 2003, p. 26; BARBOSA, 2003.

vi    BARBOSA, 2003, p. 82.

Sob outro prisma, Pierre Legrand identifica o Acordo TRIPS como uma *meta-law*, ou seja, um regime regulatório supranacional altamente especializado, sobrepondo-se de maneira irrestrita às práticas legais e às características econômicas e políticas dos diferentes países[i].

Para Denis Barbosa, os propósitos da OMC no campo da propriedade intelectual representaram "a derrubada da individualidade jurídica nacional, o que pode levar seguramente a uma harmonização, mas não necessariamente a uma elaboração lógica de um substrato comum, a não ser indutivamente"[ii].

Dadas essas premissas, para o bom funcionamento da OMC, e do Acordo TRIPs em particular, havia a necessidade de que os diferentes países realizassem adaptações normativas relacionadas à propriedade intelectual (PI). Em seguida, essas adaptações viriam a ser aferidas pelos demais países, gerando, eventualmente, disputas a serem resolvidas pelos mecanismos da própria OMC. Na sequência, passariam as normas internas pelo exame de seus próprios tribunais, que iriam interpretá-las à luz de seus sistemas de Propriedade Intelectual e da Constituição. Houve, pois, um caminho que teve início no Direito Internacional e na internalização dos tratados. Esses tratados geraram transformações nas leis da maior parte dos países-membros. Em seguida, durante vários anos, essas normas foram testadas pelos tribunais de cada Estado. Tem-se então: direito internacional, Constituição, normas internas de PI e jurisdição.

# 3
# A adaptação da legislação interna ao TRIPs

Entre os países desenvolvidos, como Estados Unidos, Grã-Bretanha ou Japão, a adesão ao TRIPs não exigiu grandes alterações legislativas. Isso porque esses países já adotavam regras rigorosas de proteção da propriedade intelectual. Contudo, entre os demais países, o processo de adaptação e de execução das regras do TRIPs seguiu ritmos muito variados. Enquanto o Brasil apressou-se em se dobrar aos novos e elevados patamares a Índia, por outro lado, vivenciou a resistência de seu Parlamento à rigidez do novo sistema e somente promulgou a lei de cultivares em 2001, um ano após o prazo estipulado pelo TRIPs.

---

i   LEGRAND, 2006, p. 518.
ii  BARBOSA, 2003, p. 2.

Sobre esse aspecto, e tomando o Brasil como o primeiro exemplo, deve-se considerar o seguinte: a Ata Final que Incorpora os Resultados da Rodada Uruguai de Negociações Comerciais Multilaterais do GATT, assinada em Maraqueche, em 12 de abril de 1994, foi o documento que deu origem à Organização Mundial do Comércio. Ela foi incorporada ao direito brasileiro pelo Decreto Legislativo n. 30, de 15 de dezembro de 1994, e pelo Decreto n. 1.355, de 30 de dezembro de 1994[i].

Contudo, os artigos do Acordo TRIPs não são autoexecutáveis no plano interno. Até porque muitos deles não trazem um comando preciso, mas sim um direcionamento. Assim, por exemplo, o art. 27.3, alínea "b", determina que "os Membros concederão proteção a variedades vegetais, seja por meio de patentes, seja por meio de um sistema *sui generis* eficaz, seja por uma combinação de ambos". Desse modo, países que não ofereciam proteção às cultivares foram obrigados a legislar sobre o tema. Mas o referido dispositivo não detalhou como deveria ser a proteção do respectivo direito.

Sem pretensão (ainda) de criar uma lei geral no âmbito da OMC, a intenção dos países desenvolvidos era a de diminuir os contrastes entre o Direito da Propriedade Intelectual dos diferentes Estados-membros em seus aspectos mais essenciais, com vistas a viabilizar e fomentar uma série de atividades econômicas. Não se tratava apenas de facilitar o comércio exterior, mas também de diminuir a insegurança nos contratos de licença de cultivares, de marcas, de patentes, entre outros institutos da PI.

Como essas atividades envolvem, necessariamente, dois ou mais Estados soberanos, sua materialização depende de uma eficiente conexão entre duas ordens jurídicas diferentes. Ainda que o conteúdo do Acordo TRIPs mereça críticas[ii], sem ele a insegurança jurídica seria expressiva, obrigando os diferentes agentes a estudar a legislação estrangeira e acarretando custos de transação potencialmente elevados.

No caso do Brasil, ante a brecha deixada pelo TRIPs, optou-se expressamente por não utilizar o sistema de patentes para a proteção das novas variedades vegetais. A nossa Lei de Cultivares (Lei n. 9.456/1997) seguiu a via do "sistema *sui generis* eficaz". Por trás

---

i   Promulga a ata final que incorpora os resultados da Rodada Uruguai de Negociações Comerciais Multilaterais do GATT (Disponível em: <http://www.planalto.gov.br/ccivil_03/decreto/antigos/d1355.htm>. Acesso em: 15 set. 2022).

ii  SOUZA; WINTER; GOMES, 2014.

dessa norma e de seu sistema protetivo está um modelo já testado por outros países e que, sabia-se, seria considerado adequado pelos países desenvolvidos. Afinal, tendo o Brasil sofrido sanções comerciais dos Estados Unidos no início da década de 1990, justamente por questões envolvendo propriedade intelectual, não era interesse de nosso governo criar uma legislação que pudesse ser questionada junto à OMC[i]. Daí a adesão do Brasil à União Internacional para a Proteção de Obtenções Vegetais (UPOV), uma organização internacional independente, mas intimamente relacionada à Organização Mundial da Propriedade Intelectual (OMPI/WIPO).

A UPOV, quando da adesão do Brasil (1999[ii]), oferecia aos seus membros a necessária opção por dois sistemas de proteção de cultivares: as Convenções de 1978 e 1991. As diferenças entre as duas são bastante expressivas, sendo a de 1991 mais voltada à proteção do obtentor, em detrimento dos agricultores. Ela retrata o ambiente jurídico e econômico dos países voltados ao desenvolvimento das modernas técnicas de criação de variedades vegetais, especialmente por meio da transgenia. O Brasil, por uma questão estratégica, preferiu adotar a versão menos protetiva de 1978.

A Convenção de 1978 da UPOV proíbe seus membros de aplicar o regime jurídico das patentes e das cultivares sobre uma mesma variedade vegetal[iii]. Essa solução era de interesse para o Brasil e outros países exportadores de produtos agrícolas, como a Argentina e a Índia. Isso porque, embora já tivessem aptidão para criar nossas variedades vegetais por métodos que reproduzem processos naturais (como a polinização cruzada), esses países não dominavam as técnicas de engenharia genética (passíveis de proteção por meio do instituto da patente).

A versão de 1978 da Convenção da UPOV também oferece uma margem considerável de liberdade para que cada Estado crie exceções aos direitos dos obtentores, em nome da manutenção de certas práticas ancestrais dos produtores agrícolas. Essa autonomia é o que permite a países como o Brasil e a Argentina autorizar seus agricultores a separar parte da colheita para o replantio ("sementes salvas"), sem o pagamento de *royalties* ao titular da PI. A lei brasileira também permite aos agricultores usar ou vender como alimento ou matéria-prima

---

i   TACHINARDI, 1993.

ii  Nossa norma interna, embora seja anterior à adesão do Brasil à União, nela buscou indiscutível inspiração.

iii Ou seja, proíbe a dupla incidência de institutos da PI sobre uma mesma variedade vegetal (cultivar).

o produto obtido de seu plantio, exceto para fins reprodutivos[i]. Veja-se que as prerrogativas mantidas em favor dos agricultores estão relacionadas à manutenção de práticas ancestrais: comer, vender e separar parte da colheita para o plantio da safra seguinte.

Na toada da Convenção de 1978, a lei brasileira buscou deixar explícita a impossibilidade de aplicação do sistema de patentes às cultivares, a chamada *dupla incidência*. Dispõe o art. 2º da Lei n. 9.456/1997:

> *A proteção dos direitos relativos à propriedade intelectual referente a cultivar se efetua mediante a concessão de Certificado de Proteção de Cultivar, considerado bem móvel para todos os efeitos legais e única forma de proteção de cultivares e de direito que poderá obstar a livre utilização de plantas ou de suas partes de reprodução ou de multiplicação vegetativa, no País.*

Para reforçar a decisão do legislador brasileiro, a Lei n. 9.279/1996 – nossa Lei de Propriedade Industrial (LPI) – também deixou expressa a intenção de evitar ao máximo o patenteamento de seres vivos, como se depreende dos arts.10, inciso IX, e 18, inciso III. O referido art. 10, inciso IX, não considera invenção nem modelo de utilidade "o todo ou parte de seres vivos naturais e materiais biológicos encontrados na natureza, ou ainda que dela isolados, inclusive o genoma ou germoplasma de qualquer ser vivo natural e os processos biológicos naturais". Nesse passo, "mesmo os microrganismos naturais usados na produção de queijos e bebidas fermentadas ficam apartados de qualquer direito de exclusiva, em que pese sua relevância econômica"[ii].

Com relação aos seres vivos modificados geneticamente, o Brasil buscou restringir ao máximo sua proteção. Cedeu-se apenas naquilo que o Acordo TRIPs exigia: a admissão do patenteamento de microrganismos transgênicos. Desse modo, assim ficou o art. 18, inciso III, da LPI:

> *Não são patenteáveis:*
>
> *[...]*
>
> *III – o todo ou parte dos seres vivos, exceto os microorganismos transgênicos que atendam aos três requisitos de patenteabilidade – novidade, atividade inventiva e aplicação industrial – previstos no art. 8º e que não sejam mera descoberta.*

---

i   Vide art. 10 da Lei n. 9.456/1997 para as outras exceções.
ii  SOUZA, 2021, p. 55.

Desse modo, naquilo que interessa ao presente trabalho, não são patenteáveis as plantas geneticamente modificadas. As plantas geneticamente modificadas e seu respectivo material de multiplicação (como a semente) são fruto da transferência de genes entre espécies que, em muitos casos, não seriam aptas a cruzar-se por meio de processos naturais[i]. O caso mais famoso, e de grande relevância econômica, é o que deu origem à soja transgênica que vem sendo plantada no Brasil desde a década de 1990. Sua origem remonta à introdução do gene cp4-epsps, extraído da bactéria *Agrobacterium tumefaciens* e introduzido em diferentes espécies vegetais, tornando-as resistentes a um poderoso herbicida (o glifosato).

Apesar dos objetivos explícitos dessa política legislativa, empresas como a Monsanto ainda poderiam obter justas recompensas pelos seus investimentos em tecnologia comercializando com exclusividade suas cultivares transgênicas, ou licenciando a produção e venda das sementes a terceiros. Contudo, deveriam respeitar os privilégios dos agricultores mencionados, como, por exemplo, o direito de vender sua safra como alimento ou insumo industrial.

Do ponto de vista da Constituição Federal brasileira, a ampliação dos privilégios dos titulares de direitos da propriedade industrial – seja pela adoção de padrões dos países desenvolvidos, seja por decisões judiciais que adotam interpretações mais protetivas – é uma tendência que pode ser questionada. Isso porque, ao assegurar "aos autores de inventos industriais privilégio temporário para sua utilização", a Constituição o fez "tendo em vista o interesse social e o desenvolvimento tecnológico e econômico do País" (art. 5º, XXIX). Segundo Folloni, "a proteção à propriedade industrial não pode anular o desenvolvimento social, pois isso implicaria desrespeito a outros mandamentos constitucionais e uma atuação, no conjunto, inconstitucional"[ii].

A Índia, com objetivos semelhantes ao Brasil, escolheu um caminho um pouco mais ousado. Não aderiu à UPOV e buscou criar seu próprio sistema eficaz de proteção, com margens ainda maiores de respeito às suas tradições agrícolas. Desse modo, as exceções aos direitos concedidos aos melhoristas e obtentores chegam ao ponto de permitir que qualquer agricultor possa trocar ou compartilhar sementes protegidas pela PI, sem necessitar de autorização dos obtentores. Podem, até mesmo, vender sementes destinadas ao plantio, desde que a embalagem

---

i    MARQUES, 2007, p. 29.

ii   FOLLONI, 2014, p.77.

não faça referência à marca do titular da cultivar e o nome da variedade[i]. Não por acaso, o nome da lei indiana é: "The Protection of Plant Varieties and Farmers' Rights Act, 2001"[ii].

A Argentina é outro país com vocação agrícola direcionada à exportação, especialmente de trigo e farelo de soja. É um dos principais concorrentes do Brasil no que tange à soja, sendo responsável pela terceira maior safra do planeta[iii]. Sua "Ley de semillas y Creaciones Fitogenéticas" (Lei n. 20.247) data de 1973 e guarda, no campo das exceções aos direitos dos obtentores, aspectos que convergem para a lei brasileira. O art. 27 afirma que "não lesiona o direito de propriedade sobre uma cultivar [...] quem reserva e semeia sementes para seu próprio uso, ou usa ou vende como matéria-prima ou alimento o produto obtido do cultivo de tal criação genética vegetal[iv]". Por outro lado, a lei argentina não veda expressamente a patenteabilidade de plantas geneticamente modificadas. Contudo, na prática...

# 4
# A solução de controvérsias no âmbito da OMC

As mudanças legislativas de diferentes Estados-membros não seriam suficientes para colocar e manter em funcionamento o sistema OMC. Seria natural prever que controvérsias continuariam em aberto e outras iriam surgir no decorrer dos anos. A OMC, de modo a alcançar seus objetivos, precisava desenvolver algum mecanismo para resolver eventuais disputas e para garantir a aplicação de suas regras dentro de cada Estado-membro.

Esse tema não é original e, consequentemente, será desenvolvido apenas na medida necessária para nos levar ao tópico seguinte, relativo à jurisdição dentro dos Estados e da União Europeia.

---

i  RANGNEKAR, 2001, p. 285-286.
ii  ÍNDIA, 2001, seção 39(1), iv.
iii  FORMIGONI, 2020.
iv  ARGENTINA, 1973.

O respeito ao Acordo TRIPs está inserido no mecanismo de solução de controvérsias do Acordo Geral da OMC (arts. XXII e XXIII), prevendo a possibilidade de aplicação de sanções aos infratores[i]. Esse aspecto guarda relação com um dos objetivos da OMC, que é chamar "para si as discussões, deliberações e determinações no âmbito das relações internacionais do comércio"[ii].

O sistema de solução de controvérsias da OMC funda-se nas Normas e Procedimentos sobre Solução de Controvérsias[iii] que preveem um corpo administrativo (o DSB[iv]), que tem competência para estabelecer os painéis voltados ao julgamento das disputas entre países.

Tecnicamente, o termo *painel* não se aplica à disputa em si, mas sim ao corpo de quase-juízes nomeados para resolver as disputas entre os membros da OMC. É como uma Corte ou Câmara de julgadores *ad hoc*. Em outras palavras, um novo painel é constituído para cada disputa, sendo formado normalmente por três, e excepcionalmente por cinco *experts*, em primeira instância[v].

Durante a primeira década de existência da OMC, os Estados Unidos usaram esse mecanismo para pressionar diferentes países em desenvolvimento no sentido de agilizar seus processos de reforma legislativa no âmbito da PI[vi].

Dados os atributos da soberania de cada Estado-membro, quando um painel é estabelecido no âmbito da OMC, seus efeitos são limitados. Não se vislumbra o risco de alguém ser preso, ou de alguma ordem executiva ser firmada com vistas a obrigar o país vencido a desembolsar

---

i SOUZA; WINTER; GOMES, 2014, p. 88.

ii DEL NERO, 2009, p.106.

iii Anexo 2 da Ata final que incorpora os resultados das negociações comerciais multilaterais da Rodada Uruguai do GATT (Disponível em português em: <http://www.planalto.gov.br/ccivil_03/decreto/1990-1994/anexo/and1355-94.pdf>. Acesso em: 18 set. 2022).

iv Dispute Settlement Body.

v OMC, WTO Bodies involved in the dispute settlement process (Disponível em: <https://www.wto.org/english/tratop_e/dispu_e/disp_settlement_cbt_e/c3s3p1_e.htm>. Acesso em: 20 set. 2022).

vi A título de exemplo, o Painel DS 196, contra a demora da Argentina em proteger invenções relacionadas a microrganismos, além de efeitos das patentes de processo, dentre outros aspectos (OMC, disponível em: <https://www.wto.org/english/tratop_e/dispu_e/cases_e/ds196_e.htm>. Acesso em: 10 jan. 2021).

alguma indenização ou a entregar alguma coisa ao vencedor. No que diz respeito ao cumprimento das decisões advindas do painel ou do órgão de apelação da OMC, o direito internacional não tem um sistema jurisdicional com tais poderes. Felizmente. "A vontade singular de um Estado soberano somente sucumbe para dar lugar ao primado de outras vontades reunidas quando aquele mesmo Estado tenha, antes, concordado com a adoção de semelhante regra"[i]. Desse modo, os efeitos das decisões do órgão de resolução de controvérsias da OMC são expressivos, porém limitados. Indicam a norma ou o ato administrativo que deve ser alterado pelo país-membro, autorizando benefícios compensatórios ou a imposição, por parte do vencedor, de retaliações contra suas exportações.

Para Pauwelyn[ii], as normas e decisões da OMC são juridicamente vinculativas. Não como as normas internas de um país, mas nas dimensões tradicionalmente aceitas e aplicadas pelo Direito Internacional. Há de se levar em conta o Artigo 26 da Convenção de Viena dos tratados e o princípio do *pacta sunt servanda*.

Tais decisões nem sempre serão eficazes, e a fragilidade do sistema alcançou seu auge durante o governo do presidente norte-americano Donald Trump que conseguiu, por uma manobra muito simples – e desrespeitosa em relação aos demais membros da OMC – paralisar o funcionamento do órgão de apelação da OMC. Esse órgão é composto por sete juízes, sendo necessários três para a realização de um julgamento. Desde 2017, à medida que iam vencendo o mandato dos juízes, os Estados Unidos bloquearam a indicação de novos membros, de modo que, em dezembro de 2020, todas as cadeiras do órgão de apelação estavam vazias. Isso permitiu aos Estados Unidos levar a cabo sua guerra comercial contra a China, além de outras ações que violavam as regras da OMC, sem sofrer um julgamento formal[iii].

---

i   REZEK, 2013, p. 23.
ii  Ibidem, p. 25.
iii HORTON; HOPEWELL, 2021.

## 5
# A jurisdição e a concretização do sistema OMC

As normas e os procedimentos sobre soluções de controvérsias são capazes de reduzir substancialmente os atritos entre os países--membros. Mas quando se aprofundam as repercussões do sistema, capilarizando-se suas regras, surgem dúvidas sobre como interpretar as normas internas de forma adequada ao modelo da OMC. E eventuais inseguranças jurídicas, nascidas dessas dúvidas, repercutem sobre os agentes econômicos não estatais.

Países como o Brasil, a Argentina e a Índia cumpriram, em suas leis internas, os parâmetros exigidos pela OMC. Contudo, isso não resolve todo o problema, visto que: (1) esses países abrigam empresas transnacionais criadas em países que adotam padrões ainda mais rigorosos de proteção à propriedade intelectual – como já se disse, tais empresas não tem direito subjetivo a exigir a aplicação de regras e princípios da OMC, mas podem buscar uma interpretação favorável do Judiciário dos países onde atuam; (2) empresários do Brasil, da Argentina e da Índia realizam o comércio de seus produtos com outros membros da OMC – eventualmente, ao exportarem, lidam com regras mais restritivas dos países importadores. Tanto em um caso quanto no outro, as questões não serão decididas pela OMC, mas sim pelos tribunais competentes dos países envolvidos.

No que tange à pressão das empresas, as ações movidas pela transnacional Monsanto, nos três países em desenvolvimento citados, é paradigmática e deve ser aproveitada para a demonstração do papel do Judiciário para a formação do sistema OMC nesses países.

A questão trazida pela Monsanto pode ser resumida em algumas linhas. A empresa reconhece o direito dos referidos países a proteger as variedades vegetais por um sistema *sui generis* que, no caso do Brasil, é a Lei de Proteção de Cultivares (Lei n. 9.456/1997). Contudo, ela alega que as cultivares geneticamente modificadas, além de serem variedades vegetais, carregam também tecnologias patenteáveis. Sendo assim, uma semente de soja desenvolvida pela Monsanto (como é o caso da "**soja RR**") está, ao mesmo tempo, protegida pela Lei de Cultivares (LPC) e pela Lei de Propriedade Industrial (LPI). Gera-se, assim, uma sobreposição de institutos da PI sobre um mesmo produto.

Que tecnologias patenteáveis seriam essas[i]? Segundo a Monsanto, mesmo para países que, como o Brasil, não admitem o patenteamento de plantas, existe a obrigatoriedade de se proteger os microrganismos geneticamente modificados. Nesse passo, a Monsanto alega que suas sementes de soja, milho e algodão (dentre outras) carregam microrganismos geneticamente modificados. Ademais, além das patentes de produtos, existem as patentes de processo. O processo utilizado para a inserção do material biológico das bactérias nas sementes RR seria uma invenção da Monsanto. Assim, de acordo com a legislação de diferentes países, as sementes oriundas do processo patenteado não poderiam ser vendidas ou reproduzidas sem a autorização da empresa.

Qual o efeito prático de um eventual reconhecimento desses argumentos pelos tribunais? Na prática, os privilégios concedidos aos agricultores pelas leis do Brasil, da Argentina e da Índia perderiam sua eficácia, dada a sobreposição das normas que protegem as sementes da Monsanto. No caso do Brasil (Lei n. 9.279/1996, grifo nosso):

> *Art. 42. A patente confere ao seu titular o direito de impedir terceiro, sem o seu consentimento, de produzir, usar, colocar à venda, vender ou importar com estes propósitos:*
>
> *I – produto objeto de patente;*
>
> *II – processo ou **produto obtido diretamente por processo patenteado**.*

Na prática, portanto, os agricultores desses três países não poderiam mais separar sementes colhidas em suas fazendas para o replantio, nem mesmo vender suas colheitas sem o recolhimento de *royalties* a favor da Monsanto.

As sementes com tecnologia RR espalharam-se pelo mundo durante a década de 1990. Inicialmente, contudo, o pleito da Monsanto fracassou nesses três países. Na Argentina, o pedido de patente foi negado administrativamente e a decisão foi mantida pela Corte Suprema em 2000[ii]. No Brasil, a Monsanto obteve cinco patentes relacionadas à biotecnologia, mas a maioria dos agricultores ignorou as cobranças de *royalties*. Afinal, o pleito não era claro nem à luz da legislação brasileira,

---

i Para uma compreensão dos argumentos da Monsanto, vide: SOUZA, 2021.

ii TRENTO, 2019.

nem à luz do que efetivamente estava protegido por essas patentes[i]. Em abril de 2012, a Monsanto sofreu uma grande derrota na Justiça do Rio Grande do Sul[ii], da qual resultou, na forma do veredicto, "a imediata suspensão na cobrança de royalties, taxa tecnológica ou indenização, sobre a comercialização da produção da soja transgênica produzida no Brasil, sob pena de multa diária no valor de 1.000.000,00 (um milhão de reais)"[iii]. Na Índia, a Monsanto esbarrou na recusa do escritório local de patentes e, depois, no Judiciário.

Enquanto tais fatos se desenrolavam no âmbito da jurisdição interna desses três grandes produtores e exportadores de produtos agrícolas, algo de importância excepcional ocorria nos tribunais europeus.

Em 2005, a Monsanto ainda não se mostrava capaz de cobrar *royalties* dos agricultores argentinos. Mas a Argentina era uma importante exportadora de farelo de soja para a União Europeia, onde a Diretiva Europeia n. 98/44/CE admite que as matérias biológicas ("ainda que apenas isoladas do seu ambiente natural") e as plantas obtidas por processos não essencialmente biológicos podem, em certas hipóteses, consubstanciar invenções patenteáveis[iv].

A Monsanto buscou, então, pressionar os agricultores argentinos no plano internacional. Ela alegava que, ante o não recolhimento de *royalties* na Argentina, esse ônus deveria recair sobre os importadores europeus. Usou como fundamento o acordo TRIPs, dado que a sequência de DNA da soja RR estava protegida na Europa pela patente EP 0 546 090 B1[v].

Dadas essas premissas, a Monsanto ajuizou uma série de ações judiciais naquele continente, além de solicitar a retenção de carregamentos de farelo de soja argentino em portos da Espanha, do Reino Unido e dos Países Baixos.

---

i   Vide o laudo do perito do juízo no processo que deu origem ao RESP n. 1.610.728-RS: FEDERIZZI, Luiz Carlos. **Laudo pericial complementar**, p. 3.057. In: BRASIL. Superior Tribunal de Justiça (Pleno). Recurso Especial n. 1.610.728 – RS. Relatora: Min. Nancy Andrighi, data de julgamento: 9 out. de 2019, DJe 14 out. 2019. RSTJ, v. 256, p. 457.
ii  Ação Ordinária nº 00111 .09.0106915-2 da 15ª Vara Cível de Porto Alegre.
iii Idem, p. 3.416.
iv  Art. 4ª combinado com Art. 3º/2. MARQUES, 2007, p. 36-37.
v   KOCK, 2010.

No Reino Unido, já em grau de apelação, entendeu a Corte que o produto importado – farelo de soja – perdeu sua identidade e transformou-se em outra coisa, diferente da matéria objeto da patente. Na sequência, a Alta Corte da Inglaterra e Gales concluiu que a patente da Monsanto era válida, mas que não havia violação nessa hipótese. Entendeu o juiz Pumfrey (com base na prova pericial) que o processo de transformação da soja em farelo havia destruído praticamente todos os traços dos genes protegidos e, aquilo que ainda restava do DNA não guardava qualquer relação com a função do produto, qual seja, alimentação de animais[i].

O referido tribunal também rejeitou a tese de que o farelo de soja argentino estivesse submetido aos efeitos de uma patente de processo. Argumentou o juiz Pumfrey que (grifo nosso):

> *A transformação desta planta ocorreu há muitas gerações. Desde então, a soja tem sido cultivada por multiplicadores ou retida por fazendeiros para o plantio; as plantas foram cultivadas e os novos grãos colhidos; e depois de algumas gerações, os grãos colhidos foram processados para a ração da carga do [navio] Podhale. Eu aceito que todas as plantas de soja Round Up Ready na Argentina são descendentes diretos desta planta original, e posso ver como se pode dizer que esta enorme montanha de farelo de soja (5000 toneladas apenas no Podhale) pode ser descrita como o último produto da transformação original da planta-mãe.* **Mas não consigo ver que possa ser adequadamente descrito como o produto direto dessa transformação, uma frase que reservaria para a planta transformada original.** *Este aspecto da reivindicação deve fracassar.*[ii]

Na Espanha, a Corte Comercial de Madrid produziu argumentos semelhantes e foi além. Concluiu que "a invenção não consiste na sequência de DNA, mas sim na função que ela [a sequência de DNA] exerce" no produto[iii],[iv].

---

i   ENGLAND AND WALES HIGH COURT, 2007 (Disponível em: <http://www.bailii.org/ew/cases/EWHC/Patents/2007/2257.html>. Acesso em: 23 ago. 2022).

ii  Ibidem.

iii VARELLA; MARINHO, 2012, p. 248-249.

iv  *Apud* KOCK, 2010, p. 497.

Nos Países Baixos, após intensas discussões quanto à norma a ser aplicada, também se concluiu que a Diretiva n. 98/44/CE:

> *não confere a protecção dos direitos de patente em circunstâncias como as do litígio no processo principal, em que o produto patenteado está contido na farinha de soja, na qual não exerce a função para a qual foi patenteado, mas tendo previamente exercido a função na planta de soja, da qual essa farinha é um produto derivado [...].*[i]

O clímax da discussão ocorreu em 2010, quando o pleito da Monsanto foi examinado pelo Tribunal de Justiça da União Europeia (TJUE)[ii]. Paolo Mengozzi, advogado-geral do TJUE, iniciou seu parecer salientando um dos aspectos centrais do presente capítulo. Trata-se de sua preocupação em evitar que "a evolução heterogénea das legislações nacionais relativas à proteção jurídica das invenções biotecnológicas" possa "desencorajar ainda mais o comércio, em detrimento do desenvolvimento industrial das invenções e do bom funcionamento do mercado interno"[iii]. Salienta também que:

> *a interpretação que o Tribunal de Justiça vier a fazer será aplicável, de modo geral, a todos os casos de importação para o território da União de um produto derivado da transformação, num Estado terceiro, de uma planta geneticamente modificada, protegida por uma patente válida no território da União Europeia*[iv].

Quanto ao mérito, é preciso lembrar que o material genético da bactéria (o gene cp4-epsps), inserido na soja RR, tem como única função tornar a planta resistente ao herbicida a base de glifosato. Nesse passo, argumentou o advogado-geral do TJUE ser necessário decidir até que momento uma sequência de DNA deve ser protegida como produto autônomo[v]. Dado que a soja *in natura* é matéria-prima para uma grande quantidade de produtos (como tinta e até verniz), soa sensato o parecer do advogado-geral ao afirmar que: "Trata-se obviamente de

---

i  PAÍSES BAIXOS, 2010 (Processo C-428/08).

ii  TJUE, Processo C-428/08 (Disponível em: <https://curia.europa.eu/jcms/jcms/j_6/pt/>. Acesso em: 10 dez. 2020).

iii  MENGOZZI, 2010.

iv  Ibidem.

v  Ibidem.

sequências [de DNA] que já não exercem nenhuma função, mas a sua mera presença levaria a submeter ao controlo da pessoa que patenteou a sequência genética de uma planta um número indeterminado de produtos derivados"[i].

Em suma, a tese da dupla incidência de institutos da PI sobre o farelo de soja RR foi vencido no TJUE. Deve-se ressaltar que o TJUE foi designado para ser a suprema corte da União Europeia, com a missão de garantir o cumprimento da lei europeia pelos Estados-membros e cidadãos[ii].

Interessa salientar que, quanto à falta de proteção patentária na Argentina, o advogado-geral afirmou que: "O facto de a Monsanto não poder obter na Argentina uma contrapartida adequada pela sua patente não pode ser compensado através do reconhecimento de uma protecção alargada na União Europeia"[iii]. A essa conclusão do Dr. Paolo Mengozzi, observa-se que o comportamento da Argentina também não vinha gerando repulsa no âmbito da OMC. Quando se examinam todos os painéis em que a Argentina é apresentada como "reclamada", a recusa ao modelo de uma dupla incidência não gerou qualquer incidente. Vê-se apenas que, entre os anos de 2000 e 2002, houve um painel aberto pelos Estados Unidos que envolvia, entre outras coisas, a não proteção patentária relativa aos microrganismos na Argentina[iv]. Tal questão, contudo, foi resolvida por acordo entre as partes. Ainda assim, durante a presidência de Mauricio Macri (2015-2019) houve uma tentativa de se diminuir os atritos com as empresas estrangeiras, inclusive ajudando-as a combater a "pirataria" de sementes e buscando formas de compensá-las financeiramente.

No Brasil, após a derrota sofrida pela Monsanto em 2012, aquele processo julgado no Rio Grande do Sul chegou ao Superior Tribunal de Justiça, na forma do Recurso Especial n. 1.610.728/RS, julgado em 9 de outubro de 2019. O voto da ministra relatora é bastante controverso

---

i     Ibidem, parágrafo 34.

ii     SOUZA, 2021, p. 155.

iii     TJUE, Processo C-428/08, parágrafo 35 (Disponível em: <https://curia.europa.eu/jcms/jcms/j_6/pt/>. Acesso em: 10 dez. 2020).

iv     OMC, DS196: Argentina – Certain Measures on the Protection of Patents and Test Data (Disponível em: <https://www.wto.org/english/tratop_e/dispu_e/cases_e/ds196_e.htm>. Acesso em: 10 jan. 2021).

e já foi objeto de estudos críticos profundos[i]. Entretanto, não há espaço aqui para trazer todos os seus elementos. Desse modo, dar-se-á ênfase naquilo que ele contrasta com as decisões europeias e indiana.

Em resumo, a decisão do STJ em favor da Monsanto ignorou completamente o laudo pericial que analisou as patentes da Monsanto e os elementos da biotecnologia que se relacionam com o processo. Lembre-se de que o direito brasileiro, no que diz respeito aos seres vivos, somente admite a patente de "microrganismos transgênicos que atendam aos três requisitos de patenteabilidade – novidade, atividade inventiva e aplicação industrial" (art. 18, III, da LPI). E que a tese da Monsanto também se baseia nos efeitos das patentes de processo.

Assim, a questão jurídica presente no RESP n. 1.610.728/RS é indissociável de seu aspecto biotecnológico[ii]. Entretanto, ao se ignorar o laudo pericial, termos como *gene*, *microrganismo* e *transgenia* foram transformados em abstrações jurídicas. O que é um microrganismo? É aquilo que nos diz a ciência biológica, ou é aquilo que nos dizem os juízes? *In casu*, o STJ entendeu que o gene cp4-epsps é um microrganismo. Contudo, na verdade, um gene é "apenas uma parte de um cromossomo, um segmento de DNA, uma sequência de ácidos que contém informação relevante para a hereditariedade"[iii] e que também não é patenteável na forma do art. 10, inciso IX, da LPI[iv].

Quanto à patente de processo, o STJ ignorou as importantes conclusões alcançadas pelos tribunais europeus, totalmente pertinentes à luz do TRIPs e da legislação brasileira, a teor do art. 42 da LPI acima referido. Nesse dispositivo, assim como ocorre na norma europeia, a expressão "produto obtido **diretamente** por processo patenteado" (grifo nosso) é de fundamental importância. Uma semente de soja RR colhida por um agricultor e por ele usada na semeadura seguinte não é um produto obtido **diretamente** por um processo patenteado. Para que isso ocorresse, seria necessário que o agricultor tivesse um

---

i   A título de exemplo: SOUZA, 2021. E também: SILVEIRA; SILVEIRA, 2020.
ii  SOUZA, 2021, p. 99.
iii SILVEIRA; SILVEIRA, 2020.
iv  "Art. 10. Não se considera invenção nem modelo de utilidade: [...] IX – o todo ou parte de seres vivos naturais e materiais biológicos encontrados na natureza, ou ainda que dela isolados, inclusive o genoma ou germoplasma de qualquer ser vivo natural e os processos biológicos naturais."

laboratório extremamente moderno, onde ele, após retirar da bactéria o gene cp4-epsps, o introduzisse em sementes de soja, usando um vetor plasmídio. Só então ele estaria violando a patente de processo da Monsanto, pois a semente seria diretamente oriunda do processo patenteado. Uma semente que germina naturalmente, pelo contato com a água e o solo, não gera grãos pelo processo patenteado pela Monsanto.

De toda sorte, o fato é que, neste momento, as empresas de biotecnologia gozam dessa decisão favorável do STJ, embora os efeitos da coisa julgada não sejam tão amplos quanto parecem[i]. Para o presente estudo, o argumento mais importante do voto é aquele que mostra a preocupação do STJ em respeitar nossos compromissos internacionais perante a OMC. A ministra relatora ponderou que (grifo nosso):

> *Sobreleva consignar que o afastamento dos direitos conferidos aos titulares de patentes devidamente concedidas – como objetivam os recorrentes – teria aptidão para, além de malferir as disposições de direito interno consubstanciadas na LPI, **frustrar compromissos assumidos pelo Brasil no âmbito da Organização Mundial do Comércio, pois resultaria em descumprimento do quanto estabelecido no art. 28, 1, do Acordo TRIPs**, que estipula as garantias asseguradas ao inventor.*[ii]

Diferentemente do que ocorre na Argentina e na Índia, o comportamento do agricultor brasileiro está agora submetido a dois institutos da propriedade intelectual, em que o sistema de patentes anulará algumas das mais importantes prerrogativas que o sistema de cultivares lhe atribuía no referido art. 10 da Lei n. 9.456/1997. Em outras palavras, há uma regra que permite o agricultor salvar sementes ou vendê-las como alimento ou matéria-prima, mas a essa permissão o STJ sobrepõe a Lei de Patentes, que permite às transnacionais "impedir terceiro, sem o seu consentimento, de produzir, usar, colocar à venda, vender ou importar" (art. 42, *caput*, Lei n. 9.279/96).

A referência à Índia se fez necessária porque, naquele país, o Judiciário ainda não tem uma decisão clara sobre o assunto. Houve um importante processo envolvendo o algodão transgênico Bollgard II, que usa a tecnologia Bt e envolve o uso do gene Cry2Ab, que garante que a planta produza proteínas com efeito inseticida. Por ora, a patente que

---

i  Sobre os efeitos da coisa jugada nesta hipótese vide, mais uma vez: SOUZA, 2021.

ii BRASIL, 2019, p. 6.268.

a Monsanto tem naquele país foi considerada inválida, pois envolveria uma sequência de ácido nucleico, o referido gene Cry2Ab. Nesse caso, a Alta Corte de Delhi, diferentemente do que fez o STJ no Brasil, seguiu as orientações produzidas pelo laudo pericial. Nesse passo, concluiu que um gene não é um microrganismo e, consequentemente, não pode ser patenteado naquele país[i]. Essa decisão, contudo, não foi confirmada pela Suprema Corte da Índia, que, por razões processuais, remeteu os autos de volta à primeira instância[ii].

Interessante referir que, ao se pesquisar os painéis de disputas da OMC envolvendo a Índia, constata-se que ela é a reclamada (*respondent*) em 32 casos, dois dos quais relacionados a patentes e outros poucos envolvendo agricultura[iii]. Mas nenhum deles guarda qualquer relação com a questão sob exame. Reforça-se, assim, a crença de que o sistema não é encarado como contrário ao TRIPs.

# 6
# Considerações finais

Não se nega a importância dos painéis da OMC para a construção de um sistema de comércio estruturado segundo as regras da referida entidade. Contudo, acredita-se ter demonstrado que muitos dos reflexos da adesão dos Estados àquela entidade ocorrem em um plano não estatal, no qual as disputas ocorrem sob a tutela das jurisdições locais.

No caso dos vegetais geneticamente modificados, tanto o Brasil quanto a Argentina e a Índia foram capazes de esclarecer dúvidas cruciais, sem ferir seus compromissos internacionais. No caso dos dois últimos países, o Judiciário foi capaz até mesmo de preservar os direitos de seus produtores rurais, sem sofrer qualquer sanção no âmbito da OMC.

No caso do Brasil, infelizmente, o Judiciário optou por criar seu próprio conceito sobre termos ligados a outras áreas do saber. O conceito de gene, e de outros termos relacionados à biotecnologia, é um

---

i     ÍNDIA, 2018a (Disponível em: <https://delhihighcourt.nic.in/freetext search.asp>. Acesso em: 8 jan 2022).

ii    ÍNDIA, 2018b (Disponível em: <https://main.sci.gov.in/judgments>. Acesso em: 13 jan. 2021).

iii   OMC. Disputes by member (Disponível em: <https://www.wto.org/english/tratop_e/dispu_e/dispu_by_country_e.htm#respondent>. Acesso em: 22 jan. 2021).

ponto que terá de ser melhor resolvido pelo Judiciário, especialmente em um momento da história no qual a negação da ciência tem cobrado um preço elevado.

Outro ponto que parece ter sido demonstrado é que eventuais contrastes entre as normas europeias e aquelas dos países em desenvolvimento não levam, necessariamente, ao desprezo das normas destes em detrimento das regras mais severas daqueles. Foi o que nos mostrou o TJUE no caso do farelo argentino. Assim, deve a Europa – especialmente quando provocada – preocupar-se se uma patente concedida por ela está sendo violada em seu território. Mas não lhe cabe questionar por que a Argentina não concedeu patente similar. Até porque a não concessão da patente pode ter se dado pelo não cumprimento de exigências formais, imputáveis à própria empresa.

Por fim, o exemplo da Índia, que se recusou a aderir à UPOV, sem deixar de oferecer à OMC uma norma *sui generis* e eficaz, é mais um exemplo do que esse país tem a ensinar aos legisladores brasileiros em termos de estratégias para seu desenvolvimento interno.

# Referências

ARGENTINA. Ley n. 20.247 de 30 de março de 1973 (Ley de semillas y creaciones fitogeneticas). Disponível em: <http://servicios.infoleg.gob.ar/infolegInternet/anexos/30000-34999/34822/texact.htm>. Acesso em: 30 nov. 2020.

ASHOK, A. **Plant Patent and Indian IP Regime**, August 10, 2015. Disponível em: <https://ssrn.com/abstract=3086994>. Acesso em: 12 dez. 2020.

BARBOSA, D. B. **Propriedade intelectual**: a aplicação do Acordo TRIPs. Rio de Janeiro: Lumen Juris, 2003.

BRASIL. Lei n. 9.279, de 14 de maio 1996. Poder Legislativo, Brasília, DF, **Diário Oficial da União**, 15 maio 1996. Regula direitos e obrigações relativos à propriedade industrial. Disponível em: <http://www.planalto.gov.br/ccivil_03/leis/l9279.htm>. Acesso em: 26 fev. 2020.

BRASIL. Superior Tribunal de Justiça (Pleno). Recurso Especial n. 1.610.728 – RS. Recorrente: Sindicato Rural de Sertão e Outros. Recorrido: Monsanto Co e Outra. Relatora: Ministra Nancy Andrighi. Data de julgamento: 9 out. de 2019. **Diário de Justiça**, 14 out. 2019.

CAETANO, M. **Manual de ciência política e direito constitucional**. Coimbra: Almedina, 2006. Tomo I.

DEL NERO, P. A. **Biotecnologia**: análise crítica do marco jurídico regulatório. São Paulo: Revista dos Tribunais, 2009.

DUKE, S. O. **The history and current status of glyphosate**. Lincoln : University of Nebraska, 2017. Disponível em: <https://digitalcommons.unl.edu/cgi/viewcontent.cgi?article=2784&context=usdaarsfacpub>. Acesso em: 25 abr. 2020.

ENGLAND AND WALES HIGH COURT. **Monsanto Technology LLC v Cargill International SA & Anor [2007] EWHC 2257 (Pat)**. 10 Oct. 2007. Disponível em: <http://www.bailii.org/ew/cases/EWHC/Patents/2007/2257.html>. Acesso em: 23 ago. 2022.

FORMIGONI, I. **Principais países produtores de soja em 2020**: dados de abril. 10 abr. 2020. Disponível em: <https://www.farmnews.com.br/mercado/principais-paises-produtores-de-soja/>. Acesso em: 18 dez. 2020.

FERREIRA FILHO, M. G. **Curso de direito constitucional**. Rio de Janeiro: Forense, 2022.

FOLLONI, A. A complexidade ideológica, jurídica e política do desenvolvimento sustentável e a necessidade de compreensão interdisciplinar do problema. **Revista Mestrado em Direito da UNIFIEO**, v. 41, p. 63-91, 2014.

GUERRA, S. **Curso de direito internacional público**. São Paulo: Saraiva, 2013.

HORTON, B.; HOPEWELL, K. **Lessons from Trump's assault on the World Trade Organization**. 3 ago. 2021. Disponível em: <https://www.chathamhouse.org/2021/08/lessons-trumps-assault-world-trade-organization>. Acesso em: 21 set. 2022.

IACOMINI, V. Os direitos de propriedade intelectual e a biotecnologia. In: IACOMINI, V. (Org.). **Propriedade intelectual e biotecnologia**. Curitiba: Juruá, 2007.

ÍNDIA. Alta Corte de Delhi. **Processo: FAO (OS) (COMM) 86/2017, C.M. APPL.14331, 14335, 15669, 17064/2017**. Monsanto vs. Nuziveedu Seeds Ltd. Data de julgamento: 11 abr. 2018a. Disponível em: <https://delhihighcourt.nic.in/freetextsearch.asp>. Acesso em: 8 jan. 2021.

ÍNDIA. Suprema Corte da Índia. **Case number C.A. No.-004616-004617**. 2018b. Petitioner Name: Monsanto Technology LLC, p. 9. Respondent Name: Nuziveedu Seeds Ltd. Disponível em: <https://main.sci.gov.in/judgments>. Acesso em: 13 jan. 2021.

ÍNDIA. **The Protection of Plant Varieties and Farmers' Rights Act, 2001**. 2001. Disponível em: <https://wipolex.wipo.int/en/text/339105>. Acesso em: 28 abr. 2020.

KOCK, M. A. Purpose-bound protection for DNA sequences: in through the back door? **Journal of Intellectual Property Law & Practice**, v. 5, n. 7, p. 495-496, 2010.

LEGRAND, P. On the singularity of Law. **Harvard International Law Journal**, v. 47, n. 2, Summer 2006.

MARQUES, J. P. Remédio. **Biotecnologia(s) e Propriedade Intelectual**. Coimbra: Almedina, 2007. v. I.

MENGOZZI, P. **Conclusões do Advogado-Geral**. Processo C-428/08. Monsanto Technology LLC contra Cefetra BV e outros. 9 mar. 2010. Disponível em: <http://curia.europa.eu/juris/document/document.jsf?text=&docid=80052&pageIndex=0&doclang=pt&mode=lst&dir=&occ=first&part=1&cid=21656315>. Acesso em: 3 dez. 2020.

OMC – Organização Mundial do Comércio. **Acordo TRIPs**. Disponível em: <https://www.wto.org/english/docs_e/legal_e/27-trips_04c_e.htm#5>. Acesso em: 13 set. 2022a.

OMC – Organização Mundial do Comércio. **Disputes by member**. Disponível em: <https://www.wto.org/english/tratop_e/dispu_e/dispu_by_country_e.htm#respondent>. Acesso em: 22 jan. 2021a.

OMC – Organização Mundial do Comércio. **DS196 Argentina** – Certain Measures on the Protection of Patents and Test Data. Disponível em: <https://www.wto.org/english/tratop_e/dispu_e/cases_e/ds196_e.htm>. Acesso em: 10 jan. 2021b.

OMC – Organização Mundial do Comércio. **WTO Bodies involved in the dispute settlement process**. Disponível em: <https://www.wto.org/english/tratop_e/dispu_e/disp_settlement_cbt_e/c3s3p1_e.htm>. Acesso em: 20 set. 2022b.

PAÍSES BAIXOS. **Acórdão do Tribunal de Justiça (Grande Secção) de 6 de julho de 2010** (pedido de decisão prejudicial do Rechtbank's-Gravenhage, Países Baixos) – Monsanto Technology LLC/Cefetra BV, Cefetra Feed Service BV, Cefetra Futures BV, Alfred C. Toepfer International GmbH (Processo C-428/08).

PAUWELYN, J. **Conflict of norms in Public International Law**. New York: Cambridge University Press, 2003.

PUIGGRÓS, R. **Historia económica del Río de la Plata**. Buenos Aires: Altamira, 2006.

RANGNEKAR, D. **Commentary on the Indian Protection of Plant Varieties and Farmer's Rights Act 2001**. 2001. Disponível em: <https://www.bioversityinternational.org/fileadmin/user_upload/online_library/publications/pdfs/Farmers_Crop_Varieties_and_Rights/13.IndianVarieties_RightsAct-Rangnekar.pdf>. Acesso em: 1 out. 2020.

REALE, M. **Teoria do direito e do Estado**. São Paulo: Saraiva, 2000.

REZEK, F. **Direito internacional público**. São Paulo: Saraiva, 2013.

SILVEIRA, N; SILVEIRA, C. **Nem a semente da soja nem seu gene engenheirado são micro-organismos**. 9 jun. 2020. Disponível em: <https://migalhas.uol.com.br/depeso/328625/nem-a-semente-da-soja-nem-seu-gene-engenheirado-sao-micro-organismos>. Acesso em: 19 nov. 2020.

SOUZA, M. da C. e. A evolução do sistema de patentes sob a ótica da eficiência. **Ius Gentium**, v. 8, p. 177-203, 2014. Disponível em: <https://www.uninter.com/iusgentium/index.php/iusgentium/article/view/112/pdf>. Acesso em: 10 out. 2019.

SOUZA, M. da C. e. **A refutação da dupla incidência de direitos da propriedade intelectual sobre cultivares transgênicas frente ao compromisso brasileiro com o Acordo TRIPs**. 2021. Tese (Doutorado) – Pontifícia Universidade Católica do Paraná. Curitiba: PUC/PR, 2021.

SOUZA, M. da C. e; WINTER, L. A. C.; GOMES, E. B. A propriedade intelectual e a dupla proteção dos vegetais transgênicos. **Revista de Direito Empresarial – RDEmp**, Belo Horizonte, ano 11, n. 2, p. 63-100, maio/ago. 2014.

TACHINARDI, M. H. **A guerra das patentes**. Rio de Janeiro: Paz e Terra, 1993.

TRENTO, N. P. Dos décadas de conflicto en torno al uso propio de semillas de soja genéticamente modificada en Argentina: fases del enfrentamiento, acumulación de capital y actores sociales (1996-2018). **Mundo Agrario**, Universidad Nacional de La Plata, v. 20, n. 43, abril-julio 2019.

TJUE – Tribunal de Justiça da União Europeia. **Processo C-428/08**. Disponível em: <https://curia.europa.eu/jcms/jcms/j_6/pt/>. Acesso em: 10 dez. 2020.

VARELLA, M. D.; MARINHO, M. E. P. Propriedade intelectual e exportação de soja: reflexões a partir da experiência argentina e brasileira face aos julgados pelas Cortes europeias. In: PLAZA, C. M. C. de Á. et al. (Coord.). **Propriedade intelectual na agricultura**. Belo Horizonte: Fórum, 2012.

WACHOWICZ, M. Desenvolvimento econômico e tecnologia da informação. In: BARRAL, W.; PIMENTEL, L. O. (Org.). **Propriedade intelectual e desenvolvimento**. Florianópolis: Fundação Boiteaux, 2007.

*A Constituição de 1988 em face do
liberalismo e a prática da igualdade*


*La Constitución de 1988 frente al
liberalismo y la práctica de la igualdad*

*Regina Paulista Fernandes Reinert*

Mestre em Sociologia das Organizações pela Universidade Federal do Paraná. Professora de Antropologia Jurídica e Sociologia Jurídica na graduação em Direito do Centro Universitário Internacional Uninter, em Curitiba. E-mail: reginareinert@hotmail.com.

**Sumário**: 1. Reflexões iniciais. 2. A igualdade na antiguidade clássica e na modernidade. 3. Positivismo jurídico e teoria crítica do direito. 4. Dworkin e a igualdade como virtude soberana. 5. Considerações finais. Referências.

**Resumo**: Com argumentos tomados da antropologia e da sociologia política, este artigo pretende trazer algumas notas que possam contribuir para uma discussão acerca dos direitos civis e sociais na Constituição Brasileira de 1988, no que se refere ao acesso das classes populares aos bens públicos. Existe um modelo tradicional de compreensão da Constituição, que a toma a partir daquilo que apresenta, ou seja, o objeto sendo visto diretamente, sem que se apreenda como fenômeno jurídico em sua plenitude. A Constituição vigente no Brasil, inobstante seu viés de bem-estar, tem um enfoque que nos permite reputar como concernente ao liberalismo que, ao passo que nos iguala, estabelece uma distinção entre os direitos civis e políticos de um lado e os direitos sociais do outro, quando não resta dúvidas de que esses direitos são indivisíveis; a realização de um depende da efetivação do outro. Sendo, nesse recorte, a nossa Constituição democrática e liberal, indagamos, então, sobre a existência de determinadas estruturas políticas que, ora relativizam cláusulas pétreas, ora formam verdadeiras barreiras à concretização de direitos que a Constituição declara e garante. Sobre isso, examinaremos soluções oferecidas pelo liberalismo jurídico à não obtenção dos recursos e oportunidades por parte da população, bem como as contradições dessas medidas na sociedade capitalista.

**Palavras-chave**: Desigualdade (social). Liberalismo (jurídico). Sociedade (de classe). Estado.

**Sumilla**: 1. Reflexiones iniciales. 2. La igualdad en la antigüedad clásica y la modernidad. 3. El positivismo jurídico y la teoría crítica del derecho. 4. Dworkin y la igualdad como virtud soberana. 5. Consideraciones finales. Referencias.

**Resumen**: Con argumentos tomados de la antropología y de la sociología política, este artículo pretende traer algunos apuntes que pueden contribuir a una discusión sobre los derechos civiles y sociales en la Constitución brasileña de 1988, en lo que se refiere al acceso de las clases populares a los bienes públicos. Existe un modelo tradicional de comprensión de la Constitución, que la toma de lo analiza de lo que presenta, es decir, el objeto visto directamente, sin ser aprehendido como fenómeno jurídico en su plenitud. La Constitución vigente en Brasil, a pesar de su sesgo hacia el bienestar, tiene un enfoque que nos permite considerarla como un liberalismo que, al igualarnos, establece una distinción entre los derechos civiles y políticos por un lado y los derechos sociales por el otro, cuando no hay duda de que estos derechos son indivisibles, dado que la realización de uno depende de la realización del otro. Siendo nuestra Constitución democrática y liberal, nos preguntamos, entonces, sobre la existencia de ciertas estructuras políticas que, a veces relativizan cláusulas pétreas, a veces constituyen verdaderas barreras a la realización de estos derechos que la Constitución declara y garantiza. A este respecto, examinaremos las soluciones que ofrece el liberalismo jurídico ante la falta de obtención de recursos y oportunidades por parte de gran parte de la población, así como las contradicciones de estas medidas en la sociedad capitalista.

**Palabras clave**: Desigualdad (social). Liberalismo (legal). Sociedad (clase). Estado.

## 1
## Reflexões iniciais

Mesmo não sendo especializada no campo jurídico, as disciplinas das ciências sociais acessoriamente tratam dele, produzem saberes com relação ao jurídico, afirmam sem rodeios a sua presença e são suscetíveis de dizer coisas importantes para um melhor conhecimento do jurídico em referência à análise de uma sociedade que é extremamente desigual. Na divisão do trabalho dos conhecimentos, a justificativa do saber antropo/político/sociológico reside na contribuição que assegura o desvendar do jurídico e dos processos sociais do qual esse saber participa.

As disciplinas das ciências sociais constituem essa reconstrução do campo das relações entre o direito e a sociedade, essencialmente priorizando conceitos recentemente surgidos ou recentemente renovados que, para além das palavras-chaves citadas, buscam a negociação, a alternativa para a materialização do direito. Isso tudo constitui o centro dos debates pelos pesquisadores em busca de uma resposta à crise do direito monocentrista estatal, sem, contudo, tornar obsoleto o conjunto das categorias do saber ligadas às disciplinas tradicionais. Ao contrário, elas realçam a importância das conexões móveis entre campos científicos, eles próprios em movimento.

Com isso, espera-se que o leitor não se surpreenda com o tratamento crítico dado do termo "juridicização". É preciso se notar, com isso, um sinal de uma época marcada pelo questionamento da eficácia dos modos de intervenções tradicionais do Estado e, no caso do Brasil, o papel que as elites exercem para a manutenção desse *status quo*. Esse embaralhado, essa flexibilidade, essa complexidade constituem o reflexo da recusa das simplificações pré-dogmáticas. Não que com isso se pretenda abarcar todo o conhecimento em um campo, mas de acrescentar uma dimensão a mais ao leque dos diálogos entre juristas e cientistas sociais.

O Brasil, em pleno século XXI, continua distante de permitir o exercício de uma plena cidadania a todos os indivíduos. Os estratos historicamente desfavorecidos dos povos da América-Latina como um todo, comumente continuam à margem dos direitos civis, sem acesso ao direito e à justiça. Nesse sentido, estudos antropossociológicos consideram o fenômeno jurídico como o conjunto de lutas individuais e coletivas e dos consensos sobre seus resultados nas esferas que a sociedade considera como vitais. Da mesma forma como a definição da matéria jurídica, as vias para sua compreensão são, elas próprias, também postas em questão.

Embora a Constituição de 1988 seja considerada por muitos – juristas, historiadores, cientistas sociais – uma das melhores constituições do mundo no sentido de atualizar sujeitos de direitos, por seu caráter principiológico, no escopo de transformar a sociedade em uma verdadeira comunidade e com profunda segurança do credo democrático, por mais prolixo que isso seja, os direitos civis continuam sendo entendidos conscientemente ou inconscientemente como algo pertencente apenas às elites e à classe média.

Continua-se, por exemplo, não se falando em violação de direitos quando ela ocorre em relação aos pobres. Assim, não passa pela mente das autoridades obter uma ordem judicial para invadir as moradias localizadas nas favelas. As residências dos pobres não são de fato consideradas propriedade particular. Não constituem assim uma propriedade inviolável. Ainda que a robustez normativa dessa Constituição e sua expansividade material e também principiológica tenha resultado proveitoso, porque praticamente tudo está na Constituição, a tortura continua sendo uma prática rotineira utilizada em relação aos pobres nas delegacias e só sensibiliza os meios de comunicação de massa quando utilizada em caso de grande escala.

A redemocratização do país que ensejou a elaboração dessa Constituição, tem o Título II dedicado à matéria "Dos Direitos e Garantias Fundamentais". O Capítulo I é intitulado "Dos Direitos e Deveres Individuais e Coletivos"; o Capítulo II, "Dos Direitos Sociais", e o Capítulo IV, "Dos Direitos Políticos". O que se pode observar é a predominância de uma ótica que podemos considerar pertencente ao liberalismo, que é o estabelecimento de uma distinção entre os direitos civis e políticos de um lado e os direitos sociais do outro. Não há dúvida que há uma diferenciação, pois, na realidade, esses direitos são indivisíveis. A realização de um depende da efetivação do outro.

Mesmo com uma Constituição contendo rica principiologia e uma materialidade expandida, não damos respostas para os graves problemas da coletividade, com a justiça aplicada em questões de igualdade como distribuição de recursos e oportunidade. Não é de déficit de normatividade constitucional que padecemos, tampouco de interpretação, de interpretatividade e aplicabilidade dela. Por adotar uma textura de linguagem, inevitavelmente meio aberta, não lhe falta possibilidade de ressignificações e interpretações. Na principiologia constitucional, o intérprete poderia buscar angulações normativas à altura desses desafios. O intérprete poderia movimentar-se no que se chama hoje de *mutação constitucional*, isto é, muda seu conteúdo significante sem precisar de uma reforma.

Se não resolvemos os desequilíbrios sociais, políticos econômicos, culturais, não é porque estamos de costas para a Constituição. Conscientemente, não estaríamos de costas para princípios que, concretizados, nos tornariam um país primeiro mundista. Conscientemente não estaríamos de costas em relação aos arts. 5° ao 17, dispositivos chamados de *fundamentais*, que cimentam nossa personalidade e sem os quais seríamos subcidadãos. Assim como, conscientemente, não estaríamos de costas para direitos que correspondem ao princípio da dignidade da pessoa humana em sentido material.

Se a Constituição não se preocupa com a cara de quem governa, e sim com a forma com que se governa, se há falhas enormes em todos esses direitos que se materializam em milhões de desempregados e altíssimo déficit de habitação popular, o problema não é a Constituição vigente, esta que foi a mais debatida de toda a nossa história pela sociedade civil e que fez da democracia seu princípio por excelência. O problema não está em sua normatividade com possibilidades transformadoras, que são, por si mesmas, justas e lógicas. Temos, uma Constituição amplamente cidadã, progressista, pródiga em políticas públicas e outros planos de igualdade, de correção de injustiças, de construção de uma sociedade mais humana. Inequivocamente, esse é seu propósito, porém, os direitos sociais lá preconizados são dados a conta-gotas, alguns não cumpridos, como é o caso, por exemplo, da função social da propriedade.

O que falta para concretizar a dignidade para todos os cidadãos? Acirramento da luta popular? Ativismo judiciário? Proatividade interpretativa da Constituição? Bastaria mudar nosso olhar para desentranhar da Constituição angulações normativas que já estão lá, apenas à espera de um envolvimento maior, de uma profundidade analítica, de uma responsabilidade cívica ainda maior?

Não nos parece que seja assim tão simples. O entendimento dessas questões não começa pela Constituição, mas a partir das firmes estruturas em que estão amarradas. A história da população negra brasileira continua sendo contada pela sua exclusão do mercado de trabalho, ou pelo desempenho de funções subalternas, realidades que, de modo algum, têm a ver com meritocracia. Pelo contrário, opõem-se a essa falácia expondo a chaga do racismo e seus desdobramentos nas relações sociais[i]. Os debates mais amplos na sociedade brasileira sempre estiveram voltados para o problema da desigualdade econômica, resultante de preconceito de cor, de gênero e de condição sexual, tanto que os legisladores constituintes fizeram constar no texto constitucional: (a) tem como um dos objetivos fundamentais promover o bem de todos, sem preconceito de origem, raça, cor e quaisquer outras formas de discriminação (art. 3º, IV); (b) em suas relações internacionais, rege-se, entre outros, pelo princípio do repúdio ao racismo (art. 4º, VIII); (c) tipifica a prática do racismo como crime inafiançável e imprescritível, sujeito, nos termos da lei, à pena de reclusão (art. 5º, XLII).

Os direitos e as garantias formalmente consagrados no documento formal, mas tão distantes da sociedade real, levaram alguns juristas, entre eles Eros Roberto Grau, a identificar na Constituição um mito que funciona como instrumento de dominação que tanto mais prospera quanto mais seja acreditado. Mito na medida em que infunde na sociedade a crença da igualdade de oportunidade e do combate à discriminação racial, unicamente porque o texto constitucional expressa que o objetivo fundamental do Estado é esse. A Constituição formal seria, desse modo, um mito que pacifica e conforta o povo, enquanto coopera eficazmente para a manutenção de uma estrutura de privilégios que jamais se pretendeu, de fato, modificar[ii].

---

i   Florestan Fernandes (1978) analisa, em sua obra, a forma como o mercado de trabalho no Brasil estruturou-se sob a cultura da desqualificação da população negra, bastando ver que as estratégias usadas pelo Estado para atrair a vinda de trabalhadores estrangeiros excluíram a população negra dos postos de trabalhos das fábricas.

ii  Assis; Kümpel, 2011, p. 42.

A carta jurídica fundante do Estado é tal qual um mito, na medida em que a narrativa ideológica e a narrativa mítica se aproximam e fundem um porvir objetivo para a população. O mito funciona na retórica de quem tem possibilidade de produzir na sociedade uma espécie de fé popular, não provinda da razão, mas de sentimentos pré-racionais, emotivos, que, uma vez revelado o mito, desnudam a racionalidade de quem o inventou, revelando que os mitos não passam de manifestações culturais, de uma invenção, enfim[i]. Os mitos têm sua origem desconhecida para os que neles creem, mas são sempre conscientes e racionais nos que os inventam. A história da humanidade é, também, por assim dizer, a história dos velhos mitos sendo substituídos por novos. As Constituições modernas são exemplos de mitos modernos, na medida em que a convicção de que vivemos sob a égide de um Estado de direito prospera apenas porque um documento formal assim o diz.

## 2
## A igualdade na antiguidade clássica e na modernidade

A política, tida como prática pública, teria como dever cívico construir a ponte em que todos os cidadãos possam acessar os bens públicos e os direitos expressos na Constituição. Na antiguidade clássica, a definição de cidade justa era aquela que exaltava a igualdade (são iguais os que são livres). Na cidade justa, a política seria o direito que todos deveriam ter de participar do poder, ou seja, a democracia, onde é justo que todos governem. O poder político deve pertencer a todos os cidadãos igualmente.

Aristóteles diferenciava a justiça do partilhável ou justiça distributiva, que se refere à distribuição dos bens e ao problema da desigualdade socioeconômica, da justiça participativa, que se refere ao exercício do poder e da igualdade cívica. Portanto, a justiça distributiva

---

i   Grau (2004, p. 26-28): "A Constituição formal, em especial enquanto concebida como meramente programática – continente de normas que não são normas jurídicas, na medida em que define direitos que não garante, na medida em que esses direitos só assumem eficácia plena quando implementados pelo legislador ordinário ou por ato do Executivo –, consubstancia um instrumento retórico de dominação. Porque esse seu perfil, ela se transforma em mito."

descreve o que pode ser partilhável, distribuído, e a justiça do participável descreve o que não pode ser partilhável, mas unicamente participado, e essa é política em que todos deliberam na busca da pólis justa. Uma política é injusta do ponto de vista distributivo quando trata os desiguais de modo igual e justo quando trata os desiguais de modo desigual. Assim, a justiça distributiva consiste em dar a cada um o que é devido, ou seja, dar desigualmente aos desiguais para torná-los iguais[i]. O que define a justiça, portanto, é a equidade, que significa justiça no caso. Quem for empregar a justiça caso a caso, vendo o caso concreto[ii].

Após as experiências democráticas gregas, vamos atentar para as repúblicas democráticas modernas, que se constituíram por meio de uma realização muito específica, que inexistia até então: a declaração de direitos. Se os direitos precisavam ser declarados era porque tal prática não era normal aos que deviam portá-los, tampouco que tais direitos deviam ser reconhecidos. Isso porque a hierarquia entre as classes cristalizou na sociedade a percepção de que as classes proprietárias têm direitos que as outras classes não devem ter. Por isso, os direitos conquistados pelos de baixo devem ser não só declarados, mas reconhecidos por todos. A declaração de direitos ocorre em período de intensa transformação social, fazendo com que o *status* da declaração não seja jurídico, mas social e político.

Por ser fruto da luta social e política, a declaração de direitos, iniciadas primeiramente com as revoluções burguesas, seguidas da Revolução Russa de 1917, e ao período posterior ao fenômeno do totalitarismo nazi/fascista, vai ganhar a dimensão de direitos universais, consentidos e reconhecidos por todos com a Declaração Universal dos Direitos Humanos de 1948. Se os direitos precisam ser declarados nessas circunstâncias, expostas estão as relações entre os direitos e a forma do poder.

---

i   Aristóteles *apud* Chauí (1995, p. 282-283): "De fato, aos que são pobres, deve doá-los, mas aos que são ricos, deve vendê-los, de modo a conseguir fundos para aquisição de novos alimentos. Se doar a todos ou vender a todos, será injusta. Também será injusta se atribuir a todos as mesmas quantidades de alimentos, pois dará quantidades iguais para famílias desiguais. Na cidade injusta, as leis, em lugar de permitirem aos pobres o acesso à riqueza (por meio de limitações impostas à extensão da propriedade, de fixação da boa remuneração do trabalho dos trabalhadores pobres, de impostos que recaiam sobre os ricos apenas, etc.), vedam-lhes tal direito. Ora, somente os que não são forçados às labutas ininterruptas para sobrevivência são capazes de uma vida plenamente humana e feliz."

ii  Aristóteles, 1996, p. 212.

A lei e o Estado de direito nas democracias liberais, que afirmam que todos são livres, e são livres porque são iguais, resolvem as desigualdades oriundas das diferenças de classe? A resposta é negativa se partimos do ângulo de que não são as classes, mas sim os indivíduos que são declarados livres e iguais, enquanto o Estado se ocupa dos interesses das classes dominantes que o instrumentalizam. Embora burguês, o Estado ao se definir racional e neutro, oculta as desigualdades de classe, fazendo crer aos indivíduos que age na proteção de suas liberdades, garantindo-lhes livres relações por meio de contratos, e os contratos só têm validade jurídica quando as partes contratantes são livres e iguais.

Nas relações de classe, o contrato de trabalho só pode ser possível se os trabalhadores forem declarados pela lei e reconhecidos por todos como indivíduos livres e iguais. Não porque de fato o sejam, mas pela necessidade de conferir validade jurídica legal ao contrato. É preciso perceber a contradição que é posta para a sociedade a partir do momento em que os direitos nos declaram livres e iguais. Livres e iguais em uma sociedade em que há dominantes e dominados. Os direitos fundamentais não são particulares de uma classe. Eles são gerais e universais, válidos para todos os indivíduos, todos os grupos. Os direitos se distinguem primordialmente do privilégio, este sim sempre particular. Ao se converter em um direito, um privilégio deixa, necessariamente, de existir.

Carências e necessidades implicam direitos a conquistar, logo, privilégios se opõem aos direitos. Ao atuar com o conflito e a criação de direitos é a democracia que deve designar a forma das relações e de todas as instituições, não um Estado sequestrado pelos interesses de uma classe. A sociedade democrática emerge quando visualizamos os três grandes direitos que a instituíram, a saber, a igualdade, a liberdade e a participação nas decisões do interesse público. Instituir a democracia significa a guerra ao poder privado, porque não basta declarar o direito à igualdade para surgir os iguais.

Quando se iniciou a democracia liberal, a cidadania era direito exclusivo do gênero masculino, homens brancos e adultos das classes dominantes, jamais dos trabalhadores, das mulheres, dos homossexuais, dos negros e dos pobres, de maneira geral considerados dependentes e em condições de menoridade. As chamadas *minorias*, essas categorias que transformam pessoas em seres dependentes daqueles bem situados economicamente. Se assim nasceu a igualdade na democracia liberal, nasceram também, ao lado da declaração do direito à igualdade, as lutas progressivas reivindicando-na, protagonizando novos sujeitos sociais, trabalhadores, mulheres, negros, indígenas, em conquistas históricas a começar pelo direito ao voto.

As lutas sociais não são empecilhos à democracia. Pelo contrário, definem-na e constituem-na; a luta por direitos é legítima apenas na democracia, nela os direitos se tornam leis, e é ela que, de maneira direta ou indireta, limita o poder do Estado à medida que garante a expansão contínua da cidadania. É por isso que a cidadania, nas ditas *democracias liberais*, define-se unicamente pelos direitos civis. De maneira oposta, só uma democracia social real colocaria as reivindicações populares em posição de enfrentar de fato as prerrogativas e os privilégios da classe dominante.

Se porventura dissermos que andamos de costas para a Constituição, é essencialmente para marcarmos que a democracia está em permanente crise no Brasil. E o grau dessa crise varia de acordo com o tipo de liberalismo que se faz por aqui. A história da sociedade brasileira começa com a marca da primazia do espaço privado dos interesses econômicos sobre o espaço público do poder, sob a ordem de castas familiares autoritárias, cuja cultura de poder reforça sempre a relação de mando e obediência, na qual o outro nunca é considerado sujeito de direitos[i]. A manutenção dos privilégios das classes dominantes, expressão direta das carências das camadas populares é o fator principal de bloqueio ao avanço da cidadania. Nada disso é percebido enquanto perdurar a crença (o mito) de se estar em uma sociedade democrática e em um Estado de direito neutro e acima dos interesses de classe[ii].

Se chegamos perto do que se conhece por *Estado de bem-estar*, as classes ameaçadas de perder seus espaços exclusivos de poder (e com o autoritarismo cultivado desde os tempos do regime colonial) se põem a campo para, em poucos tempo, minar o poder dos movimentos sociais e reduzir drasticamente as políticas de inclusão social, os investimentos na economia que visam restaurar o pleno emprego e impedir que se tribute mais o capital e as fortunas e menos o salário e o consumo da classe trabalhadora. Em suma e desde sempre, interessa às classes

---

i     Faoro, 2001.

ii    Pachukanis (2017, p. 143): "Por que a dominação de classe não se apresenta como é, ou seja, a sujeição de uma parte da população à outra, mas assume a forma de uma dominação estatal oficial ou, o que dá no mesmo, por que o aparelho de coerção estatal não se constitui como aparelho privado da classe dominante, mas se destaca deste, assumindo a forma de um aparelho de poder público impessoal, separado da sociedade?"

dominantes que o mercado siga livre do controle estatal, a fim de que a economia não seja direcionada para o bem-estar de todos, mas dos que operam no mercado.

Minado o Estado do bem-estar social, os direitos sociais, salvaguarda dos direitos civis e políticos, vão sendo eliminados, não existindo mais como um direito, um bem público, mas como mercadoria regulada pelo mercado, um bem que, ao deixar de ser público, destina-se unicamente aos que tem poder aquisitivo para adquiri-lo. Saúde e educação estão na mira dos que querem transformá-los em direitos em serviços a serem vendidos e comprados no mercado.

O Estado democrático liberal de direito não tem capacidade de enfrentar a questão da desigualdade porque possui, em sua base, uma distorção. A sociedade não é refletida em termos de sua desigualdade social, mas a partir de indivíduos, sem dimensioná-los em suas condições social reais. Porque a democracia liberal se apresenta como a gestão da lei e da ordem garantia das liberdades individuais, e não da igualdade social. O que importa são as estratégias de gestão, nas quais o Estado é engendrado como uma empresa e governado não por políticos, mas por gestores. O indivíduo, por sua vez, torna-se um capital humano, empresário de si mesmo, fadado a ser competitivo, crente na falácia da meritocracia e interiorizando a culpa, caso não vença no jogo da competição. Paralelamente a isso, sobrevivem as velhas estruturas oligárquicas e hierárquicas da sociedade brasileira, que, ao que parece, ninguém a desmantela. Continuam as grandes carências dos estratos populares e o privilégio intocado das camadas dominantes[i].

---

i    Comparato (2017, p. 18-9): "Entre os agentes estatais, que formariam o nosso patriciado burocrático, e os potentados privados – estabeleceu-se aquela dialética da ambiguidade [...] Cada um desses grupos de poder sempre busca, antes de tudo, realizar o seu próprio interesse e não o bem comum do povo. Salvo conflitos episódicos, mantêm-se associados, em situação de mútua dependência, pois a realização dos interesses próprios de cada um desses grupos depende da satisfação dada ao outro. Assim, enquanto os agentes estatais em seu conjunto – governadores, legisladores, magistrados, membros do Ministério Público, altos funcionários – no exercício de suas funções oficiais atuam como aliados do grande empresariado, este último, sob o disfarce da submissão ao poder oficial, não cessa de exercer pressão sobre os primeiros em todos os níveis – legislação, administração, prestação da justiça – quando não os corrompem, pura e simplesmente. Aliás, a generalizada prática da corrupção dos agentes públicos, herdada de Portugal, marcou toda a nossa história".

As barreiras à cidadania popular são estruturais. Se o problema está na estrutura da sociedade, logo, a solução para a concretização dos direitos econômicos/sociais não depende da vontade daqueles que aplicam o direito, como comumente se pensa quando se pretende explicar os fundamentos da vida jurídica, especificamente. O afazer jurídico não é produto da visão de mundo ou da vontade do jurista. Tampouco de uma vontade geral. Se o jurista é conservador, não o é em função de uma cultura jurídica que formou suas bases. Da mesma forma que a posição de um jurista progressista, preocupado com causas sociais não faz com que o direito seja crítico. O direito não é o que o jurista faz dele, tampouco a vontade geral de uma sociedade. O que estrutura o direito enquanto fenômeno social deriva das relações sociais concretas. O que causa o fenômeno jurídico não é visível para todos.

Em uma sociedade de estrutura social e produtiva de tipo liberal capitalista, as relações sociais de produção colocam o capital de posse exclusiva de algumas mãos, e a ausência de posse de capital para a maioria das outras mãos. O sistema capitalista se organiza para que uma minoria explore a maioria, e essa exploração acontece mediante contrato de trabalho[i]. Essa exploração ocorre em variados graus, e alguns alcançam patamares das assim chamadas *classes médias*, que recebem salários suficientes para uma vida razoável, em termos da classe à qual pertencem. Já a maioria trabalha durante a vida em condições pelas quais não será possível ter dignidade, nem serenidade no planejamento da própria vida, a vida digna como condição irrenunciável.

A forma capitalista é necessariamente jurídica, independentemente do que pensam os juristas[ii]. O jurista interpreta um fenômeno social estrutural das sociedades capitalistas que orienta e organiza nossa vida subjetiva como se fôssemos sujeitos de direito. As pessoas são portadoras de direito e, portanto, podem dispor de si e de seus direitos, podem

---

[i] Relacionamos o posicionamento de Engels (2012, p. 21) com a filosofia, a política e o direito: "A classe trabalhadora – despojada da propriedade dos meios de produção [...] não pode exprimir plenamente a própria condição de vida na ilusão jurídica da burguesia. Só pode conhecer plenamente essa condição de vida se enxergar a realidade das coisas, sem as coloridas lentes jurídicas. A concepção materialista da história de Marx ajuda a classe trabalhadora a compreender essa condição de vida, demonstrando que todas as representações dos homens – jurídicas, políticas, filosóficas, religiosas etc. – derivam, em última instância, de suas condições econômicas de vida, de seu modo de produzir e trocar os produtos".

[ii] Pachukanis, 2017, p. 88-89.

contratar e estabelecer vínculos jurídicos na plena autonomia de sua vontade. Na leitura sobre o direito, esse aspecto é inegável. As pessoas são consideradas subjetividades jurídicas, livres, portanto, sujeitos de direito[i].

No passado escravista, um indivíduo era explorado por outro porque era submetido pela força física a esse outro. Da mesma forma, essa relação se sucedia no feudalismo. Eram relações de força. O escravo e o servo eram explorados pela força de alguém. O capitalismo não explora mediante força ou violência. No capitalismo, o mais rico (forte) contrata o mais pobre (fraco). Explora mediante contrato. No capitalismo, alguém está sujeito a outro, mas sujeito pelo direito. É o direito que vai dizer o sistema pelo qual alguém que não tem o capital vende força de trabalho para quem tem. Para que alguém venda e outro compre, o direito considera que ambos são iguais, iguais perante a lei, embora eles sejam materialmente desiguais. Contratante e contratado, que são totalmente desiguais factualmente, tornam-se equivalentes na relação jurídica, porque ambos dispõem livremente de sua vontade. Essa equivalência faz com que a exploração não seja percebida como tal, porque há consenso mediante vínculo jurídico.

Toda a sociedade capitalista tem essa juridicidade. Juristas, não importa se por um viés conservador ou progressista, diferem entre si apenas na quantidade de direitos, isto é, se concordam com mais ou com menos direitos sociais ao explorado, porque ambos os entendimentos provêm da mesma fonte: o contrato, o núcleo do direito privado,

---

i    Naves (2000, p. 68-69): "Para que as relações de produção capitalistas se configurem, é necessária a existência, no mercado, dessa mercadoria especial, que permite a valorização do capital, a força de trabalho só pode ser oferecida no mercado e, assim, penetrar na esfera da circulação, transfigurada em elemento jurídico, isto é, sob a forma do direito, por meio das categorias jurídicas – sujeito de direito, contrato, etc. – enfim, sob a forma de uma subjetividade jurídica. É assim que o indivíduo oferece no mercado os atributos de sua personalidade: ele é livre – pois não é constrangido de vender-se (isto é, vender a mercadoria que ele possui, a sua força de trabalho); ao contrário, a decisão de se vender é fruto de um ato de sua inteira vontade – ele se vende em condição de plena igualdade ante o comprador – ambos se relacionam na condição de proprietários que trocam equivalentes [...]".

do direito civil que sustenta toda a estrutura jurídica da sociedade[i]. A fonte do fenômeno jurídico é a manutenção de um mundo contratual, no qual todas as coisas que existem são mercadorias. O direito é uma forma de estruturar os vínculos do capital e as relações da acumulação[ii]. Antes, a relação do escravizado com o senhor não era uma relação jurídica, era uma relação de força. Se o escravizado tivesse força, invertia a relação, tomando o outro como escravo. Não havia direito para impedir. No liberalismo, quem tem a força para garantir o capital de cada capitalista é o Estado.

O IBGE de 2019 divulgou que quase 52 milhões de brasileiros vivem na pobreza[iii]. Uma imensa população para a qual a justiça distributiva não se efetua, mas, porém, habita uma sociedade democrática, onde há uma Constituição de bem-estar, onde há Estado e onde há direito. Entretanto, isso não pode ser afirmado. Ou é uma sociedade extremamente desigual ou democrática. Ou é uma coisa ou outra.

O direito também se organiza na sociedade em termos de uma ideologia que estrutura a intelecção de mundo, que constitui modelos de compreensão da realidade dada, que o jurista absorve e reproduz. Nesse modelo, ideia de propriedade jamais pode ser questionada. Toda

---

i     Pachukanis (2017, p. 103): "O homem que produz em sociedade é o pressuposto do qual parte a teoria econômica. Desse pressuposto fundamental, deve partir a teoria geral do direito, que já lida com definições fundamentais. Assim, por exemplo, a relação econômica de troca deve existir para que surja a relação jurídica contratual de compra e venda. O poder político, com a ajuda das leis, pode regular, alterar, determinar e concretizar das mais diversas maneiras a forma e o conteúdo dessa transação jurídica".

ii     Pachukanis (2017, p. 97): "Do mesmo modo que a riqueza da sociedade capitalista assume a forma de uma enorme coleção de mercadorias, também a sociedade se apresenta como uma cadeia ininterrupta de relações jurídicas. A troca de mercadorias pressupõe uma economia atomizada. A conexão entre as unidades econômicas privadas estabelece uma conexão, caso a caso, por meio de contratos. A relação jurídica entre os sujeitos é apenas outro lado das relações entre os produtos do trabalho tornados mercadorias".

iii     Optou-se por trabalhar os dados de antes da pandemia de Covid-19. Desigualdade: em um extremo, os 10% mais pobres ficaram, em 2019, com menos de 1% do total de rendimentos recebidos pelas pessoas no país. No outro extremo, os 10% mais ricos ficaram com quase 43% (Disponível em: <https://g1.globo.com/jornal-nacional/noticia/2020/11/12/ibge-brasil-tem-quase-52-milhoes-de-pessoas-na-pobreza-e-13-milhoes-na-extrema-pobreza.ghtml>.)

e qualquer demanda social é posta no campo da juridicidade, ali processado e revertido pelo direito como se fosse juridicidade. Qualquer tentativa de mudança que vise alterar a ordem burguesa terá de ser por via de uma eleição, no modelo democrático liberal. Toda a demanda e os conflitos sociais deverão ser juridicizados. O direito manterá a ordem como está, fazendo com que as lutas sociais ou a crise permaneçam dentro dos quadrantes jurídicos.

Na juridicidade, os problemas da classe trabalhadora se resolverão com aumento salarial e leis protetivas do trabalho, e oprimidos sociais resolverão seus problemas por meio de cotas. Para toda sorte de minorias, corresponde um direito a conta-gotas. Estar na juridicidade é estar com direitos sociais, mesmo que só pró-forma.

## 3
## Positivismo jurídico e teoria crítica do direito

Kelsen se preocupava com uma ciência do direito, e não de uma política do direito. A Kelsen interessa dizer como é o direito, e não como ele deve ser ou como deve ser feito. Kelsen se volta ao direito enquanto tal e exclui tudo o que não pertence ao seu objeto. Esse é princípio metodológico fundamental de sua teoria. Kelsen não nega a aproximação do direito com outras áreas da ciência, mas rejeita qualquer sincretismo metodológico utilizado pelo direito. Justamente por isso, a obra se chama *Teoria pura do direito*, porque é de uma questão metodológica que se trata.

O positivismo jurídico sustenta que a justiça das normas se reduz ao fato de que elas são fixadas por quem tem força para fazê-las respeitar, isto é, o Estado. O que constitui o direito é sua validade jurídica. Embora Kelsen afirme que a norma jurídica se qualifica por sua coatividade, ele não sustenta de modo nenhum que o direito válido seja também o justo. O problema da justiça é um problema ético, e o problema jurídico é o problema da validade das normas. Em sua última aula em Berkeley, em 1952, ele se refere ao fato de nunca ter respondido à pergunta crucial: o que é a justiça?[i]

---

i   Kelsen *apud* Reale. Antiseri (2011, p. 29) cita Kelsen: "Minha única desculpa é que, a esse respeito, estou em ótima companhia: teria sido muita presunção fazer crer que eu teria podido alcançar êxito onde

Os teóricos críticos do direito[i] iniciam, em grande parte, fazendo a crítica ao positivismo jurídico, ao dogmatismo, em que o direito é percebido apenas como um conjunto compacto de normas que lhe compete sistematizar e interpretar. O direito estaria, assim, reduzido a uma produção técnica, burocratizada e um instrumento de poder estatal. Sob a égide dessa premissa, muitos operadores do direito alienam-se em relação ao processo de construção do próprio direito positivo, não enxergam o direito como ferramenta de gestão social, a função social das normas, tampouco o veem como um saber também a serviço da luta social, tão indispensável na sociedade em que vivemos.

A visão crítica do direito debruça-se a examinar a natureza do direito, por que ele é tal e qual e por que há dificuldade em determiná-lo. A visão crítica apreende o direito como fenômeno histórico, algo que aparece em momentos específicos na história da humanidade, mas que agrega uma especificidade no momento contemporâneo, quando as sociedades se estruturam no modo de produção capitalista, quando todas as relações entre as pessoas, políticas, econômicas, ocorrem de acordo com uma manifestação que é jurídica.

A teoria crítica encara o direito e sua produção da normatividade para além do Estado, introduzindo na análise a força dos movimentos sociais. Embora não se esteja negando ou descartando a dimensão tecnicista, formalista do direito, ainda que se reconheça que é um dos aspectos do mundo jurídico, faremos a leitura do direito que trabalha *pari passu* com a visão crítica da antropologia, da sociologia e da filosofia política, que visualizam o direito como produto dialético, de práticas e interações não apenas como manifestação normativa, imposta como dado abstrato, transcendente e universal, mas também contextualizado e construído a partir das lutas sociais[ii].

---

     falharam os pensadores mais ilustres. Consequentemente, não sei e não posso dizer o que é a justiça, aquela justiça absoluta que a humanidade procura. Devo me contentar com uma justiça relativa. Assim, posso dizer apenas o que é a justiça para mim. Como a ciência é a minha profissão, a justiça é para mim aquele ordenamento social sob cuja proteção pode prosperar a busca da verdade. 'Minha' justiça, portanto, é a justiça da liberdade, a justiça da democracia; em suma a justiça da tolerância".

i  Análises baseadas a partir das seguintes obras: *Pluralismo jurídico: fundamentos de uma cultura no direito*, de Antônio Carlos Wolkmer (2012), e *Estado e forma política*, de Alysson L. Mascaro (2013).

ii  Wolkmer, 2012, p. XV.

A modernidade ocidental no campo jurídico forma-se dentro de uma cultura monista. Embora a modernidade tenha inúmeras definições, ela é orientada para o controle racional da vida humana, e o positivismo está nesse contexto. O domínio econômico/jurídico racional burguês expõe suas contradições e potencialidades, aspirando o controle e a emancipação social. O pluralismo jurídico perde força para o monismo jurídico que se constitui como o perfil da cultura jurídica moderna, assentada no modelo econômico do modo de produção capitalista, uma nova visão de mundo, marcado pela ética mercantilista, pelo empreendedorismo, pela individualidade e pela competição no mercado, tudo dentro de uma concepção laicizada, secularizada e liberal, vista como doutrina filosófica ou ideológica do mundo moderno ou ainda econômica e político-jurídica.

A base liberal burguesa vai sustentar o mundo jurídico com o princípio da soberania popular, o princípio da divisão dos poderes, o princípio dos direitos e das garantias fundamentais e o princípio do império da lei, da supremacia constitucional e do Estado racional de direito. Inicia-se a hegemonia do direito privado e de como a burguesia vai conseguir mantê-lo em cima de grandes princípios como o direito de propriedade, o direito dos contratos, o direito de família e, na sequência, a constituição do direito público moderno, secularizado, burguês. Assim, de uma forma bastante panorâmica, a cultura jurídica monista se constituiu e a positivação passa a ser, através dos códigos, o emblema da modernização da sociedade europeia.

No final do século XX, a chamada *crise da modernidade* chega na administração da justiça. Alguns teóricos problematizam a crise da modernidade no âmbito dos grandes modelos teóricos no campo da religião, da economia, da política, da filosofia e da ciência. Surgiram questionamentos profundos em função dos grandes surtos de desenvolvimento da sociedade humana e a consequente desigualdade social. Os antigos modelos teóricos se mostraram insuficientes para entender as inquietudes os vazios existenciais e a falta de perspectivas por outras alternativas. A crise da modernidade começa pelas frustrações ante ideais iluministas, calcados nos princípios da liberdade, da igualdade e da fraternidade e que nunca foram realizados por nenhum regime político de modo concomitante: liberdade com igualdade e com fraternidade[i].

---

i    Giddens (1991, p. 123-131): a crise da modernidade deve ser entendida não como uma mera disfuncionalidade do sistema, o que seria uma visão muito mecanicista, mas como a combinação das contradições estruturais

O mundo capitalista avançou muito no campo da liberdade, defesa dos direitos civis e os direitos políticos, da livre competição e livre iniciativa, mas não deu a mesma relevância à conquista da igualdade, ou de uma maior igualdade e da fraternidade. O ideal de um socialismo proletário, de um paraíso socialista, também não se realizou. Não só não se realizou como ocorreu aquilo que seus teóricos mais condenavam, qual seja, a emergência de um socialismo burocrático. Nesse cenário se situa o fracasso também de socialismo que buscou a igualdade, mas deixou a liberdade e a fraternidade. Nem o capitalismo liberal nem o socialismo de Estado realizaram os três grandes ideais humanistas.

O problema da crise também chegou ao direito. E não é algo novo. Vamos encontrar em diferentes épocas questionamentos do direito vigente e teóricos que formularam discussões nesse sentido, os impasses e as contradições já na virada do século XIX para o século XX. Há emergência frente ao formalismo que se consolidava e defendia o positivismo jurídico. Mudanças epistêmicas com aberturas de horizontes chegam no direito com a crítica da cultura jurídica positivista liberal. A dogmática jurídica tem sido eficaz no campo da segurança, da previsibilidade na resolução dos conflitos, mas deixa a desejar no âmbito social, em termos de transformação de uma sociedade mais justa.

O sociólogo português Boaventura de Souza Santos, adepto da linha dos analistas que buscam alternativas dentro do modelo liberal, busca, em uma análise de uma favela do Rio de Janeiro no início dos anos 1970, uma explicação para a crise do paradigma jurídico moderno, ou seja, a ineficácia do direito estatal para dar uma resposta rápida e efetiva à desigualdade social. Há uma necessidade de mudar o eixo de um paradigma monista para um paradigma pluralista, que reconhece a existência de uma legalidade paralela, não obrigatoriamente oficializada, na sociedade em desenvolvimento como a do Brasil.

Em sua pesquisa, Boaventura chama a favela, objeto de seu estudo, de Pasárgada e intitula sua tese "O direito dos oprimidos". Nela, o autor trabalha este outro paradigma no campo do direito, o pluralismo jurídico[i], ou seja, o de buscar produzir direito e resolver conflitos para além

---

de uma dada sociedade. No campo político, econômico, social e jurídico há profundas contradições estruturais.

i    Assis; Kümpel (2011, p. 52): "Paralelamente ao modelo tradicional de administração tecnocrática da justiça, Santos reconhece a possibilidade de modelos alternativos de administração da justiça, que a torne, em geral, mais rápida, mais barata e mais acessível. Nesse sentido cita a justiça comunitária, que pressupõe a mediação ou conciliação através de

do Estado, sem estar preso à justiça ordinária, estatal. Essa discussão é o cerne da teoria crítica. Após o questionamento do paradigma formalista da modernidade, no campo da normatividade, o monismo jurídico, Santos projeta o questionamento pedagógico da teoria crítica[i].

A expressão é polissêmica. Existem inúmeros significados do que seja a teoria crítica. Na sociedade moderna, projetou-se muito a crítica ao capitalismo, à modernidade ocidental, a crítica eurocêntrica. A crítica moderna da Escola de Frankfurt[ii] surge com uma proposta de questionar a sociedade capitalista, o Estado moderno e, principalmente, o projeto da modernidade, o projeto da racionalidade iluminista e a lógica instrumental de uma racionalidade que se deturpou. Não mais a racionalidade emancipadora, mas uma racionalidade calcada na instrumentalidade, que vai servir à opressão e ao mercado.

Adorno, Benjamin, Horkheimer, depois Marcuse e Fromm, mais tarde Habermas, tiveram o papel de contribuir para o desenvolvimento de uma concepção de crítica como tomada de consciência, como possibilidade de resistência e emancipação à gestão. Esses teóricos, souberam harmonizar duas duas grandes matrizes: de um lado a teoria social marxista e sua concepção ontológica do ser e suas formas de alienação; e de outro, a aproximação da teoria psicanalítica. O marxismo traz a dimensão do social, da alienação, e a psicanálise vai trazer o mundo da subjetividade.

---

instâncias e instituições que sejam descentralizadas e informais e que possam substituir ou complementar o modelo tradicional. Essas reformas possibilitariam a construção de um direito novo, de um modelo jurídico capaz de limitar e restringir o espaço da dominação da hierarquia normativa, da ordenação da legitimidade sob coação, e de promover a expansão da retórica como processo dialógico de negociação e de participação, permitindo atingir formas de superar a crise do paradigma tradicional do direito."

i   Santos, 2015.

ii  Giddens (2012, p. 68): *A teoria crítica: pesquisa à luz das categorias de totalidade e dialética*. A sociedade deve ser pesquisada "como um todo" nas relações que ligam uns aos outros os âmbitos econômicos com os culturais psicológicos. É aqui que se instaura a ligação entre hegelianismo, marxismo e freudismo. Desde o colapso do bloco comunista do Leste europeu e a queda do muro de Berlim, as ideias de Marx e as teorias marxistas em geral perderam espaço na sociedade, porém uma análise marxista mais ampla das economias capitalistas continua a desempenhar um papel importante em debates sobre os rumos da mudança social contemporânea.

Essa notável junção influenciou o direito quanto às questões do racismo, do gênero, do problema dos imigrantes e do colonialismo. Esse atual momento da teoria crítica trabalha a perspectiva de uma episteme a partir do Sul, uma episteme construída a partir da subalternidade. Essas epistemes, que alguns como Boaventura[i] denominam *epistemologias do Sul*, pensam uma teoria crítica a partir do Sul, do subalterno, do outro, da vítima, interpretações críticas trabalhada no sentido transformador e emancipador, contra-hegemônico. O que a teoria crítica projeta para o direito é também a crítica emancipadora, porém, não visando necessariamente buscar outro modelo em termos políticos na tradição liberal, mas alternativas por dentro. Visualizar o que não funciona para permitir que o sistema volte a dar uma resposta às demandas da sociedade. Tal posicionamento vamos encontrar na obra de Ronald Dworkin.

# 4
# Dworkin e a igualdade como virtude soberana

No liberalismo, Ronald Dworkin é o nome que vai se debruçar no estudo das relações sociais e políticas que dizem respeito às ações afirmativas que visam à justiça social. É no campo da filosofia política que ele vai discutir o ideal de justiça que vem lá de Aristóteles e seu modelo de justiça distributiva, ou a melhor forma de distribuir os recursos entre os indivíduos de uma totalidade social. O ponto de partida de Dworkin é para princípio da igualdade.

Na visão liberal, o Estado não tem obrigação de proporcionar bem-estar material a qualquer um dos indivíduos. Isso cabe aos próprios indivíduos, livres que são para definir suas metas e executar as ações necessárias na realização de seus ideais de vida. Porém, como veremos na sequência deste tópico, Dworkin apresenta uma releitura do liberalismo, expondo uma teoria que traz a soma de três grandes ideais políticos, quais sejam, a igualdade, a liberdade e a comunidade, entendidos da seguinte forma: igualdade de recursos, liberdade com restrições (a liberdade parte da ideia de dever e, por isso, sofre restrições) e,

---

i    Santos, 2011.

em terceiro lugar, a comunidade[i], vista aqui como uma comunidade que pratica a tolerância liberal, um princípio que pressupõe a neutralidade do Estado quanto às concepções de bem-estar dos indivíduos, em que este é livre para viver da forma que bem entender, desde que com isso eu não produza prejuízos para os indivíduos ou não viole os interesses mais importantes da comunidade.

A inclusão, aqui, não é um pensamento oriundo do marxismo ou das teorias neomarxistas que, de fato, dela se apropriaram, mas sim do pensamento liberal, de que cada um deve ser livre para viver da forma que entende ser mais adequada. Dworkin apresenta sua teoria completa do direito (interpretativismo e o direito como integridade) na

---

i    Dworkin (2005, p. 160): "A igualdade de recursos [...] oferece uma definição de igualdade distributiva imediata e obviamente sensível ao caráter especial e à importância da liberdade. Ela faz com que a distribuição igualitária não dependa exclusivamente dos resultados que possam ser avaliados de maneira direta, como preferência-satisfação, mas em um processo de decisões coordenados no qual as pessoas que assumem responsabilidades por suas próprias aspirações e projetos, e que aceitam como parte dessa responsabilidade que pertencem a uma comunidade de iguais considerações, possam identificar os verdadeiros preços de seus planos para as outras pessoas e, assim, elaborar e reelaborar esses planos de modo que utilizem somente sua justa parcela dos recursos em princípio disponível para todos. Se uma sociedade real vai aproximar-se da igualdade de recursos depende, então, da adequação do processo de discussão e escolha que oferece a essa finalidade. É necessário um grau substancial de liberdade para que tal processo seja adequado, pois o verdadeiro preço para outrem de uma pessoa ter algum recurso ou oportunidade só pode ser descoberto quando as aspirações e as convicções das pessoas são autênticas e suas opções e decisões bem-adaptadas a essas aspirações e convicções. Nada disso é possível sem ampla liberdade. Portanto, a liberdade é necessária à igualdade, segundo essa concepção de igualdade, não na duvidosa e frágil hipótese de que realmente as pessoas dão mais valor às liberdades importantes do que aos outros recursos, mas porque a liberdade, quer as pessoas lhe deem ou não mais valor do que a todo o resto, é essencial a qualquer processo no qual a igualdade seja definida e garantida. Isso não transforma a liberdade em instrumento da igualdade distributiva mais do que este em instrumento da liberdade: as ideias, pelo contrário, se fundem em uma tese mais completa sobre quando a lei que governa a distribuição e o uso dos recursos trata a todos com igual consideração".

obra Império do direito[i], enquanto sua teoria da justiça, que é a teoria da igualdade de recursos, na obra *Virtude soberana*.[ii] Na obra *Levando os direitos a sério*,[iii] Dworkin explicita uma nova teoria do liberalismo.

Dworkin avalia que algumas premissas trazidas do positivismo jurídico e do utilitarismo moral comprometem alguns compromissos originais do liberalismo, particularmente valiosos para definição de sua posição, que tornavam o liberalismo uma teoria moral mais atraente. A junção positivismo jurídico e utilitarismo negligencia um dos pilares fundamentais do liberalismo original, que ele chama de *tese dos direitos*.

Em sua reinterpretação do liberalismo, Dworkin traz a lume uma das teses originais do liberalismo, qual seja, a tese de que cada indivíduo está protegido por um conjunto de direitos naturais e inegociáveis que devem prevalecer sempre, mesmo contra interesses majoritários, negando aqui a tese utilitarista. Também são direitos que existem independentemente de seu reconhecimento pelas normas jurídicas positivas, negando, também, o positivismo.

Ao acolher a tese dos direitos, Dworkin reata o liberalismo com o ideal de igualdade e o desata do positivismo e do utilitarismo. O valor que vai ocupar o centro não é mais a liberdade, mas a igualdade, o que, em um primeiro momento, seria controverso pelo próprio termo *liberalismo*, cuja nucleação é a defesa não apenas das liberdades individuais contra um poder absoluto, mas também de um mercado livre da intervenção estatal. A teoria política comprometida com a igualdade deve ser entendida em termos de igual respeito e igual consideração. A igualdade é a virtude soberana na comunidade política[iv].

Quando ataca o absolutismo, o liberalismo está denunciando não a falta de liberdade frente ao poder ilimitado do rei, mas a falta de igualdade em uma sociedade que é definida pelas diferenças entre nobreza, clero e povo. Está denunciando a desigualdade entre direitos e obrigações. Essa condição só pode ser desfeita se o governante detém um poder que os outros cidadãos não têm, mas um poder que não só tem limites como só pode ser exercido sob as normas feitas por esses cidadãos. A constitucionalização do poder não advém da proteção da liberdade, mas sim assegura condições simétricas na distribuição de poder.

---

i     Dworkin, 2007b.

ii    Dworkin, 2005.

iii   Dworkin, 2007a.

iv   Introdução do livro *A virtude soberana*... (Dworkin, 2005).

A igualdade que Dworkin coloca no centro dos compromissos morais do liberalismo tem duas faces: por um lado, igualdade de respeito e, por outro lado, igualdade de consideração.[i]

Igual respeito, diz Dworkin, refere-se ao fato de que nenhum indivíduo nasce com valor maior ou menor que os outros. Todos devem ter um tratamento igual, assim como todos devem ter os mesmos direitos e obrigações. Essa condição não só pôs fim ao sistema estamental que dividia direitos, mas também enquadrou o rei nos direitos e nas obrigações comuns, o igual respeito definidos para todos.

Já a igual consideração se aplica para recursos e oportunidades. Qualquer recurso de que o indivíduo precise para realizar os objetivos ou satisfazer as necessidades que melhor o atendam ao seu plano de vida. A igual consideração é a distribuição de recursos e oportunidades, e não se trata de um tratamento igual, mas como igual. Tratamento igual em recursos e oportunidades imputaria dar a todos os mesmos recursos e oportunidades, o que causaria uma injustiça. Distribuindo a mesma quantidade de recursos a quem tem situações iniciais de partidas diferentes, só melhoraria a condição de quem já estava em vantagem, ou seja, só aprofundaria assimetrias sociais já existentes.

O fundamento da igual consideração está em que todos tenham iguais chances de felicidade, mas nos próprios termos de cada um, ou seja, que se receba recursos pelos quais se tenha interesse e, da mesma forma, escolher as oportunidades. A escolha é um elemento importante da igual consideração porque não permite que os recursos sejam realizados por um distribuidor central, que distribui de maneira uniforme recursos e oportunidades, tirando dos indivíduos qualquer senso de responsabilidade pelas suas escolhas. Autenticidade das preferências e responsabilidade pelas escolhas são elementos fundamentais em relação à igual consideração, porque os indivíduos têm condições iniciais desiguais de partida que precisam ser compensadas.

O fundamento do igual respeito reside no fato de que todos os indivíduos têm o mesmo valor e, de igual modo, os mesmos direitos e as mesmas obrigações, estes atrelados à condição de receber um tratamento igual. Agora, a igual consideração tem como fundamento o fato de que todos devem ter chance de felicidade, concebida e buscada nos termos de cada um. Assim, no que se refere a recursos de oportunidades, haverá uma distribuição desigual, primeiro porque, se os indivíduos estão em pontos de partida diferentes, a distribuição precisa ser

---

i    Introdução do livro *A virtude soberana...* (Dworkin, 2005).

compensatória. É preciso dar mais a quem tem menos. Segundo, porque leva em conta as preferências e escolhas que são desiguais, preservando com isso a autenticidade das preferências e a responsabilidade das escolhas e dos projetos de vida de cada um[i].

A igual consideração faz com que a igualdade formal de direitos e obrigações não seja suficiente como concepção de igualdade no liberalismo, porque não se trata apenas de igualdade perante a lei. É necessário algum tipo igualdade material, que é a igual consideração. Um regime plenamente igualitário, em que todos recebessem exatamente os mesmos recursos e oportunidades, não seria a igual consideração. Estaria dando a todos tratamento igual, e não tratamento como igual, tratamento compensatório e individualizado, aliás, Aristóteles já dizia isso.

A igual consideração é o elemento que vai fazer com que o liberalismo igualitário esteja a meio caminho entre o libertarianismo e o socialismo[ii]. Apenas o liberalismo igualitário, na interpretação de Dworkin, consegue realizar ao mesmo tempo, igual respeito e igual consideração, e é aqui que se aclarara a relação do liberalismo com o capitalismo e com a democracia. Uma relação que o próprio Dworkin classifica como reticente ou ambígua, pois se trata de uma relação de adesão condicional tanto ao capitalismo quanto à democracia.

Nessa versão, o capitalismo é o esquema de distribuição de bens econômicos que consegue ter maior respeito pela igualdade, entendida como igual consideração, porque, como o capitalismo produz em função da demanda, ele produz cada vez mais aquilo que os indivíduos mais demandam. Ao contemplar as escolhas feitas pelos próprios indivíduos segundo suas preferências, o capitalismo realiza, de maneira mais bem-sucedida do que qualquer outro sistema, o ideal da igual consideração porque, ao mesmo tempo, produz em abundância uma variedade enorme de bens que correspondem ao regime plural de preferências dos indivíduos e deixa por conta destes a forma como utilizarão os recursos para escolher quais são os bens que lhes interessam.

---

i   Introdução do livro *A virtude soberana...* (Dworkin, 2005).

ii  No caso, o socialismo é o regime em que não apenas todos têm iguais direitos e iguais obrigações, mas também os mesmos recursos e as mesmas oportunidades a partir de um distribuidor central, que uniformiza a distribuição, não levando em conta as diferenças iniciais dos indivíduos, nem as diferenças que se referem às suas preferências. Já no libertarianismo, não existe nenhuma distribuição de recursos e oportunidades. O mercado tomaria conta de tudo, contemplando apenas o igual respeito, mas não a igual consideração.

O capitalismo consegue, assim, preservar a dimensão de igual consideração. E a democracia, ao fazer com que todos tenham um voto e com que os representantes sejam escolhidos pelo voto de todos, torna a distribuição do poder político o esquema que tem maior igualdade e equidade. Na distribuição de poder político, um indivíduo não terá mais poder político do que um outro, e todos serão representados nas decisões tomadas.

Uma crítica que se pode fazer a Dworkin é que ele subestima algumas questões sobre a produção, sobretudo no que diz respeito à criação artificial de interesses e de novas necessidades, dos mecanismos que tornam impossível escolhas que não estejam em correspondência com o estado técnico do capitalismo e com as uniformes demandas feitas pelo Estado e pelo próprio mercado. Dworkin trata tão somente de um esquema que atende à demanda.

Embora o capitalismo seja o esquema mais igualitário de distribuição de recursos e oportunidades no sentido de igualitário que Dworkin coloca, ele tem distorções. Essas distorções vêm do fato de que, em primeiro lugar, ele tem uma lógica majoritarista ao produzir mais, aquilo que é mais buscado pelos indivíduos. Se aquilo que se prefere corresponde à preferência de um grande número de indivíduos, é esta que vai ser contemplada pelo capitalismo, e serão esses os recursos e as oportunidades que estarão acessíveis em termos de preço ou de facilidade de acesso. Porém, caso as preferências sejam do tipo minoritário, que não estejam em quantidade suficiente que justifique o investimento capitalista, possivelmente não serão contempladas, porque o capitalismo não produz com vistas às preferências minoritárias ou, caso produza, será a um preço muito alto, fazendo com que nem todos que tenham essa preferência consigam satisfazê-la.

Nessa lógica seletiva, também, nem todos os indivíduos poderão ter cargos e profissões de suas escolhas, logo, nem todos poderão ganhar um salário correspondente aos seus interesses e às suas necessidades. O fato de ser a lógica capitalista competitiva ou seletiva, muitos indivíduos ficam excluídos do atendimento a seus interesses. Por isso, o capitalismo precisa de algum tipo de compensação para essas duas distorções. É preciso que os excluídos da seleção de mercado sejam auxiliados de alguma forma. Quando o Estado financia, por exemplo, setores relacionados à ciência ou à arte, está produzindo benefícios sociais, ou seja, está compensando uma distorção do capitalismo, está olhando para as preferências minoritárias que ficariam desatendidas se dependessem exclusivamente do processo de oferta e demanda do mercado.

Quando o Estado oferece um plano de aposentadoria para os idosos, um plano de auxílio para os desempregados, um plano para que aqueles que não têm condições de pagar pela educação privada tenham educação pública, aqueles que não têm condições de pagar pela saúde privada tenham saúde pública, e aqueles que não têm condições de pagar pelo cuidado de seus filhos tenham creches públicas, este Estado está, da mesma forma, socorrendo os indivíduos que não seriam contemplados na lógica de oferta e demanda do mercado. Ao providenciar compensações para que os excluídos tenham também chances de felicidade, o Estado está corrigindo a outra distorção do capitalismo, a de que os indivíduos não fiquem inteiramente à mercê da lógica do capitalismo, vivendo de uma forma que não corresponde às suas preferências.

As correções das distorções do capitalismo pelo Estado mostram que a adesão do liberalismo igualitário ao capitalismo é parcial. Fica-se com o que há de melhor no capitalismo, a distribuição que respeita preferências e escolhas, deixando de lado o que há de pior nele, o esquecimento das preferências minoritárias e a exclusão dos indivíduos que não foram contemplados pelos processos competitivos e seletivos do capitalismo. Nas distorções que o capitalismo provoca, é o Estado que deve providenciar, por meio de intervenções compensatórias, a correção delas.

A mesma coisa acontece com a democracia, em situações muito semelhantes às do capitalismo. A escolha dos representantes políticos a partir dos votos não significa que grupos minoritários tenham representantes, assim como não há como forçar os representantes escolhidos a contemplar seus interesses. Ou seja, eles não têm suficiente poder de pressão eleitoral, nem suficiente poder de eleição para eleger representantes ou se valer dos representantes contemplados. Esses grupos correm o risco de serem esquecidos em função dos interesses majoritários. É por essa razão que a democracia declara certos direitos fundamentais que visam proteger, sobretudo, as minorias mais vulneráveis, não apenas contemplando-as no direito positivo, mas protegendo-as contra alterações do direito positivo pela vontade majoritária. Os mecanismos constitucionais de proteção fornecem direitos fundamentais a essas minorias, direitos que não sejam eliminados ou alterados pela maioria, mesmo quando essa maioria assim o quiser.

Caso isso venha a acontecer, tais procedimentos serão anulados pelo Poder Judiciário, especialmente o STF, no controle judicial de constitucionalidade no caso de direitos fundamentais estarem sendo ameaçados pelas decisões majoritárias. A Constituição compensa providenciando direitos fundamentais que protegem as minorias vulneráveis, e o Poder Judiciário, principalmente a Suprema Corte, providencia mecanismo de fiscalização das leis aprovadas pelas maiorias, para que estas não passem por cima dos direitos fundamentais. É por essa razão que a adesão à democracia também é parcial. Não é uma adesão a todas as consequências da lógica majoritária da democracia.

O Estado, é importante frisar, compensa as distorções do capitalismo, e a Constituição compensa as distorções da democracia, providenciando direitos fundamentais. As ameaças à igualdade precisam ser compensadas. Daí por que é necessário a adesão parcial ao capitalismo e à democracia.

O direito positivo também é realizador da igualdade em grande parte. É ele que fornece a todos os mesmos direitos e obrigações porque está previsto nas leis, concedendo-nos a expectativa de que vamos ser tratados de determinada maneira. Porém, a partir de determinado ponto, o direito positivo também começa a ser uma ameaça à igualdade. Ele também pode fazer com que o igual respeito e a igual consideração não sejam contemplados e, por isso, a necessidade de ser suprido de alguma maneira. O que faz a compensação no caso do direito positivo são os princípios e os processos interpretativos.

A adesão do liberalismo igualitário ao direito positivo também é parcial, não aceita as distorções que é capaz de causar. Por isso a necessidade de recorrer aos princípios da interpretação como compensações daquelas que são as distorções produzidas pelo direito positivo, bem como a necessidade de substituir o modelo de regras por um modelo de regras e princípios ou, para ficar mais próximo do que Dworkin propõe para contrastar com o positivismo jurídico estrito de Kelsen, um modelo de regras, princípios e interpretação, ou seja, por um juspositivismo ético.

# 5
# Considerações finais

Embora Dworkin não seja um defensor dos princípios da economia neoclássica de que o mercado é perfeitamente autorregulado, ao contrário, é um forte crítico da Escola de Chicago de economia e direito – cuja ideia de justiça é baseada no critério de maximização da riqueza –, ele acredita que o Estado possa ser neutro em relação às concepções de bem viver dos indivíduos. Basta que a igualdade de recursos cumpra seu papel como princípio básico do liberalismo. Dworkin acredita no princípio legal mais geral de que o Estado possa desempenhar o papel de tratar a todos como iguais, com igual consideração e respeito. A igualdade de recursos, para Dworkin, seria uma distribuição igualitária inicial porque ele identifica que há desigualdades imerecidas a ser compensadas. Assim, a comunidade liberal seria, segundo Dworkin, a condição *sine qua non* para se alcançar o ideal da igualdade, com os indivíduos em total autonomia para viver a própria vida.

Entretanto, a democracia tem uma profundidade e um sentido muito mais elevados ao que o liberalismo real compreende e deixa compreender. Entre o que Dworkin fala e a realidade brasileira, há uma enorme e intransponível distância. Nosso chamado *Estado democrático de direito* está muito longe daquilo que Dworkin preconiza em termos de liberalismo igualitário. A democracia foi reduzida à ideia política que se faz crer eficaz quanto a todos terem acesso à cidadania e à ideia de organização de partidos políticos que se fazem crer representativos. Nossa democracia é assim porque, de fato, está adstrita à visão de mundo dos que dominam economicamente a sociedade. Colocada no duto do peculiar liberalismo brasileiro, a democracia é ineficiente para concretizar os direitos garantidos pela Constituição. O Estado é ineficiente quanto à correção das distorções provocadas pelo capitalismo, e a Constituição não realiza as compensações quanto às distorções da própria democracia, como ensina Dworkin.

O Estado não pode barrar os efeitos nocivos do poder econômico e conter o avanço das desigualdades, por mais democrático que seja, porque as grandes decisões estruturais da sociedade – a riqueza concentrada em tão poucas mãos, por exemplo – não passam pelo Estado. O Estado democrático delibera sobre tudo, desde que essas deliberações sejam sobre questões menos estruturais, como eleições, desarmamento, divórcio, casamento homoafetivo etc.

Não é o Estado que decide se viveremos ou não em uma sociedade capitalista, ou se a riqueza será distribuída. Democracia é escolher quem nos governará, e o escolhido governará tendo, de antemão, o papel estruturado sobre qual será sua competência. Seja do Poder Executivo, Legislativo ou Judiciário, agente público algum realizará alterações substanciais na estrutura da sociabilidade capitalista. O liberalismo exalta a democracia nos termos em que ela se encontra, porque ela é exatamente a não alteração das estruturas da sociabilidade capitalista, reduzida ao sistema de representação.

O problema crucial na democracia não é a opinião em si, mas a opinião política desconectada da ideia de justiça, e aqui retomando Aristóteles, a ideia de justiça é matemática. Aristóteles via um padrão na ideia de justiça, a saber, a justiça em seu sentido mais elevado, que é a equidade na distribuição dos bens. Essa é a ciência da justiça. Ciência não no sentido moderno, e sim em saber fazer. Aplicar a justiça é ter ciência para fazer na sociedade a mudança para que cada indivíduo tenha o que precisa, que se distribua de forma que cada um tenha o que é seu.

A democracia liberal não é um incômodo para a exploração do mundo, ela é a forma política da exploração e da acumulação e, para deslindar esses processos, é preciso que a democracia seja estudada a partir da forma da estrutura social sobre a qual está assentada. As elites brasileiras, que nunca tiveram qualquer projeto para o país, produzem, a partir de suas estruturas continuadas desde o período colonial, um entendimento sobre as classes baixas, qual seja, o de que estas são responsáveis pelo seu próprio fracasso econômico, são desinteressadas ou escolhem políticos corruptos para as representar. Convencer as pessoas de que o problema da desigualdade no Brasil não é a concentração de renda, mas a corrupção – não a corrupção privada, mas a do Estado – interessa muito à elite, e esse entendimento precisa ser martelado diariamente pelos grandes meios de comunicação[i]. A sociedade brasileira está estruturada de tal modo que uma elite do poder domina o conjunto todo, econômica, política e socialmente, mantendo a estrutura de injustiça social. Nada há de pior para as elites do que a ascensão de um governo popular que tenha o "nefasto" intento de colocar o pobre no orçamento.

Nessas considerações, finalizaremos indagando sobre as razões teóricas que nos levam a identificar um direito público e outros ramos do direito, enfim, as classificações que delineiam aquilo que chamamos de *ramos do próprio direito*. A Constituição, em todo esse contexto de compreensão do direito, é certamente o encadeamento central da vida jurídica, como o é o direito público em geral, central e fundamental da lide cotidiana.

É comum os manuais tratarem o direito público como se fosse algo de muito antigo na história da experiência jurídica e social do mundo. Porém, em termos da filosofia e história do direito, o direito público não existiu no passado, como também não houve, tecnicamente, no passado um direito privado como hoje conhecemos. Essa separação entre público e privado é desconhecida no passado histórico, inclusive, é desconhecido do que nós chamamos de *direito romano*, na medida em que

---

i  Souza, 2015, p. 5.

também, para Roma, não há uma separação, tal como hoje, das esferas das relações que são somente privadas das outras esferas de relações que são públicas.

O patrício na Roma antiga, por exemplo, era um senhor que escravizava pelo exercício de um poder privado com tal grau de discricionariedade que faz com que o Poder Público daquele tempo tenha, como característica, certa limitação do próprio poder, visto ser uma sociedade que se sustentava no trabalho da maioria escrava. Os homens chamados *livres* – Senado e Povo de Roma – tinham uma função bastante distinta do que é a sociedade contemporânea e o direito público do nosso tempo. Não há dominante econômico e, ao lado dele, o dominante político. É a mesma figura que domina economicamente, ou seja, o senhor de escravo é o mesmo que organiza suas ações na própria pólis. Essa figura concentra o poder econômico e o poder político.

O que ocorre entre vários senhores de escravos, onde todos dominam, é um acordo, uma coordenação. Aquilo que se chamaria de *direito público* no passado. É público porque coordena vários senhores, mas funciona enquanto pactuação privada. Não é um pacto jurídico. O que se chama de *direito público* no passado não é direito e não é público, porque há acordo entre senhores de escravos[i].

A Idade Média também desconhece a figura do direito público da forma como se conhece hoje. Lá, há um domínio total do nível econômico e do nível político pelo senhor feudal. Não há vínculo contratual entre senhor e servo. Pode até haver uma palavra, uma promessa, que o senhor feudal pode romper quando bem entender. Não é contrato, não é jurídico.

Esse modelo antigo e medieval penetra a Idade Moderna, transplantado na figura do Estado moderno, o monarca absolutista. Parece haver, então, a primeira figura do direito público porque, efetivamente, o rei organiza o domínio político maior do que aquele do feudo ou do senhor de escravos. Porém, esse poder ainda não é nem público nem é direito. Tecnicamente, não é direito público porque esse monarca não o organiza em favor do que seja o interesse do todo social, mas no domínio de seu próprio interesse. Os Estados modernos não passam de domínios de seus reis, tanto que, quando organizam a arrecadação dos impostos, arrecadam em favor de si ou, eventualmente, de sua corte, mas nunca em favor do público. Não se pode dizer que é direito público apenas porque há tributação, não há direito público porque não há direito tributário.

---

i   Baseado na obra *Estado e forma política*, de Alysson L. Mascaro (2013).

Na Idade Contemporânea, como resultado das revoluções burguesas, surge, pela primeira vez, a forma de um direito público porque começa a ser consolidada a forma do direito privado. Cai a velha ordem feudal servil e escravista antiga, em que havia poder concentrado em uma pessoa, mas também instabilidade, na medida em que nada garantia seu poder. As apropriações privadas das terras, da força de trabalho e das riquezas, ficaram para trás. O que se tem é a propriedade privada que se pode comprar e vender livremente, só que agora sob a função do direito.

A sociedade capitalista se organiza mediante vínculos jurídicos. Como já dissemos em algum momento do texto, os trabalhadores não são mais pegos à força. Quem não tem condições de subsistência vende sua força de trabalho mediante um vínculo contratual. Essa é a chave do surgimento do direito privado e do direito público. O pacto pelo qual se concretiza essa desigualdade em que um explora o outro é declarado como uma igualdade entre explorador e explorado.

Quem permite que o capital seja declarado ao capitalista, e não a quem o produz, é o Estado. A estruturação econômica da sociabilidade capitalista, ao engendrar o direito privado, teve de engendrar também o direito público para garantir o vínculo privado. O direito público jamais agirá no sentido de um interesse geral que seja contra o interesse da acumulação. O Estado que deveria circunscrever o privado é, fundamentalmente, circunscrito pelo privado. Caso alguém, investido de suas funções públicas, queira fazer cumprir princípios normativos constitucionais de grande impacto social, como a reversão da exploração capitalista, a força do direito público virá para mostrar até que ponto se pode avançar. Toda a tentativa de fazer cumprir princípios como erradicação da pobreza, habitação, saúde, educação é acompanhada de reações adversas, risco de golpe etc. As concessões que o público fizer serão enredadas no interesse do privado[i].

No decorrer da história jurídica brasileira, tivemos sempre a concepção piramidal do direito, da hierarquia da Constituição sobre os demais ramos do direito, mas na prática vemos a primazia dos dispositivos de direito privado. Ao direito público cabe a função de ter de resolver aquilo que é de fato uma contradição insolúvel, que é fazer com que a sociedade que se esgarça com a primazia do privado, consiga minimamente ter acesso aos bens públicos por meio de políticas públicas, desde que esse mínimo não incomode o capital.

---

i    Baseado na obra *Estado e forma política*, de Alysson L. Mascaro (2013).

A Constituição de 1988 aponta para o bem-estar social, mas vai também para o neoliberalismo, em mão contrária do que a normativa constitucional declara. Com isso, temos um público tentando remediar as questões sociais, enquanto o privado é a nucleação que não se abala. Debates, reflexões e palestras acontecem a todo tempo para falar de questões de direito público, questões de direito social e de direitos humanos. Quanto ao direito privado, pouco ou nada se debate porque, basicamente, é o contrato, é o cumprimento contratual, onde tudo está dito: *pacta sunt servanda*.

Pensar o público é pensar a primazia do interesse social, pensar a dignidade humana, os direitos humanos, pensar a democracia. A necessidade de muito se falar, muito se debater, é o sinal de sua fraqueza, a percepção de que a democracia jamais será a forma de emancipação social, mas apenas reforço para o capitalismo. A democracia no capitalismo é a estruturação da desigualdade.

Princípios de interesses dos trabalhadores e do povo nunca se aplicam totalmente, porque os Poderes e suas autonomias servem apenas para fazer funcionar normativamente o que já está dado. O que eles fizerem a mais será considerado norma programática, norma para ser cumprida em um futuro distante ou simplesmente ignorada. Porque não são poderes, são competências para organizar o processo da reprodução da sociabilidade capitalista.

## Referências

ARISTÓTELES. **Vida e obra**. São Paulo: Nova Cultural, 1996. v. 2. (Coleção Os Pensadores).

ASSIS, O. Q.; KÜMPEL, V. F. **Manual de antropologia jurídica**. São Paulo: Saraiva, 2011.

CHAUÍ, M. **Convite à filosofia**. São Paulo: Ática, 1995.

COMPARATO, F. K. **A oligarquia brasileira**: visão histórica. São Paulo: Contracorrente, 2017.

DWORKIN, R. **A virtude soberana**: a teoria e a prática da igualdade. São Paulo: M. Fontes, 2005.

DWORKIN, R. **Levando os direitos a sério**. São Paulo: M. Fontes, 2007a.

DWORKIN, R. **O império do direito**. Tradução de Jefferson Luiz Camargo. 2. ed. São Paulo: M. Fontes, 2007b.

ENGELS, F. **A origem da família, da propriedade privada e do Estado**. São Paulo: Lafonte, 2012.

ENGELS, F.; MARX, K. **A ideologia alemã**. São Paulo: M. Fontes, 1989. (Novas Direções).

FAORO, R. **Os donos do poder**: formação do patronato político brasileiro. Porto Alegre: Globo, 2001.

FERNANDES, F. **A integração do negro na sociedade de classes**. São Paulo: Nacional, 1978.

GIDDENS, A. **As consequências da modernidade**. São Paulo: Ed. da Unesp, 1991.

GIDDENS, A. **Sociologia**. Porto Alegre: Penso, 2012.

GRAU, E. R. **A ordem econômica na Constituição de 1988**. 9. ed. São Paulo: Malheiros.

MASCARO, A. L. **Estado e forma política**. São Paulo: Boitempo, 2013.

NAVES, M. B. **Marxismo e direito**: um estudo sobre Pachukanis. São Paulo: Boitempo, 2000.

PACHUKANIS, E. B. **Teoria geral do direito e marxismo**. São Paulo: Acadêmica, 1988.

SANTOS, B. de S. **Direito dos oprimidos**. São Paulo: Cortez, 2015. (Coleção Sociologia Crítica do Direito).

SANTOS, B. de S. **Para uma revolução democrática da justiça**. São Paulo: Cortez, 2011.

SOUZA, J. **A tolice da inteligência brasileira**: ou como o país se deixa manipular pela elite. São Paulo: LeYa, 2015.

WOLKMER, A. C. **Pluralismo jurídico**: fundamentos de uma nova cultura no direito. São Paulo: Alfa Ômega, 2012.

*A discricionariedade judicial:
o debate entre Hart e Dworkin*


*Discreción judicial:
el debate entre Hart y Dworkin*

*Safira Orçatto Merelles do Prado*

Graduada em Direito pela Pontifícia Universidade Católica do Paraná (PUCPR). Especialista em Direito Processual Civil pela PUCPR e em Direito Administrativo pelo Instituto Romeu Bacellar. Mestra em Direito do Estado pela Universidade Federal do Paraná. Integrante do Conselho Editorial da *Revista Direito do Estado em Debate*, da Procuradoria-Geral do Estado do Paraná. Parecerista do Conselho Editorial da *Revista de Direito Administrativo (RDA)*, Fundação Getúlio Vargas (RJ). Professora de Direito Administrativo e Constitucional da graduação em Direito do Centro Universitário Internacional Uninter. Instrutora de cursos voltados à Administração Pública. Advogada e consultora.

**Sumário**: 1. Considerações iniciais. 2. O sistema jurídico em Herbert HART. 3. O sistema jurídico em Ronald DWORKIN. 4. A questão da discricionariedade judicial: a principal divergência entre HART e DWORKIN. 5. Considerações finais. Referências.

**Resumo**: O presente estudo teve como finalidade analisar um dos debates mais importantes relacionados à ciência do direito, entre os filósofos Herbert Hart e Ronald Dworkin. O embate teórico versou a respeito da discricionariedade judicial, ou seja, sobre a possibilidade de o magistrado criar o direito, em razão da ausência de regulamentação legislativa para o caso. No Brasil, o presente debate assume relevância ante a postura ativista do Supremo Tribunal Federal diante das omissões legislativas. Enquanto Hart propugnava pela possibilidade de criação do direito a partir de um caso de difícil resolução, Dworkin afastou por completo a possibilidade de discricionariedade judicial, ao afirmar que os magistrados devem preencher as lacunas da lei fazendo uso dos princípios e das diretrizes, evitando o agir antidemocrático. Por sua vez, Hart afirmava que o uso da analogia também viabiliza a criação judicial, já que o magistrado não pode se eximir de cumprir com o dever de pôr fim à lide do caso concreto.

**Palavras-chave**: Discricionariedade judicial. Debate. Hart. Dworkin.

**Sumilla**: 1. Consideraciones iniciales. 2. El sistema legal en Herbert HART. 3. El ordenamiento jurídico en Ronald DWORKIN. 4. La cuestión de la discrecionalidad judicial: la principal divergencia entre HART y DWORKIN. 5. Consideraciones finales. Referencias.

**Resumen**: El presente estudio tuvo como objetivo analizar uno de los debates más importantes relacionados con la ciencia del derecho, entre los filósofos Herbert Hart y Ronald Dworkin. El choque teórico fue sobre la discrecionalidad judicial, es decir, sobre la posibilidad del magistrado de crear la ley, debido a la ausencia de regulación legislativa para el caso. En Brasil, el presente debate es relevante dada la postura activista del Supremo Tribunal Federal frente a las omisiones legislativas. Mientras Hart abogó por la posibilidad de crear la ley a partir de un caso de difícil resolución, Dworkin descartó por completo la posibilidad de discrecionalidad judicial, al afirmar que los magistrados deben llenar los vacíos de la ley utilizando principios y lineamientos, evitando actuar antidemocráticamente. A su vez, Hart afirmó que el uso de la analogía también posibilita la creación judicial, ya que el magistrado no puede eximirse de cumplir con su deber de poner fin al trato del caso concreto.

**Palabras clave**: Discrecionalidad judicial. Debate. Hart. Dworkin.

# 1
# Considerações iniciais

O presente artigo versa sobre a discricionariedade judicial, tema que serviu de supedâneo para um dos debates mais importantes relacionados à ciência do direito, entre os teóricos HART e DWORKIN.

A discricionariedade é um dos pontos centrais da teoria de HART, na medida em que serve de fundamento para a sistematização aberta do direito, teorizada pelo autor. Da mesma forma, a discricionariedade também tem função de destaque na teorização construtivista de direitos de Ronald DWORKIN.

O intuito do presente estudo foi o de reavivar o debate estabelecido entre HART e DWORKIN acerca da discricionariedade judicial, ou seja, sobre a possibilidade de o juiz criar um direito ao se deparar com uma lacuna da lei. O tema assume importância diante da postura ativista assumida pelo Supremo Tribunal Federal nos mais diversos julgados[i].

Para HART, essa possibilidade é plenamente viável, ao passo que, para DWORKIN, não há necessidade de o juiz criar um direito, pois este já existe, estando apenas ocultado. Consequentemente, a função do intérprete seria a de desocultar um direito já existente nos princípios e nas diretrizes.

Antes de adentrar ao tema propriamente dito, algumas noções acerca das concepções do sistema jurídico em H.L.A HART e em Ronald DWORKIN serão colacionadas, de modo que serão tratadas como preliminares necessárias para o entendimento do tema central.

---

i     A mudança de posicionamento ocorreu no início da década de 90 do século passado, com o Mandado de Injunção n. 232, de relatoria do Ministro Néri da Silveira (determinando ao órgão omisso a elaboração da norma faltante em prazo estabelecido pelo STF). Mas, sem dúvida, a mudança paradigmática ocorreu com os Mandados de Injunção n. 670, 708 e 712, ajuizados com o intuito de assegurar o direito de greve para os servidores públicos, ante a inexistência de norma regulamentadora do art. 37, inciso VII, da CF/1988. O STF, além de declarar a omissão legislativa, determinou a aplicação, no que coubesse, da Lei n. 7.783/1989, que estabelece as regras para o exercício do direito de greve na iniciativa privada.

Importante assinalar que as noções sobre sistema jurídico dos referidos teóricos e o debate sobre a discricionariedade não serão, de modo algum, esgotados no presente artigo. Mesmo porque cada temário justificaria a escrita de um trabalho monográfico em separado, em razão da importância do tema para a ciência jurídica.

## 2
## O sistema jurídico em Herbert HART

Diferentemente de Hans KELSEN[i], o positivismo de HART buscou seu fundamento na mudança pragmática da filosofia da linguagem, mais precisamente na filosofia da linguagem ordinária, que teve como principal expoente Ludwig WITTGENSTEIN. Essa concepção filosófica leva em consideração os usos e sinais a serem recepcionados pelos destinatários, bem como o contexto em que se situa o processo de comunicação[ii].

HART também fez uso das lições de John AUSTIN, que, por sua vez, refutou a primeira filosofia da linguagem (que preconiza a linguagem apenas sob um aspecto puro, artificial). AUSTIN concebia o ato de falar de modo consensual, incluindo-a na prática social.[iii]

Com base na teorização apresentada pelos citados autores, HART introduz na ciência jurídica o paradigma hermenêutico, afastando-se do neopositivismo lógico de KELSEN. Mas a sistematização de HART não deixa de ter um viés positivista, pois ela ainda é descritiva[iv]. No entanto, trata-se de um positivismo moderado, *"soft"*, visto que HART possibilita a abertura do sistema[v].

---

i    KELSEN foi o expoente do positivismo jurídico, que conduz o direito a um sistema fechado, sem qualquer influência de outros elementos. Segundo o teórico, esse sistema possibilita a resolução de casos concretos, a partir da hierarquização das normas jurídicas, de modo piramidal. Para aprofundamento, vide: PFERSMANN, 2014.

ii   KOZICKI, 1993, p. 3.

iii  Ibidem, p. 28.

iv  Ibidem, p. 4-5.

v   Como ele próprio define sua teoria, ao rebater as críticas de Dworkin (HART, 1996, p. 312).

Na sistematização hartiana, a função do intérprete tem bastante relevo, diversamente do que ocorre com o positivismo. Com efeito, o positivismo jurídico atribuiu ao intérprete da lei – em especial ao juiz – não apenas a imparcialidade no julgamento, mas também a neutralidade. A função do intérprete seria apenas a de subsumir os fatos às normas[i]. A teoria hartiana, nesse aspecto, em muito se afasta do positivismo, por inserir a hermenêutica ao sistema jurídico.

A compreensão do direito em HART parte da noção de obrigação. O autor não define ou conceitua o que seja obrigação, mas procura explicar o termo dentro de seu contexto de utilização. Dessa forma, vincula a existência de uma obrigação à existência de uma regra jurídica.

No entanto, afirma o autor que nem sempre uma regra pressupõe a existência de uma obrigação. Portanto, uma obrigação depende de uma regra, mas nem todas as regras têm como conteúdo jurídico uma obrigação.

> *A afirmação de que alguém tem ou está sujeito a uma obrigação traz na verdade implícita a existência de uma regra; todavia, nem sempre se verifica o caso de, quando existem regras, o padrão de comportamento exigido por elas ser concebido em termos de obrigação.*[ii]

O autor menciona o exemplo das regras de etiqueta, que seriam apenas regras de hábitos sociais, mas que não têm um conteúdo jurídico de obrigação[iii].

As regras que impõem obrigações são primárias, por conduzirem o sujeito a agir de determinada forma, independentemente de sua vontade. Mas, no sistema hartiano, é possível vislumbrar outras espécies de regras, concebidas como regras secundárias. Estas, por sua vez, não impõem condutas, mas seus conteúdos têm como finalidade a criação de órgãos. E, ainda, são as regras secundárias que especificam a forma de como as regras primárias podem ser criadas, alteradas ou excluídas do sistema[iv].

---

i     CELLA, 2018, p. 1.
ii     HART, 1996, p. 96.
iii    Idem.
iv    Ibidem, p. 91.

HART classifica as regras secundárias em regras de reconhecimento, de alteração e regras de julgamento. Segundo o autor, são esses os três remédios necessários para inserir as normas primárias no sistema jurídico. Dessa forma, as regras secundárias servem de supedâneo para a passagem de um sistema, até então inserido no mundo pré-jurídico, para um mundo jurídico[i].

Pela regra de reconhecimento, as regras primárias são inseridas no sistema, visto que estas devem encontrar naquela o fundamento de validade. A regra de reconhecimento "especificará algum aspecto ou aspectos cuja existência numa dada regra é tomada como uma indicação afirmativa e concludente de que é uma regra do grupo que deve ser apoiada pela pressão social que ele exerce"[ii].

Por sua vez, as regras de alteração trazem todo o procedimento necessário para alteração das regras primárias. E conferem a um corpo de indivíduos, em determinadas ocasiões, a possibilidade de criação de regras primárias. HART destaca a íntima interligação entre as regras de alteração e as regras de reconhecimento: "porque, quando as primeiras existirem, as últimas terão necessariamente de incorporar uma referência à legislação como um aspecto identificador das regras, embora não necessitem de referir todos os detalhes processuais envolvidos na legislação"[iii].

Completando a classificação das regras secundárias, as regras de julgamento conferem aos juízes a possibilidade de julgar litígios, definindo também todo o trâmite processual. Segundo o autor, elas "não impõem deveres, mas atribuem poderes judiciais e um estatuto especial às declarações judiciais sobre a violação de obrigações"[iv].

A compreensão dos enunciados normativos, ou seja, das regras primárias e secundárias podem ser vislumbradas de duas formas: a partir do ponto de vista interno ou externo. O primeiro pressupõe elementos cognitivos e volitivos. Os primeiros manifestam-se:

> na descoberta da correlação entre certos atos (e suas conseqüências) e o conteúdo da regra de conduta, expresso em termos gerais. Esta correlação dá origem a padrões de conduta

---

i   Ibidem, p. 103.
ii  Ibidem, p. 110
iii Ibidem, p. 105-106.
iv  Ibidem, p. 106-107.

*em consonância com a norma. Já o elemento volitivo refere-se ao desejo ou preferência de que este padrão se mantenha, para o sujeito que formula o enunciado e para os outros.*[i]

Já o ponto de vista externo é o do observador do sistema, que pode aceitar ou não os padrões impostos pelas regras. Esse observador pode limitar-se a observar a forma como as regras estão sendo recepcionadas pelos indivíduos ou, ainda, pode agir diante de uma regra por temor à sanção que pode seguir ao descumprimento[ii].

Dessa forma, HART identifica o direito a partir a junção entre regras primárias e secundárias, acreditando que não era possível conceber o sistema jurídico a partir de mandados e hábitos, como fazia AUSTIN. O sistema hartiano passa a ser compreendido não apenas como um universo de obrigações, mas também como um sistema regulatório de condutas e conflitos.

Além disso, a partir da preocupação hartiana com a linguagem, é possível constatar a textura aberta do direito, o que torna indispensável a existência das chamadas *regras secundárias*, visto que estas propiciam a concretização das regras primárias. O direito, para HART, é um sistema autorreferente, porque busca dentro da própria estrutura sua validade (a partir da regra de reconhecimento)[iii]. E é aberto, por possibilitar a influência de outros sistemas do conhecimento.

# 3
# O sistema jurídico em Ronald DWORKIN

DWORKIN se contrapõe ao primado do positivismo jurídico, por entender que nem sempre as proposições jurídicas estão vinculadas às regras (cuja existência depende de uma sanção), mas também a princípios (que não têm um conteúdo jurídico pré-definido)[iv]. O direito é o objeto principal de sua análise, fundamentando-a na prática jurídica, o que possibilitou ao teórico discutir de modo indubitável a questão da justiça.[v]

---

i     KOZICKI; CHUERI, 1993, p. 60.

ii     Idem.

iii     Ibidem, p. 61.

iv     CHUERI, 1993, p. 60.

v     Ibidem, p. 61.

O direito é vislumbrado como unidade e integralidade a partir da prática judicial norte-americana. DWORKIN analisa a atividade judicial tendo como pressuposto a democracia representativa, embora não a considere o melhor modelo[i]. E acredita que o problema não é a figura do operador jurídico, mas sim o que esse operadores consideram como sistema jurídico[ii].

O funcionamento do sistema a partir de DWORKIN tem como mote o papel dos princípios na fundamentação das decisões judiciais. Ele ressalta essa função ao distingui-los das políticas quando trata da responsabilização política dos agentes públicos. Os princípios têm como base o respeito aos direitos fundamentais de primeira geração, e as políticas têm como pressuposto a concretização de bens coletivos[iii].

Dessa forma, é possível concluir que os princípios estão voltados para uma concepção individualista, ao passo que as políticas estão voltadas para a coletividade. Consequentemente, as decisões judiciais teriam suas atenções voltadas precipuamente para os direitos individuais ou de determinado grupo, e o bem comum dependeria essencialmente do sistema político[iv].

Vera Karam CHUERI, ao tratar do assunto, afirma que:

> *Uma decisão jurídica gerada por proposições que descrevem direitos – por princípios – não é facilmente objetável por razões de política, uma vez que a dimensão política que se lhe atribui não redunda em expedientes imediatistas de consecução da felicidade geral, leia-se, mendigadas doses do bem comum, mas, sim, no enforcement dos direitos individuais. Ela é o próprio sentido da decisão, em que pese a segurança do cumprimento de um direito individual baseado nos princípios da equidade, da justiça e do devido processo legal.*[v]

Na teoria de DWORKIN, os princípios ganham relevância por passarem a integrar o ordenamento jurídico como espécies de normas jurídicas. A observância destes são requisitos para implementação da justiça, da equidade e da moralidade.

---

i APPIO, 2003, p. 83.

ii Ibidem, p. 84.

iii DWORKIN, 2000, p.82.

iv IKAWA, 2004, p. 105.

v CHUERI, 1993, p. 71.

DWORKIN diferencia os princípios das diretrizes. Os primeiros são vistos como gênero, cujas proposições jurídicas têm alta carga valorativa. Já as diretrizes são proposições que aportam objetivos políticos e, no mais das vezes, socioeconômicos. No entanto, caso um princípio abarque uma diretriz, não será fácil traçar a referida diferenciação, visto que os primeiros podem englobar objetivos sociais[i].

Os princípios e as regras diferenciam-se no momento de aplicação. Caso uma regra embase um caso concreto, ela será aplicada de modo integral. Ou, caso não se aplique, essa inaplicabilidade também ocorrerá de maneira total. Assim, diante das regras, persiste a lógica do "tudo ou nada". Já os princípios podem sofrer limitações com relação ao seu conteúdo normativo a partir de um caso concreto. Essa limitação pode acontecer a partir de outro princípio[ii].

Com relação à moral, DWORKIN só a vê desvinculada do direito na fase pré-interpretativa, quando o operador jurídico está identificando a proposição jurídica. A norma que afronta a moral não deve ultrapassar a segunda fase, que consiste na justificação da proposição. E muito menos ultrapassaria a terceira fase, em que deve ocorrer a justificação dos elementos normativos à justificação da proposição. Consequentemente, o percurso da interpretação impede que uma norma imoral atinja qualquer grau de validade, pois sequer chega a ultrapassar a primeira etapa do processo de interpretação[iii].

Ronald DWORKIN utiliza, em sua hermenêutica, a chamada *interpretação integrativa*, tendo como base a moralidade política como fator determinante para busca da melhor escolha. Mas a justificação de uma escolha também pode ocorrer pela dimensão de enquadramento. Esta proporciona uma teorização que justifique a melhor escolha entre as existentes. Nesse ponto, pondera Haradja Leite TORRENS:

> *Contudo, o empate é possível em qualquer sistema jurídico. A dimensão de moralidade política soluciona o empate, pois se existirem duas justificações igualmente satisfatórias para o caso haverá uma superior como teoria política e moral, e será aquela que melhor determine os direitos que os indivíduos realmente detêm. Em qualquer sistema jurídico existe a possibilidade de*

---

i   TORRENS, 2004, p. 153.
ii  Ibidem, p. 154-155.
iii DWORKIN, 1999, p. 65-68.

> *respostas diferentes para a primeira dimensão, além de suscitar o debate quanto à segunda dimensão dada sua indeterminação, porém não há possibilidade de inexistência de respostas.*[i]

A partir desses sopesamentos de escolhas, ou melhor, sopesamento com relação às consequências dessas escolhas, é que DWORKIN determina o que deve prevalecer no caso concreto, mesmo diante dos casos difíceis, afastando a discricionariedade judicial. E essa é a principal discussão travada com HART, como se confere a seguir.

# 4
# A questão da discricionariedade judicial: a principal divergência entre HART e DWORKIN

Mais do que sucessor de cátedra de HART, DWORKIN pode ser considerado como o principal crítico de teoria positivista hartiana. Vários são os pontos de divergência.

A regra de reconhecimento, que traz toda a validade ao sistema jurídico teorizado por HART, é tratada por DWORKIN como uma regra que aufere o *"pedigree"* das regras primárias, ou seja, uma regra voltada apenas para as questões formais. E, ainda que fosse possível identificar alguma questão relacionada ao conteúdo da regra de reconhecimento, tratar-se-ia apenas de fatos históricos.[ii]

Em resposta às críticas de DWORKIN, HART elabora um *postcript* em sua obra *The concept of law*, na tentativa de refutar as críticas recebidas. Com relação à regra de reconhecimento, o autor afirma que esta incorpora não apenas aspectos formais, mas também princípios de justiça ou valores morais substantivos. HART afirma que DWORKIN ignorou esse aspecto de sua teoria[iii].

DWORKIN prossegue com as críticas à sistematização hartiana, ao afirmar que o autor não deu a devida atenção aos princípios, visto que estes foram tratados de maneira superficial. E, nesse ponto, HART concorda com seu crítico, no sentido de constatar que

---

i    TORRENS, 2004, p. 155.

ii    IKAWA, 2004, p. 107.

iii    HART, 1996, p. 309.

realmente constituiu um defeito de usa teoria a abordagem dos princípios de modo passageiro[i].

Mas o principal embate dos autores versa sobre a possibilidade de os juízes criarem o direito nas situações em que se verifica a inexistência de uma lei aplicável. HART afirma que, se o juiz encontrar uma lacuna na lei, ao estar diante de um caso concreto a ser resolvido, é plenamente possível a criação de um direito. Já para DWORKIN, caso o juiz se defronte com um caso difícil (*hard case*), não é necessária a criação de um direito para a referida situação, visto que basta o magistrado "desocultar" um direito já existente.

Como já referido, o sistema jurídico para HART é aberto e autorreferente. Essa textura aberta do direito é possível na medida em que se reconhece aos juízes um poder discricionário. Portanto, quando a legislação não reconhece uma solução para determinado caso, os tribunais estariam autorizados a criar um direito para resolução daquela determinada situação.

HART afirma que reside na discricionariedade judicial a sua principal divergência teórica com DWORKIN:

> *O conflito directo mais agudo entre a teoria jurídica deste livro e a teoria de Dworkin é suscitado pela minha afirmação de que, em qualquer sistema jurídico, haverá sempre certos casos juridicamente não regulados em que, relativamente a determinado ponto, nenhuma decisão em qualquer dos sentidos é ditada pelo direito e, nessa conformidade, o direito apresenta-se como parcialmente indeterminado ou incompleto. Se, em tais casos, o juiz tiver de proferir uma decisão, em vez de, como Bentham chegou a advogar em tempos, se declarar privado de jurisdição, ou remeter os pontos não regulados pelo direito existente para a decisão do órgão legislativo, então deve exercer o seu poder discricionário e criar direito para o caso, em vez de aplicar meramente o direito estabelecido pré existente. Assim, em tais casos juridicamente não previstos ou não regulados, o juiz cria direito novo e aplica o direito estabelecido que não só confere, mas também restringe, os seus poderes de criação do direito.*[ii]

---

i    Ibidem, p. 321-322.
ii   HART, 1996, p. 335.

DWORKIN combate essa colocação de HART ao afirmar que os juízes deverão ser originais, no sentido de renovação do direito, sem, no entanto, criar um direito. Dessa forma, nos casos em que nem a legislação nem os precedentes indiquem expressamente a existência de um direito, o julgador não inovará na ordem jurídica, mas recorrerá aos princípios e diretrizes implícitos, quer nas regras, quer nos precedentes. A desocultação do direito ocorreria por meio da interpretação[i].

A zona de imprecisão do direito é o pressuposto do positivismo jurídico, devendo o juiz fazer uso da discricionariedade para resolver a questão que envolve o direito das partes. Esse é o principal argumento que sustenta a tese da não resposta certa, pregada pelo positivismo[ii].

DWORKIN combate essa argumentação ao afirmar que a má compreensão do positivismo com relação ao significado das palavras é que proporciona a "vagueza" do direito. Isso porque, acreditam os positivistas, se uma palavra não tem um sentido determinado, a regra jurídica também não será determinada, precisa[iii].

No entanto, a interpretação tem como função precípua o desacobertamento do direito, o que sustenta a tese da resposta certa de DWORKIN. Nesse ponto, mais uma vez verifica-se a relevância do estudo de Vera Karam CHUERI ao estudar o tema:

> *através da interpretação poder-se-ia superar a indeterminação ou vagueza que se apresentam nas regras, na medida em que se buscariam, a partir das mesmas, os princípios ou políticas que melhor agasalhassem as pretensões das partes. DWORKIN tenta mostrar que mesmo através dos mecanismos utilizados pelo positivismo como mera exegese dos textos legais (a interpretação no seu uso corrente), poderia o juiz chegar à melhor justificação política possível; à decisão; à resposta certa, sem que para isso, tivesse que criar um novo direito.*[iv]

O intérprete, para o qual DWORKIN propõe o modelo de juiz ideal – Hércules –, deverá fazer uso dos princípios e das regras para encontrar a melhor interpretação para o caso em análise, sendo desnecessária, portanto, qualquer necessidade de criação de direito[v].

---

i   DWORKIN, 2000, p. 223-227.
ii  CHUERI, 1993, p. 90.
iii Ibidem, p. 91.
iv  Ibidem, p. 91-92.
v   CELLA, 2018, p. 9.

Essa análise interpretativa, que toma como base princípios e regras, também se utiliza da argumentação racional a partir de critérios morais. Portanto, na sistemática proposta por DWORKIN, toda a norma jurídica depende de uma justificação moral[i].

De modo diverso ocorre com relação ao positivismo hartiano. Ao tentar desenvolver uma concepção de direito aplicável a qualquer ordenamento, HART abre a possibilidade de a validação do direito não estar atrelada à moral. Consequentemente, a regra de reconhecimento pode vir a ser preenchida com os mais variados conteúdos, mas não necessariamente atrelados à moral e à justiça[ii].

Em continuidade ao debate acerca da discricionariedade[iii], DWORKIN afirma que a criação de direitos pelos juízes é uma forma antidemocrática e injusta de criação legislativa, tendo em vista o fato de que, no sistema norte-americano, os juízes não são eleitos para essa finalidade[iv]. HART rebate essa crítica ao asseverar que a criação atribuída aos juízes difere da criação feita pelo órgão legislativo. A criação feita pelo juiz tem como finalidade única a resolução de um caso concreto, portanto, não pode ocorrer de maneira arbitrária. O juiz deve trazer as justificativas que o levaram a criação do direito, observando sempre os postulados da racionalidade prática[v].

Segue o teórico afirmando que a criação do direito não é uma forma injusta de criação do direito, em razão de essa criação evitar outras inconveniências, no mais das vezes, a aplicação de métodos alternativos de regulamentação de litígios, como, por exemplo, o reenvio da questão para o órgão legislativo[vi].

Uma consideração não efetuada por DWORKIN foi a de que, por vezes, ao se deparar com um caso concreto cuja solução não se encontra na letra da lei, os juízes fazem uso da analogia. E, mesmo nesse caso, HART afirma que o juiz inova na ordem jurídica:

---

i     TORRENS, 2004, p.152.

ii     HART, 1996, p. 185.

iii     É importante asseverar que, ao se referir à discricionariedade, DWORKIN a trata em seu sentido mais forte, que é o de total liberdade de criação do direito. Essa tese é insustentável para o autor.

iv     DWORKIN, 1999, p. 229-235.

v     HART, 1996, p. 336.

vi     Ibidem, p. 338.

> *Mas embora este último processo, seguramente, o retarde, a verdade é que não elimina o momento de criação judicial de direito, uma vez que, em qualquer caso difícil, podem apresentar-se diferentes princípios que apóiam analogias concorrentes, e um juiz terá freqüentemente de escolher entre eles, confiando, como um legislador conscencioso, no seu sentido sobre aquilo que é melhor, e não em qualquer ordem de prioridades já estabelecida e prescrita pelo direito relativamente a ele, juiz. Só se, para tais casos houvesse sempre de se encontrar no direito existente um determinado conjunto de princípios de ordem superior atribuindo ponderações ou prioridades relativas a tais princípios concorrentes de ordem inferior, é que o momento de criação judicial de direito não seria meramente diferido, mas eliminado.*[i]

HART conclui que a única forma de impossibilitar a criação de um direito, mesmo no caso de utilização de analogia, seria a existência de uma ordem de princípios que pré-determinassem a forma como os outros princípios (de ordem inferior) deveriam ser utilizados. Como não existe essa preeminência principiológica, há plena possibilidade de o juiz criar o direito para solução da situação em concreto.

Mesmo porque, em que pese o magistrado encontrar-se diante de princípios contraditórios, ainda assim haverá discricionariedade, visto que o intérprete terá de fazer uma opção. Vale asseverar que não existe um critério estático de aplicabilidade de princípios e que, portanto, em razão dessa indeterminabilidade, o juiz atuará de maneira discricionária.

Concluindo o debate, DWORKIN afirma que a criação judicial é injusta, já que ocorre após a realização de um fato, fazendo com que uma normatização atinja fatos pretéritos. HART contesta ao afirmar que indagação é irrelevante nos chamados *casos difíceis*, uma vez que "se trata de casos em que o direito deixou regulados de forma incompleta e em que não há um estado conhecido do direito, claramente estabelecido, que justifique expectativas"[ii].

---

i  Idem.
ii  Ibidem, p. 339.

# 5
# Considerações finais

HART identifica o direito a partir a junção entre regras primárias e secundárias, além de apontar uma diferenciação com relação à forma de observar o sistema sob um ponto de vista interno e um externo. Segundo o autor, somente com a internalização no sistema é possível a exata compreensão das regras. Já o ponto de vista externo oportuniza apenas uma visão aproximada do sistema jurídico.

O fundamento de validade de uma regra primária deve ser aferido por uma regra secundária, mais precisamente pela regra de reconhecimento.

O sistema hartiano é compreendido não apenas como um universo de obrigações, mas também como um sistema regulatório de condutas e conflitos. Contudo, em razão da abertura que é propiciada nessa sistematização, HART propugna pela possibilidade de criação do direito diante de um caso de difícil resolução.

E é essa a principal divergência com relação à teorização proposta por DWORKIN. Esse teórico afasta por completo a possibilidade de discrição judicial, ao afirmar que os juízes devem preencher as lacunas da lei fazendo uso dos princípios e das diretrizes. Aliás, a sistematização do direito em DWORKIN tem como mote o papel dos princípios na fundamentação das decisões judiciais, devendo ser utilizados para proteção dos direitos fundamentais de primeira geração.

Para DWORKIN, a possibilidade de criação do direito pelo Judiciário é antidemocrática visto que os juízes não são eleitos para o exercício dessa função. E, ainda, a possibilidade de criação do direito por um juiz acaba por induzir o alcance de uma norma a fatos pretéritos.

HART rebate as críticas ao afirmar que a criação do direito é um "preço necessário a ser pago", com o intuito de se evitar a utilização de métodos alternativos de criação legislativa. Com relação à criação de normas *ex post facto*, afirma que, por se estar diante de casos em que inexiste lei a ser aplicada, é irrelevante tal assertiva, em razão da necessidade de se buscar um direito a tutelar o caso em concreto.

HART afirma que, mesmo no caso de analogia, é possível a criação judicial, e essa forma de aplicação do direito constitui-se em um ponto fundamental na teoria construtivista de DWORKIN.

Por todo o exposto, é possível concluir que o debate desenvolvido por HART e DWORKIN acerca da discricionariedade judicial trata não apenas da possibilidade de o juiz criar o direito diante de uma situação, mas também da existência de um dever de decidir, mesmo nas situações difíceis. Tal questão envolve diversos aspectos dos sistemas concebidos pelos teorizadores, mas que não desobrigam o juiz de encontrar uma solução para a situação em concreto, seja pela interpretação, seja pela criação do direito.

## Referências

APPIO, E. A judicialização da política em Dworkin. **Sequência – Revista da Pós-Graduação em Direito da UFSC**, Florianópolis, n. 47, p. 81-97, dez. 2003.

CELLA, J. R. G. **Legalidade e discricionariedade**: o debate entre Hart e Dworkin. Disponível em: <http://www.cella.com.br/conteudo/conteudo_27.pdf>. Acesso em: 1 jun. 2018.

CHUERI, V. K. de. **A filosofia jurídica de Ronald Dworkin como possibilidade de um discurso instituinte de direitos**. 1993. 182f. Dissertação (Mestrado em Direito) – Setor de Ciências Jurídicas, Universidade Federal de Santa Catarina, Florianópolis, 1993.

DWORKIN, R. **O império do direito**. Tradução de Jefferson Luiz Camargo. São Paulo: M. Fontes, 1999.

DWORKIN, R. **Uma questão de princípios**. Tradução de Luis Carlos Borges. São Paulo: M. Fontes, 2000.

HART, H. L. A. **O conceito de direito**. 2. ed. Lisboa: Fundação Calouste Gulbenkian, 1996.

IKAWA, D. R. Hart, Dworkin e discricionariedade. **Lua Nova**, n. 61, p. 97-113, 2004.

KOZICKI, K. **H. L. A. Hart**: a hermenêutica como via de acesso para uma significação interdisciplinar do direito. 1993. 121f. Dissertação (Mestrado em Direito) – Setor de Ciências Jurídicas, Universidade Federal de Santa Catarina, Florianópolis, 1993.

KOZICKI, K.; CHUERI, V. K. de. Entre sonhos e pesadelos dormimos o sono da modernidade. **Estudos Jurídicos**, Curitiba, v. 1, n. 1, p. 57-66, ago. 1993.

OLIVEIRA JÚNIOR, E. de. Uma noção de justiça, a partir das teorias defendidas pelos autores Hart e Dworkin. **Novos Estudos Jurídicos**, ano V, n. 10, p. 49-53, abr. 2000.

PFERSMANN, O. **Positivismo jurídico e justiça constitucional no século XXI**. Tradução e organização de Alexandre Coutinho Pagliarini. Prefácio de Jorge Miranda. Apresentação de Francisco Rezek. São Paulo: Saraiva, 2014.

SILVA FILHO, J. C. M. da. Dworkin e os princípios: os avanços da hermenêutica crítica do direito. **Estudos Jurídicos**, São Leopoldo, v. 31, n. 81, p. 73-94, jan./abr 1998.

TORRENS, H. L. Neopositivismo e pós-positivismo jurídico nas doutrinas de Hebert Hart e Ronald Dworkin. In: TORRENS, H. L.; ALCOFORADO, M. S. G. (Org.). **A expansão do direito**: estudos de direito constitucional e filosofia do direito em homenagem a Willis Santiago Guerra Filho (por duas décadas de docência e pesquisas). Rio de Janeiro: Lúmen Júris, 2004. p. 147-158.

*Violação aos direitos à privacidade e à
intimidade e a submissão à jurisdição*

*Violación de los derechos a la privacidad e
intimidad y sometimiento a jurisdicción*

*Tatiana Lazzaretti Zempulski*

Mestre em Direito Empresarial e Cidadania pelo Centro Universitário Curitiba – Unicuritiba (2014). Aperfeiçoamento em Direito do Trabalho e Processual do Trabalho pela Universidade Sapienza, Roma (2017). Pós-graduação em Direito Material e Processual do Trabalho pela PUCPR (2005). Graduada em Direito pela Universidade Estadual de Ponta Grossa-PR (1998). Professora convidada do Curso de Especialização em Direito e Processo do Trabalho da ABDConst. Professora adjunta dos Cursos de Direito da Uniopet-PR e do Centro Universitário Internacional Uninter. Advogada especialista na área trabalhista.

*Igor Fernando Ruthes*


Mestre em Direitos Fundamentais e Democracia pelo Centro Universitário Autônomo do Brasil – Unibrasil (2015). Especialista em Direito Ambiental pelo Centro Universitário Internacional Uninter (2020). Bacharel em Direito pelo Unibrasil (2008) e em Ciências Contábeis pela Faculdade Católica de Administração e Economia – FAE Business School (2003). Procurador Municipal de Balsa Nova/PR.

**Sumário**: 1. Introdução. 2. Direitos fundamentais, direitos de personaildade e a distinção da esfera pública da esfera vida privada. 2.1. O direito à privacidade. 2.2. O direito à intimidade. 3. Julgamentos sobre a violação do direito à privacidade e intimidade. 3.1. Violação ao direito à privacidade submetido à Corte Interamericana de Direitos Humanos. 4. Considerações finais. Referências.

**Resumo**: Os direitos fundamentais devem ser as lentes sob as quais todo o ordenamento jurídico deve ser interpretado. Entre eles encontra-se o direito à vida privada, que se divide em direito à privacidade e direito à intimidade. A jurisdição internacional tem se manifestado em casos de sua violação por Estados soberanos. O presente artigo estuda quais os possíveis impactos dos direitos humanos referidos na autonomia reprodutiva de acordo com decisão paradigma proferida pela Corte Interamericana de Direitos Humanos.

**Palavras-chave**: Direitos fundamentais. Vida privada. Autonomia reprodutiva. Ingerência estatal. Liberdade.

**Sumilla**: 1. Introducción. 2. Derechos fundamentales, derechos de la personalidad y distinción entre el ámbito público y el ámbito de la vida privada. 2.1. El derecho a la privacidad. 2.2. El derecho a la privacidad. 3. Sentencias sobre la violación del derecho a la intimidad y la intimidad. 3.1. Violación del derecho a la privacidad sometido a la Corte Interamericana de Derechos Humanos. 4. Consideraciones finales. Referencias.

**Resumen**: Los derechos fundamentales deben ser la lente a través de la cual debe interpretarse todo el sistema jurídico. Entre estos se encuentra el derecho a la vida privada, que se divide en intimidad y privacidad directa. La jurisdicción internacional se ha manifestado en casos de su violación por parte de Estados soberanos. Este artículo estudia los posibles impactos de los derechos humanos referidos en la autonomía reproductiva según el paradigma dictado por la Corte Interamericana de Derechos Humanos.

**Palabras clave**: Derechos fundamentales. Vida privada. Autonomía reproductiva. Interferencia estatal. Libertad.

# 1
# Introdução

O presente artigo visa estudar o direito fundamental à privacidade e seus possívies reflexos sobre a autonomia reprodutiva dos cidadãos. Para tal fim, foi escolhida como paradigma a decisão da Corte Interamericana de Direitos Humanos proferida no Caso Artavia Murillo e Outros vs. Costa Rica, que versou sobre a vedação da fertilização *in vitro*.

Para tal fim, este estudo aborda, primeiramente, a posição central que os direitos humanos e fundamentais devem ocupar no ordenamento jurídico, principalmente no período pós-Segunda Guerra Mundial.

Em outro momento, aborda-se o conceito de intimidade e privacidade e, por fim, a partir da análise de um caso concreto, são traçados alguns aspectos dos direitos humanos em questões reprodutivas.

# 2
# Direitos fundamentais, direitos de personalidade e a distinção da esfera pública da esfera vida privada

Os direitos humanos são voltados para a esfera do público, tendo em vista que, para Hannah Arendt, formas governamentais como as totalitaristas impedem a vida privada e fazem desaparecer a intimidade, aparecendo a desolação, que se caracteriza pela pessoa não ter mais intimidade: "Eu estou em falta comigo mesmo e não tenho tranquilidade para pensar, e o pensamento, para ela, ao questionar prejulgamentos, torna possível uma autêntica vita activa"[i].

A autora, quando se refere ao totalitarismo, diz respeito às arbitrariedades cometidas pelos Estados em tempos de guerra, em que são violados os direitos humanos.

Após o final da Primeira Guerra Mundial, surge a inclusão de garantias fundamentais e interesses sociais nas constituições, fenômeno chamado de *constitucionalismo social*[ii].

---

i   LAFER, 2009, p. 239.
ii  MARTINS, 2011, p. 8.

Os direitos de personalidade são espécies de direitos fundamentais e abarcam os direitos de estado, como o direito de cidadania; os direitos sobre a própria pessoa, como o direito à privacidade; os direitos distintivos da personalidade, como o direito à informática; e os direitos relativos à liberdade, como a liberdade de expressão[i].

No entendimento de Hannah Arendt[ii], são direitos públicos os direitos de associação voluntária (interesses comuns aos concidadãos) – direitos humanos de primeira dimensão e os direitos individuais exercidos coletivamente, que, para vigorarem em sua plenitude, requerem o vínculo da cidadania e seu exercício coletivo gera poder, sendo voltados a um mundo comum e compartilhado[iii].

A esfera do ponto de vista jurídico é vista como "o ponto de colisão entre o público e o privado". Assim, para que ocorra a solução, estabelece-se um juízo de ponderação entre direitos fundamentais, princípios, garantias e regras[iv].

As diferenças entre as esferas pública e privada podem ser vistas a partir de uma análise das funções públicas são as de cunho político e os homens são considerados cidadãos; na esfera privada, são apenas homens[v].

No caso do Brasil, entende-se que o país chega à pós-modernidade "sem ter conseguido ser nem liberal nem moderno"[vi]. Tendo em vista que o Estado está sempre presente, sendo necessárias "as bênçãos do poder estatal" para a implantação de projetos empresariais e sociais[vii].

---

i    CANOTILHO, 2011, p. 396.

ii   Citado por LAFER, 2009, p. 238.

iii  LAFER, 2009, p. 238.

iv   LORENZETTI, 1998, p. 463.

v    CAPELLA, 1997, p. 110: "Lo cual significa que lo público o político es así general o común a todos: en la esfera pública no puede aparecer um domínio particular o de clase; en la esfera pública no hay hombres, sino – como veremos – ciudadanos. La distinción de esferas significa también que nada privado puede ser politicamente relevante; que los indivíduos particulares, mientras permanezean em la esfera privada, carecen de poder sobre los assuntos de la colectividad. En la esfera privada no hay ciudadanos, sino 'hombres' – en el sentido de indivíduos. Lo privado es – en este discurso – apolítico".

vi   BARROSO, 2003, p. 161.

vii  Idem.

Na declaração Universal dos Direitos Humanos de 1948, em seu Artigo I, ficou estipulado que: "1. Todos os homens nascem livres e iguais em dignidade e direitos. São dotados de razão e consciência e devem agir em relação uns aos outros com espírito de fraternidade"[i].

A função social da propriedade "representa um poder-dever positivo, exercido no interesse da coletividade, e inconfundível, como tal, com as restrições tradicionais ao uso de bens próprios"[ii].

Deve-se observar que a propriedade privada e a função social da empresa são elevados ao *status* de direitos fundamentais inseridos na Constituição de 1988, por meio dos arts. 5º, *caput*, incisos XXII e XXIII[iii], e 170, inciso III[iv].

Imperioso destacar que outra função importante dos direitos fundamentais é a função de não discriminação, que abrange as questões relativas à liberdade religiosa, de acesso a empregos públicos e privados, direito à saúde, direitos das pessoas que vivem com o vírus HIV[v].

Portanto, a não discriminação é aplicação do princípio da igualdade entre as pessoas. A igualdade entre os homens, segundo Rosseau, estabeleceu que, para a espécie humana, existem duas espécies de desigualdade, a natural e a desigualdade moral ou política[vi].

---

i  COMPARATO, 1995, p. 231-234.

ii  Ibidem, p. 37.

iii  Constituição de 1988: "Art. 5º [...] XXII – é garantido o direito de propriedade; XXIII – a propriedade atenderá a sua função social;" (BRASIL, 1988).

iv  Constituição de 1988: "Art. 170. A ordem econômica, fundada na valorização do trabalho humano e na livre iniciativa, tem por fim assegurar a todos existência digna, conforme os ditames da justiça social, observados os seguintes princípios: I – soberania nacional; II – propriedade privada; III – função social da propriedade; IV – livre concorrência; V – defesa do consumidor; VI – defesa do meio ambiente, inclusive mediante tratamento diferenciado conforme o impacto ambiental dos produtos e serviços e de seus processos de elaboração e prestação; VII – redução das desigualdades regionais e sociais; VIII – busca do pleno emprego; IX – tratamento favorecido para as empresas de pequeno porte constituídas sob as leis brasileiras e que tenham sua sede e administração no País. Parágrafo único. É assegurado a todos o livre exercício de qualquer atividade econômica, independentemente de autorização de órgãos públicos, salvo nos casos previstos em lei" (BRASIL, 1988).

v  CANOTILHO, 2011, p. 410.

vi  ROSSEAU, 1999, p. 159.

Já para Hans Kelsen[i], "a igualdade dos sujeitos na ordenação jurídica, garantida pela Constituição, não significa que estes devam ser tratados de maneira idêntica nas normas e em particular nas leis expedidas com base na Constituição"[ii].

Portanto, o tratamento abstrato e genérico do indivíduo torna-se insuficiente, pois os sujeito de direito deve ser tratado de modo específico de acordo com suas particularidades. Nesse ponto de vista, determinados grupos vulneráveis, como pessoas com deficiência, afrodescendentes, mulheres, imigrantes e crianças devem ser vistas nas especificidades e peculiaridades de sua condição social.

Noutro vértice, surge, também, o direito à diferença como sendo digno de tutela pelo regime dos direitos fundamentais. Nessa toada, as características que constituem a diversidade também demandam proteção especial do Estado[iii].

No direito internacional, a igualdade está contemplada na Declaração Universal dos Direitos Humanos, art. 1: "todos os seres humanos nascem livres e iguais em dignidade e direitos. São dotados de razão e consciência e devem agir em relação uns aos outros com espírito de fraternidade"[iv].

Logo, a não discriminação é, provavelmente, a mais expressiva manifestação do princípio da igualdade, cujo reconhecimento, como valor constitucional, inspira o ordenamento jurídico brasileiro.

## 2.1 O direito à privacidade

A privacidade, para a maioria da doutrina, é compreendida como um direito de personalidade mais amplo, que abrange espécies de tipos de privacidade, não permitindo um conceito fechado[v]. Para J.J. Calmom de Passos[vi],

---

i   Citado por MELLO, 1999, p. 11.
ii  MELLO, 1999, p. 11.
iii PIOVESAN, 2010, p. 49.
iv  DECLARAÇÃO..., 1948.
v   GAMIZ, 2012, p. 60.
vi  Citado por CAVALIERI FILHO, 2014, p. 143-144.

> *A privacidade é o refúgio da dignidade pessoal, o núcleo inexplorável do indivíduo, pelo que somente ele, pode autorizar sua desprivatização. E esta regra não comporta exceções. Tudo que é informado se torna público, deixa de ser íntimo ou privado, de onde se conclui que, nessa área, permitir a informação é eliminar a privacidade, sacrificar irremediavelmente o direito à intimidade. Em suma sem privacidade não há intimidade.*

A privacidade é o direito que tem uma pessoa de conservar sob sua disposição a informação de elementos relativos à sua pessoa, sejam eles referentes aos seus bens, à sua intimidade, às opções profissionais, patrimoniais, pessoais ou a quaisquer fatos inerentes à sua vida[i]; "a opção pela privacidade fez-se célebre na frase da atriz Greta Garbo: *let me alone*. Em outras palavras, o direito consiste na faculdade de ser deixado em paz"[ii].

A vida privada opõe-se à publicidade dos modos e atos de viver, isto é, mantém-se nos limites dos muros interiores e exteriores do ser humano. A intimidade compõe o espaço da privacidade no âmbito do segredo. "O que é privado se compartilha, o que é segredo se confessa".[iii]

Os direitos à privacidade e proteção à intimidade vêm sendo objeto de destaque nos meios de comunicação, principalmente em razão da publicação de biografias não autorizadas de várias personalidades públicas, como Chico Buarque, Roberto Carlos, Caetano Veloso, Erasmo Carlos, Milton Nascimento, Djavan e Gilberto Gil, tendo em vista o teor de Projeto de Lei que libera a divulgação de filmes e biografias sem autorização expressa dessas pessoas[iv].

Com relação à sua biografia, Roberto Carlos se manifestou no jornal *Folha de S.Paulo* dizendo que "não é uma decisão fácil, mas ela passa por um juízo íntimo e julgamos ter o direito de saber o que de privado, de particular, existe em cada um de nós nas nossas vidas"[v].

Assim, questiona-se onde termina a vida pública dessas pessoas e começa a vida privada, bem como a proteção à intimidade[vi].

---

i     ROCHA, 2003, p. 329.
ii     Ibidem, p. 330.
iii     Ibidem, p. 334.
iv     NÃO SOMOS..., 2003.
v     Idem.
vi     CAVALIERI FILHO, 2020, p. 148.

Pessoas consideradas celebridades e outras pessoas púbicas, como a princesa Caroline de Mônaco, que, desde 1990, vem questionando por meios judiciais a publicação de fotos de sua vida privada pela imprensa sensacionalista. A princesa questionou a publicação das fotos tiradas de momentos de sua vida particular, em sua casa, em restaurantes, alengando que não se encontra em eventos sociais públicos, portanto, tais publicações atingem seu direito de proteção à personalidade, assim como de proteção à sua vida privada e à sua imagem.

Entre as várias ações ajuizadas pela princesa, em uma delas o Tribunal Alemão declarou que "enquanto personalidades da sociedade contemporânea 'por excelência' deveriam tolerar tal publicação"[i], tendo em vista que são pessoas públicas.

No entanto, até as celebridades "têm o direito a fixar os limites do que pode ser publicado ou não sobre a sua vida íntima"[ii].

A celebridade não exclui a discrição, e a própria complacência frequente com a publicidade não significa uma renúncia definitiva a uma esfera de intimidade, embora tal complacência não possa deixar de significar a renúncia a uma esfera de intimidade tão extensa como a dos outros cidadãos[iii].

Discute-se, portanto, o direito à informação e a liberdade de imprensa em contraposição ao direito à privacidade que se deseja guardar para si e não compartilhar com a sociedade. "A sociedade da informação atualmente busca um equilíbrio entre a prestação da notícia e a reserva da vida privada"[iv].

"O direito à informação é um direito personalíssimo que, como os demais direitos fundamentais, encontra limites no respeito e no asseguramento de outro direito da personalidade"[v].

A informação atualmente está disponível por meio da televisão, mídias impressas como jornais e revistas, mídias virtuais por meio do acesso à internet. A informação está disponível a todos no ambiente virtual, e muitas vezes é abusiva, pois infringe a privacidade das pessoas.

---

i     CORTE EUROPEIA DE DIREITOS HUMANOS, 2005.
ii    PINTO, 1996, p. 209.
iii   Idem.
iv   LISBOA, 2000, p. 469.
v     LISBOA, 2000, p. 469.

A ganância humana, a falta de respeito pelo próximo, a exploração de fatos escandalosos através de meios de comunicação e o desenvolvimento de uma tecnologia cada vez mais aperfeiçoada dos aparelhos que invadem a esfera da vida privada alheia trouxeram, de certo modo, um aprisionamento do ser humano e da sociedade[i].

Em 1968, em uma sessão da Assembleia-Geral das Nações Unidas, já se abordava o problema da invasão da esfera privada por meio de aparelhos eletrônicos, que, na época, eram as escutas clandestinas e a possibilidade de implantação de legislação para coibir essas práticas[ii].

No Brasil, com o advento da Constituição de 1988, a questão da invasão à privacidade por meio de escutas telefônicas foi tratada no art. 5º, inciso XII[iii].

A Lei n. 9.296/1996 regulamenta o inciso XII, parte final, do art. 5º da Constituição Federal no que diz respeito à interceptação de comunicações telefônicas, de qualquer natureza, para prova em investigação criminal e em instrução processual penal, e dependerá de ordem do juiz criminal, sob segredo de justiça[iv].

A utilização da tecnologia na vida das pessoas torna-se tema de debate pela Comissão da União Europeia em 25 de janeiro de 2012, que, preocupada com a economia digital e com os progressos tecnológicos, apresentou novas regras para a proteção e utilização de dados da vida privada, entendendo que " a proteção dos dados pessoais é um direito fundamental de todos os europeus, mas os cidadãos nem sempre sentem que controlam plenamente os dados que lhes dizem respeito"[v].

Em maio de 2018, entra em vigor uma nova diretriz que passa a regulamentar os limites para a utilização e circulação de dados pelos órgãos governamentais e também pelas empresas europeias.[vi]

---

i    SZANIAWSKI, 1993, p. 27.

ii   Idem.

iii  "É inviolável o sigilo da correspondência e das comunicações telegráficas, de dados e das comunicações telefônicas, salvo, no último caso, por ordem judicial, nas hipóteses e na forma que a lei estabelecer para fins de investigação criminal ou instrução processual penal;" (BRASIL, 1988).

iv  BRASIL, 1996 (Disponível em: <http://www.planalto.gov.br/ccivil_03/leis/l9296.htm>. Acesso em: 1º out. 2022).

v   BÉLGICA, 2012.

vi  Disponível em: <https://ec.europa.eu/commission/presscorner/detail/pt/IP_12_46>. Acesso em: 11 set. 2022.

Para proteger os programas de computador e sua comercialização no Brasil, foi editada a Lei n. 9.609, de 19 de fevereiro de 1998. No entanto, somente em 2014, foi sancionada a Lei n. 12.965, a qual estabeleceu princípios, garantias, direitos e deveres para o uso da internet no Brasil. Essa lei foi chamada de *Marco Civil da Internet* e proíbe a violação à intimidade, à vida privada, conforme disciplina o art. 7º e incisos[i].

Em agosto de 2018, entra em vigor a Lei n. 13.709/2018, chamada de *Lei Geral de Proteção de Dados*, que, em seu art. 1º, assim estabelece:

> *Art. 1º Esta Lei dispõe sobre o tratamento de dados pessoais, inclusive nos meios digitais, por pessoa natural ou por pessoa jurídica de direito público ou privado, com o objetivo de proteger os direitos fundamentais de liberdade e de privacidade e o livre desenvolvimento da personalidade da pessoa natural.*
>
> *Parágrafo único. As normas gerais contidas nesta Lei são de interesse nacional e devem ser observadas pela União, Estados, Distrito Federal e Municípios. (Incluído pela Lei n. 13.853, de 2019).*

Ainda, o art. 2º dispõe acerca da proteção de dados pessoais e tem como fundamento o respeito à privacidade.

No que tange ao tratamento de dados, verifica-se também a Emenda Constitucional n. 115/2022, que modificou o art. 5º, inc. LXXIX, conforme o qual: "é assegurado, nos termos da lei, o direito à proteção dos dados pessoais, inclusive nos meios digitais"[ii].

Na vida privada, a Constituição visa proteger o segredo da vida privada e à liberdade da vida privada. O primeiro seria a condição de expansão da personalidade, desde que a pessoa tenha liberdade de ter

---

i   Lei 12.965/2014 – Estabelece princípios, garantias, direitos e deveres para o uso da internet no Brasil: "Art. 7º O acesso à internet é essencial ao exercício da cidadania, e ao usuário são assegurados os seguintes direitos: I – inviolabilidade da intimidade e da vida privada, sua proteção e indenização pelo dano material ou moral decorrente de sua violação; II – inviolabilidade e sigilo do fluxo de suas comunicações pela internet, salvo por ordem judicial, na forma da lei; III – inviolabilidade e sigilo de suas comunicações privadas armazenadas, salvo por ordem judicial;" (BRASIL, 2014).

ii  BRASIL, 1988.

uma vida privada, e as principais infrações seriam a divulgação de eventos familiares e pessoais ameaçados por meio de aparelhos que registram imagem e som[i].

Entende-se que a privacidade pode ser dividida em três esferas: a pública, a privada e a íntima.

## 2.2 O direito à intimidade

A intimidade foi trazida pelo filósofo Jean-Jacques Rosseau "mediante uma rebelião, não contra a opressão do Estado, mas contra a insuportável perversão do coração humano pela sociedade"[ii], surgindo a necessidade de proteção especial decorrente dos conflitos do indivíduo moderno que não se sente bem dentro da sociedade nem fora dela[iii].

O direito a intimidade é "o direito a não ser conhecido em certos aspectos pelos demais. É o direito ao segredo, a que os demais não saibam o que somos ou o que fazemos"[iv]. É o direito de estar só, conforme a expressão inglesa *"right to be alone"*[v].

"A 'esfera íntima' é o âmbito absolutamente intangível de proteção da vida privada"[vi]. Nesse sentido concorda Cifuentes e comenta que a intimidade compreende o interior da vida pessoal e da consciência que não são conhecidos do público em geral[vii].

---

i     SILVA, 2011, p. 208. Com relação a essa citação, o autor se reporta a: KAYSER, Pierre. **La protecion de la vie privée**: protection du secret de la vie privée.Marseille: Presses Universitaires d'Aux- Marseille, 1984.

ii     ARENDT, p. 47.

iii     Idem. "A reação rebelde contra a sociedade, no decorrer da qual Rosseau e os românticos descobriram a intimidade, foi dirigida, em primeiro lugar, contra as exigências niveladoras do social, contra o que hoje chamaríamos de conformismo inerente a toda sociedade" (ARENDT, p. 48).

iv     BARROS, 2009, p. 35.

v     PINTO, 1996, p. 209.

vi     LORENZETTI, 1998, p. 463.

vii     CIFUENTES, 2008, p. 590: "La intimidad abarca lo interior de la vida personal y de la conciencia, pero también lo exterior y conocido por otros que no componen el público general. Es decir que comprende las acciones interiores del hombre y las exteriores no publicadas o excluídas de la publicidad colectiva, que están jurídicamente protegidas por ser asuntos ajenos a la difusión masiva o que no están expuestos a la

O direito à intimidade. conforme lição de Carlos Alberto Bittar[i], recebeu diversas denominações, como *direito ao resguardo, direito de estar só, direito à privacidade*; no direito norte-americano: *right of privacy*; no direito espanhol: *derecho a la esfera secreta*; no direito francês: *droit à la vie privée*; no direito italiano: *diritto alla riservatezza*; e "se destina a resguardar a privacidade em seus múltiplos aspectos: pessoais, familiares e negociais. [...] Consubstancia-se em mecanismos de defesa da personalidade humana contra injunções, indiscrições ou intromissões alheias"[ii].

Todavia, foi no direito francês que se construiu o direito à intimidade como espaço mais restrito do que o direito à vida privada. Já para os autores italianos, americanos e ingleses, a expressão *intimidade* é utilizada para denominar a vida privada, pois, não existe de maneira clara uma definição de intimidade. Outros dizem que dependerá do caso concreto para se distinguir a intimidade da vida privada.[iii]

Alguns autores, no entanto, podem ter feito a distinção, considerando que a privacidade é mais extensa do que a intimidade[iv].

Portanto, íntimo pode ser igual ao mais profundo de um ser, quase a consciência, é o que é próprio do ser e não pode ser visto ao olhar, insuscetível de ser conhecido. Diz respeito à consciência, ao secreto inviolável, à individualidade[v].

A diferença entre o direito à intimidade e o direito à privacidade tem como seu principal fundamento o art. 5º, inciso X, da CF/1988: "São invioláveis a intimidade, a vida privada, a honra e a imagem das pessoas, assegurado o direito a indenização pelo dano material ou moral decorrente de sua violação;"[vi].

---

pantalla pública, o sea que son diversos de aquellos hechos humanos que trascienden al sujeto y que son y pueden ser conocidos genéricamente por terceiros".

i   BITTAR, 2004, p. 110.
ii  Idem.
iii DOTTI, 1980, p. 67-68.
iv  CIFUENTES, 2008, p. 582: "Hay autores, sin embargo, que han hecho la distinción considerando que la vida privada es más extensa que la intimidad".
v   ROCHA, 2003, p. 334-335.
vi  BRASIL, 1988.

A intimidade pode ser vista pelas convicções filosóficas e religiosas de uma pessoa, seu espaço fechado, "enquanto que a privacidade diria respeito aos atos da vida pessoal não secreta, que devem ser subtraídos da curiosidade pública"[i].

Para Szaniawski, a principal diferença trazida pela doutrina entre o direito à privacidade e o direito à intimidade "está no fato de poder ocorrer a violação de um dos tipos sem a ocorrência da violação do outro ou poder ocorrer a violação de ambos conjuntamente"[ii].

O direito à intimidade é reconhecido no sistema constitucional brasileiro sob dois aspectos: o direito à intimidade *lato sensu* (convicções pessoais) e o direito à privacidade *(right to privacy)*, o que possibilita excluir os outros dos atos que o titular não quer tornar públicos[iii].

A intimidade diz respeito aos pensamentos, ao mundo interno, subjetivo, de uma pessoa, à sua consciência.

## 3
## Julgamentos sobre a violação dos direitos à privacidade e à intimidade

Para analisar a violação dos direitos à privacidade e à intimidade, foi examinada a jurisprudência internacional disponibilizada pelo Supremo Tribunal Federal, que traz esses julgamentos como fonte para outros julgamentos proferidos pelo STF em casos análogos.

### 3.1 Violação ao direito à privacidade submetido à Corte Interamericana de Direitos Humanos

Vários casos foram submetidos à Corte Interamericana de Direitos Humanos, nos quais foram detectadas violações ao direito à privacidade. No repositório jurisprudencial, foi disponibilizado pelo Supremo Tribunal Federal, em 11 de julho de 2022, o Caso Artavia Murillo y otros (Fecundación in Vitro) Vs. Costa Rica, envolvendo o direito à

---

i    LISBOA, 2000, p. 471, *apud* TEIXEIRA; MENDES, p. 124-125.
ii   Ibidem, p. 128.
iii  LISBOA, 2000, p. 489.

privacidade relativo à autonomia reprodutiva e ao direito de acesso à saúde reprodutiva, transcreve-se o julgado[i]:

> 1. Caso Artavia Murillo y otros (Fecundación in Vitro) Vs. Costa Rica. Trecho da decisão da CORTE IDH: "146. Em segundo lugar, o DIREITO À PRIVACIDADE está relacionado a: i) autonomia reprodutiva e ii) acesso a serviços de saúde reprodutiva, que envolve o direito de acesso à tecnologia médica necessária para exercer esse direito. O direito à autonomia reprodutiva também é reconhecido no artigo 16 (e) da Convenção sobre a Eliminação de Todas as Formas de Discriminação contra a Mulher, segundo a qual as mulheres gozam do direito 'de decidir livre e responsavelmente o número de seus filhos e o intervalo entre nascimentos e ter acesso à informação, educação e aos meios que lhes permitam exercer esses direitos'. Este direito é violado quando os meios pelos quais uma mulher pode exercer o direito de controlar sua fecundidade são impedidos. Assim, a proteção da vida privada inclui o respeito às decisões de se tornar pai ou mãe, incluindo a decisão do casal de se tornar pais genéticos.

No caso em tela, o Estado da Costa Rica proibia expressamente a fertilização *in vitro*. Ocorre que, por meio do Decreto Executivo n. 24.029-S, o procedimento foi liberado para casais conjugais e rigorosamente regulamentado.

Tal regulamentação vigorou entre os anos de 1995 a 2000, quando a Sala Constitucional da Corte Superior declarou a inconstitucionalidade daquele decreto. A decisão consignou que houve ofensa à reserva de lei, eis que considerou que o descarte dos embriões fecundados ofendia o direito fundamental à vida, que somente poderia ser restringido por meio de legislação em sentido formal.

O caso foi submetido à Corte Interamericana de Direitos Humanos. Os peticionários alegaram que, em razão da proibição da utilização de métodos de reprodução assistida e da intensa exposição dessas situações em campanhas midiáticas de ódio, houve danos à vida íntima, à honra daqueles que necessitavam de tal expediente para exercer seus direitos reprodutivos.

---

i     BRASIL, 2022 (Disponível em: <https://www.stf.jus.br/arquivo/cms/jurisprudenciaInternacional/anexo/PJI302022Direitoprivacidade CIDH.pdf>. Acesso em: 27 set. 2022).

Imprescindível ressaltar que a Corte considerou, para o julgamento do presente caso, que a ingerência do Estado nas escolhas legítimas de seus cidadãos acerca de aspectos de sua vida reprodutiva consiste em grave intervenção sobre sua vida privada.

Nessa quadra, é direto fundamental da mulher e do homem fazer opções acerca da maternidade e da paternidade, sendo certo que qualquer forma de ingerência estatal sobre a matéria consiste em verdadeira afronta à dignidade da pessoa humana, à autodeterminação e aos direitos humanos mais comezinhos.

Noutro giro, os direitos reprodutivos também envolvem uma esfera de prestação do Estado, eis que devem ser franqueados os acessos à informação, à educação e à tecnologia científica para sua concretização.

As premissas trazidas na decisão em comento conduzem o planejamento familiar ao *status* de direito humano tutelado pela jurisdição internacional e devem jogar luzes sobre a regulamentação estatal sobre novas demandas sociais.

Situações como a possibilidade de reprodução assistida – com material genético dos parceiros – em casais homoafetivos e a interrupção da gravidez devem ser lidas sob essas lentes e, portanto, privilegiando a autonomia dos cidadãos e sua privacidade.

# 4
# Considerações finais

Os direitos humanos e fundamentais devem ser as lentes sob as quais todas as regras jurídicas devem ser interpretadas, sendo, em última análise, o fundamento axiológico de validade de um sistema jurídico.

Na esfera internacional, tais direitos adquirem o rótulo de direitos humanos e são contemplados em tratados firmados por Estados soberanos. Entre tais direitos, é possível encontrar o direto à vida privada.

A vida privada consiste em uma esfera de resistência do cidadão em face do Estado e da sociedade. Respeita-se o sigilo de seus atos, pensamentos, convicções religiosas e filosóficas. No mesmo prisma, não é permitida qualquer forma de ingerência nesse âmbito protegido.

Os direitos reprodutivos e o planejamento familiar são tutelados por tais direitos e levam a cabo a autodeterminação individual. Não é legítimo aos Estados interferirem nesse campo, ou seja, não podem limitar o acesso a meios tecnológicos para reprodução humana.

Tal premissa deve ser considerada para análise de questões sociais que são submetidas às instâncias do Estado, como, por exemplo, a interrupção da gravidez e a reprodução biológica em casais homoafetivos com material genético dos dois parceiros.

# Referências

ARENDT, H. **A condição humana**. 11. ed. rev. Rio de Janeiro: Forense Universitária, 2010.

BARROS, A. M. **Proteção à intimidade do empregado**. 2. ed. São Paulo: LTR, 2009.

BARROSO, L. R. Agências reguladoras: constituição, transformações do Estado e legitimidade democrática. In: MOREIRA NETO, D. de F. **Uma avaliação das tendências contemporâneas do direito administrativo**. Rio de Janeiro: Renovar, 2003.

BÉLGICA. Bruxelas. Comunidade Europeia. Comunicado de imprensa. **A Comissão propõe uma reforma global das regras de proteção de dados para reforçar o controlo exercido pelos utilizadores sobre os seus dados e reduzir os custos para as empresas**. 25 jan. 2012. Disponível em: <https://ec.europa.eu/commission/presscorner/detail/pt/IP_12_46>. Acesso em: 11 set. de 2022.

BRASIL. Constituição de 1988. **Diário Oficial da União**, Brasília, DF, 5 out. 1988. Disponível em: <http://www.planalto.gov.br/ccivil_03/constituicao/constituicao.htm>. Acesso em: 1 out. 2022.

BRASIL. Lei n. 9.296, de 24 de julho de 1996. **Diário Oficial da União**, Brasília, DF, 25 jul. 1996. Disponível em: <http://www.planalto.gov.br/ccivil_03/leis/l9296.htm>. Acesso em: 1 out. 2022.

BRASIL. Lei n. 12.965, de 23 de abril de 2014. **Diário Oficial da União**, Brasília, DF, 24 abr. 2014. Disponível em: <http://www.planalto.gov.br/ccivil_03/_ato2011-2014/2014/lei/l12965.htm>. Acesso em: 1 out. 2022.

BRASIL. Supremo Tribunal Federal. Pesquisas de Jurisprudência Internacional. **Direito à privacidade na Corte IDH**, Brasília: STF, n. 30, 11 jul. 2022. Disponível em: <https://www.stf.jus.br/arquivo/cms/jurisprudenciaInternacional/anexo/PJI302022DireitoprivacidadeCIDH.pdf>. Acesso em: 1 out. 2022.

BITTAR, C. A. **Os direitos da personalidade**. 7. ed. Rio de Janeiro: Forense Universitária, 2004.

CANOTILHO, J. J. G. **Direito constitucional e teoria da Constituição**. 7. ed. Coimbra: Almedina, 2011.

CAPELLA, J. R. **Fruta prohibida**. Madrid: Trotta, 1997.

CAVALIERI FILHO, S. **Programa de responsabilidade civil**. 14. ed. São Paulo: Atlas, 2020.

CIFUENTES, S. **Derechos personalísimos**. Embrión. Contratos sobre el cuerpo. Libertad sexual ADN. Operaciones quirúrgicas. Tratamiento médico. Transplantes. Derecho de morir. "Living will" Honor. Imagen. Intimidad. Identidad El dato personal. Protección de los derechos. 3. ed. actual. y ampl. Buenos Aires: Astrea de Alfredo y Ricardo Depalma, 2008.

COMPARATO, F. K. **Direito empresarial**: estudos e pareceres. São Paulo: Saraiva, 1995.

CORTE EUROPEIA DE DIREITOS HUMANOS. Terceira Seção. Caso Von Hannover v. Alemanha. Autos n. 59.320/00. Texto traduzido por Valéria Porto. **Direito Público**, Jurisprudência, n. 7, p. 102-104, jan./fev./mar. 2005.

DOTTI, R. A. **Proteção da vida privada e liberdade de informação**. Possibilidades e limites. São Paulo: Revista dos Tribunais, 1980.

DECLARAÇÃO Universal dos Direitos Humanos. 1948. Disponível em: <https://www.unicef.org/brazil/declaracao-universal-dos-direitos-humanos>. Acesso em: 21 out. 2022.

GAMIZ, M. S. de F. **Privacidade e intimidade**: doutrina e jurisprudência. Curitiba: Juruá, 2012.

LAFER, C. **A reconstrução dos direitos humanos**: um diálogo com o pensamento de Hannah Arendt. São Paulo: Companhia das Letras, 2009.

LISBOA, R. S. A inviolabilidade de correspondência na internet. In: LUCCA, N.; SIMÃO FILHO, A. **Direito & internet**: aspectos jurídicos relevantes. Bauru, SP: Edipro, 2000. p. 465-491.

LORENZETTI, R. L. **Fundamentos do direito privado**. São Paulo: Revista dos Tribunais, 1998.

MARTINS, S. P. **Direito do trabalho**. 27. ed. São Paulo: Atlas, 2011.

MELLO, C. A. B. de. **Conteúdo jurídico do princípio da igualdade**. 3. ed. São Paulo: Malheiros, 1999.

NÃO SOMOS censores, diz Roberto Carlos em vídeo sobre polêmica das biografias. **Folha de S.Paulo**, Ilustrada, 29 out. 2003. Disponível em: <https://www1.folha.uol.com.br/ilustrada/2013/10/1364128-grupo-procure-saber-divulga-video-sobre-sua-posicao-quanto-as-biografias-nao-autorizadas.shtml>. Acesso em: 1 out. 2022.

PINTO, C. A. da M. **Teoria geral do direito civil**. 3. ed. actual. Coimbra: Coimbra Editora, 1996.

PIOVESAN, F. Igualdade, diferença e direitos humanos: perspectivas global e regional. In: SARMENTO, D.; IKAWA, D.; PIOVESAN, F. (Coords.). **Igualdade, diferença e direitos humanos**. Rio de Janeiro: Lúmen Juris, 2010.

ROCHA, C. L. A. Direito à privacidade e sigilo fiscal e bancário. In: FERRAZ. L.; MOTTA, F. (Coords.). **Direito público moderno**: homenagem especial ao professor Paulo Neves de Carvalho. Belo Horizonte: Del Rey, 2003.

ROSSEAU, J. J. **Discurso sobre a origem e os fundamentos da desigualdade entre os homens**. São Paulo: M. Fontes, 1999,

SILVA, J. A. da. **Curso de direito constitucional positivo**. 34. ed. revista e atualizada (até a Emenda Constitucional n. 67, de 22.12.2010). São Paulo: Malheiros, 2011.

SZANIAWSKI, E. **Direitos de personalidade e sua tutela**. São Paulo: Revista dos Tribunais, 1993.

TEIXEIRA, M. P.; MENDES, V. **Casos e temas da comunicação**. Porto: Legis.

Os papéis utilizados neste livro, certificados por instituições ambientais competentes, são recicláveis, provenientes de fontes renováveis e, portanto, um meio responsável e natural de informação e conhecimento.

FSC
www.fsc.org
MISTO
Papel | Apoiando o manejo florestal responsável
FSC® C103535

Impressão: Reproset
Maio/2023